JN409859

일본 지방자치의 오늘을 본다

- 분권의 빛과 집권의 그림자 -

일본 지방자치의 오늘을 본다
- 분권의 빛과 집권의 그림자 -
찍은날 / 2006년 9월 20일 1판 1쇄
펴낸날 / 2006년 9월 25일 1판 1쇄

편저자 / 기사 시게오 · 이가라시 다카요시 · 호보 다케히코
역　자 / 강신일
펴낸이 / 오　명
펴낸곳 / 건국대학교출판부
등록 / 제 4-3 호(1971. 6. 21)
주소 / 143-701, 서울시 광진구 화양동 1번지
전화 / (02) 450-3891 ~ 3
팩스 / (02) 457-7202
홈페이지 / http://press.konkuk.ac.kr
e-mail / press@konkuk.ac.kr

책임편집 / 박명희
찍은곳 / 한국컴퓨터인쇄정보사

정가 / 15,000원

ISBN 89-7107-452-3 93350
• 저자와 협의하여 인지 첨부를 생략합니다.
• 잘못된 책은 바꾸어 드립니다.

이 도서의 국립중앙도서관 출판시도서목록(CIP)은 e-CIP 홈페이지(http://www.nl.go.kr/cip.php)에서 이용하실 수 있습니다.(CIP 제어번호 : CIP2006002008)

일본 지방자치의 오늘을 본다

- 분권의 빛과 집권의 그림자 -

기사 시게오 · 이가라시 다카요시 · 호보 다케히코 공편저
강신일 역

건국대학교출판부

일러두기

본문에서 쓰고 있는 한자 표기는 모두 한국식 한자로 표기하였으나, 각 테마별 참고문헌 및 각주에서 사용된 일본 문헌 정보 및 저자명 등에 대해서는 원본을 찾을 경우의 불편함을 덜기 위해 일본식 한자를 사용하였다.

본문에서 쓰고 있는 일본 인명 및 일본 지명 등의 한글 표기는 문교부(현 교육부)에서 1986년 제정・고시한 '외래어표기법'에 따랐다. 그리고 행정구역명을 표기하는 데 있어서 기초자치단체까지의 행정구역 명칭 등은 한국어로 번역해 표기하였다.

한국어판 저자 서문

본서『일본지방자치의 오늘을 본다』(원제 : 分権の光 集権の影続·地方分権の本流へ)는 본서와 동일한 3명의 편저자가 쓴『지방분권의 원류 — 현장에서 본 정책과 법』(地方分権の本流へ — 現場からの政策と法, 日本評論社, 1999)의 속편이다. 표제처럼 일본에서 시작된 지방분권 개혁을 실증적이고 냉정히 분석하고자 한 책이다.

일본은 제2차 세계대전 종료(1945년) 후, 헌법으로 지방자치보장조항을 규정(제92~95조)한 것을 비롯하여, 메이지헌법(1889~1947년) 시대에 대한 반성을 통해서도 지방자치를 중시하고자 했다. 그리고 지방자치법을 비롯해 다수의 법률이 집적되어 지방자치를 중시한 법체계를 만들어내고자 했다. 그러나 현실적으로는 일본의 고도경제성장 시대, 그리고 그것을 준비하던 시기에 상당히 집권적인 법제도가 만들어졌다.

이런 가운데 일본경제가 한계에 부딪치고, 또 다른 여러 나라 특히 미국으로부터 규제완화나 중앙정부기능의 제한을 요구받은 이래, 일본정부는 분권개혁에 본격적으로 나섰다. 1995년부터 5년 동안 지방분권추진위원회가 설치되어 정력적인 개혁작업이 이루어졌다. 그리고 2000년 4월 1일에는 새로운 지방자치제도가 시작되었다. 지방분권추진위원회의 임기는 그 후 분권개혁의 진행을 감시하기 위해 1년 더 연장되었다.

이번 분권개혁은 이제까지의 도도부현, 시정촌 제도는 그대로 두면서 이들 지방자치단체에 종래 중앙정부에 있던 권한을 지방자치단체로 이양하고, 또 중앙정부의 지방자치단체에 대한 관여행위

(감독적인 행위), 도도부현의 시정촌에 대한 관여행위를 법률상 제한하려고 한 것이었다. 그만큼 지방자치단체의 활동에 대한 자유도는 크게 넓어질 수 있게 되었다.

그러나 현실적으로는 지자체의 단체장이나 지방공무원 모두 지방분권 개혁이 이루어졌다는 실감을 느껴볼 여유도 거의 없었던 채로, 지방재정의 위기가 표면화하여 2000년 이후 지방자치단체는 스스로의 자치권행사보다도 재원확보대책 내지 재원절약 등이 급선무가 되었다.

또한 이러한 흐름의 연장선상에서 시정촌의 대규모적인 통합(합병)이 이루어졌다. 2001년 이후 중앙정부에 의해 대규모 시정촌 통합이 장려되어 1999년 3월 31일에 3,232개였던 시정촌이 2006년 4월 1일 현재는 1,820개 시정촌밖에 남아 있지 않다.

이러한 격변의 와중에 있는 일본의 지방자치에 대해 현장에서 다양한 문제점을 찾아내고, 제도개혁·법률개혁을 전망하면서, 지방자치의 내실화를 바라는 입장에서 집필하고 이와 관련한 각종 좌담회의 내용을 담고 있는 것이 본서이다. 본서의 "머리말"에서도 적고 있듯이 각 집필자는 적어도 4회에서 10회 정도나 편저자들에게 글을 다시 쓰도록 요구받았다. 그만큼, 지방자치의 문제에 대해 많은 긴장감을 갖고 쓰여진 것이라 자부하고 있다. 이러한 일본에서의 경험이 한국의 독자 여러분에게 도움이 될 수 있다면, 우리들 편저자 및 집필자 모두에게는 크나큰 기쁨이다.

마지막으로, 본서의 번역을 혼자서 묵묵히 수행해 준 강신일 씨의 노고에 깊은 감사의 뜻을 전하며, 또한 본서의 한국어판 출판 기회를 주신 건국대학교출판부 여러분께 깊이 감사드리는 바이다.

2006년 5월 3일 일본 헌법기념일에

편자를 대표해서 기사 시게오(木佐茂男)

머리말

2000년 4월 1일 '제3의 분권개혁'이라고 하여 큰 기대를 짊어지고 출발한 일본의 지방분권 개혁은 과연 순조롭게 실시과정으로 옮겨가고 있는 것일까?

전국 각지에서는 지자체 규모의 대소를 불문하고, 주민 차원, NPO 차원, 지자체 행정조직 차원에서 확실히 많은 시도를 하고 있다. 도도부현(都道府縣)과 시정촌(市町村) 중에는 단기간에 놀랄 정도의 개혁을 실천한 지자체도 있다. '분권의 빛'에 해당하는 부분이다.

그러나 한편으로 최근 수년간 분권에 역행하는 집권적인 움직임도 두드러져 왔다. 본서의 구판이라고 할 수 있는 『지방분권의 원류—현장에서 본 정책과 법』(1999)의 "머리말"에서는 "유사법제(有事法制)나 국기·국가에 관한 입법을 통해 나타나고 있듯이 이미 '제3의 분권개혁'은 오히려 정부의 중앙집권적인 재편안으로서 부상하고 있는 것 같다."고 썼다. 그러한 우려는 한층 현실적인 것이 되고 있다. 유사 관련 3법 외에 당시 충분히 모습을 보이지 않았던 주민기본대장 네트워크나 국민보호법제, 시정촌 통합 등 걸림돌이 없을 정도로 집권적인 구조, 국민을 전체적으로 관리하는 시스템이 만들어지고 있다는 생각이 든다. '집권의 어둠'에 해당하는 부분이다.

이러한 현황을 보면서 본서는 구판을 전면적으로 개정한 것이다. 당초에는 부분개정으로도 괜찮을 것이라 생각하여, 편집자와 함께 필요한 보정 부분을 찾아내는 작업에서 시작했는데, 곧바로 그것은 불충분하다는 판명이 났다. 그래서 본서에서는 테마, 집필자를 상당 부분 바꾸고, 이른바 완전히 새로운 책으로 기획한 것이다.

개개의 논문을 정확히 분류하는 것은 어렵지만, 본서는 전체적으로 집권적인 현상과 분권적인 현상으로 하여 크게 둘로 분류하고, 그 위에 '분권의 빛'을 그린 각 논문은 더욱 테마별로 묶을 수 있도록 시도했다. 인터뷰도 본서에서는 새로이 지방자치의 형태, 그리고 일본 국정의 행방에 대해 문제제기를 하고 있는 두 명의 단체장과 한 명의 연구자에게 각 편자가 이야기를 들은 것이다. 이렇게 해서 가능한 한 다면적으로 현대 일본이 안고 있는 문제를 지방자치의 관점에서 다루려고 했다.

그러나 최근의 분권개혁에서는 거의 다루고 있지 않으며, 기존의 연구나 구체적 실천에도 부족한 점이 많지만, 또 분권이라는 관점에서의 분석이 필요하다고 생각되는 테마도 몇 가지 있었다. 그러한 점에서 각 집필자에게는 무리한 부탁을 하게 되었으며, 고생해서 작성했음에도 싣지 못했던 천황제(일본 헌법 제1장)와 지방자치(제8장) 관계 등의 테마도 있었다. 앞으로 남겨진 큰 과제라고 생각한다.

편자 3인이 각각의 분야에서 하나의 원고로 주문을 하기 위해서, 구판에 이어서 집필을 부탁한 분들이나 신규원고를 부탁한 분들 모두에게 셀 수 없을 정도의 가필, 보필을 받았다. 그중에는 10회 이상 원고를 다시 써 줄 것을 부탁한 경우도 있다. 그만큼 내용이 풍부해졌을 것으로 자부한다. 각각의 집필자에게는 편자의 무리한 주문에도 몇 번이고 성실히 응해 준 데에 대해 진심으로 감사드린다.

본서의 초판은 일본평론사 편집부의 다나카 사나에(田中早苗) 씨의 헌신적인 공동작업이 있어서 비로소 완성되었는데 이번 속편도 다나카 씨의 초판 정독·교정에서 시작하여, 1년여에 걸친 번잡하기 짝이 없는 연락·조정·편집이라는 인내 있는 작업을 혼자서 해주었기에 출판할 수 있게 된 것이다. 그간의 노력에 편자로서 깊이 감사한다. 이번에도 말 그대로 공동작업이었다.

본서에 쓰여 있는 내용에 대해서 편자 3명이 완전히 일치된 의견을 갖고 있는 것은 아니며, 또 당연히 각 집필자의 의견이 모두 완전히 동일한 것이 아니다. 그러나 각 지역의 주체적인 대응의 축적이야말로 진정한 '지방분권'을 만든다고 하는 인식, 그것을 오로지 '현장'을 기점으로 추적하고, 바람직한 정책과 법 시스템을 구상하려고 하는 자세는 공통되어 있다.

집권적인 움직임이 강해지고 있는 가운데, 시민의 자치에 관한 의식적인 마음가짐, 비판적인 관점과 자치실천의 노력은 점점 더 필요해진다. 본서가 이와 같은 시대의 요청에 대해 어떤 시점이나 방향성을 제공할 수 있다면 편자와 편집자에게 있어서 더할 나위 없는 기쁨이다. 독자 제현의 의견과 비판을 기다리는 바이다.

2003년 봄

편자를 대표해서

기사 시게오(木佐茂男)

차 례

일본 지방자치의 오늘을 본다 — 분권의 빛과 집권의 그림자

제1부

집권의 그림자

[주기네트]

감시사회로의 스텝

저널리스트 사이토 다카오(齋藤貴男)

사람을 번호화하는 시스템

2002년 8월 5일, 주민기본대장 네트워크(통칭 '주기네트')가 가동을 시작했다. 모든 국내 거주자에게 11자리의 주민표 코드(번호)가 할당되고, 종래에는 시구정촌(市區町村)에 한해서만 관리되어 왔던 주민기본대장(주민표 원부)의 개인정보가 컴퓨터 네트워크에 의해 전국 약 3,200개 시구정촌과 47개 도도부현(都道府縣)[1], 그리고 지방자치를 관장하는 총무성(總務省)의 외곽단체인 재단법인 지방자치정보센터 간에 유통할 수 있게 되었다. 1년 후인 2003년 8월에는 원활한 운용에 도움이 되고자 본인 식별(ID)을 위한 IC카드가 희망자에게 교부될 것이다.

이것은 개정 주민기본대장법의 시행에 따른 새로운 제도이다. 주변사태법이나 국기·국가법, 도청법(通信傍受法) 등이 성립된 것도 마찬가지로 1999년의 제145회 국회이며, 반대의견이 우세했던 참의원 지방행정위원회에서의 체결이 생략되어 본회의에서 억지로 가결·성립으로 이끌어 온 법률이다. 법안 심의 당시부터 지적받아 왔던 프라이버시 보호 측면에서의 우려에 부응하는 형태로 당시의 오부치 게이조(小淵惠三) 수상이 '민간부문을 포함한 개인정보보호

1) 일본의 지방자치단체는 광역자치단체인 도도부현(都道府県)과 기초자치단체인 시정촌(市町村)으로 나뉘어 있다. 또한 시구정촌(市区町村)이라는 표현이 사용되었을 경우에는 시정촌 외에 도쿄의 23개 특별구(特別区)를 포함시키고 있는 것이다. 도도부현은 현재 1개 도(도쿄도), 1개 도(홋카이도), 2개 부(교토부, 오사카부), 그리고 43개의 현(県)이 있다. 도도부현의 수장은 지사(知事)라고 부르며, 시정촌의 수장은 각각 시장(市長), 정장(町長), 촌장(村長) 등으로 부르고 있다.(역자주)

제도의 조건정비가 전제'라는 취지의 답변을 했었지만, 시행할 때까지 실현되지는 못했다.

민간과 행정기관을 각각 대상으로 하는 두 가지 개인정보보호법안[2]이 얼마 전에 제출되기는 했다. 다만 전자는 헌법에서 보장하고 있는 표현의 자유를 제약하지 않을 수 없다는 불안을 면하지 못하고, 후자는 오부치 수상의 답변과는 반대로 행정기관에 수집된 개인정보의 자의적이고 또 무제한적인 이용을 인정하는 내용이 비판을 받아 모두 계속심의 대상인 채였다.

국회심의 당시부터의 우려는, 즉 시스템이 움직이기 시작한 현재에도 아직 불식되지 않았다. 만일이라도 행정기관을 향한 개인정보보호법안이 그대로 가결 성립되는 사태가 발생하면 최악의 상황이다. 주민기본대장 네트워크는 가까운 미래에 확실히 국민총배번호제도(國民総背番号制度)로 전개되어 가게 된다.

정부는 계속 부정하고 있지만, 그렇게 단언할 수 있는 근거는 얼마든지 있다. 개정 주민기본대장법(住民基本臺帳法)이 93개 사무에 한정하고 있는 주기네트 정보의 이용범위를 264건으로 확대하고, 더 나아가서는 사실상 1만 수천 건 규모로 확장하는 효과가 있다고 하는 전자정부관련 3법(행정절차 등에 있어서 정보통신 기술의 이용에 관한 법률안, 행정절차에 있어서 정보통신 기술의 이용에 관한 법률의 시행에 따른 관련 법률의 정비 등에 관한 법률안, 전자서명과 관련된 지방공공단체의 인증업무에 관한 법률안)이 이미 155회 국회에서 성립된 것이다. 2003년부터 교부되는 IC카드에 건강보험증이나 공약 연금 카드, 인감등록증, 또 회사원의 사원증, 현금카드, 신용

2) 일본의 개인정보보호법(개인정보의 보호에 관한 법률)은 원저의 출판 이후인 2003년 5월 30일 제정되었다.

카드, 병원의 진찰권, 철도정기권 등 관민의 모든 증명서류의 기능을 담아가는 계획을 정부의 IT전략본부가 책정하고 이를 받은 경제산업성이 전국 21개 도시에서의 실증실험을 추진하고 있다는 것도 그렇다. 21세기의 '국시'(國是)라고 하는 전자정부·전자지자체의 구상에 주기네트는 중핵적 시스템의 하나로서 명확히 자리매김 되어 있는 점도 그렇다.

이들은 모두 개정 주민기본대장법의 성립부터 현재까지의 사이에 단숨에 추진되었다. 국회 심의 중에는 어떤 논의도 이루어지지 않았던 중대한 의미를 갖는 많은 것들이 어느 새인가 주기네트에 부여되고 말았다.

국민총배번호제도란 일본의 주민을 마음과 혼을 가득 채운 인간이 아니라 번호로 취급하는 구조인 것이다. 도청법이나 경찰이 거리 곳곳에 설치해 둔 감시카메라망, 휴대전화의 GPS(전지구측위 시스템) 등 다채로운 감시시스템을 결부시키는 11자리 번호는 마스터키가 되는 것이다. 권력을 갖고 있지 않는 모든 사람들의 일거수일투족이 시스템을 운용하는 측의 사람들에 의해서 감시되고, 그들에게 좋을 대로 관리될 수밖에 없는 사회가 이렇게 해서 완성되어 간다.

주기네트는 지방분권과 서로 어울리는가?

그러나 아주 끔찍한 감시사회의 악몽을 그리는 것은 본서의 취지가 아니다. 국민총배번호제도와 거의 같은 의미인 주기네트가, 그러면 이것 또한 정부의 대방침이라 할 수 있는 지방분권과 서로 어울리는 것인지 아닌지를 여기서 검토하겠다.

정부는 당연히 그 정합성을 강조해 왔다. 주민기본대장법에는 원래 시정촌장의 책임으로 주민기본대장을 정비·관리하도록 정해져 있다. 주민표에 기재된 개인정보를 전국적으로 또 정부기관에도 유통시키는 주기네트 구축의 근거가 된 개정법에서도 이러한 점은 바뀌고 있지 않다.

그래서 예를 들면, 가타야마 도라노스케(片山虎之助) 총무대신은 지방자치단체의 주체성을 자주 강조해 보였다. 주기네트 정보의 이용범위확대를 담은 '전자정부 관련 3법안 재개정법안'에 대해서 2002년 5월 29일의 중의원 내각위원회에서 '지방자치단체의 요망에 기초한 확대'라고 답변했나 싶더니, 8월 2일의 기자회견에서는 '주기네트는 총무성이나 정부의 네트워크가 아니다. 전체 도도부현이나 시구정촌의 합의상의 네트워크'라고 발언했었다.

도대체 구자치성(구총무청(舊總務廳), 구우정성(舊郵政省)과 통합하여 총무성으로 재편된 것은 2001년 1월)은 개정 주민기본대장법안이 국회심의에 부쳐진 1999년 당시부터 실제로 가동되기 수개월 전까지 주민의 편리성만을 구가하고 있었다. 예컨대, 주기네트로 전국의 지자체가 연결되면 주민등록을 하고 있지 않은 근무지나 여행지의 지자체 창구에서도 주민표를 떼는 것이 가능해져서 편리하다, 컴퓨터화에 의해 창구에서의 기다리는 시간이 단축되어 편리하다는 등등.

번호를 붙이는 순서도 주도면밀했다. 11자리 번호는 먼저 도도부현 단위로 할당하고, 거기에서 각 시구정촌으로 나누어 부여하고, 여기에 최종적인 번호를 붙인 것이다. 주민에 대한 통지도 그들의 일이었다. 인간의 번호화에 정부는 직접적으로는 손을 대지 않는 형태였다.

주기네트의 운용을 위해서는 개정 주민기본대장법 성립 직후인

1999년 10월, 전체 도도부현으로 구성되는 '주민기본대장 네트워크 시스템 추진협의회'가 발족하고, 필요한 연락 조정 기능을 해 왔다. 하부조직에는 '시정촌연락회'가 설치되어 오늘에 이르고 있다.

얼마 전에는 흥미로운 사법 판단도 나왔다. 1998년 4월에 교토부 우지시(京都府 宇治市)의 주민기본대장 데이터가 유출되어 인터넷 상에서 판매된 사건이 있다. 나중에 시의원을 포함한 3명의 시민이 시와 업무위탁을 받고 있던 전산회사를 상대로 제기한 손해배상소송에서 교토 지방재판소는 2001년 2월, 원고 측의 주장을 전면적으로 인정하는 판결을 내렸다.

우지시(宇治市)의 항소는 오사카 지방재판소에 의해 기각되었다. 시 당국에 컴퓨터의 노하우가 있건 없건 주민기본대장의 관리운영 책임은 어디까지나 시정촌에 있다는 판단이 우선되었다.

원고가 요구하고 있던 손해배상총액 약 200만 엔에 대해 재판소가 우지시 등에 지불하라고 명한 것은 약 9만 엔이었다. 소액이기는 했어도, 앞으로 어딘가의 지자체에서 주민기본대장에 얽힌 사건이 발생하고, 일정한 수의 시민이 소송을 일으켰을 경우, 지자체 재정이 치명적인 사태에 직면할 수도 있는 판례가 되었다.

지방분권을 촉진하는 기폭제가 될 것임에 틀림없다는 기대도 커져 왔다. 주기네트 그 자체보다도 이것을 기반으로 하는 전자정부·전자지자체의 '꿈'을 이야기하는 과정에서의 다소 추상적인 화제이지만, 예를 들면 다음과 같은 식의 논리 전개를 해볼 수 있다. 후지쓰 총합연구소에서 행정정보화를 담당하는 컨설턴트의 저작 중에서 —.

"지방분권일괄법의 시행에 따라, 통달(通達)이나 행정실례 등에 얽매이지 않고, 법률의 취지에 입각하여 업무프로세스를 재구축해 나가는 것이 가능해졌습니다. 그리고 이 지방분권일괄법이라는 자치를 뒷받침하는 새로운 법률과, 새로운 기술인 IT를 무기로 하여 그 능력을 최대한으로 살려 나가면, 반드시 지자체 재생은 성공합니다."(榎並利博, 『自治体のIT革命』, 東洋経済新報社, 2000)

주기네트 시스템은 이른바 전체 지자체의 LAN을 연결한 WAN(대규모 네트워크)이다. 호스트 컴퓨터가 모든 단말을 지배하는 이미지와는 확실히 다르다. 그러니까 국민총배번호제도가 아니라고, 정부 및 관계자들은 되풀이해서 강조해 왔다. 절차적인 문제는 없다. 지금까지가 그래 왔던 만큼 "강력한 중앙집권에서의 탈피를 위해서도 'IT'를"이라는 캐치프레이즈는 듣기가 편하기도 하다.

주기네트는 그와 같은 것이어야 한다고 하는 선의의 추진자들이 있음을 부정할 생각은 없다. 그들이 말하는 것처럼 전자정부·전자지자체에 의해 국민참가형 통치형태가 완성될 가능성도 전혀 없는 것은 아닐지도 모르지만, 현실은 무참하다. 이미 밝혀졌듯이 주기네트의 본질이 국민총배번호제도인 이상, 높이 내세운 이상론은 어디까지나 겉모습에 지나지 않는다.

지자체의 책임이란?

앞서 기술한 주민기본대장 시스템 추신협의회에 관한 예를 들어보자. 다시 지적할 필요도 없겠지만, 전체 도도부현의 담당자가 모이는 이 조직을 관리하고 있던 곳은 다름 아닌 구자치성(舊自治省)이었다. 구자치성의 홍보지 『주민행정의 창』에 이에 대한 흥미로운 해설기사가 게재되어 있었기에 일부를 인용하기로 한다.

"이 협의회는 법률에 기초한 협의회가 아니라 임의의 협의회입니다. 따라서 이 협의회에 참가하는 것은 각 도도부현의 자주적인

판단에 따라서 이루어지는 것이며, 협의회에의 참가가 의무적인 것은 아닙니다. 그렇지만, 주민기본대장 네트워크 시스템의 원활한 구축과 운영을 도모하기 위해 도도부현간의 연락조정을 적절히 해 나가려면 전체 도도부현이 이 협의회에 참가할 필요가 있다고 생각합니다."(2000년 1월호 「解説·住民基本台帳ネットワークシステム推進協議会の設置」)

해설을 한 필자는 행정진흥과의 직원이었다. 전체 도도부현이 참가할 필요가 있는 것이라고 특히 이디의 누가 생각하고 있는지가 애매하게 되어 있는 점에 유의했으면 한다. 그야말로 근대 이후의 일본사를 관철해 온 중앙집권체제하에서 이 정도로까지 이야기를 듣고 저항할 수 있는 지방자치단체는 존재하지 못한다. 저항하면 확실하게 추궁당하게 되는 것이다.

반세기 이상이 지난 전후 민주주의에도 불구하고 일본 사회에는 지금 더욱 다양한 차별과 편견이 소용돌이치고 있다. 피차별부락 문제나 재일한국인 차별, 어느 하나 해결되어 있지 않다. 꽉 막혀 있는 상황이 줄곧 이어진 현 상황에서 사태는 더욱 심각성을 더하고 있는 듯이 보인다. 호적제도와 같이 움직이고 있는 주민기본대장 시스템은 과거에 종종 그러한 차별의 온상으로도 되어 왔다. 창구에서 주민과 일상적으로 서로 마주하고 있는 시구정촌(市區町村)의 직원들은 그래서 다양한 노력을 해 왔다. 컴퓨터 시스템의 중앙관청과의 온라인 접속을 금지하는 것은 물론, 같은 청사 내에서도 주민의 개인정보를 다루는 부국(部局)간을 연결하지 못하도록 해 온 지자체가 적지 않았다.

주기네트는 그들의 노력 일체를 무시하는 시스템이었다. 그런 것을 강요받고 게다가 책임만 떠넘겨져, 현장의 불만이나 분노는

침전물처럼 쌓여 온다.

그래서 일본변호사연합회가 전국 3,247개 시구정촌에 대해 설문조사를 실시했다. 2001년 11월부터 12월에 걸쳐 1,837통, 전체의 약 57%의 유효응답을 집계한 결과——.

"주민에게 있어서 주기네트는 장점과 단점, 어느 쪽이 큽니까?"라는 설문에 대해 "장점" 18.8%, "단점" 12.0%, "잘 모르겠다"가 60.5%였다. 일본변호사연합회에 따르면 과거의 경험에 비추어 정부에 무조건적으로 따르려고는 하지 않는 지자체가 70%를 넘은 사태는 이상한 부류에 속한다고 한다.

주기네트의 가동을 눈앞에 두었던 2002년 6월에 실시한 제2차 조사에서는 이 시스템의 기만성이 더욱 부각되었다. 응답률은 전회보다 내려간 46%였지만, 무서운 결과가 확실히 나타났다.

"주기네트의 관리 등을 담당하는 직원은 전임으로 몇 명 배치되어 있습니까?"에 대한 응답은 "0명"이 61.9%로 가장 많았다. 그 뒤를 "1~2명" 29.7%, "3~5명" 7.3%가 이었다.

"주기네트 담당 직원은 컴퓨터에 정통합니까?"에 대해서는 "정통하지 못하다" 40.3%, "잘 모르겠다" 42.6%였다. "정통하다"는 응답은 16.0% 뿐이었다. 더욱이 각 지자체의 시스템 구축은 지방자치정보센터의 매뉴얼에 따라 추진되고 있는 것이지만, 그 내용을 "전부 읽고 전부 이해하고 있다"는 직원이 있는 지자체는 불과 3.3%였다. 반대로 "거의 읽지 않았다"가 17.1%나 됐다. 기타 "충분히 읽지 않은 부분이 있다"가 58.0%, "모두 읽었지만, 이해가 안 된 부분이 있다"가 17.9%였다.

주기네트의 책임을 짊어진 시구정촌의 대부분이 사실은 시스템에 대해 아무것도 알지 못하는 것이다. 알지 못하는 것에 책임을 질리가 없다. 일본변호사연합회는 회장명으로 주기네트 시행의 연기를 요구하는 성명을 내고, 지자체 직원의 노동조합인 전 일본자치단체노동조합(약칭 '자치로')도 같은 요청을 총무성에 상신했지만, 전혀 고려되지 않았다.

주기네트가 그럼에도 파탄하지 않고 가동을 계속하고 있을 수 있는 것은 대부분의 시구정촌이 시스템의 구축에서 운용까지 대부분의 관련업무를 민간업자에게 통째로 위탁하고 있기 때문이다. 우지시 사건에서도 그랬지만, 아웃소싱이 전성기를 맞이한 이 시대에 위탁받은 업자는 하청을 주고, 하청업자는 한 단계 더 하청을 주고, 또 한 단계 더 하청을 내려 보내는 것이 통례이다. 가뜩이나 전문가 이외에는 쉽게 이해할 수 없는 블랙박스 알맹이를 사실 어디의 누가 움직이고 있는 것인지도 잘 알지 못하는 상태에서 주기네트라는 시스템이 돌고 있다.

가장 큰 운용관리책임을 지고 있을 터인 시정촌에는 처음부터 당사자능력이 없다. 전국적인 감시와 관리의 구조를 국민총배번호제도로 부르지 말도록 하고, 정면에서의 논의를 피해 조금씩 허물어가듯이, 달리 말하자면 지방자치단체를 빙자하여 국민을 속인 채로 완성시키려고 하니까 근본적인 모순이 생긴다. 시구정촌이 법률의 액면 그대로 책임을 지려고 하면, 본래 주기네트에 참가하지 않는다고 하는 것 이외의 선택은 있을 수 없게 되는 것이다.

네트워크에의 접속을 주저하는 지자체의 등장은 따라서 필연적일 것이다. 후쿠시마현 야마쓰리정(福島縣 矢祭町; 인구 7,200명)을 비롯해, 도쿄도 스기나미구(東京都 杉並區; 인구 51만 1,400명), 고쿠분지시(國分寺市; 인구 11만 1,000명), 가나가와현 요코하마시(神奈川縣 横浜市; 인구 345만 2,500명) 등 여러 곳의 시구정촌이 실제로 주기네트에의 참가를 보류했다.

요코하마시의 방법은 특히 흥미롭다. 요코하마시는 주기네트의 안전성이 종합적으로 확인될 때까지 신청이 있은 시민의 본인확인 정보를 가나가와현에 통지하지 않기로 했다. 시민의 의사확인과 준비작업이 종료할 때까지의 동안은 네트워크에 접속하지 않을 의향으로, 독자적인 "시민선택제"라고 보고했지만, 총무성의 견해는 "개정 주민기본대장법이 가정하지 않은 위법행위"라고 했다. 이를 받은 가나가와현은 요코하마시에서 송신되어 오는 참가희망자의 주민표 정보의 접수를 거부하는 방침을 내놓았다.

여기에는 중요한 논점이 아주 많이 포함되어 있다. 필자는 나카타 히로시(中田 宏) 요코하마 시장을 만나(2002년 9월 27일), 다시금 의향을 물어보았기에 일문일답을 소개한다.

♣ 선택제를 택한 생각과 경위는?

나카타 저희들은 선택성이라고 말한 적은 한 번도 없습니다. 요코하마 방식이라고만 부르고 있습니다. 왜냐하면 주민 한 사람 한 사람이 참가할 것인지 아닌지를 선택할 수 있는 법률로는 되어 있지 않아, 결국은 강제되고 있습니다. 그렇다고 행정집행기관으로서의 지방자치단체가 선택할 수 있도록 하는 구조로 만들 수도 없습니다. 한편으로는 시민의 안전을 지킨다고 하는 책임도 수행해 나가지 않으면 안 됩니다. 주민기본대장의 관리가 시정촌의 책임인 이상, 세큐리티, 안전성을 정부 자신이 확보하지 못하고 있는 현재 상황에서 요코하마시로서 시민에게 참가를 강제할 수는 없다는 판단입니다.

♣ 세큐리티의 문제가 확실해지면 전원 참가?

나카타 이런 경우 제 자신의 의견은 개입하지 않기로 합니다. 법치국가에 있어서 행정집행기관의 장으로서는 법이 정한 것은 지켜야 합니다. 안전성이 확보되면, 네트에 접속하지 않을 수 없습니다. 1192년에 소가 스케나리(曾我祐成)·소가 도키무네(曾我時致)의 형제가 아버지의 원수인 구도 스케쓰네(工藤祐経)를 토벌한 역사적 사실을 그린 '소가 이야기'에 "이(理)를 부수는 법(法)은 있지만, 법(法)을 부수는 이(理)는 없다."고 하는 말이 나오는데, 그와 같은 심경입니다.

♣ 총무성이나 가나가와현의 반응에 대해서

나카타 이 점을 잘 생각해 주었으면 하는 것입니다만, 주기네트에 대해서 정부는 종래 주민의 편리성만을 말해 왔습니다. 그러면 요코하마 방식에 대한 현재의 자세는 자살행위라고 해야 할까요. 논리모순도 심합니다. 요코하마시에서도 비통지를 선택한 것은 리스크가 크다고 느껴 강제 받고 싶지 않은 사람들뿐으로, 편리성에 중점을 두는 사람은 참가하고 싶어 하니까요. 그렇게 되면 일부 사람들이 ── 굳이 일부라고 말해 둡니다만 ── 지적해 왔듯이 정부가 국민을 관리하는 것이 목적입니까 하고 의문을 갖지 않을 수 없게 됩니다.

♣ 주기네트는 지금까지 이상으로 중앙집권의 도구가 된다. 지방분권의 이념과 대립하고 마는 것은 아닌지?

나카타 주기네트와 지방분권과는 관계가 있는 듯하면서도 관계가 없고, 관계가 없는 듯하면서도 관계가 있는 그런 관계라고 생각합니다. 지방분권에서 우선 의문시되는 것은 온라인으로 신청받는 곳이 어디가 되느냐는 것으로, 온라인 기술이 아닙니다. 전자정부화를 추진해 가는 데에서 그 기반 정비로서 본인 확인의 시스템 작성을 전면적으로 부정할 수는 없습니다. 그러니까 요코하마 방식은 바람직한 방법이라고 생각하는 것입니다. 은행의 현금카드가 1960년대 중반에 발행되어 당초에는 불안시되었습니만, 안전성이 확인되면서 점차 보급되어 간 것처럼, 개인 각각이 판단해 나갈 수 있는 일정이면 좋았을 것입니다. 각 지역에서 쓰임새가 좋아 장점을 느낄 수 있는 구조가 갖추어져 있어 참가하고자 생각하면 참가할 수 있는 형태라는 것이 지방분권하에 있어서의 네트워크 작성의 바람직한 모습일 것입니다.

♣ 어찌됐든 현재 상황은 문제가 많다

나카타 저희들은 주민기본대장에 대해서는 충분히 정비하여 책임을 다할 수 있습니다. 그런데 주기네트로 시민의 개인정보를 송신한 뒤, 거기에서 또 어딘가로 흘러가면 어찌할 수도 없는 것입니다. 조사를 의뢰할 장치도 없습니다. 어느 시정촌이나 그런 것은 잘 알고 있습니다. 그런데도 참가하는 것은 법률적으로 어찌됐든 정부가 말하는 것에 따르고 있을 뿐이니까 정말로 책임을 추궁받는 일이 없다고 생각하고 있기 때문입니다. 아주 무책임한 태도입니다. 책임을 지고 있지 않는 일은 해서는 안 된다고 저는 생각합니다.

주기네트 중지 소송 — 인간의 존엄과 자유를 찾아서

그런데 필자는 2002년 7월, 유게 도오루(弓削 達) 도쿄대학 명예교수(전 페리스여자대학 학장)를 단장으로 하는 6명의 원고단의 한 사람으로서 주기네트 운용중지를 요구하며 정부 등을 상대로 소송을 도쿄 지방재판소에 제기했습니다. 국민총배번호제도로 통하는 주기네트는 생명과 자유, 행복추구에 대한 개인의 권리 존중을 정한 헌법 제13조가 보장하고 있는 프라이버시권을 침범하는 것이라는 주장이지만, 그 후 변호사인 고토 쇼지로(後藤昌次郎) 씨 등 22명의 원고에 의한 도쿄 지방재판소에서의 제2차 소송을 비롯해 후쿠시마(福島), 우쓰노미야(宇都宮), 사이타마(さいたま), 치바(千葉), 요코

하마(横浜), 가나자와(金沢) 등으로 제소의 물결이 전국 각지에 퍼져 나가는 과정에서 과연 지방분권과의 정합성이 있는가라는 테마도 파내려갈 수 있게 되었습니다.

먼저 2002년 12월 도쿄에서 제2차 소송이 이 문제를 들고 나왔습니다. "헌법의 기조로 하는 정치민주화의 일환으로서, 주민의 일상생활과 밀접한 관련을 갖고 있는 공공적 사무는 그 지방 주민의 손으로 그 주민단체가 주체가 되어 처리하는 정치형태를 보장하도록 한다."고 말한 최고재판소 대법정 판결(最高裁判所大法廷判決, 1963年3月27日, 刑集17巻2号, 121面)을 끌어와, 주기네트는 헌법이 특히 한 장(章)으로 만들어 보장하고 있는 지방자치의 정신에 반한다, 헌법 제92조, 동 제94조 등에도 위반한다고 비판한 것이다.

이듬해 2003년 1월, 이시무라 요시하루(石村善治) 후쿠오카대학 명예교수 등 14명의 원고가 후쿠오카 지방재판소에 제기한 소송에도 같은 최고재판소 판결의 원용이 보인다. 소장(訴状)은 또한 "시구정촌의 각 지자체는 이제까지도 주민정보를 관리해 온 주체이며, 지역주민의 개인정보가 위법하게 사용되지 않도록 주민의 자기 정보 통제권을 보호해야 할 의무를 지고 있었다."고 하여 주기네트에서 개인정보가 유출되었을 경우에는 주민이나 시구정촌이 과거의 이용이력을 지방자치정보센터에 대해 공개청구할 수 있는 권리가 보장되어 있어야만 함에도 불구하고 무시된 채로 강행되었던 것은 위법이라고 지적했다. "그런데 피고 정부는 지방교부세 교부금이나 보조금 배분 등의 권한을 전제로 하여, 예를 들면 시장회에서는 표명하는 의견도 개별적으로 의사표시를 하는 것은 사실상 어렵게 하고 있는 상태로 주기네트의 가동을 강행하고 있다."고 계속 지적했다.

변호단에 의하면 주기네트가 헌법 제13조에 위반하고 있는 측면의 검토가 선행되어 있어 지방분권과의 관계에 대한 이론구성은 아직 미숙하다고 한다. 그만큼 앞으로 논의가 주목된다.

처음부터 종래의 주민기본대장 형태가 이상적이었던 것이 아니며, 시구정촌이 통치기구의 말단으로서 기능하지 않는 국면 등은 한 번도 없었다. 이상은 어디까지나 소송이라는 법률절차의 제약 속에서의 표현으로서 이해해 주었으면 한다. 또 헌법 제92조는 지방자치의 기본원칙, 제94조는 지방공공단체의 권능을 각각 정하고 있다.

같은 문맥에서 제2차 이후의 소송은 필자들의 제1차 소송과 크게 다른 점이 있다. 제1차 소송은 정부 외에 지방자치정보센터와 원고 개개인이 주민표를 두고 있는 도도부현 및 시구정촌을 상대로 취한 것이지만, 지방분권과 주기네트와의 관계논의가 진전됨에 따라 시구정촌은 오히려 피해자가 아닌가 하는 의견이 변호단 사이에서 강해진 결과, 시구정촌을 피고에서 제외하게 된 것이다.

원래 지방분권 전체가 장밋빛인가 하면 꼭 그렇지만도 않다. 정부에서 도도부현, 도도부현에서 시구정촌 어느 쪽도 중간조직으로서 자리매김할 수 있다. 오타 하지메(太田 肇) 시가대학 교수(조직론)의 논의에 따르면, 중간조직은 상위조직의 에이전트(대리인)로서 개인에 대한 억압 장치가 되기 쉬운 측면을 갖는 동시에, 보다 큰 조직의 권력으로부터 개인을 지키는 대피소 역할을 할 수 있다. 하지만 그렇다는 것은 즉, 구성원의 특수이익의 획득을 추구하는 면도 있어서 전체의 평등이라는 이념과는 서로 융합되지 못할 가능성도 크다.

"또 반권력, 반중앙의 깃발을 내거는 지방 조직의 '권력자'가, 한편으로는 스스로 구성원을 포위하는 경우도 볼 수 있다. 그 중에는 자신이 하고 있는 포위를 정당화하기도 하고 지지를 얻기 위해서 상위의 권력과 싸우는 포즈를 취하는 일조차 있다. 어느 것이나 보다 상위조직에 대해서는 개인의 이익을 옹호하는 입장을 취하지만, 동시에 직접 개인을 억압한다고 하는 야누스의 얼굴 같은 양면성을 갖게 되는 것이다.

이와 같이 전체와 개인이라는 양극 구조 속에 중간조직이 들어가 3극 구조가 됨으로써 이해의 공통성이나 대립의 구도가 알기 어렵게 된다 더욱이 중간조직은 그 자체가 다단계의 중층적 구조를 이루고 있기 때문에, 관계는 한층 복잡해진다."(太田肇,『囲い込み症候群』, ちくま新書, 2001)

가뜩이나 한 줄로 가기 힘든 지방분권이라는 큰 테마는 주기네트=국민총배번호제도에 의해 혼미의 정도를 보다 심하게 하고 있다. 분명한 것은 단 한 가지, 이와 같은 것이 계속 가동하고 있는 한 앞으로의 일본에는 인간의 존엄도 자유도 없다는 것뿐이다.

〈참고문헌〉

アメリカ自由人権協会編/青木宏治・高嶌英弘監訳,『プライバシーの権利』, 教育史料出版会, 1994.

NTTデータシステム科学研究所,『eデモクラシーという地域戦略』, 小学館スクウェア, 2002.

ガンジー・O・H/江夏健一監訳,『個人情報と権力』, 同文社, 1997.

斎藤貴男,『プライバシー・クライシス』, 文藝春秋, 1999.

斎藤貴男,『小泉改革と監視社会(岩波ブックレット)』, 岩波書店, 2002.

前田みゆき・小松崎秀行・榎本敦史,『市町村合併と情報システム』, 日本経済評論社, 2002.

ライアン・デイウィット/河村一郎訳,『監視社会』, 青土社, 2002.

유사법제와 지방자치

2002년 정기국회에서는 이른바 유사법제안(有事法制案)[1]이 제출되어 많은 논의가 이루어졌다. 여기에서는 전쟁을 가정하고 있지 않은 일본 헌법 제9조와의 관계뿐만 아니라, 지방자치에 관해서도 헌법 구조상의 대전환이 일어날 것에 대해 지적하고자 한다.

[위기관리]

유사법제(有事法制)와 지자체의 위기관리

전 · 중의원의원 정책담당비서
이시다 도시타카(石田敏高)
이타바시구 총무부 방재과장
가기야 하지메(鍵屋一)

유사법안과 정부간 관계

일본 헌법은 지방자치를 보장하고 있으며, 2000년 4월의 지방자치법 개정에서는 국가와 지방자치단체의 관계는 원칙적으로 대등하다는 점을 명확히 했다. 그러나 제출된 유사법안에서는 국가와 지방자치단체와의 관계가 대등(對等)에서 상하(上下)관계로 분명히 바뀌어 있다.

예를 들면, 중앙정부가 '무력공격사태에 이르렀다'고 판단하고 무력공격사태에 대처하기 위한 기본적인 방침을 정하면, 중앙정부가 그 대처와 관련한 주요 역할을 맡으며, 지방자치단체는 중앙정부의 방침을 바탕으로 조치를 실시하고, 기타 적절한 역할을 맡는 것을 기본으로 한다(무력공격사태법안 제7조). 그리고 내각총리대신은 지방자치단체 등에 대해서 '종합조정'을 할 수 있으며(동 제14조 제1항), 지방자치단체가 필요한 대처조치를 실시하지 않을 때에

1) '무력공격사태에서의 일본의 평화와 독립 그리고 국가와 국민의 안전확보에 관한 법률(안)', '자위대법 및 방위청 직원의 급여 등에 관한 법률의 일부를 개정하는 법률(안)', '안전보장회의설치법의 일부를 개정하는 법률(안)'의 세 법인.

는 지방자치단체의 장에 대해서 '대처조치'를 실시해야 함을 지시할 수 있다. 그리고 장이 이 지시를 따르지 않았을 경우, 내각총리대신은 스스로 또는 소관 대신(大臣)을 통해 '대처조치'를 실시할 수 있게 된다(동 제15조). 또한 자위대의 전개 예정지역에서 진지(陣地) 등의 시설구축이 가능하게 되었기 때문에 지방자치단체의 구역전체가 완전히 기지화(基地化), 참호화(塹壕化)될 우려도 있다(자위대법 개정안 제77조의 2).

이러한 중잉징부의 권한강화에 대해 지방자치단체 측에서는 종합조정에 관한 의견을 신청하는 정도밖에 할 수 있는 것이 없다(무력공격사태법안 제14조 제2항).

국민보호법제와 시민, 정부관계

이번에 제출되지는 않았지만, 큰 비판을 받고 있는 것이 '국민보호법제'이다. 나중에 내각관방은 이 법제의 이미지를 분명히 했지만,[2] 그 명칭이 갖고 있는 이미지와는 달리 법제의 중핵을 이루는 것은 민간방위와 사권(私權)의 제한이다.

민간방위는 유사시에 시민이 피난, 구조, 의료, 소방 등의 임무에 임하는 것이다. 중앙정부는 민간방위를 담당하는 조직으로서 소방단을 예정하고 있다. 이에 더하여 가타야마(片山) 총무대신(總務大臣)은 자치회, 정내회(町內會)를 핵으로 하는 자주방재조직을 활용한다고 말했지만, 소방단원이나 자주방재조직의 의견을 듣지 않고 역할을 떠맡겼다.

2) 국민보호법제의 핵심은, ① 총칙(중앙정부, 지방자치단체의 역할 등), ② 피난조치(경보발령, 피난의 지시·유도 등), ③ 원조조치(주민 등의 구조, 의료의 확보 등), ④ 피해최소조치(교통, 통신, 생활관련시설, 의료, 물자의 확보, 가설주택 등), ⑤ 기타(복구, 재정조치, 벌칙 등)의 5개 내용으로 구성된다.

사권의 제한에 대해서는 재해대책기본법과 마찬가지로, 토지사용 등의 권한이나 의료, 토목건축공사, 수송관계자에 대한 종사, 협력, 보관의 명령규정 등을 담고 있다. 더욱이 후쿠다(福田) 관방장관(官房長官)은 국민의 권리제한에 대해 "사상, 양심, 신앙의 자유가 제약을 받는 경우는 있을 수 있다."고 중앙정부의 견해를 말했다.[3] 그러나 국민보호법제가 예정하는 권리제한에는 전쟁반대의 입장에서 사유지의 이용거부, 물자수송업무의 종사의무위반을 하는 시민이 다수 나타나 각지에서 혼란이 일어나는 것도 예상된다.

집권을 막을 길은 없나

유사시의 지방자치단체 사무는 원칙적으로 법정수탁사무로 되어, 내각총리대신의 지시 등에 대해서는 법적 구속력이 동반되는 중앙집권형이 된다. 현행 재해대책기본법이 재해시의 사무를 자치사무로 하고 있는 것과 대조적이다.

내각총리대신이라고 하면 듣기는 좋지만, 실제로 지시하는 것은 각 성청(省廳)의 관료이며, 유사시 관료의 권한강화가 의도되고 있음을 경시해서는 안 된다. 예를 들면, 경보의 발령, 피난지시 등 피난에 관한 것, 보건위생의 확보, 사회질서의 유지, 물가의 통제와 배급제도, 물자의 수송 등 피해를 최소로 하는 조치 등 유사시에는 모든 것들이 중앙정부, 즉 관료의 권한이 된다.

국민보건법제는 이미 제출된 유사3법안과 함께 국가⇒지방자치단체⇒시민의 상하관계를 명확히 했다. 헌법재판소와 국민투표 등

3) 2002년 7월의 '중의원 유사법제 특별위원회'에서의 발언. 중앙정부의 인권에 대한 경시는 국민보호란 이름하에서 과잉·부당한 인권침해와 정보수집을 우려케 한다.

의 체크 시스템을 갖추고 있지 않는 일본에서, 더욱 지방자치를 빼앗고, 사권을 제한하는 중앙집권화를 추진하면, 전쟁에 대한 억제력이 들지 않을 우려가 있다. 이와 같이 균형을 잃은 일방적인 중앙정부 우위를 정한 유사법제는 전쟁포기와 지방자치보장을 정한 일본 헌법에 위반하는 것이 아닌가?

유사법제로 시민의 안전을 지킬 수 있는가?

유사법제는 권한을 중앙정부로 일원화시키지만, 그것으로 과연 시민의 안전이 정말로 지켜질 수 있을까? 여기에서는 거대도시 도쿄(東京)를 예로 생각해 보자.

중앙정부는 시민을 피난시킬 수 있는가?

중앙정부는 시민의 피난에 관한 조치를 법정수탁사무로 하여 국가의 법적 구속력을 수반한 지시하에 지방자치단체가 실시하는 것으로 하고 있다. 그러나 한신·아와지 대지진(阪神淡路大震災)[4]에서 피난자 31만 7천 명, 피난소가 1,153개소에 이르렀을 때, 각 지역의 지방자치단체에서조차 피난자의 관리는 거의 불가능했다. 해당지역에 대한 감각이 전혀 없는 중앙정부가 지방자치단체에 대해 어느 정도의 지시를 할 수 있다는 것일까?

가령, 도쿄도(東京都) 내 전역에 피난경보가 발령되어 도쿄도민 전체가 피난하면 그 규모는 1,200만 명이 된다. 과밀한 도시를 지탱하

4) 한신(阪神)지역은 오사카(大阪)와 고베(神戸)를 잇는 지역을 말하며, 아와지섬(淡路島)은 효고현(兵庫県)에 속하는 지역으로 세토내해(瀨戸内海) 동쪽 끝의 섬을 지칭한다. 한신·아와지 대지진은 1995년 1월 17일에 발생한 대지진으로 우리에게는 고베 대지신이란 이름으로 잘 알려져 있다.(역자주)

고 있는 정밀한 도시 인프라를 쓸 수 없는 상태에서 이와 같은 피난자가 발생하면, 당장 의식주의 공급이 불가능해진다. 머지않아 대규모 소동이 일어날 가능성조차 있다. 이렇게 되면, 외부로부터의 공격을 기다리지 않아도 일본은 스스로 붕괴하고 만다.

피난의 곤란성

가까운 지역으로 피난하는 자연재해와 달리, 유사시의 피난은 도도부현(都道府縣)의 경계를 넘어 멀리 가거나 장기간에 걸쳐 피난해야 할 가능성이 있다. 건강한 사람조차도 장거리를 장시간 계속 걷는 것은 참으로 어렵다. 하물며, 도쿄도(東京都)에는 65세 이상의 고령자가 190만 명, 15세 미만은 150만 명이나 있다. 한편 이들을 돕고 있는 도 직원 수는 경찰, 소방, 교원을 포함해 14만 명에 지나지 않는다.

또, 예를 들어 도쿄도민이 사이타마현(埼玉縣)으로 피난했을 경우에는 어떻게 될까? 사이타마현의 급수계획인구는 37만 5천 명분, 식량비축이 130만 식사분으로 순식간에 바닥이 나고 만다.

이상의 사실에 비추어 보면, 유사시에 도쿄도민 대다수를 도쿄도 밖으로 피난시키는 계획은 있을 수 없다는 것을 알 수 있다. 즉, 도쿄 전체가 공격대상이 되는 유사시에는 누가 지시를 하든지 도쿄도민을 지킬 수는 없다.

일본과 미국의 위기관리를 비교한다

일본인들은 중앙정부가 말하는 대로 일본 국토가 적국에게 공격을 받아 자위대가 참호를 파고 이를 반격한다고 하는 유사시의 사태는 없을 것으로 생각하고 있다.[5)]

표 1. 미국·일본 정부의 위기관리 대응 비교

2001.9.11 미국동시다발테러 후의 FEMA활동[i)]	1995.1.17 고베 대지진시의 일본정부 등의 대응[ii)]
9월 11일 (화) •테러공격을 받은 직후부터 당일 중으로 총 6회의 보도자료를 발표 •제1보의 주요 발표내용 ① 명백한 테러공격이라는 점 ② FEMA는 백악관과 복수의 연방국과 대책개시 ③ 부대통령과 국가안전보장담당 특별보좌관은 전연방국 상급관리과를 포함한 멤버로 회의중(대통령은 플로리다 유세중) ④ 행동플랜은 이미 수중에 있으며, 언제라도 실행할 수 있는 태세 ⑤ 곧바로 작전센터 설치. FBI전략정보활동센터와 활동개시 ⑥ 사법성은 Crisis Management(위기관리)에 직접책임을 짐 ⑦ 전연방기관은 테러공격의 영향에 대응하는 역할을 수행	【응급대응】 1월 17일 오전10시 '1995년 효고현 남부 지진 비상재해대책본부(본부장 국토관리청 장관) 설치 1월 19일 '효고현 남부 지진 긴급대책본부'(본부장 내각총리대신) 설치 1월 20일 국무대신(통칭 : 효고현 남부 지진대책대신)을 임명 1월 22일 비상재해대책본부의 현지대책본부 설치 1월 28일 국토청 내에 효고현 남부 지진대책대신의 특명실을 설치

i) FEMA홍보지 및 酒井孝, 「9.11米国中枢同時多発テロ後のFEMAの活動」, 高圧ガス, 2002年 3月号 참조 작성.
ii) (財) 阪神・淡路大震災記念協会編, 『阪神 ・ 淡路大震災復興誌[第1巻]』((財)阪神・淡路大震災記念協会, 1997) 참조 작성.

그러나 여기에서 논의를 멈출 것이 아니라, 유사법제 논의를 계기로 위기관리의 참모습을 직시하고자 한다. 시민의 안전을 지킨다고 하는 시각에서 보면, 대규모적인 재해나 전쟁이나 그 기본이 되는 위기관리태세에는 공통점이 많다.[6)]

5) 군사평론가, 자위대출신자 등의 전문가가 지적하는 유사(有事)란 ① 센카쿠 열도(일본에서는 센카쿠쇼토(尖閣諸島)라고 하며, 중국에서는 댜오위다오(釣魚島)라고 함(역자보주))의 영유권 문제로 중국군이 이 섬에 상륙하는 경우, ② 타이완 해협에서 위기가 발생했을 시, 타이완의 군사시설이 타이완 섬의 서부에 집중해 있으므로 타이완에의 공격이나 정찰시에 일본영토에 침범하는 경우, ③ 대규모 테러(국제법상으로나 관습상으로나 전쟁이라고는 볼 수 없지만, 동시다발테러 이후의 미국은 전쟁이라고 간주하고 있음)의 세 가지로 대략 집약된다.

6) 浜谷英博, 「米国の緊急事態法制」, 防衛法学会編, 『防衛法研究』, 24号(2000年 10

중요한 논점의 첫째는, 중대한 위기에 어떻게 신속하게 효과적으로 대응하는가이며, 둘째로 지방자치단체가 혼자서 대응할 수 없는 대규모적인 위기에 대해 다른 지방자치단체나 중앙정부와의 연계·보완은 충분한가 하는 점이다.

따라서 9·11테러 이후, 위기관리태세의 정비가 가장 진전된 미국에서의 연방(중앙정부), 주(state), 군(county), 시(city)와 각 수준의 위기관리를 개관한 뒤, 일본의 위기관리체제를 검증한다. 중앙정부에 권한을 부여하는 것이 위기관리가 아니라는 점을 알 수 있을 것이다.

미국의 위기관리

먼저 9·11 미국 동시다발 테러시의 FEMA(연방 긴급사태관리청 : Federal Emergency Management Agency)와 한신·아와지 대지진시의 일본 정부의 대응을 비교해 보자. 재해 발생 첫날 FEMA의 활동과 일본 정부의 대응을 비교하면 무엇을 알 수 있을까? 일본 정부의 상당히 뒤늦은 대응을 찾아볼 수 있을 것이다.

미국에서는 <그림 1>과 같이 기본적으로는 제1순위 사고대응자(Primary Incident Responder)가 책임자가 되어 피해의 규모를 보고하고, 응원을 요청하며, 현장에서 지휘를 맡는다. 연락한 시의 부서(예를 들면 소방부)에서 응원이 제때에 오지 못할 경우에는 시의 다른 부서(경찰부)나 가까운 다른 시의 부서가 응원하게 된다. 이를 위해서 조정자 역할을 하는 부서가 위기관리실이라는 형태로 만들어지게 된다. 그리고 피해가 이러한 노력으로도 그치지 않을 경우에는

月), p. 26. 독일기본법에서는 긴급사태법제를 4단계로 나누고, 그 정도에 따라 정부의 역할을 상세히 정하고 있다.

위기관리실이 중심이 되어 군(county)이나 주(state)에 연락하여 응원을 부탁한다. 주 차원의 지원이 제때에 오지 못할 경우에는 연방(FEMA)이 조정자 역할을 하게 된다. <그림 1>과 같이 현장을 중심으로 한 같은 구조가 이어져 나간다.

모든 정부(시, 카운티, 주, 연방)가 동등한 입장에 서서, 규모가 큰 정부는 작은 정부에 대해 보완관계에 있다. 최소단위의 기초자치단체를 중심으로 하여 그 임무의 최적규모에 따라 권한을 위양해 나간다고 하는 기초자치단체 우선의 원칙이, 효율성을 최대한으로 추구하는 미국의 위기관리에서 실현되고 있는 점이 흥미롭다.

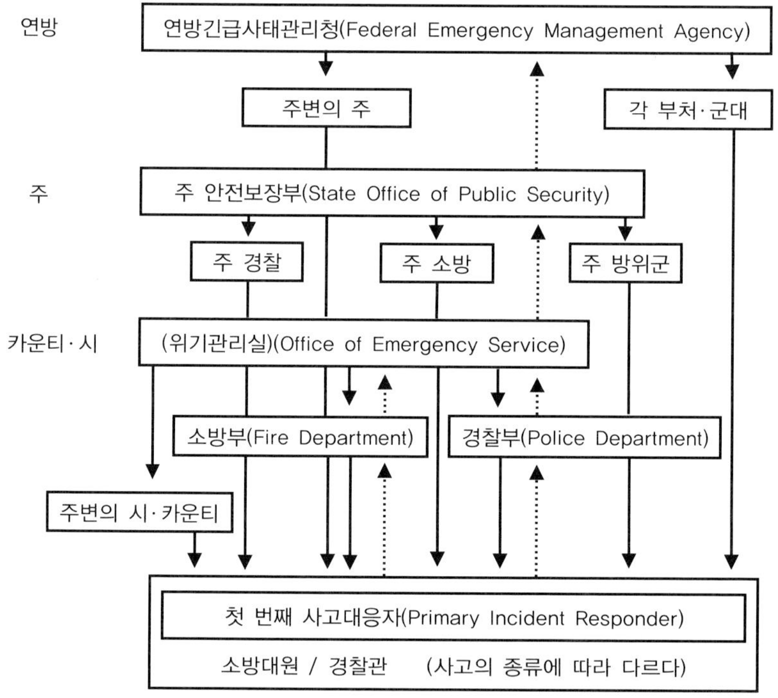

그림 1. 미국의 위기관리 대응도

일본의 위기관리

일본의 위기관리체제도 <그림 2>와 같이 외형적으로는 정비되어 있다. 그러나 실천적인 재해시의 의사결정훈련7)이 되어 있지 않으며, 상상도 할 수 없는 사태에 대해 어떻게 시스템이 움직이는지 이에

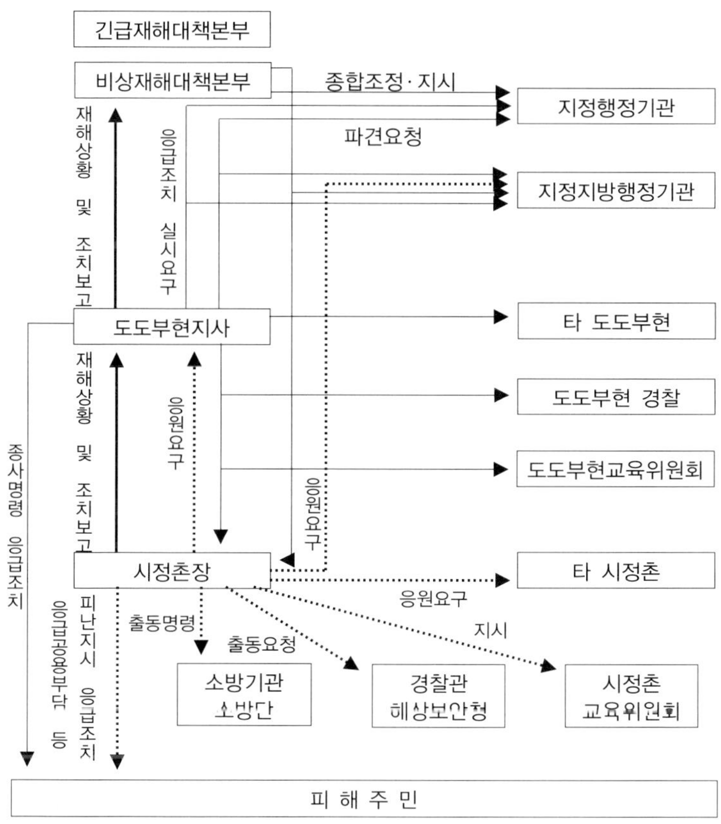

그림 2. 재해대책기본법에서의 비상재해발생시 역할에 대해(자료 : 내각부)

7) 일본의 훈련은 재해응급 실제훈련(Disaster response drill)이라고 하여 시나리오가 있어서 그대로 행동할 수 있는지의 여부를 시험하는 것이다. 한편, 미국의 위기관리부문이 하고 있는 것은 재해응급 모의훈련(Disaster response exercise)으로 시나리오가 없는 재해를 가정하고 그에 대해 각 부서가 어떻게 대응할 것인지 실천적으로 훈련하는 것이다.

대한 신뢰를 하기는 참으로 어렵다.

FEMA의 직원으로 2000년 9월부터 2001년 7월까지 일본의 위기관리를 연구하기 위해 일본에 체재했던 레오 보스너 씨는 지방자치단체의 방재체제에 대해서 "거의 대부분의 현청과 시정촌(市町村)의 재해담당 직원은 부업으로 재해대응임무를 부여받고 있는 데 지나지 않다. 훈련도 아주 조금 받거나, 거의 받지 않는 편이다."라고 지적했다.

중앙정부에 있어서도 "위기관리는 세 개의 정부기관(내각부 방재담당 정책통괄관, 내각부관방 위기관리실, 총무성 소방청)에서 나누어 계획하고 있다. 이로 인해 위기관리 임무를 중복하게 되거나 혹은 모르고 지나쳐 버릴 수도 있다."[8]고 하여, 위기관리에 있어서 중심이 없는 점과 성청의 수직적 시스템에 대한 우려를 나타냈다.

중앙정부는 큰 위기가 발생하면, 그때마다 총리대신을 장으로 하는 대책본부를 세운다. 그러나 현장에서 멀리 떨어져 있으며, 위기관리의 전문지식이 없는 관료가 대책본부란 이름으로 지시를 하기 때문에, 스피드가 떨어지고 대책이 늦어지게 된다.

각 성청이 위기관리의 실무를 수직적으로 소관하지만, 평소에도 연계를 해본 적도 없는 조직이 긴급시에 연계를 할 수 있을 리도 없으며, 소란스럽기만 하게 된다. 이러한 수직적 시스템은 성청에 한정된 것이 아니라 경찰, 소방, 자위대 등 현장에까지 침투되어 있어, 거의 대부분의 조직은 다른 조직의 행동이나 자원을 실제 위기상황에 처할 때까지 아는 경우는 없다. 이것이 일본의 위기관리를 위험하게 하고 있다. 유사법제에서 예정하고 있는 종합조정은 중앙정부의 성청(省廳)간에서야말로 필요한 것이다.

---

8) 務台俊介, 「米国専門家がみた日本の危機管理」, 『消防科学と情報』, 2002年春号, p. 20.

분권시대 지방자치단체의 위기관리

도시는 전쟁을 할 수 없다

어떠한 위기이건 피해를 입는 것은 시민이며, 분권시대에서는 시민과 지방자치단체가 스스로 방위할 각오가 필요하다.

하지만, 그 이전에 현대 일본 사회가 위기에 약한 구조임을 확인해 두자. 오늘날의 일본은 우물물을 푸고, 자신의 논과 밭에서 거둔 쌀과 야채를 아궁이에서 불을 지펴 요리하던 50년 전의 농촌형 사회와는 완전히 다른 도시형 사회로 되었다.

도시는 시민생활을 더욱더 편리하게 했지만, 그 반면에 전기, 가스, 수도 등의 인프라가 멈추거나 전쟁 특히 적군이 일본에 상륙하여 자위대가 참호를 파고 반격한다고 하는 사태가 되면, 도시는 삽시간에 붕괴하고 만다. 게다가 도쿄권(東京圈) 3,300만 명, 긴키권(近畿圈) 1,300만 명이라고 하는 거대 도시권에서는 새로운 생활을 구축할 장소도 도망칠 장소도 없다. 도시는 전쟁할 수 없는 것이다.

위기의 수준을 낮춘다

도시형 사회에서는 전쟁과 같은 위기가 발생하면 해당지역 뿐만 아니라, 도시 전체가 샛너비가 되고 만다. 따라서 지방자치단체가 위기관리에 관한 온갖 대책을 취하는 것이 당연하다.

먼저 지방자치단체는 위기관리에 관한 포괄적인 계획(plan)을 시민과 함께 세운다. 근본적으로는 이 이상의 거대도시화 하지 않을 것, 원자력 발전이나 댐 등의 과도한 인프라 의존을 하지 않는 방향으로 전환하지 않으면 안 된다. 피난 갈 수도 머물러 있을 수도 없는 도시 시스템에서의 탈피를 목표로 하는 것이다.

전쟁을 막기 위한 무방비도시선언[9], 평화외교, 시민교류 등 이외에도 테러발생의 근거가 되는 빈곤, 차별, 종교분쟁을 근본적으로 제거하기 위한 지원조치에 계속적으로 대응해 나가는 것이 중요하다. 단일 지방자치단체로는 대응이 곤란하다면, 시민, NGO, 기업, 타 지방자치단체, 중앙정부, 국제기구 등 모든 관계자와 연계하고, 군비의 총량을 줄여 위기 수준을 낮추는 것이 매우 중요하다.

시민의 자조(自助)를 서포트한다

그럼에도 불구하고 위기발생에 대비하는 것은 필요하다.

여기에서 지방자치단체의 주요한 역할은 시민이 스스로 위기대응 능력을 높이도록 서포트를 하는 것이다[10]. 예를 들면, 위기관리에 관한 정보를 다양한 수단으로 일상적으로 제공하고, 교육에 반영시킴과 동시에 실전적인 훈련의 장을 확보해 나간다. 그리고 위기가 발생했을 때에는 올바른 정보를 신속하게 제공하고, 시민이 스스로 바른 행동을 선택할 수 있도록 지원한다. 그러기 위해서 지방자치단체장은 평소 정책의 설명책임을 다하여, 정보공개에 노력하지 않으면 안 된다.

시민은 위기에 대비하여 스스로, 그리고 지역 및 직장에서 훈련을 행하여, 일상 커뮤니티간에 서로 협력하는 관계를 만들어 나가야 한다. 그것은 위기관리플랜으로 만들어 평소 훈련해야 하는 것이다.

---

9) 국제인도법의 중핵을 이루는 제네바 조약의 제1 추가의정서 제59조에서는 "어떠한 수단에 의해서도 분쟁 당사국이 무방비 지역을 공격하는 것은 금지한다." 고 규정되어 있다. 무방비 지역을 설정하는 "적당한 당국"은 국가에 한정되어 있지 않기 때문에 시정촌 등의 지자체도 선언 주체가 될 수 있다고 해석되고 있다. 그러나 일본정부는 "중앙정부 혹은 군의 지휘관에 한정한다."고 하는 공식 견해를 보여 왔다. 중앙정부와 지자체의 대등관계를 분명히 한 2000년 4월의 지방자치법, 그리고 전쟁을 포기한 일본 헌법 제9조의 정신에 비추어 볼 때, 지자체가 스스로 무방비 지역을 선언할 수 없을 리가 없는 것이다.

10) 독일국민보호법 제1조 제1항은 "관청의 조치는 주민의 자조(自助)를 돕는다."고 규정하고 있다.

이와 같은 시민·지방자치단체의 충실한 위기관리를 기반으로 수직적인 시스템을 배제하고, 일원화된 중앙정부의 위기관리조직이 창구가 되어 보완·지원하는 것이 대등한 정부간 관계를 전제로 한 분권화시대의 위기관리 태세인 것이다.

우리들은 위기가 빈발하는 세계 속에서 살고 있다. 일본에서의 전쟁가능성은 적지만, 언제 대지진이나 홍수로 인해 인명을 잃을지도 모른다. 또 누군가가 테러의 희생이 될지도 모른다. 이러한 위기에 대처하고, 시민의 생명·자유·재산을 지키는 것이 최초의 정부, 즉 지방자치단체의 궁극적인 역할이다. 평화를 기원하는 것만으로는 충분하지 않다.

〈취재협력〉

Federal Emergency Management Agency, Emergency Preparedness Specialist, Mr. Leo Bosner.

New York State Office of Public Security.

Office of Emergency Service, San Francisco Mayor's Office, Mr. Lecien Canton.

〈참고문헌〉

FEMA 홈페이지 http://www.fema.gov

水島朝穂,『現代軍事法制の研究 — 脱軍事化への道程』, 日本評論社, 1995.

「特集 諸外国の緊急事態法制」防衛法学会編, 防衛法研究 第24号, 2000. 10.

平成14年版,『防衛白書』

松下圭一,『都市型社会と防衛論争 — 市民・自治体と「有事立法」(地方自治ジャーナルブックレット33)』, 公人の友社, 2002.

「特集『国民保護法制』検討の視座」, 法律時報, 2002年11月号.

白藤博行,「『地方公共団体の責務』と『指定公共機関の責務』」, 全国憲法研究会編,『憲法と有事法制』, 日本評論社, 2002.

五十嵐敬喜＋立法学ゼミ,『都市は戦争できない』, 公人の友社, 2003.

◆ 인터뷰 ◆

일본 헌법 제9조가 말하는 주민과 지방자치단체를 지키는 법

— 와세다대학 교수 미즈시마 아사호(水島朝穗) 교수님께 듣는다

인터뷰어 기사 시게오(木佐茂男)

유사법제와 국가

기사 현재 유사법제(有事法制)에 대한 논의가 한창입니다. 무력공격사태법안과 자위대법 개정안이 함께 성립되면, 지방자치단체와 주민에게 지워지는 협력의무는 한층 강화됩니다. 무력공격이 예측되는 사태로 인정되면, 모든 지방자치단체와 그 주민을 대상으로 한 유사체제가 성립하도록 되어 있습니다만, '예측사태'라는 것은 늘었다 줄었다 하는 것이 가능한 개념입니다. 2000년 4월에 지방분권일괄법이 시행되어 지방분권의 시대라고는 하고 있습니다만, 그 법을 보아도 오히려 집권으로 향하고 있는 것이 아닌가 걱정입니다.

미즈시마 무력공격사태법안은 국가와 지방자치단체의 역할에 대해 국가가 '사태에의 대처에 관한 주요한 역할', 지방자치단체가 '국가의 방침에 기초한 조치의 실시, 기타 적절한 역할'을 맡는다고 하고 있습니다. 수상을 본부장으로 하는 국가의 대책본부가 지방자치단체를 종합적으로 조정하고, 수상에게는 지방자치단체의 지시권한도 있습니다. 게다가 지방자치단체가 지시에 따르지 않을 경우나 특히 필요에 따라 긴급을 요하는 경우, 대집행(代執行)이나 직접집행의 조치를 취할 수 있습니다. 분권개혁으로 국가와 지방자치단체가 대등한 관계라는 것을 강조했습니다만, 이래서는 실질적으로 국가의 하청기관인 것입니다.

기사 3법안에 이은 '국민보호법제'가 몹시 마음에 걸립니다. 마치

전시체제하의 '도나리구미(隣組)[1]'입니다. 자치회, 정내회(町內會)를 이용하여 긴급시보다도, 평소의 훈련·연습을 통해 비협력자를 추출하여 사상조사의 도구로 쓸 가능성이 있지 않습니까?

미즈시마 그 점이 심히 걱정입니다. 1940년에 에도가와구(江戸川區)의 정내회장(町內會長)이 고노에 수상(近衛首相)과 육군대신(陸軍大臣) 앞으로 보낸 "방공훈련·스파이에 대하여"라는 의견서에는, "가장 우려해야 할 것은 적의 비행기도 아니고, 독가스탄도 아니며, 소이탄도 아니라 오히려 국내에 있는 것입니다." 즉 '내부의 적'이 가장 두렵다고 적고 있습니다. 당시의 위정자는 도나리구미(隣組)를 이용하여 시민을 서로 감시시키고, 국민 한 사람 한 사람을 '상의하달(上意下達)·하정상통(下情上通)'의 상황으로 만들어 사적(私的)인 생활을 빼앗아갔습니다.

권력이 행사될 때, 반드시 그것에 협력하는 시민이 나옵니다. 권력 측에서는 그것을 아래서부터 일어난 '시민의 자발적인 협력'이라고 부르는 것입니다.

기사 '국민보호법제'도 '보호'라는 명칭을 붙인 총동원체제이군요.

미즈시마 '동원'이라는 말을 재정의할 필요가 있을지도 모르겠습니다. 과거에는 위로부터 집중·관리하지 않으면 국민은 움직이지 않았습니다만, 현재는 다양한 민간난제, 예를 들면 기업 등도 이에 협력하게 되어 있습니다.

여하튼 긴급시에는 국가가 힘을 집중할 필요가 있을 터인데, 헌법 자체가 그 시스템을 갖고 있지 않습니다. 이를 가리켜 '헌법의 흠결

---

1) 1940년에 제도화된 주민통제를 위한 지역주민조직. 5~10집을 단위로 하여 부락회(部落会)·정내회(町内会)하에 설치되어 배급·공출·동원 등 행정기구의 최말단 조직으로서의 역할을 했다.(역지주)

미즈시마 아사호 교수

(欠缺)'이라는 주장도 있습니다. 그러나 일본 헌법의 전문(前文)이나 제9조를 보면, 헌법은 긴급사태를 가정하고 있지 않는 것이 아니라, 가정한 위에 더욱 집행권(軍)에 권력을 집중하는 국가긴급권의 방향을 차단하고 있는 것이라고 생각됩니다.

독일의 기본권 보호의무에 관한 논의를 참고로 국가에 의한 '국민의 보호의무'를 긍정하는 사람도 있습니다만, 이는 국가권력이 개인 간에 적극적으로 개입한다고 하는 논의입니다. 그때 지방자치단체도 거기에 협력하는 경우가 있는 것입니다. 일본 헌법하에서는 '지방자치의 본지'(제92조)는 침해할 수 없습니다. 그 때문에 중앙정부 대 지방자치라는 구도도 있을 수 없습니다. 현재 '유사법제'는 이 지방자치의 핵심에까지 접어들고 있는 셈입니다.

생활안전조례와 경찰의 개입

기사 법률뿐만이 아니라, 실로 '아래로부터의 국민보호법제'가 아닐까 하고 생각되는 것이 최근의 '생활안전조례'의 증가 내지 범람입니다. Yahoo로 검색하면 819건이나 나옵니다. 1994년에 경찰법이 개정되고, '생활안전국'이 생겼습니다만, 모두 이 생활안전국이 관장하는 사무이며, 조례제정도 경찰주도라고 생각됩니다. 어떻게 보십니까?

미즈시마 전면적으로 부정하기는 어렵습니다만, 분명히 지나친 부분도 나오고 있습니다. 세타가야구(世田谷區)의 '안전하고 안심할 수 있는 지역 만들기 조례'가 전형적인 예입니다. 오움[2] 대책으로서 성립된 것입니다만, 세금을 사용하여 주민에게 특정 단체를 감시시키는 것입니다. 실로 시민참여형 상호감시체제입니다.

'마을을 안전하게 지킨다'라는 형태라면, 앞으로도 얼마든지 확대될 가능성이 있습니다. 1954년의 경찰법 개정 이후, 경찰은 권력을 가스미가세키(霞ケ關)[3]에 집약하여, 1994년 경찰법 개정이나 오움사건을 계기로 더욱 권한의 확대를 도모해 왔습니다. 이번에도 조례를 통한 권력확대를 의도하고 있는 것이 아니겠습니까?

기사 구마모토현(熊本縣)에서는 주민기본대장의 원부를 구마모토현 현경찰(縣警察)이 자유로이 열람한다고 하는 사건까지 일어났습니다. 경찰이 시청에 자꾸 들어와서 일을 할 수 없었다고 합니다.

미즈시마 오움사건 이후, 경찰이 지방자치단체에 적극적으로 출입하게 되었습니다. 일본은 무언가 일이 있기 전에 먼저 권력을 발동시키는 경향이 대단히 강합니다.

기사 이 점에 관한 실증적인 연구도 적지요.

미즈시마 가정 내 폭력이나 스토커 규제법, 인권옹호법안 등 '인권보호자'로서의 국가를 가정하고 있는 법률이 많이 만들어져 있습니다만, 연구자를 포함해 많은 사람이 시민적 안전주의의 논의에 휘말리고 있습니다.

---

2) 일본의 오움진리교를 말한다. 1995년 3월 오움진리교(교주 아사하라 쇼코)의 신도들이 도쿄 지하철에 독가스인 사린을 살포, 12명이 숨지고 5,500여 명이 부상하는 사건이 일어났다.(역자주)

3) 일본 도쿄의 관청이 몰려 있는 지명인데, 현재 일본 중앙관청의 상징적인 표현으로도 쓰여지고 있다.(역자주)

일본 헌법 제9조를 묻는다

기사 일본은 미군지원을 위해서 이지스함[4)]을 파견했습니다. 그러나 일본만이 "'무력공격' 대처의 전쟁 시스템 정비에 힘을 쏟고 있다.[5)]"고 말할 수 있는 것일까요?

미즈시마 냉전 후 사실상 각국에서 군축경향이 진행되고 있습니다. 군사비도 삭감되었고, 기지나 주둔지의 폐쇄도 진행되고 있습니다. 다만 '9·11' 테러사태에 의해 거대한 전환을 맞이하고 있습니다. 그러니까 이를 어떻게 바라볼 것인가, 여기에서 어떻게 버티고 있을 것인가가 문제시된다고 할 수 있겠습니다.

일본에서는 냉전 후, 자위대는 존속의 위기에 빠졌습니다. 그래서 1991년, 북부방면[6)] 총감(사단장[7)])이었던 시카타 도시유키(志方俊之) 씨는 '빅 레스큐 91'을 실시했습니다. 방면대(方面隊) 3,300명의 인원과 장비, 자재를 집중시켜 대규모 재해시의 구조활동을 홋카이도(北海道) 대연습장에서 실시했습니다. 자위대의 맨 파워를 보여준 셈입니다. 어떤 여론조사를 보더라도 자위대의 존재를 인정하는 제일 큰 이유는 재해지역에의 파견이므로, 시대를 읽은 시카타 씨의

---

4) 고성능 방공순양함으로 강력한 레이더 컴퓨터와 미사일을 탑재하여 동시에 다수의 목표에 대처할 수 있도록 되어 있다.(역자주)

5) 水島朝穂, 「『国民保護法制』とは何か—『有事法制』第二幕への視点」(法律時報 2002年 11月号), p. 7.

6) 일본 육상자위대의 전략적 부대편제 단위를 방면대(方面隊)라고 하는데, 현재 북부, 동북, 동부, 중부 서부의 5개 방면대가 있으며 각각에 방면총감부를 두고 있으며 그 밑에 사단, 특과단, 교육단 등이 소속되어 있다.(역자주).

7) 원문에는 리쿠쇼(陸将)로 되어 있다. 참고로 일본 육상자위대 간부(장교)의 계급체계를 보면, 위로부터 ① 사단장급인 리쿠쇼(陸将), ② 여단장급인 리쿠쇼호(陸将補), ③ 연대장급인 잇토리쿠사(1等陸佐), ④ 대대장급인 니토리쿠사(2等陸佐), ⑤ 중대장급인 산토리쿠사(3等陸佐) 또는 잇토리쿠이(1等陸尉), ⑥ 소대장급인 니토리쿠이(2等陸尉) 또는 산토리쿠이(3等陸尉)로 구성되어 있다. 그리고 그 밑에 있는 하사관으로는 준이(准尉), 리쿠소(陸曹)가 있다.(역자주)

행동은 대단히 신속했다고 할 수 있겠습니다.

걸프전쟁으로 '국제공헌'이 강조되어 UN의 PKO 활동과 인도적 구조활동의 참여, 그리고 국제긴급원조법에 기초한 파견이라는 형태로 자위대의 해외출동루트가 정당화됩니다. 그 후 북한의 핵 의혹을 계기로 하는 '극동지역의 위기'와 '내국인(일본인) 구출' 시의 무기사용에 대한 논의를 거쳐 1997년에 새로운 가이드라인, 1999년에 주변사태법이 성립됩니다. 이 새로운 가이드라인과 미일안보공동선언에 의해 미일안보는 사실상 아시아태평양안보로 바꾸어 이해할 수 있습니다. 이것이 '안보 재정의'(安保 再定義)입니다. 노르웨이의 평화학자 J. 갈퉁은 NATO의 자기 보전과 확장에의 충동(동방확대) 그리고 ANPO(安保)의 서방확대를 21세기 분쟁의 특징의 하나로 들고 있습니다.

기사 그렇다고 해도 북한이나 미국 등의 움직임이 있으므로 '무슨 일이 있을지 모른다'는 불안은 전 세계적으로 높아지고 있다고 생각합니다. 2003년 2월에는 또다시 북한이 지대함 미사일 '실크웜'과 탄도미사일 '대포동'을 발사했습니다. 정말로 일본 헌법 제9조를 바꿀 필요는 없는 것인지요?

미즈시마 2002년 10월에 서울의 국방대학원에서 만난 한국군 대령급의 교수는 "우리 국방보고에서는 2000년까지의 주요한 적은 북한이었지만, 2001년부터는 그것을 삭제했다."고 했습니다. 제가 "일본의 유사법제는 북한의 공작선이나 게릴라 특공대를 대처하기 위해 필요하다는 논의가 있다."고 하니, "그것은 무슨 근거가 있는가?"라고 반대로 질문을 받았습니다. 북한의 특수부대 활동이 감소하고 있다는 것은 통계적으로도 실증되고 있다고 했습니다. 한국군에서조차 그렇게 말하고 있는 것입니다. 한국에 있어서는 역사상 침략국이자 야스쿠니신사(靖國神社) 참배문제도 떠안고 있는 일본 쪽이 오히려 위험하지 않을까요? 공작선의 출항도 우주위성이 감시하고 있습니다. 위성기술이 이 정도로 진전되면, '무슨 일이 있을지 모른다는 것은 있을 수 없는' 것입니다.

현재 북한의 미사일문제가 회자되고 있습니다만, 이것은 과대평가를 해서도 과소평가를 해서도 안 됩니다. 주변 여러 국가들은 여러모로 군비를 강화하고 있어(중국도), 북한을 너무 몰아붙이면 위험합니다. 이라크위기에서도, 유럽이 걱정하고 있는 것은 미국에 반발하는 아랍계 주민이 유럽 속에 있다는 사실입니다. 따라서 주민자신이 가까운 외국인을 감시하라고 하는 결과가 됩니다. 그러나 가장 중요한 것은 미국에서 냉정히 거리를 두고, 예를 들면 북한에 대해 걱정하고 있는 재일 조총련 소속 사람들을 적으로 보지 않는 것입니다. 그리고 이것이야말로 일본 헌법 제9조에 따른 선택입니다.

고이즈미 수상(小泉首相)이나 나카타니 방위청 장관(中谷防衛廳長官)(당시)도 국회에서 외국이 일본에 침략하는 것은 '가정할 수 없다'고 답변했습니다. 그러면 무엇이 '유사법제'의 입법사실인가 하면, 니시모토(西元徹也) 전 통막의장(統幕議長)이 2002년 3월 8일자 아사히신문(朝日新聞) 인터뷰에서 '유사법제 필요론의 목소리가 높아지고 있는 가운데, 한 번 더 영역경비 문제와 근본적인 테러대책으로 되돌아가면, 또 다시 2년에서 3년 정도 시간이 걸리게 된다. 다시 잊혀져 갈 위험성이 충분히 있다' 즉 '지금 만들지 않으면 앞으로 언제 만들 수 있을지 알 수 없다'고 말한 이것이 유일한 입법사실인 셈입니다.

기사 자위권에 대해서는 어떻게 생각하십니까?

미즈시마 학계에서는 오랜 세월 '무력 없는 자위권설'이 통설이었습니다만, 저는 국민의 생명과 재산을 지키는 것이 오히려 국민의

'평화적 생존권'의 행사로 나가야 한다고 생각하고 있습니다.

'평화적 생존권'을 독자적인 권리로 인정하고 자위대를 정면에서 위헌이라고 한 나가누마나이키소송(長沼ナイキ訴訟)이 있은 지 2003년으로 30년이 됩니다. 또 전쟁위법화의 시대가 시작된 이래 거의 한 세기가 지났습니다. 1899년의 제1회 헤이그회의를 계기로 '국제분쟁 평화적 처리조약'(1907)이 생겨나고, '부전조약'(不戰條約, 1928)을 거쳐, 1945년의 UN헌장에 따라 무력위협과 무력행사도 일반적으로 금지되기에 이르렀습니다. 국제법의 역사는 인류가 '정의의 전쟁'을 극복하고, 전쟁을 위법화하는 역사였다고 할 수 있습니다. 이 점, 사카모토(坂本昌成) 교수는 일본 헌법이 무력 불행사 원칙을 철저하게 하여, 전통적 자위권을 포기했다고 해석하고 있어 주목받고 있습니다.[8)]

칸트가 『영원한 평화를 위하여』(1799) 속에서 "섬멸전에서는 쌍방이 동시에 멸망하며 그와 함께 모든 정의도 멸망하므로 영원한 평화는 인류의 거대한 무덤 위에서만 구축되어질 것이다."고 하여, 현대의 핵전쟁을 전망하는 듯한 지적을 하면서, 군 확장 경쟁과 군사비의 증대에 의해, 군대 그 자체가 선제공격의 원인이 된다고 말한 것은 시사적입니다.

전력(戰力)을 갖지 않는 것을 선언한 일본 헌법 제9조는 '법에 의한 평화'의 도달점인 것입니다.

위기관리의 모습

재해대책기본법, 방재계획

기사 저는 방재계획에 대해서 조사한 적이 있습니다. 정부의

8) 坂本昌成, 『憲法理論 I』(成文堂, 2000), p. 245.

방재계획, 각 성청의 방재업무계획, 모든 도부현(道府縣)의 지역방재계획, 시정촌의 지역방재계획, 모든 각 기관이 제각각이었습니다. 게다가 화산에 관한 것, 지진에 관한 것, 원자력에 관한 것 등 종류도 많았습니다. 각 기관이 제각각인 것도 문제입니다만, 대부분의 문제는 이 계획에서 본래 예상하고 있는 범위가 아니라는 생각이 듭니다. 방재계획의 가능성과 한계는 어떻게 생각하십니까?

미즈시마 두 가지 지적을 하고 싶습니다.

우선 말씀하신 바와 같은 종합성이 없다는 것입니다. 1980년대에 '위기관리론'에서 파생된 '종합안보론'은 식량문제에서 화성인의 습격까지 시야에 넣은 것도 있었습니다만, 결국 그대로 방치되었습니다. 그 후 나카소네(中曾根) 내각은 처음으로 정부 수준에서 '위기관리'의 검토를 개시하고 '민간방위'에 대해서도 제언을 하여 한없이 군사적인 색채를 강화해 나갔습니다. 종합적인 위기관리를 하였다가, 자취를 감추었다가를 반복하면서 자위대의 힘만을 키워갔습니다. 한신·아와지 대지진[9]에서도 무라야마(村山) 수상이 처음부터 긴급재해대책본부를 세웠더라면 조금 더 사태는 달라졌을 터입니다. 그런데 위기관리체제가 갖추어져 있지 않으니까 자위대의 권한을 확대할 필요가 있다고 하는 방향으로 이끌어 가고 만 것입니다.

자위대법 제3조는 어디까지나 '일본을 방위하는 것'을 자위대 '본래의 임무'로 하고 있습니다. 국민을 지키는 것은 이른바 '반사적 이익'에 지나지 않습니다. 지진이 있었을 때, 30명이 1시간 걸려서도 가옥이 붕괴되어 그 밑에 깔린 피해자를 구출하지 못하여 가까이에

9) 한신(阪神)지역은 오사카(大阪)와 고베(神戸)를 잇는 지역을 말하며, 아와지 섬은 효고현(兵庫県)에 속하는 지역으로 세토내해(瀬戸内海) 동쪽 끝의 섬을 가리킨다. 한신·아와지 대지진은 1995년 1월 17일 발생한 지진으로 많은 인명피해를 남겼다. 한국에는 일반적으로 고베 대지진으로 알려져 있다.(역자주)

있던 소방구조대에 응원을 부탁했더니 5명의 구조대 대원이 10분 만에 구출했다는 이야기가 있습니다. 현실적이고 합리적인 선택으로서 '비전문'으로 되어 있는 재해파견 등을 본래의 임무로 격상시켜 인명구조를 위한 훈련을 실시하고, 그러기 위한 조직으로서 자위대를 '해편'(解編)[10]해야 한다고 저는 오랜 세월 주장해 왔습니다. 자위대를 '군대화시키지 않는다'는 것입니다. 지방자치단체와 자위대의 직무공조도 군대로서는 있을 수 없는 것이지만, 그 이외의 경우라면 공조가 있을 수 있다고 생각합니다.

둘째로, 코디네이트 시스템이 없다는 점입니다. 각 지방자치단체간이 광역으로 연계하여 총무성이 최후의 조정권한을 갖게 될 것입니다. 모델은 이미 있습니다. 1995년 한신·아와지 대지진에 대한 반성으로 소방조직법을 개정하여 '긴급소방원조대'가 발족하였습니다. 신속한 광역구조를 할 수 있도록 구조, 소방, 구급, 후방지원의 각 부대가 통합 운용됩니다. 더욱이 도쿄소방청은 1996년 '소방구조기동부대'(하이퍼 레스큐)를 발족시켰습니다. '열린 자기 완결성'을 갖고, 연료와 식량의 보급 없이 일정기간 활동할 수 있습니다. 이 부대는 국제소방구조대(IRT-JF)로서도 운용됩니다. IRT-JF는 해외의 재해지역에서 구조활동을 하겠다는 의향을 나타낸 시정촌 소방기관의 구조대를 소방청이 총칭하는 것입니다. 구조와 의료가 일제가 된 종합팀으로 1991년 방글라데시의 사이크론 재해에서는 의료물자를 운반한 IRT-JF의 '빨간 헬리콥터'가 큰 환영을 받았습니다. 그러나 걸프전 위기시에는 '국제공헌을 할 수 있는 조직은 자위대밖에 없다'고 하는 방향으로 여론이 유도되었기 때문에 이것이 의식적

10) 水島朝穂, 「自衛隊の平和憲法的解編構想」, 深瀬忠一他編, 『恒久世界平和のために ― 日本国憲法からの提言』(勁草書房, 1998), pp. 589~617.

으로 묵살되었던 것입니다. 국민은 더욱 IRT-JF의 활동에 주목해야 합니다.

기사 이른바 유사(有事)라는 것과, 재해 내지 군사와 관계가 없는 긴급사태와는 구별이 가능한가요? 예를 들면, 지하철 사린가스 사건은 특정 종교집단의 행위였습니다만, 이것이 가령 외국인에 의한 테러라면 유사(有事)라고 불러야 할지도 모릅니다. 9·11사태에서 볼 수 있는 바와 같이 테러의 형태도 상당히 바뀌고 있습니다. 어쨌든 초기에는 지방자치단체가 행동해야 하겠습니다만, 규모가 커지면 경찰·소방 등을 통합하여 지휘계통이 상부로 이동하지 않을 수 없다고 생각합니다. 현재의 지역방재계획은 자치사무입니다만, 유사법제에 있어서 지방자치단체의 임무는 법정수탁사무이므로, 이 두 가지가 병존하게 됩니다. 국가의 법령실무담당자는 어떤 기준으로 자치사무와 법정수탁사무를 구분할 수 있겠습니까?

미즈시마 재해대책기본법은 재해응급대책에 대해 시정촌의 권한을 대단히 강화하고 있습니다. 재해의 규모에 따라 국가가 비상재해대책본부, 긴급재해대책본부 등을 설치할 수 있습니다만, 초기에 지방자치단체가 대응하는 것은 당연한 일입니다. 현장을 모르는 중앙관료로는 대응할 수 없습니다.

미국에서도 재해의 초기는 지방자치단체가 대응하고, 주지사가 대통령에게 요청을 하면 이를 받아서 대통령이 대규모 재해지역 지정 선언을 해야 비로소 FEMA(연방비상사태관리국)가 정식으로 등장합니다. 미국은 각 주에 주 방위군이 있습니다만, 그 재해구원 활동에는 '마지막에 와서 가장 먼저 나간다'(last in, first out)고 하는 원칙이 있습니다. 독일에서도 재해의 대응은, 처음에는 란트(州)의 임무이며, 하나의 란트(州)만으로 대응할 수 없는 경우에는 란트가 다른 란트에 협력을 요청하고, 재해가 둘 이상의 란트에 걸치게 될 위험이 미치는 경우에는 연방정부가 대응할 수 있다고 정하고 있습니다.

어디까지나 지방자치단체를 기점으로 하여 재해의 규모와 질에 따라 단계를 나누어 광역적 대응을 해 나가는 것은 가능하며, 또 그렇게 해야 하는 것입니다. 일본은 테러대책을 보더라도 종래와 같이는 대처할 수 없다고 하여 테러조치법을 만들고 자위대법을 개정하였습니다. 경찰 영역에의 자위대 개입을 안이하게 받아들인 셈입니다. 2000년 9월 이시하라(石原) 도쿄도지사(東京都知事)는 앞서 말씀드렸던 시카타 토시유키(志方俊之) 씨를 도참여(都参与) 자리에 임명하고 '빅 레스큐 2000'을 실시, 방재훈련이라는 명목으로 긴자(銀座)에 전차(戰車)를 달리게 했습니다. 2002년 11월에는 육상자위대 북부방면대와 홋카이도경찰이 대 게릴라코만도의 도상연습(圖上練習)을 했습니다. 이러한 방향은 의문입니다.

또한 자치사무와 법정수탁사무의 구분에 대해서는 정부도 가급적 법정수탁사무로 하려고 고심하고 있는 것이 아니겠습니까? 지방자치단체나 우리와 같은 연구자들의 입장에서는 가능한 자치사무로 보고, 경우에 따라서는 지방자치와의 관계에서 헌법론을 전개해 나가게 되겠지요.

커뮤니티

기사 독일에서는 1998년에 101명의 사망자가 나온 고속철도 사고가 있었습니다. 그때, 작은 마을의 촌장이 일련의 사고대책에 있어서 훌륭한 지휘감독능력을 보여주었습니다.

미즈시마 수장(首長)이라는 것은 본래 그와 같은 사람입니다. 그 지역 사람들의 안전을 위해서 책임을 지고 판단하여 신속히 대응해야 합니다. 제가 기사(木佐) 교수님을 존경하는 것은 지방자치단체에서 그러한 일을 제대로 담당할 인재를 육성하고 계시기 때문입니다. 지방분권 개혁이 이루어졌습니다만, 사상으로서의 '반분권'(反分權)은 아직도 뿌리 깊은 것이 아닐까요?

기사 말씀하시는 대로입니다. 지방자치단체의 현장의식이 분권개혁 후에도 거의 바뀌지 않았습니다. 개혁에서 너무 권한이 내려오지 않았다고들 합니다만, 아마 독일이라고 해도 예를 들면 이러한 대규모 사고 혹은 대규모 재해에 대해서 법률적으로는 촌장에게 큰 권한은 없습니다. 사고가 있었던 니더작센 주(Niedersachsen 州)의 법률을 보면, 헬리콥터 등의 이용은 주(州), 기타 구급업무는 군(郡)과 동격의 시(市) 그리고 기타 비교적 규모가 큰 시가 열거되어 있습니다. 고유의 자치사무로서 처리하는 것입니다만, 지방자치단체 등의 협력의무나 대원의 소양에 대해서까지 법률에 상세히 적혀 있습니다.

미즈시마 군대와는 달리 토론과 합의로 선발된 사람이 힘을 갖는다는 것, 이것이 민주주의(democracy)입니다. 자신이 게마인데(Gemeinde: 기초자치단체)에서 필요한 리더십을 발휘하는 것은 민주주의적인 정통성(legitimacy)이 있는 셈입니다.

기사 독일의 수장은 주민에게 대단히 가까운 존재이지만, 유사시에는 모두가 따릅니다. 일본의 수장은 동네 식당에 가는 일도 없습니다. 독일에서는 있을 수 없는 일입니다.

미즈시마 얼굴 보이는 수장이 짊어지고 있는 보이지 않는 분권의 힘이군요. 뷔르거마이스터(Bürgermeister : 기초자치단체장)에 대한 존경은 절대적입니다. 기사 교수님은 '얼굴이 보이는 재판관'[11)]의

11) 木佐茂男, 『人間の尊厳と司法権』(日本評論社, 1990) 참조.

필요성도 오랜 세월 역설해 오셨습니다만, 소방도 자위대도 더욱 얼굴을 보이는 편이 국민의 협력도 훨씬 얻기 쉬울 것입니다.

기사 통합추진논의가 한창입니다만, 크게 만들면 좋다고 하는 것은 환상이지요?

미즈시마 맞습니다. 규모가 너무 큰 지방자치단체에서, 그리고 얼굴이 잘 보이지 않는 사람들 사이에서는 커뮤니티를 구축하는 것은 불가능합니다. 이것도 기사 교수님이 줄곧 말씀해 오신 것처럼 독일 지방자치단체는 콤팩트해서 주민의 자치의식이 대단히 높습니다.

일본에서도 지진으로 인한 재해시에, 야마구치구미(山口組)가 "평소 신세를 진 지역주민에게 보답하고 싶다."고 해서 조직원을 써서 식료를 주민에게 배급했습니다. 차가운 빵이라는 행정의 배급보다 야마구치구미(山口組)의 따뜻한 컵라면 쪽이 그 지역의 피해자들을 기쁘게 했던 것입니다. 야마구치구미(山口組)의 존재를 정면에서 긍정하지는 않습니다만, 그때의 순간적인 정신성은 대단히 높았다고 할 수 있습니다. 지진 이후 커뮤니티의 위기관리를 논의하게 되어 일본에도 자원봉사자의 지역자주방위조직이 많이 만들어졌습니다. 이미 평화의 행위자(actor)는 정부뿐만이 아니라 시민이나 NGO, 지방자치단체 등 다양해졌습니다.

기사 제가 독일에서 놀란 것의 하나는 오페라극장에는 반드시 간호사가 전체를 둘러볼 수 있는 장소에 앉아 있다는 것입니다. 축제에도 반드시 자원봉사로 소방대나 구급대가 나옵니다.

미즈시마 독일에서는 1956년에 징병제를 도입하였습니다만, 그 효과로서 징병거부자가 복지현장을 지키고 있습니다. 현재 징병제의 폐지논의가 한창입니다.

기사 독일은 군대에 대한 시민통제(civilian control)도 대단하지요.

공무원에 대한 엄격한 근무평정제도도 군대에서 시작되었습니다.

미즈시마 독일은 군인의 기본권제한을 기본법[12]에 규정하는 한편, 군사 옴부즈만 제도나 강력한 의회통제 시스템을 도입했습니다. '완벽한' 긴급사태법제도 정비되어 있습니다. 최대의 포인트는 외부에서의 무력공격사태에 대한 인정을 의회에 위임하고 있는 점입니다. 현재 일본에서 논의되고 있는 '유사법제'[13]와 같이 '유사'(有事)라고 결정하는 사람과, 그 대처에 임하는 사람이 같다는 것은 대단히 위험합니다. 또한 정치가는 4년에 한 번 선거의 세례를 받습니다만, 관료는 한 번의 시험결과로 계속해서 근무할 수 있는 것입니다. 따라서 리더는 선거된 시빌리안(civilian)이 아니면 안 되는 것입니다.

현재 일본에서 정치가가 군사적 합리성으로 움직이기 시작한 것을 저는 우려하고 있습니다.

맺으며

미즈시마 누구나가 불안을 안고 있는 현재, 누가, 무엇을, 어떻게, 어느 정도 지킬 것인가가 문제되고 있습니다. 저는 마지막에 말한 '어느 정도'라는 것이 대단히 중요하다고 생각합니다. '절대 안전'을 추구하면 상호 감시 사회가 되고 맙니다.

또 한 가지 중요한 것이 지금 말씀드린 '커뮤니티'입니다. 지방자치단체도 소방도 항상 현장을 기점으로 그 지역에 가장 적절한 대응을 판단할 수 있습니다. 그리고 국가를 위해서 이웃을 감시하는

12) 독일의 헌법을 말한다.(역자주)

13) 본문에서는 일본의 유사법제가 논의되고 있다고 되어 있으나, 일본은 2003년 6월 6일 '무력공격대처관련 3법'이 제정되었다.(역자주)

대신에 자신들의 생명을 서로 도우며 지킬 수 있습니다. 외국인에게도 친절한 지방자치단체는 방재에도 강합니다.

기사 예를 들면 축구 월드컵에서 한국이 한국 대 터키전에서도 터키를 열심히 응원했기 때문에 터키에서는 현재 한국의 평가가 대단히 높다고 합니다. 이것도 보는 관점에 따라서는 평화운동입니다. 또 독일에서 결혼식이나 제사를 올리면 5개국 정도에서 사람들이 모입니다. 이래서는 전쟁을 할 수 없겠지요.

미즈시마 말씀하신 대로입니다. 안전이라는 것은 최종적으로는 연계의 문제가 되는 것입니다.

기사 언뜻 보면 먼 거리인 것 같아도 NPO, 지방자치단체 등이 연계해서 평화 시스템을 만드는 것이 중요하며, 현실적으로도 맞는다고 할 수 있겠습니다.

미즈시마 맞습니다. 또 한 가지 저는 상당히 뒤로 물러선 입장에서 '그래도 군사적 영역은 남는다'고 생각하고 있는 사람들과도 마주해 왔습니다. 코소보전쟁시에 주장되었던 'TINA이론'이라는 것이 있습니다. "There is no alternative", 즉 공격하지 않을 수 없었다는 것입니다. 그러나 항상 그런 식으로 인간은 잘못된 전쟁을 되풀이해 왔습니다. TINA이론을 취하지 않는 '안전의 기초력'을 구성하는 것은 커뮤니케이션·교류의 능력과 존경할 수 있는 사람, 그리고 거기에 집약되는 노하우입니다.

그리고 일본 헌법 제9조야말로 그것을 이끌어 나가는 최고의 규범이라는 것을 다시금 지적하고 싶습니다.

기사 감사합니다.

※ 이 인터뷰는 2003년 3월 1일에 탈고(脫稿)했음.

[성청재편]

새로운 부성(府省) 체제와 지방자치

주오대학 법학부 교수
이마무라 쓰나오(今村都南雄)

어떻게 평가를 하더라도 일본의 지방자치는 얼마 전까지도 '자치성에 의해 유지되었던 지방자치'였다. 그 자치성이 중앙 성청 등의 개혁으로 총무성으로 통합되었으므로 그 점 하나를 보더라도 사안의 중대성은 가히 짐작할 수 있을 것이다.

중의원·참의원의 양원에서 지방분권추진결의를 한 것으로부터 지방분권추진법의 성립과 지방분권추진위원회의 발족을 거쳐 결국에는 475개의 법률을 일괄적으로 개정하도록 한 지방분권일괄법의 성립에 따라 신지방자치법의 시대로까지 이르게 된 경위에 대해서는 여기서 다시 되새겨볼 필요도 없을 것이다. 그 자체가 장대한 드라마였다. 다만 주의할 필요가 있는 것은, 이번 개혁이 중앙성청의 재편이나 민영화·규제완화보다 한 단계 더 높은 개혁 추진, 즉 '일본의 형태'를 재편성하자고 하는 더욱 넓은 행정개혁의 맥락 속에서 추진되었다고 하는 사실이다.

특히, 지방분권 개혁과 중앙성청 재편이란 분권일괄법안과 성청 등 재편 관련 법안에 관한 국회 심의 과정에서 중의원·참의원 양원 모두 동일한 특별위원회에서 심의된 데에서도 엿볼 수 있듯이 상호 밀접하게 관련되어 있었다는 것도 다시 한 번 유의할 필요가 있다.

정부체계 재편 속에서의 분권개혁

국가와 지방의 정부간 관계의 변화는 정치와 행정의 이른바 정관관계(政官關係), 정부(공공)부문과 민간부문과의 이른바 관민관계의 변화와 서로 얽혀 있는 부분이 있어, 그것들의 위상을 달리하는 세 가지 기본적인 관계구조를 포괄적으로 받아들이는 시점이 필요하다. 필자는 일찍이 그와 같은 시점의 필요성을 주장하며 '정부체계'의 개념화를 제창해 왔다.

일본 정부체계의 재편은 제2차 오일쇼크를 하나의 계기로 하여, 1980년대부터 본격화되기 시작했다. 제일 먼저 제2차 임시행정조사회, 그것에 뒤이어 3차에 걸친 임시행정개혁추진심의회, 행정수속법 시행 후에 설치된 행정개혁위원회, 그리고 지방분권추진위원회와 행정개혁회의 등이 그 주된 무대였다. 새로운 부성체제(府省体制)가 되고 나서도 지방분권에 관해서는 추진위원회를 이어서 지방분권추진위원회가 발족하고, 과거의 규제완화위원회를 이은 규제개혁위원회의 뒤는 종합규제개혁위원회가 중점분야인 규제개혁을 더욱 추진하려고 하고 있다. 여기에 사법제도 개혁이나 공무원제도 개혁도 포함해서 정부체계의 재편은 21세기에 들어선 오늘날에도 계속 진행 중이다.

그런데 정부체계 재편 중에서의 기본적인 제도개혁 과제는 처음부터 순서적으로 하나하나씩 대처해 온 것은 아니다. 상황의 변화나 시간의 경과와 함께 개혁 과제 사이에서의 중점이행이 있었다.

조금 돌이켜보면 알 수 있듯이, 제2차 임시행정조사회로 시작된 1980년대는 국철·일본전신전화공사의 '민영화'나 '민간활력의 활용'에 역점이 두어졌다. 민영화와 나란히 규제완화도 그 무렵부터 일관된 추진과제였다. 그런데 자민당 장기정권에 일단 종지부를 찍은 1993년 무렵부터 양상이 바뀌었다. 그리고 무라야마 내각(村山内閣)에서 하시모토 내각(橋本内閣)에 걸쳐 중점은 분명히 지방분권개혁 및 정치주도의 확립을 위한 제도적 개혁 쪽으로 옮겨져 갔다.

세기말의 행정개혁 과제를 '관에서 민으로'와 '국가에서 지방으로'로 정리한 것은 제3차 행정개혁심의회였지만, 여기에 '관(官)에서 정(政)으로'의 개혁 과제가 보태져 정부체계 재편에 있어서 3중 과제가 나와 모이게 되었다. 중의원·참의원 양원에서의 지방분권 추진결의를 거쳐 지방분권추진법이 성립된 것도 또 추진위원회의 이니시어티브로 분권개혁이 진행된 것도 정치주도의 확립을 추구하는 기운이 고조되었기 때문이며, 그러한 의미에서 '국가에서 지방으로'라는 흐름은 '관에서 민으로'라는 흐름과는 처음부터 서로 뗄 수 없는 관계에 있었던 것이다.

위에서 말한 정부체계 재편의 3중 과제 중에서, 제2차 하시모토 내각에서 설치된 행정개혁회의는 처음부터 정관관계(政官關係) 재편이라는 강한 문제의식을 갖고 '가스미가세키 대개혁'에 대처하였으며, 그러한 관점에서 정부 조직편성의 변경을 가져오는 것도 안목에 넣고 있었다. 거기에는 '공공성의 공간'을 독점해 온 '중앙의 관(官)' 그 자체가 개혁의 대상이 된 것이며, 그렇기 때문에 사람들의 눈은 거기에 쏠려지게 되었다.

하지만 일단 '공공성의 공간'을 재검토하고, '일본의 형태'에 대한 재편성을 도모하게 되자, 정관관계에 대한 재검토로만 시종일관할 수는 없었다. 중앙정부와 지방과의 관계에 대해서도, 또 관민관계(官民關係)에 대해서도 재검토하지 않으면 안 되었다. 그래서 '관에서 민으로'의 개혁 과제에 대해서는 행정개혁위원회에, 그리고 '국가에서 지방으로'의 개혁 과제에 대해서는 지방분권추진위원회에 이른바 모든 것을 맡겨, 내각기능의 강화와 중앙성청의 재편에 자신의 에너지를 집중시키게 된 것이다.

이러한 정부체계의 재편이라는 광범위한 맥락 속에서 지방분권

개혁을 자리매김하고 그 후의 전개를 볼 때, 특히 중요한 것이 처음에 지적한 것처럼 그것은 중앙성청의 재편과 연동해서 추진하게 되었다는 점이다.

지방분권 개혁과 중앙성청 개혁

행정개혁회의 최종보고를 충실히 법문화했다고 여겨지는 중앙성청 등 개혁기본법에는 '중앙성청 등 개혁이 지방분권 추진 및 지방공공단체에 있어서의 행정 및 재정과 밀접하게 관련하는 것이라는 점'이 굳이 명기되어 있다. 국가공무원제도의 개혁이나 정보공개의 필요성 등과 함께 '관련 있는 여러 제도개혁과의 연계'에 대해서 정한 장의 조문(제51조)의 한 구절이다. 정말이지 문장에 쓰여진 말 그대로이지만, 의외로 이 점을 간과하기 쉽다. 대충 읽고 지나쳐 버리기 쉬운 것이다.

지방분권 개혁과 그 이외의 행정개혁과의 관련을 논할 경우에도 국회심의가 시작되기까지는 이상하게도 성청 재편과의 상호관계가 다루어지는 일은 많지 않았다. 오히려 그 이데올로기적 배경에 대해 민영화와 규제완화 등의 '관에서 민으로'의 흐름과 '국가에서 지방으로'의 흐름이 '궤를 같이하고' 있다는 점이 비판적으로 논의되는 일은 자주 있었다. 이것은 지방분권추진위원회가 그 중간보고에서 지방분권의 추진과 규제완화의 추진이 '궤를 같이하고' 있으며 '규제완화와 지방분권은 중앙집권형 행정 시스템의 변혁을 추진하는 양 바퀴인 것이다'라고 명기되어 있는 데에 따른 것이다.

그러나 '궤를 같이한다'고 하는 표현을 쓴다고 하면, '주임대신'(主任大臣)에 의한 '행정 각 부처' 중심의 경직화된 행정체제의 폐해를 극복하는 것을 목표로 한 성청개혁과 기관위임사무제도의 폐지를 주안점으로 한 지방분권 개혁과의 관계에 더욱 주목해야 한다. 원래 기관위임사무를 자치사무와 법정수탁사무로 대치하는 것으로 과연 종전의 '기관위임사무체제'라고 불렸던 것과의 결별이 어디까지 가능하게 되었는지의 여부는 앞으로 검증을 기다려 봐야 할 것이다. 총괄적인 성청재편을 통해서도 '분담관리'의 행정체제 자체는 변하지 않는 것이며, 그 아래서 전후의 복지국가 건설과정에서 기관위임사무제도가 유효하게 작동해 왔다는 것을 상기하면 그 폐지를 가져온 지방분권 개혁에 의해 각 성(省)의 대신을 정점으로 하여 수직 분할된 '분담관리'의 행정체제에 어디까지 실질적인 변화를 낳을 수 있는지, 혹은 현재 주목할 만한 변화가 생겨났는지, 그러한 것들이 문제시되지 않으면 안 된다.

이와 같은 문맥에서 새로운 부성체제가 지방자치에 미치는 영향을 개관하면, 우선 다음과 같은 사항을 떠올릴 수 있다. 첫째로 대괄적인 재편의 직접적인 효과인 거대한 성(省)의 탄생이 미치는 영향, 둘째로 그것과 관련해서 블록 단위의 지방지분부국 강화책이 초래하는 영향, 셋째로 이 또한 거대한 성의 하나가 된 총무성 설치가 가져오는 영향, 그리고 넷째로 내각기능의 강화를 노린 내각부 설치가 가져오는 파급효과라는 사항이 그것이다. 여기서 첫째, 둘째의 논점에 대해서는 간단히 접하고, 나머지 셋째, 넷째의 논점에 관해서는 그 다음에 다루기로 하자.

중앙성청 등 개혁기본법에 기초한 성청 재편에 의해, 종전의 1부21성청체제(1府21省廳体制 : 금융위원회를 더하면 22성청)에서 현재의 1부 12성청체제로 '성청수의 반감'이 감행된 점이 자주 강조된다. 그러나 성(省) 만을 추려내서 보면, 과거 12개 성이 10개 성으로

된 데에 불과하며, 여기에 총리대신을 포함한 내각법상의 '주임대신'(主任大臣)의 숫자도 3명 줄어든 데에 머물고 있다. 대괄적인 재편에 의해 거대한 성청 설치가 가져온 직접적인 효과가 바로 이것이다.

10개 성 가운데 거대 성(省)이라고 할 수 있는 것은 총무성, 후생노동성 그리고 국토교통성의 3개 성이며, 어느 것이나 전국 지방자치단체와 관계가 깊은 성뿐이다. 총무성에 대해서는 뒤에 다시 다루기로 하고, 후생노동성은 각 지역의 생활개선에, 또 국토교통성은 마을만들기[1]에 큰 영향을 가져다 줄 듯한 인상을 받는다. 과거의 후생성 및 건설성이 각각 소관한 업무를 염두에 두면 그런 느낌을 받게 된다.

그렇지만, 구후생성이 구노동성과, 구건설성이 구운수성과 합체했다고 해서 그것만으로 지방자치단체의 생활개선시책이나 마을만들기 시책의 전개에 얼마만큼 영향이 발생하는가 하게 되면, 누구나가 고개를 기웃거릴 것임에 틀림없다. 거대한 성의 탄생으로 각 성간의 섹셔널리즘이 감소한다는 관측도 있지만, 가령 그러한 희망적인 관측에 따르려고 해도 지방자치단체의 업무수행에 있어서 미치는 그 효과는 미미한 것에 지나지 않을 것이다. 각 성이 소관하는 개별법의 체계는 변하지 않는 것이며, 예를 들면 개호보험(介護保險)[2]의 업무가 그렇듯이 전형적인 자치사무로 되어 있는 것이라도

---

1) 일본의 '마치즈쿠리'(まちづくり)에 대해서는 그동안 지역개발, 마을가꾸기, 동네가꾸기, 마을만들기 등의 번역어가 사용되어 왔으나, 최근 한국의 논문에서도 '마을만들기'라는 표현을 많이 찾아볼 수 있고, 또 원어의 어감을 살리기 위해 본 역서에서는 모두 '마을만들기'로 통일하기로 한다.(역자주)

2) 일본에서는 만 40세 이상인 자 전원이 개호보험의 피보험자(보험가입자)가 되어 보험료를 부담하고, 개호(케어)가 필요하다고 인정되면 비용의 일부(원칙 10%)를 지불하고 개호 서비스를 이용하는 개호보험제도가 성립되어 있다.(역자주)

그 제도설계뿐만 아니라 그것을 지지하는 재정구조까지 중앙의 관할 성이 도맡아 한다는 점이다. 수직체계적인 행정은, 둘째의 블록단위 지방일선기관 강화책에서는 어떠할까? 이에 대해서는 행정개혁회의 최종답신인 '공공사업의 국가·지방분담의 재평가, 효율화'에 관한 제언부분에 있어서 지방지분부국에의 대폭적인 권한위양이 제기되었다. '공공사업블록단위 집행제도'라고 불리는 구조의 확립이 그것이며, 이로 인해 본 성(本省)이 지방지분부국을 자세히 컨트롤하는 종래의 구조를 재검토하여 본 성이 기획입안, 조정기능에 중점을 둠과 동시에, 블록별 지방지분부국이 직접 관할하는 사업과 보조사업을 포함한 사업의 실질적인 결정·집행기능을 갖도록 하는 구조로 전환한다는 것이었다.

성청조직의 재편에 있어서 편성원리가 되었던 '정책의 기획입안기능과 실시기능의 분리'에 의한 것이라는 점은 쉽게 판단할 수 있다. 그러나 지방지분부국에 각종 사업의 실질적인 결정·집행기능을 갖게 하는 구조로 했을 경우, 과연 본 성의 통제는 어떻게 가능해지는 것일까?, 지방지분부국에의 대폭적인 권한위양에 의한 귀결로서 생겨나는 이른바 '에이전시 문제'에의 대책은 어떤 것인가? 그리고 무엇보다도 전제가 되어야 할 '공공사업의 국가·지방분담의 재검토'에 의해 지방지분부국을 존치시키는 것에 대한 필요성이 낮아져 가는 가운데, 블록 단위의 그것을 강화해 가지 않으면 안 되는 이유는 무엇인가? 도대체 무엇을 의도하고 있는 것인가?는 의문이 잇달아 생겨난다.

지방일선기관의 존재가 중앙-지방관계에 미치는 영향에 대해서는 예전부터 지방일선기관을 주된 근무지로 하는 '비경력직'(non-career) 국가공무원 집단이 지방분권의 진전에 저항·반발하기 쉬운 경향에 있다는 것이 지적되고 있다. 그 점을 받아들여 국가·지방분담의 재검토가 정체되고, 지방일선기관에의 권한위양도 간단히 추진하지 못하게 된다는 것이다. 현재 지방분권개혁추진회의의 '사무·사업의 형태에 관한 중간보고'(2002년 6월)에 맞추어, 그 직후에 지방6단체에 의해 실시된 전국 도도부현·168개 도시·49개 정촌을 대상으로 하는 조사결과(전국지사회 대상 조사)에는 다음과 같은 지적이 있었다. "'사업주체로서의 국가와 지방의 역할분담의 명확화'를 도모하기 위해서는 지방정비국 등의 공공사업관계의 지방지분부국과 지방자치단체와의 역할분담의 명확화도 도모하지 않으면 안 되지만, 현실적으로는 지방지분부국에 있어서 지방분권에 관한 인식이 본래의 지방분권에 대한 생각과 서로 다른 점이 많이 있기 때문에, 지방지분부국과 지방자치단체의 사이에서 다양한 지장이 생기고 있는 실정이다."[3]라는 지적이다. 속단은 할 수 없지만, 현재로서는 아직 적극적인 효과는 나오고 있지 않는 것으로 보인다.

'내각부·총무성 체제'의 창출

거대한 성의 하나가 된 총무성의 설치가 초래한 영향, 그리고 내각기능의 강화를 의도한 내각부 설치가 가져온 파급효과에 대해서는 어떻게 생각하면 좋을까? 사실 이 두 가지 논점은 원래 하나로 받아들여야 하는 관계에 있었다.

새로운 부성체제는 성청조직의 대괄적인 재편에 의해서만 실현되는 것이 아니다. 내각부의 신설이 덧붙여졌다. 내각관방의 강화와

3) 地方六団体, 『「事務·事業の在り方に関する中間報告」に関する地方団体調査結果について』(全国知事会分) (2002년 9월 3일) p. 4.

함께 내각부가 각 성보다 '격이 높은' 존재로서 국가행정조직법의 범위 밖에 신설된 데에 따라, 정치기관으로서의 내각인 행정부에서의 주도성이 조직면에서 담보된 것이라고 일반적으로 받아들이고 있다. '1부 21성청체제에서 1부 12성청체제로'라고 할 경우, 같은 '1부(府)'라고 해도, 종전의 총리부와 현재의 내각부는 조직적인 위치가 다르다. 그렇지만, 내각부의 신설을 강조하는 것만으로는 충분치 못하다. 총무성의 설치를 함께 받아들이지 않으면 안 된다.

행정개혁회의 최종보고를 다시 읽어 보면 분명히 알 수 있는 것처럼 거기에서 내세운 것은 필자가 '내각부·총무성 체제'라고 명명한 것이었다.[4] 내각관방과 내각부의 조합도 내각관방과 총무성의 조합도 아니다. 내각부와 총무성의 조합으로 하여, 그것과 내각관방의 결합을 도모하려 하는 데에 묘미가 있었던 것이다. 확실히 하기 위해 최종보고에서의 총무성에 대한 위상을 확인해 두자. "국정운영에 있어서 내각 특히 내각총리대신의 지도성을 강화하는 관점에서, 내각 및 내각총리대신의 보좌·지원체제로서 내각관방, 내각부 및 총무성을 둔다. ……(중략)……총무성은 내각 및 내각총리대신의 보좌·지원체제의 강화를 위한 일환으로서 설치하며 행정의 기본적인 제도의 관리운영을 담당하는 외에 총무성에 어울리는 기능을 담당하는 행정기관으로 한다."(그림 1 참조)

그 후의 법제화 과정에서는 위의 구상에 있어 중요한 부분, 즉 내각부와 총무성을 세트로 한 부분이 모호해지고, 부성설치법의 조문상에 그것이 직접적으로 실현되지는 못했지만, 그렇다고 총무

4) 今村都南雄, 「中央政府の行政改革」, 『行政と改革(年報行政研究34)』(ぎょうせい, 1999) 및 「省庁再編構想の屈折 —「内閣府·総務省体制」を中心に」, 法学新報107巻1=2号(2000) 참조.

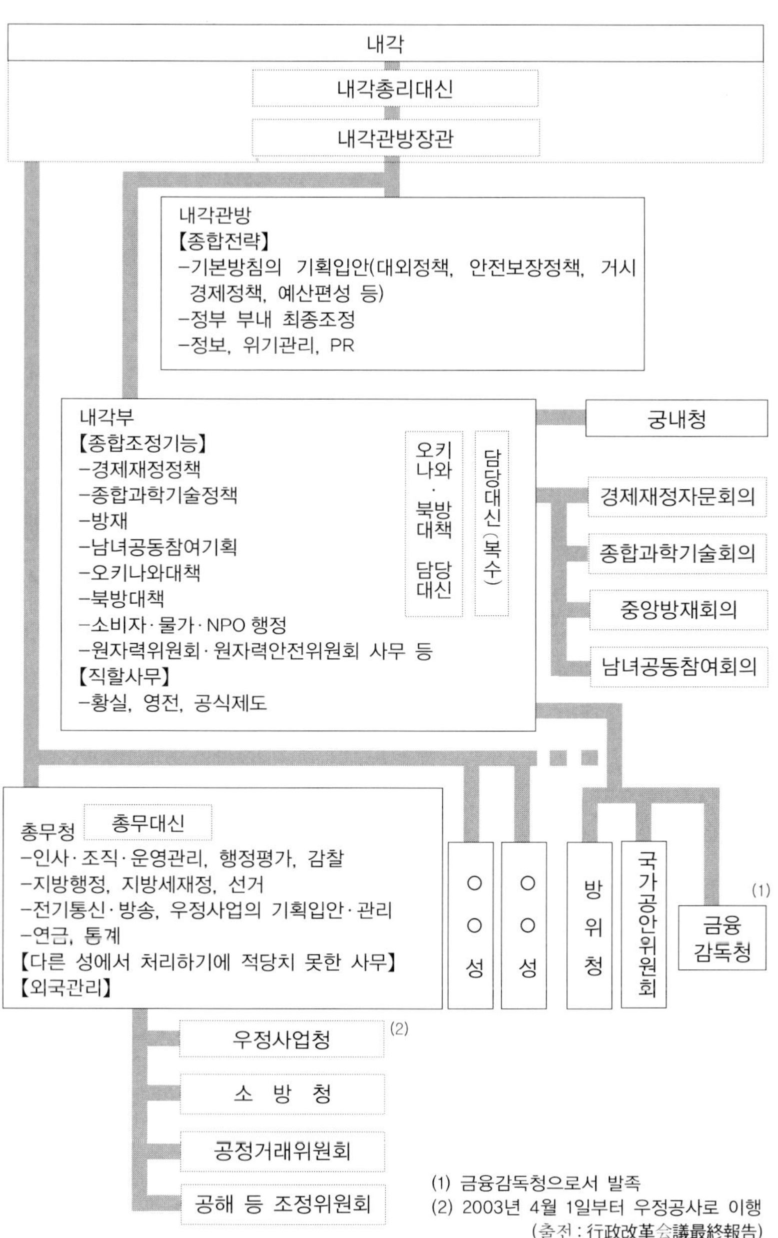

그림 1. 내각·내각총리대신의 보좌지원체제

성을 다른 성과 동등한 위치에 있는 하나의 성(省)인 것처럼 이해하기에는 아직 이르다. "총무성은 단순히 과거의 자치성(自治省), 우정성(郵政省), 총무청(総務廳)의 근간이 되는 부국을 모은 것이 아니다. ……(중략)……정권과 일체가 되어 국가적 관점에서 지방제도, 행정조직제도를 관리하고, 다른 한편으로 정보통신정책을 관리하는 것이야말로, 총무성의 사명인 것이다."[5] 이는 고이즈미 내각(小泉内閣)이 추진하는 '구조개혁' 안에서의 총무성의 역할을 논한 신도 무네유키(新藤宗幸) 교수의 표현이다.

신도 무네유키 교수가 말한 대로, 총무성 설치의 목적은 '지방분권화나 규제완화를 피할 수 없는 상황하에서 국가의 중추관리기능을 강화하고자 하는' 데에 있다.[6] 단, 단독으로 그것을 하자는 것은 아니다. 내각관방, 내각부와 함께 내각·내각총리대신의 보좌지원체제를 만드는 것을 통해 그 임무를 다하게 하려는 것이다. 지방분권추진위원회를 계승하여 분권개혁에 박차를 가할 수 있게 설치된 지방분권개혁추진회의도, 그리고 지방제도의 제도설계에 있어서 긴 역사를 지닌 지방제도조사회도 모두 조직상은 내각부에 설치되어 있지만, 총무성에 있는 구자치성 부국의 전면적인 지원을 받지 않고는 실제 운영을 해 나갈 수는 없다. 주목을 받은 가타야마 총무대신(片山 総務大臣)의 지방재정개혁구상은 역시 내각부에 설치된 경제재정자문회의에서 최초로 내놓게 되었는데, 그것과 지방분권개혁추진회의 및 지방제도조사회의 활동과는 당연히 무관하다고 할 수 없다. 이와 같이 보면, 법제상은 불분명하지만, 행정개혁회의가 제안

5) 新藤宗幸, 「市町村合併は小泉流「日本改造計画」への序曲か？— 欠落する民主主義政治体制への視座」, 世界 2002年 9月号, pp. 220~221.

6) 상게논문, p. 221.

한 '내각부·총무성 체제'는 이미 실현되어 있다고 말할 수 있을지도 모른다.

주목받는 총무성의 역할

물론, 총무성의 역할 그 자체도 중요하다. 신설 총무성에 대한 이름을 짓는 데 있어 '자치총무성' 혹은 '총무자치성'이라는 안도 나왔던 것을 예로 들어 필자는 더욱 단순화시켜 총무성은 '자치'와 '총무'라는 두 개의 동시 해결에 대해 고민해야 한다고 지적한 바 있다. 총무성이 중앙·지방계쟁처리위원회(國地方係爭處理委員會)[7]에 끌고 간 요코하마시의 법정외보통세인 '우승예상마 투표권 발매세'(勝馬投票券発売税) 신설을 둘러싼 공방을 일례로, 구자치성 시절이었다면 상당히 다른 전개양상을 보여주지 않았을까 하는 추측에 서서 하는 말이다.[8]

그것과는 별개로 2002년 8월의 주민기본대장 네트워크 시스템 제1차 가동을 둘러싼 혼란 등을 보면, 당면하고 있는 총무성의 기본자세는 '자치'와 '총무'의 동시 해결은커녕, '총무'에 중심을 둔 국가적 관점에서의 중추관리기능의 강화로 관철하고 있는 듯이 보인다. 가동개시 당일의 총무대신 담화에 따르면, '전국 지방공공단체의 공동 시스템'으로서 주민기본대장의 네트워크화를 도모하는 것은 '중앙·지방을 통한 행정의 합리화를 도모하기 위해서' 이며, 그것이

7) 일본어 원명은 '国地方係争処理委員会'로 되어 있으나 여기서 말하고 있는 국지방(国地方)이란 중앙정부(중앙성청)와 지방을 의미하므로 '중앙·지방계쟁처리위원회'로 번역했다. 이하 동일.(역자주)

8) 今村都南雄, 「総務省の設置と地方自治」, 松下圭一·西村勝·新藤宗幸編, 『岩波講座 自治体の構想２ 制度』(岩波書店, 2002) pp. 32~34 참조.

'전자정부·전자지방자치단체'의 기반도 되기 때문이지만, 재단법인 지방자치정보센터를 지정 정보처리기관으로 하는 현행 조직체제가 과연 실제로 '전국 지방공공단체의 공동 시스템'이 될 수 있을지 어떨지 그 근저부터 점검이 필요할 것 같은 느낌이 든다. 적어도 현재의 상태대로 간다면 2003년 8월로 예정된 제2차 가동시에 제1차 가동에 따른 혼란 이상의 대혼란이 초래될 것이라고 각오하고 대처해야 할 것이다(→본서 사이토 다카오(斉藤貴男)「감시사회로의 발걸음」, 좌담회「Ⅰ. 분권과 집권」).

구자치성을 흡수한 총무성이 앞으로 자방자치제도의 운영에 있어서 어떠한 역할을 할지 그 점에 우리들은 더욱 관심을 기울이지 않으면 안 된다. 위의 주민기본대장 네트워크 문제는 그 일례에 지나지 않는다. 현재 진행 중인 시정촌 통합에 대해서 특례법의 기간만료를 앞두고 어떠한 조치를 취할 것인지, 과거 '쇼와시대의 대합병'(시정촌 통합)시에 내놓은 신시정촌건설촉진법과 같은 수법을 또다시 채용할 것인지 말 것인지, 그 후의 전개는 어떻게 되는 것인지, 이 점도 당면하고 있는 큰 문제이다. 이번의 강력한 합병촉진법이 원래 각 정당에서의 정치적 요청을 배경으로 하고 있었다고는 해도 그것의 종착지를 총무성은 어떻게 가정하고, 어떠한 대응책을 강구하려 하고 있는지, 누구나가 알고 싶을 것이다(→본서 호보 다케히코(保母武彦)「분권에 역행하는 강제통합」).

그 밖에도 예를 들면, 전국 지방자치단체로의 '낙하산' 인사의 관행도 포함하여 총무성이 소관하는 행정관리 측면에서의 제도개혁에 대해서도 어디까지 적극적으로 대처할 마음이 있는지 없는지, 이 경우 내각관방이 주도권을 장악하게 되어 있는 국가공무원제도 개혁과 연동하여 추진되는 지방공무원제도 개혁에 있어서 도대체 총무성은 각 지방자치단체의 자기 조직권이나 자기 관리권과의 관계를 어떻게 설정하여 개혁의 주도권을 쥐겠다는 것인지, 모두 심히 신경 쓰이는 부분이다. 또한 재무성이나 거대한 성을 포함한 다른 성과의 관계에 있어서 얼마만큼의 조정능력을 발휘할 수 있는지, 특히 고이즈미 내각하에서 각의 결정된 '구조개혁의 견실화 방침'[9]에서 말하는 국고보조부담금·지방교부세·세원이양의 '삼위일체'의 제도개혁을 추진하려고 할 때, 예를 들면 의무교육국고부담금제도 등 필연적으로 개별정책영역의 제도개혁을 수반하지 않을 수 없게 되는데, 법제상은 이미 '종합조정'의 공식권한을 갖지 않는 총무성이 어떻게 해서 각 성과의 '상호조정'을 도모하려고 하는 것인지 등등 알고 싶은 것, 확인하고 싶은 것이 계속해서 떠오른다. 아무래도 얼마 동안은 한시도 눈을 뗄 수 없는 나날이 지속될 듯하다.

〈참고문헌〉

田中一昭・岡田彰編著, 『中央省庁改革 — 橋本行革が目指した「この国のかたち」』, 日本評論社, 2002.

行政改革会議事務局OB会編, 『21世紀の日本の行政 — 行政改革会議活動の記録』, 行政管理研究センター, 1998.

並河信乃編著, 『検証行政改革 — 行革の過去・現在・未来』, イマジン出版, 2002.

今村都南雄編, 『日本の政府体系 — 改革の過程と方向』, 成文堂, 2000.

---

9) '견실화 방침'은 원문에서는 '호네부토 방침'(骨太の方針)이라는 용어가 사용되고 있다. 이는 '경제재정운영과 구조개혁에 관한 기본방침'을 통칭하고 있는 것으로 경제, 재정, 행정, 사회 등의 분야에 있어서 성역 없는 구조개혁을 추진해야 한다고 하는 구조개혁의 중요성과 장차 일본이 나아가야 할 길을 제시하기 위해 경제재정자문회의로부터 답신을 받아 내각에서 결정되며 예산편성 등에도 반영된다. 2001년 6월 그 첫 번째 기본방침이 결정된 후, 견실화 방침은 매년 제시되어 현재는'견실화 방침 2005'(5번째)까지 나와 있다.(역자주)

[사법]

중앙·지자체 간 분쟁의 법적 해결

규슈대학 대학원 법학연구원 교수
기사 시게오(木佐茂男)

분권개혁 후의 지방자치법 인식

분권개혁이 실행된 지도 3년이 흘렀다. 지금까지 비공식적인(informal) 해결, 즉 정치가가 개입하거나 인맥·연고 혹은 지방의 명산물을 주고받음으로써 처리되어 온 문제가 법적 처리에 의해야 한다는 인식이 확대되어, 지방분권추진위원회(이하, 분권위)는 이른 시기에 '중간보고'(1996년 3월) 안에 입법통제와 사법통제의 강화를 주장했다. 이제까지의 중앙성청에 따른 지방자치단체의 지배는 '행정통제'였다고 할 수 있다. '행정통제'라는 용어는 본래 '행정'을 국민이 통제한다 혹은 컨트롤한다고 하는 의미로 사용되는 경우가 많지만, 분권위가 사용한 '행정통제'를 하는 주체는 중앙성청이다. 그 점에서는 종래의 용법과는 다르다.

신지방자치법(이하, 신법)이 이미 3년간 실천되어 왔지만, 지방자치단체 행정의 현장에서 이 개혁에 따른 실무의 변화를 체감하고 있는 지방공무원은 극히 일부에 지나지 않는다. 아직, 국장·부장급에서 계장까지 어떤 실천적 연수도 없이 자치사무·법정수탁사무의 차이, 뿐만 아니라 행정을 수행하는 데 있어 최소한의 법률용어(비밀준수의무, 행정처분, 전결규정, 교시, 불복심사) 등을 '말'로서도 전혀 모르는 거대도시의 간부·중견관리직도 드물지 않다. 현재도 중앙정부의 통지(通知)와 같은 것들을 충실히 집행하는 것이 급여의 대가라고 생각하고 있는 것이다.

분권위의 일련의 권고는 입법통제의 이념에 입각하여, 통달[1])행정

(通達行政)을 폐지하고, 가능한 한 법률·정령(政令)·성령(省令)으로 지방자치단체가 하는 통치활동의 기준을 정하도록 요구했다. 법=룰(rule)에 따라 구조가 움직이고, 룰 위반이 제재를 받는 것은 민주적인 법치국가에서는 원래 당연한 것이다. 지방자치에 있어서도 법이 하는 역할은 점점 커진다. 그러나 여기서도 실태는 과거 기관위임사무 집행시의 통달이 정령·성령으로 격상되거나, 처리기준이 되거나 하여, 예를 들면 법무성이 호적사무에 관해서 개혁 전과 비교하여 일체 변경사항은 없다고 법무국에 통달하고 있는 것처럼[2] 일부 현장에서는 분권개혁의 내용을 모르는 편이 오히려 업무를 원활히(?) 추진할 수 있으며 출세에도 유용하다는 식의 양상을 보여주고 있다.

과제로 돌아가서 말하면, 신법은 지방자치단체(여기서는 도도부현, 시정촌에 도쿄도의 특별구를 더한 것을 말한다)에 법적으로 다투는 구조를 마련해 두고 있는가? 여기서는 아주 복잡하기 그지없는 새로운 관여제도에 대해서 상세한 논의를 전개할 여유는 없지만,[3] 한 가지만 중요사항을 지적해 두기로 하자. 즉, 이제까지의 기관위임사무체제에 있어서는 도도부현 직원은 국가(중앙성청)의 서면이나 팩스를 통한 통지와 연락을 똑같은 방법으로 현내(縣內) 지방자치단체에 보내면 충분했다. 거기에 법적 책임이 발생하는 장치는 없었다. 그런데 신법에서는 중앙정부의 시시나 조언·권고, 지시는 도도부현 직원의 눈으로 판단하여 적법하고 타당한 것(부당하지 않은 것) 외에

1) 통달(通達)은 상급행정기관이 관할하고 있는 여러 기관에 그 기관의 관장사무에 대해 시달하기 위해 소관 기관 및 직원에 대해 문서로 발하는 것으로, 법령의 해석, 운용이나 행정집행의 방침 등 실무담당자의 참고자료가 되어 왔다. 지방분권 개혁을 통해 현재는 폐지되었다.(역자주)

2) 2001年 6月 15日 民法 1 第1544号 民事局長 通達.

3) 木佐茂男, 「新地方自治法の課題 — 法制度設計とその前提条件」, 山口二郎編, 『自治と政策(北大法学部ライブラリー五)』(北海道大学図書刊行会, 2000) 특히 p. 73 이하를 참조.

는 시정촌에 전달하지 않는다고 하는 것이 '원칙'으로 되어 있는 것이다. 즉, 위법하고 부당한 조언·권고·지시·처분 등은 도도부현이 중앙정부에 대해 계쟁처리 절차를 통해 다투어야 하는 것으로, 가령 시정촌이 현으로부터 받은 처분 등은 정말 그것이 중앙정부로부터 나온 것이라고 해도 현을 상대방으로 하여 자치분쟁처리위원제도를 이용하여 다투어야 한다고 되어 있다. 그 점을 알기 쉽게 쓴 조문은 사실 신법에는 없다. 신법의 전체 구조를 통해서 그렇게 읽어내야 하는 것이다. 일례로서 <그림 1>을 참조해 주기 바란다. 현(縣) 단위 지방공무원의 본래적인 책임의 중대성을 알고 있는 지방자치단체 공무원은 퍼센트로 나타낼 수 없을 만큼 현재 극소수이다. 법률대로 각종 분야의 실무가 운용되고 있는 것이라면, 현재라도 이미 무수한 자치분쟁처리위원회의 대상 사건이 발생하고 있을 터이지만, 현시점에서는 거의 전무하다.

시정요구·권고·지시

a) 1호 법정수탁사무에 관한 시정의 지시

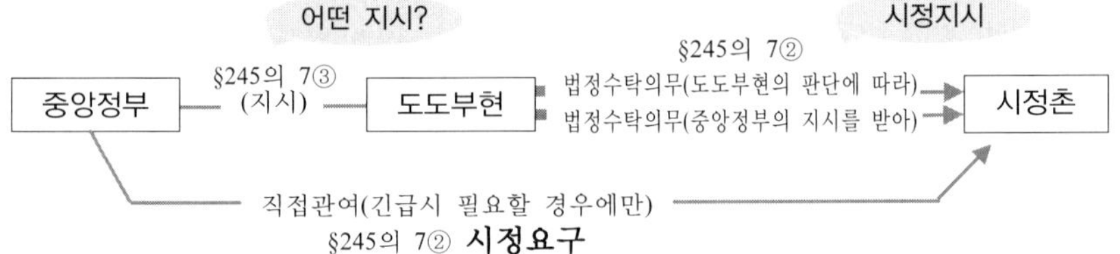

b) 2호 법정수탁사무에 관한 시정의 지시

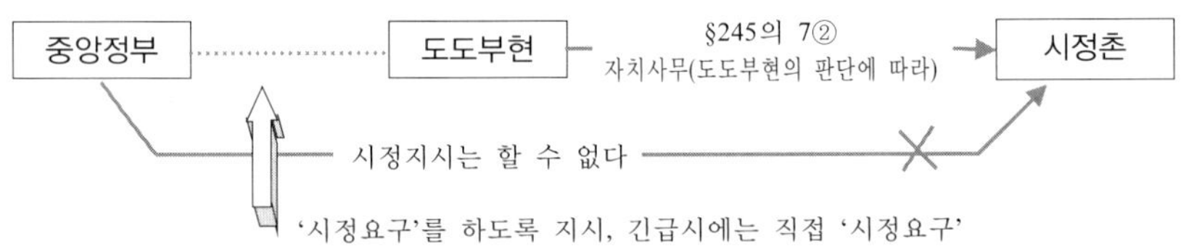

그림 1. 시정촌에 대한 도도부현 및 중앙의 관여(조문 대응도)

난산이었던 중앙·지방계쟁처리위원회4)의 탄생

분권위가 구상한 사법통제의 이념을 달성하는 장치는 어떻게 실현시킨 것일까?

종래의 행정실무나 판례에서는 중앙정부와 지방자치단체의 분쟁은 기본적으로 국가라는 커다란 조직 속에서의 내부문제이며, 법주체 상호간의 법적 분쟁을 다루는 재판에는 어울리지 않는다는 생각이 지배적이었다. 이에 대해 ① 학계 내에서는 중앙정부와 지방자치단체간의 법적 분쟁을 단순히 행정조직의 내부문제로는 보지 않는다는, 즉 단적으로 '행정을 수행하는(그러한 의미에서는 대등한) 법 주체' 상호간의 분쟁이라고 받아들이는 견해도 상당히 유력했다. 이와 같은 견해라면, 굳이 행정기관적인 분쟁처리 장치까지 만들 필요는 없다.

다른 한편으로 중앙성청에는 서로 모순되는 다음과 같은 생각 내지 처리방법이 있다. ②-A 전술한 바와 같이 중앙정부·지방자치단체간 법 해석의 차이는 넓은 의미의 행정조직 내부문제에 지나지 않으므로 독립적인 분쟁처리기관은 불필요하며, 더욱이 재판 등도 필요 없다. ②-B 현실적으로 중앙성청이 취하고 있는 발상에는 지방자치단체를 '개인'적 영역의 존재로 본다. 구체적으로 보면 법률 속에서 지방자치단체 혹은 자치사무의 처리에 관해 법적인 규정을 둘 때, 지방자치단체를 개인과 거의 동종인 것으로 다룬다(예를 들면 보조금적정화법에서는 지방자치단체의 위치는 일개 신청자에 불과하다). 대략적으로 정리해서 말하면, 신법은 이번 제도설계 부분에 있어서 이 두 가지를

4) 중앙·지방계쟁처리위원회 용어에 대해서는 p. 69 주 8) 참조.

중앙성청의 편의에 맞도록 적당히 구분하고 있는 것이다.

위의 ①의 입장은, 결론만을 본다면 기본적인 착안점이 정반대에 있는 중앙성청 측의 계쟁처리기관 불필요론과 동일하다고는 할 수 없다. 분권위는 ①설을 부정하면서, 뭔가 중앙정부와 지방자치단체를 대등한 관계로 위치시켜 그 법적 분쟁을 재판으로 끌어갈 수 있는 장치를 만들고자 노력했다. 이렇게 해서 새로운 계쟁처리위원회가 난산 끝에 태어났다.[5)]

이제까지의 법적 분쟁처리장치

이제까지 중앙정부와 지방자치단체 상호간의 그리고 각각의 기관 상호간의 법적인 견해 차이를 해결하는 장치는 불명확한 것이었다. 중앙정부나 지방자치단체의 담당자라고 해도, 어떠한 분쟁이 어떠한 분쟁처리절차를 거치는 것인지는 쉽게 판단할 수 없다. 게다가 법률이 정하는 절차에 따라 해결을 도모하는 것은 '사안을 시끄럽게 하는' 것이라고 보는 관청의 풍조도 있어서 법으로 정한 계쟁처리제도의 이용은 극히 드물었다. 개정 전의 지방자치법에서는 지방자치단체 간 또는 지방자치단체의 기관 상호간 분쟁은 자치분쟁조정위원의 조정에 부칠 수 있었지만, 조정이 성립되지 못하고 끝났을 때 재판으로 간다는 내용이 적어도 조문에는 써 있지 않았다(일본의 구지방자치법 제251조 참조).

---

5) 본 연재의 당초 졸고에서 우려한 사항이 상당히 개선되었다. 法学セミナー97年6月号, p. 102 이하를 참조. 그리고 그 이전의 제도창설을 둘러싼 당시의 대립에 대해, 木佐茂男, 『分権改革の法制度設計 — 二つの勧告の法制度設計とそれに対する評価(自治総研ブックレット54)』(地方自治総合研究所, 1997)을 참조.

새로운 사법적 컨트롤 시스템

분쟁처리 시스템의 개요

이번에 성립한 지방자치법에 따른 분쟁처리장치는 중앙정부와 지방자치단체 간의 법적 분쟁에 대해서는 <그림 2>, 도도부현과 시정촌 간의 법적 분쟁에 대해서는 <그림 3>과 같이 전개하도록 되어 있다.[6)]

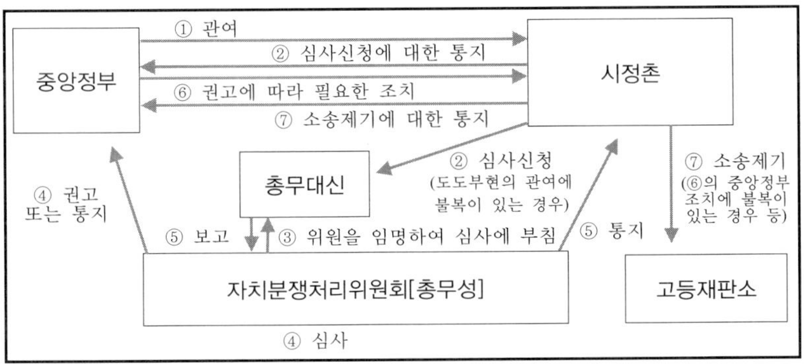

그림 2. 국가와 지방자치단체 간의 분쟁처리구조

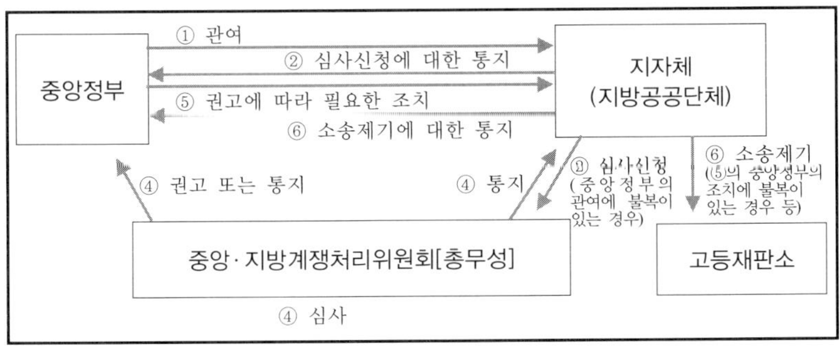

그림 3. 도도부현과 시정촌과의 분쟁처리구조

---

6) 계쟁처리위의 홈페이지에도 흐름도는 작성되어 있지 않다. http://www.soumu.go.jp/singi/iinkai/ 참조.

이 골격을 설명하면 아래와 같다(신법 제250조의 7 이하).

(1) 중앙정부와 지방자치단체의 계쟁처리를 위해 총무성(즉 도쿄도 내)에 중앙·지방계쟁처리위원회(이하, 계쟁처리위)가 설치된다.

(2) 위원은 5명으로, 원칙적으로 비상근(非常勤)이지만 2명 이내는 상근(常勤)으로 할 수 있다.

(3) 위원은 중·참 양 의원의 동의를 얻어 총무대신이 임명한다.

(4) 위원장은 위원에 의한 호선(互選)으로 결정한다.

(5) 계쟁처리위는 중앙정부의 관여행위 가운데, '시정의 요구, 허가의 거부, 그 밖의 처분, 기타 공권력의 행사에 해당하는 것'(예외규정 있음)이나 중앙정부의 부작위 등을 심사신청을 받고 나서 심사한다.

(6) 지방자치단체 측이 심사신청을 할 경우에는, 상대방이 되는 중앙정부의 행정청에 그러한 취지를 미리 통지하지 않으면 안 된다.

(7) 계쟁처리위원회는 자치사무에 대해서는 위법·부당한 관여인 경우에, 법정수탁사무에 대해서는 위법한 관여인 경우에 중앙정부의 행정청에 대해 '권고'를 행한다.

(8) 권고를 받은 국가의 행정청이 그 권고가 제시한 조치를 행하지 않을 경우, 취해진 조치에 대해 지방자치단체 측이 불복이 있을 경우에는 고등재판소에 대해서 소송제기를 할 수 있다.

(9) 종래 지방자치단체 단위의 분쟁을 위해서 준비되어 있던 자치분쟁조정위원제도에 대신하여 자치분쟁처리위원(이하, 분쟁처리위)제도를 설치한다.

(10) 이 위원은 사건마다 총무대신 또는 지사에 의해 임명된다. 이 3인의 위원 전원의 임명에 앞서, 임명권자는 한쪽 당사자인 대신 등과 위원선임의 협의를 한다.

(11) 심사대상이나 당사자에 대한 골격은 대략 계쟁처리위와 같다.

(12) 시정촌 측이 위원의 권고내용이나 취해진 조치에 불복이 있을 경우에는 도도부현의 행정청을 피고로 하여, 고등재판소에 대해 재판을 일으킬 수 있다.

재판을 일으키기까지가 대단히 힘들다

이 재판에 이르기까지의 구조는 당초 분권위의 시안과 비교하면 상당히 간소해지며, 당초안(當初案)보다 개선된 곳도 있다. 다만, 이들 기관(이하, 계쟁처리위와 분쟁처리위를 합하여 '처리위'라고 한다)에서 다툴 수 없는 사항[7]이 있으며, 또한 처리절차는 대단히 복잡하여 과연 간이하고 신속한 구제기관으로서 기능할지 우려가 된다. 제3자기관의 권고를 거쳐야 비로소 소송할 수 있는 전치주의(前置主義)나 각지에 있는 고등재판소의 전속관할권도 신속한 처리나 지방자치의 관점과는 어울리지 않는 것으로 생각된다.

분쟁처리위제도에서는 심판을 선택하면서도, 한쪽 당사자하고만 협의를 한다. 즉 위원임명에 앞서 '미리 해당사건에 관계가 있는 사무를 맡고 있는' 대신(大臣) 등에게 협의한다(신지방자치법 제251조 제2항). 일본 프로야구의 자이언츠팀과 타이거즈팀의 경기에서 자이언츠팀 측의 의견만을 듣고 심판을 선정하는 것과 같은 제도가 과연 공정하다고 할 수 있을지 크나큰 의문이다.

또 예를 들면, 헌법문제는 행정기관에서는 판단할 수 없다고 되어 있기 때문에 이러한 종류의 문제가 쟁점이 될 때에는 정말이지 무의미하다고 생각되어도 일단 도쿄로 갈 수밖에 없으며, 그러한 것 자체가 비용이 들면서도 아무 쓸모가 없고, 가령 재판소에 소송을

7) '고유의 자격'으로 되어 있지 않은 사무. 예, 재산관리자나 보조금 신청자로서의 지방자치단체. 전게주(3)의 문헌, 특히 p. 78 이하를 참조.

제기할 경우에도 앞에서 기술한 바와 같이 각지에 있는 고등재판소에 한정되어 있기 때문에 경미한 분쟁은 지방자치단체가 눈물을 머금은 채 끝내버리고 말 가능성이 매우 높다.

이상과 현실의 딜레마

뒤집어서 도대체 처리위의 절차는 재판(소송)과의 관계에서 어떻게 평가할 수 있는 것일까? 세계적으로도 중앙정부와 지방자치단체 간의 법적 분쟁에 대해서 사법적 해결을 도모하는 것은 상식으로 되어 왔다. 이 점에 대해서는 여기서 전면적으로 할애하여 설명한다.[8)]

사법적 컨트롤의 형태

생각할 수 있는 분쟁처리 시스템

분권위는 당초 격조 높게 '입법통제'와 '사법통제'를 논했다. 그러한 관점에서 신속한 분쟁해결을 위해서 분명히 행정적인 단위의 제3자 기관이 설치되어 있어도 괜찮을 것이다. 다만, 이러한 기관에 신청하는 것과 재판소에 소송을 제기하는 것은 중앙정부나 지방자치단체의 자유로운 선택에 위임되어야 한다.

그렇다고 해도, 이론적으로는 많이 발생할 가능성이 있는 분쟁처리위제도에 대해 아직까지도 절차규정은 되어 있지 않다(2003년 2월

8) 본서의 구판 『地方分権の本流へ ―現場からの政策と法』(日本評論社, 2000), p. 365 이하를 참조. 유럽자치헌장 제11조는 사법적 해결권을 보장하고 있지만, 해당조문의 해설은 '적절히 구성된 법률상의 재판소' 또는 그것과 동등한 독립성을 지닌 기관이 판단을 내릴 것을 요구하고 있다. 일본의 경우, 그와 같은 조문을 충족시키지 못하고 있다. 같은 헌장의 해설편을 싣고 있는 홈페이지 http://conventions.coe.int/Treaty/EN/cadreprincipal.htm을 참조.

현재). 필자가 구자치성(舊自治省)을 새로운 지방자치법이 시행된 지 8개월 뒤에 방문하여, 담당계장들에게서 청취조사를 했던바, 그들은 분쟁처리위제도 그 자체가 자신의 소관사무에 들어 있는 것조차 몰랐다.

요코하마시(横浜市)의 신세(新税) 구상에 대해서 총무성이 협의 과정에서 난색을 보였기 때문에 최초의 사건으로서 계쟁처리위에서 다루어졌지만, 그 권고는 모호한 것으로, 더욱이 총무성과 요코하마시의 양자가 협의를 계속하라는 것이었다. 2000년 가을의 시점에서는 요코하마시에 문의해도 계쟁처리위에서의 심사는 정체되어 있는 것 같았으며, 결국 무엇을 위한 위원회인지 잘 알 수 없게 되고 말았다. 계쟁처리위의 의사록도 2001년 2월 5일 의사록 이후는 1년 수개월 이상 지나고 난 뒤 합의를 제외한 부분이 공개되었다. 의사록을 '회의종료 후 신속히 공개하기로 한다'고 정한 위원회의 결정에는 따르지 않았던 것 같다.

과거에 지방자치단체가 중앙정부를 상대로 일으킨 소송은 적으나마 존재했었다. 행정소송으로 지방자치단체의 출소권(出訴權)을 부정한 예로서는 오사카 국민건강보험심사결정소송(최고재판소 1974년(昭和 49) 5월 30일 최고재판소민사판례집 제28권 제44호 p. 594), 셋쓰 소송(摂津訴訟 : 행정소송 중의 당사자소송)(도쿄고등재판소 1980년(昭和 55) 7월 28일 判例時報 제972호 p. 3), 오무타 전기가스세소송(大牟田電気ガス税訴訟 : 국가손해배상소송)(후쿠오카 지방재판소 1980년(昭和 55) 6월 5일 判例時報 제966호 p. 3), 즈시시 이케코소송(逗子市池子訴訟)(도쿄 고등재판소 1992년(平成 4) 2월 26일 判例時報 제1415호 p. 100)이 있다. 이것이 앞으로 계쟁처리위에서의 심사에 알맞을지 어떨지를 검토했지만, 한 건도 계쟁처리위의 시스템과는 맞지 않을 것으로 판단된다. 실제 2001년 3월에 오이타현 히타시(大分縣日田市)가 경제산업대신을 피고로 하여 소송당사자가 아닌 업자(訴外業者)에 대한 무효확인소송을 제기했는데, 이것도 사실상 분쟁처리위나 계쟁처리위의 틀 밖에서 다루는 편이 결과적으로 신속한 해결을 볼 수 있다.[9)]

이렇게 해서 새로운 분쟁처리 시스템은 충분한 준비가 되어 있지 않은 이상, 때로는 분쟁처리위와 같은 공정성을 결여한 시스템이기도 하고, 일본 지방지치단체의 법무능력(직원, 변호사를 포함하여)의 현황도 함께 생각해 보면, 현실적으로는 한동안 적극적으로 활용되는 일은 없을 것이다. 또 이들 제도가 걸림돌이 되어 재판상으로 구제하기까지 쉽게 추진하기 힘들어지고, 결국 재판으로 하게 되었을 때에는 사건을 해결하기에는 너무 늦어지고 마는 일도 일어날 것이다.

지방자치단체 측이 요구한 것

그렇다고 해도 왜 이와 같이 중도무이적이고, 진정으로 공정하고 독립적이라고 할 수 없는 기관을 만들게 된 것일까? '사법통제'를 말하면서 실제적으로는 제3자 기관이나 전치주의에 초점이 옮겨가는 과정에는 그 나름의 이유가 있었다. 굳이 정리해서 말하자면, 지방자치단체 측(지방6단체)도 나서서 사법통제 등을 요구하지는 않았던 것이다. 그것은 국제적인 사법통제수준과는 아무 관계가 없었다.

왜 재판소에 의한 분쟁해결이 중요한가?

그러나 시대는 조금씩이기는 하나 변화하고 있다. 확실히 법적

9) 과거 지방자치단체가 중앙정부와 다툰 사건의 분석과 히타시(日田市)소송에 대해 木佐茂男, 『<まちづくり権>への挑戦』(信山社, 2002), 제5장을 참조.

분쟁을 모두 재판으로 해결하려고 하는 데에는 무리가 있다. 세계적으로도 소송사건이 다발하고 있는 점이나 재판보다도 유연한 절차에 따른 해결을 추구한다는 관점에서 재판외분쟁처리제도(裁判外紛爭處理制度 : ADR)에 눈을 돌리고 있는 것은 사실이다. 하지만 일본의 행정법관계 재판 건수는 이른바 '소송의 남용'과는 거리가 멀다.

분명히 다른 분쟁처리제도를 모델로 하여 제3의 기관을 설치하는 것은 괜찮은 일일지도 모른다. 판례이론이 너무나도 지방자치단체 측의 출소권(出訴權)을 제약하고 있기 때문이며, 꼭 재판으로만 해결하는 것이 알맞다고 할 수 없기 때문이다. 그러나 처리위제도는 앞서 본 바와 같이 중앙정부의 관여와 관련한 헌법문제를 다룰 수 없다고 하는 통설적인 견해나 처리위의 견해가 미리 추측할 만하다는 측면, 그리고 세계의 경향에도 비추어 고려하면, 처리위에 대한 신청전치주의는 모처럼 분권위가 당초에 강조했던 사법통제 기능을 상당히 작게 만들 것이다.

여기서 원점으로 돌아가 보자. 일본 헌법이 50년에 걸쳐 강하게 보장해 왔을 터의 사법(제6장)과 지방자치(제8장)와의 연계를 상기해 주었으면 한다. 권고 발표시에 있었던 분권위의 모로이 위원장(諸井委員長)의 담화는 지방자치가 행정개혁에 이바지하는 것이라는 점, 지방자치는 규제완화와 함께 행정개혁의 양 바퀴와 같다는 점을 역설하고 있다. 그러나 본래는 헌법적 가치를 갖는 지방자치의 강화와 사법개혁을 결부한 시스템 제작이 21세기를 눈앞에 둔 시대의 커다란 과제라는 생각이 든다. '작은 사법'을 '큰 사법'으로 하는 것은 분권위의 권한 밖의 사항이기는 하다. 하지만 분권위는 시민이나 지방자치단체가 활용하기 쉬운 사법통제 시스템을 대담하게 구상해도 괜찮지 않았을까?

북유럽 국가들은 '프리 코뮌' 실험을 거듭하여 분권화를 추진해 나갔다. 홋카이도(北海道)에서 강연한 핀란드의 지방자치단체연합 조직의 간부는 핀란드의 지방분권은 사법개혁과 2인3각으로 진행되고 있다고 말했다. 일본에 있어서는 시민, 지방자치단체, 매스컴의 사법에 대한 관심은 크지 않으며, 법조계도 지방자치에 대해서는 관심이 적다. 설명책임(accountability)이 시대적인 요청이라면 분권 위뿐만 아니라 시민과 기초지방자치단체(市町村區)가 룰에 따른 분쟁해결의 수법을 풍부하게 제안해 나가야 비로소 진정한 분권사회를 맞이하게 될 것이다.[10)]

〈참고문헌〉

「特集 改正地方自治法・徹底検証」, 月刊自治研476号(1999年 5月号), p. 16 이하.

自治体問題研究所編, 『地方自治法改正の読み方』, 自治体研究所, 1999.

松本英昭, 『新地方自治制度 詳解』, ぎょうせい, 2002.

木佐茂男, 「日本における地方分権の理念と到達点」, ジュリスト1161号, 1999, p. 64 이하.

島田恵司, 「第三者機関誕生の経過と機能 — 問われる都道府県の姿勢」, 自治総研256号, 2000, p. 102 이하.

島田恵司, 「横浜市・勝馬投票券発売税に関する国地方係争の経過と勧告」, 自治総研276号, 2001, p. 23 이하.

白藤博行, 「国と地方公共団体との紛争処理の仕組み」, 公法研究62号, 2000, p. 200 이하.

白藤博行, 「'自治権'の実効的保護と国・自治体間の紛争処理のあり方」, 佐藤英善編, 『新地方自治の思想 — 分権改革の法としくみ』, 敬文堂, 2002, p. 155 이하.

10) 이와 같은 관점에서, 木佐茂男, 『地方分権と司法分権』(日本評論社, 2001)이 지역에서의 사법적 분쟁처리 양상을 논하고 있다.

[통합]
분권에 역행하는 강제통합[1)]

시마네대학 법문학부 교수
호보 다케히코(保母武彦)

지방분권의 추진과 시정촌 통합

주민과 가장 가까운 지방공공단체인 시정촌 구역은 주민자치에 기초하여 주민 스스로 서로 이야기하여 결정해 나가는 것이 대원칙이다. 이 점은 1965년에 정해진 '시정촌 합병(통합)의 특례에 관한 법률'(市町村の合併の特例に關する法律)에도 '자주적인 시정촌 통합을 추진'이라고 명기되어 있는 바이다. 그런데 '헤이세이 대합병'(시정촌 통합)[2)]이라고 불리는 이번 시정촌 통합의 추진은 시정촌에서 시작한 것이 아니라 정부의 강력한 지시와 요청에 따라 시작되었다. 여기에 '헤이세이 대합병'(시정촌 통합)을 생각하는 데 있어 중요한 가장 큰 힌트가 들어 있는 것이 아닐까?

지방분권추진위원회 권고와 시정촌 통합의 지위

지방분권추진위원회가 시정촌 통합을 들고 나온 것은 「제1차 권고」

1) 일본에서는 시정촌 통합에 대해 '합병'이라는 용어를 사용하고 있다. 본 역서에 있어서는 통합이라는 용어를 주로 사용하고 있으나, 법률명 등에서는 합병이라는 용어를 그대로 쓰기로 한다.(역자주)

2) 일본 연호로 헤이세이(平成) 11년 즉 1999년 정부지침인 통달에 의해 추진된 전국적인 시정촌통합의 움직임을 말한다. 일본 역사상 대규모적인 통합은 이로써 세 번째이다. 제1차 대합병(시정촌 통합)은 지방제도 창설에 즈음하여 공민(公民) 수의 확보와 초등학교 설치를 맡을 수 있는 시정촌을 조성하는 것을 목적으로 메이지(明治) 20~23년(1887~1900)에 걸쳐서 시행된 메이지 대합병(시정촌 통합)이다. 이로써 약 7만 1,500개나 되었던 구정촌(区町村)은 약 1만 5,000개의 시정촌으로 감소했다. 제2차 대합병(시정촌 통합)은 제2차 세계대전 후에 사무배분과 중학교 설치를 맡을 수 있는 시정촌을 조성하는 것을 목적으로 쇼와(昭和) 29~31년(1954~1956)에 걸쳐서 이루어진 쇼와 대합병(시정촌 통합)이다. 제3차 대합병인 헤이세이 대합병은 저출산고령사회에 직면한 시정촌의 재정기반의 강화와 행정의 전문성, 고도성의 확보를 목적으로 하여 실시되었다.(역자주)

(1996년 12월 20일자)에서였다. 거기에는 다음과 같이 기술되어 있다.

> "지방분권의 효과를 널리 전 국토에 침투시키기 위해서는 기초지자체인 시정촌의 행・재정 능력의 충실, 강화가 필수적이다. 이를 위해서는 시정촌 규모의 확대나 능력의 향상도 중요한 과제이며, 시정촌의 자주적인 통합을 한층 강력하게 추진할 필요가 있다."

시정촌 통합의 추진은 지방분권과의 관계에서 위의 간단한 한 문장에서 시작되었다. 그 목적은 "지방분권의 효과를 널리 전 국토에 침투시키기 위해"라고 되어 있었다. 이듬해인 1996년 7월 8일의 「제2차 권고」가 되면, 시정촌 통합의 목적을 설명한 본문에서 '지방분권'이란 네 글자가 사라지고, "기초지자체인 시정촌의 행·재정 능력의 향상, 효율적인 지방행정체제의 정비·확립이 중요한 과제로 되었다. 이를 위해, ……이제까지보다 더 적극적으로 자주적인 시정촌 통합을 추진하기로 한다."라고 하여 느낌을 달리했다. 이 변화의 배경으로서 「제2차 권고」가 있기 한 달 전에 각의결정된 「재정구조개혁추진에 대해서」의 존재를 생각해 볼 수 있다. 이 각의결정에 따라 시정촌 통합은 중앙정부의 「행정개혁대강」이나 이른바 「건실화 방침(경제재정운영과 구조개혁의 기본방침)」의 중요한 축의 하나가 되었다.

시정촌 통합은 당근에서 채찍으로

현재의 시정촌 통합은 '자주적 통합'의 원칙으로 되어 있다. 따라서 강제적 혹은 반강제적인 통합책은 취하지 않기 때문에 통합추진의 유도책은 처음에는 합병특례채(合併特例債)[3]나 보통교부세 합

3) 2005년 6월까지 시정촌 통합을 하는 시정촌은 새로운 시 건설사업을 실시하기

병산정방법(合併算定替)[4]이라는 재정조치(이른바 당근의 역할)였다. 그러나 통합으로의 움직임은 정부가 기대하는 정도에 미치지 못했다. 그래서 다음으로 취해진 수단이 채찍의 강화였다. 소규모 시정촌을 대상으로 한 지방교부세 삭감정책이다. 자기 수입이 적은 소규모 시정촌 중에는 앞으로의 재정에 비전이 없기에 어쩔 수 없이 통합을 선택하는 곳도 나타나게 되었다. 재정이란 측면에서 지방분권에 필수적이라 할 수 있는 자기 결정과 자기 책임의 조건이 무너지기 시작한 것이다.

어느 정도의 재정적인 압박은 견딜 수 있다. 그러나 시정촌의 법적 권한이 박탈되면, 지방은 아무것도 할 수 없다. 현재, 시정촌 통합추진책의 '히든 카드'로서 정부가 준비하기 시작한 것이 시정촌이 갖는 법적 권한의 박탈이다.

지방분권추진회의 「중간논점정리」(2001년 12월 12일)는 행정체제정비의 제3항에서 '시정촌 통합 추진의 중요성'을 들어 '인구규모 등이나 행정능력'에 따른 차별적 대응을 검토하는 필요성에 대해 다음과 같이 지적했다.

> "중앙에서 지방으로의 사무사업이나 권한이양에 대해서는 주민에게 가까운 기초지자체인 시정촌이 중심이 되어야 하지만, 인구 수백만 명인 정촌(町村)에서 도시, 특례시, 중핵시(中核市), 정령지정도시(政令指定都市)에 이르기까지 다종다양하다는 사실에 입각하여, 인구규모 등이나 행정능력에 따른 사무사업이나 권한이양을 검토할 필

위한 재원으로서 특례적으로 지방채를 충당할 수 있게 한 제도이다. 기채 충당률 95%, 상환재원의 70%는 교부세로 조치할 수 있는 특전이 있다.(역자주)

4) 시정촌 통합에 따른 행정경비 삭감의 효과가 나타나는 데는 어느 정도 기간이 필요한데, 이를 위한 완화조치로서 통합 후 15년간은 새로운 시정촌의 상태에서 산정한 교부세액이 합병 전에 각각의 시정촌이 따로 존재하여 각각 받았던 교부세액의 합산액을 밑돌지 않도록 산정하는 특례를 말한다.(역자주)

요가 있다. 그때 소규모 정촌이나 과소지 등에의 대응에 대해서는 함께 검토할 필요가 있다.”

이러한 지적은 다음에 볼 총무성 내부의 검토사항이 되고, 후술할 ‘니시오 사안’(西尾私案)으로 되어간다.

소규모 지자체의 정비 · 해체안

지방제도조사회에서 검토하고 논의할 수 있는 역할을 한 것이 총무성 내에 사무국을 둔 ‘지방자치제도의 미래상에 대한 연구회’(이하 ‘연구회’)이다. ‘연구회’의 검토는 소규모 지자체 처우에 관해서 대략적으로 다음과 같은 내용을 밝히고 있다.

기초지자체의 최소한의 필요 인구규모를 1만 명으로 하여, 이를 법률로 정한다. 이 인구규모 미만인 시정촌에 대해서는 통합을 강력히 추진함과 동시에 행·재정 권한을 법률로써 제약한다. 구체적으로는 인구규모를 2단계로 나누어,

① 인구규모 1만 명 미만인 시정촌에 대해

•지사에 의한 통합권고, 주민투표, 총무대신에 의한 통합권고를 행한다.

•일정한 사무에 대해서 법률상의 의무(권한)는 제외하고, 그 사무를 도도부현에 담당시킨다(근린 시정촌에 위탁가능. 한정하는 사무는 앞으로 검토). 의원정수는 5명으로, 교부세는 도도부현에 교부한다.

② 인구규모 3,000명 미만인 시정촌에 대해

•현행법으로 의무화한 사무와 관련된 기능을 갖지 못하게 하고, 임의 서비스만이 가능한 재산구와 유사한 ‘구’제도로 한다. 헌법상의 법인격을 없앤다.

•분담금·사용료·수수료는 징수할 수 있지만, 과세권·기채의 기능은 갖지 못한다. 해당 지역의 '기초지자체는 도도부현'으로 하고 교부세는 도도부현에 교부한다.

위의 내용을 보면 알 수 있듯이 소규모 시정촌은 말할 필요도 없이 정리·해체대상이 되어 더 이상 지방에 자주성은 남겨지지 않게 된다.

또한 인구 1만 명 미만인 시정촌은 1,537개 단체로 시정촌 총수의 47%를 차지하고 있어, 그 권한 박탈은 지방자치제도 전체를 근본에서부터 변질시킬 것이다.

연구회의 내용이 보도기관에 흘러 나가고, 이어서 '니시오 사안'이 2002년 11월 1일자로 나옴에 따라 어쩔 줄을 몰라하는 시정촌도 보였다. 그럼에도 불구하고 2003년 1월말로 법정협의회 192건(구성 시정촌 791개 단체), 임의협의회 195건(구성 시정촌 827개 단체)이다. 이 숫자를 많다고 볼지, 적다고 볼지는 견해가 나뉠지도 모르지만, 정부가 제시한 '2005년 3월까지로 3,200개 시정촌을 1,000개로 한다'고 하는 목표가 실현되지 않는다는 것은 거의 확실하다(→ 본서 좌담회 「Ⅱ. 통합」 호보(保母) 기본보고).

무엇이 논점인가?

소규모 지자체는 정말 안 되는가?

총무성의 '시정촌 행·재정 능력 강화'론은 인구가 소규모이면 행·재정 능력이 없다고 하는 판단을 전제로 하고 있다. 그러나 "인구가 작다고 행·재정 능력이 없다. 따라서 합병(통합)해야 한다."고 정말로 말할 수 있을까? 그렇지 않을 것이다.

예를 들어, 고치현 우마지촌(高知縣 馬路村)을 보자. 이 마을(村)은 1889년(明治 22) 4월 1일에 촌제(村制)를 시행하여 오늘까지 통합된 적이 없다. 인구가 1960년의 3,425명에서 감소하여 현재는 약 1,200명 정도가 살고 있는 산촌이다. 그러나 작아도 활기찬 산촌이다.

질 좋은 삼나무를 중심으로 한 임업이 부진해진 이후, 유자의 생산·가공·판매로 광명이 찾아왔다. 농협의 유자가공을 궤도에 올려 지금은 27억 엔이라는 훌륭한 산업으로 키워냈다. 작은 마을(村)의 큰 산업이다. 이것으로 일자리도 확대되었다. 전국에서는 JA가 통합하여 광역농협으로 되어가는데, 우마지촌(馬路村)에서는 마을 단독의 농협을 유지하고 있으며, 농협이 지역산업을 진흥하는 핵이 되어 촌 자치단체와 호흡을 맞춘 활동을 전개하고 있다. 제3섹터가 경영하는 온천숙박시설도 호평으로 흑자경영을 하고 있다. 촌장(촌의 지방자치단체장)은 유자가공에 이은 산업으로서 목재가공산업의 육성에 힘을 쏟고 있다. 촌장이 '시정촌 통합은 하지 않는다'고 말하는 배경에는 이 마을(村)이 열심히 쌓아 온 지역자원활용형의 내발적 발전에 대한 확신이 있다.

시마네현 가키노키촌(島根縣 柿木村)도 인구 1,800명 정도의 작은 마을(村)이지만 활기차다.

마을(村)은 지역의 미래상을 발견하여 이를 자신 있게 추진하고 있다. 이 마을(村)에서는 10년쯤 전에 지역의 자연과 자원을 활용하면서 내발적인 발전을 추구하는 종합진흥계획 '건강과 유기농업의 고향 만들기'가 책정되었다. 마을(村)이 2002년 책정한 종합기본계획도 이 기본노선을 답습하고 있다. 마을(村)을 방문하면, 지역발전의 기본노선이 촌장과 직원의 자신감으로 이어져 있는 것을 분명히 확인하게 된다. 기획과장은 '이 지역의 특산은 뭐냐는 질문을 곧잘 받습니다만, 없다고 대답하고 있습니다. 농촌은 농부, 즉 자립형 생계가 이상적이기 때문이죠. 자신에게 알맞은 지역발전이 기본'이라고 잘라 말했다. 가키노키촌은 산촌에서의 생활양식을 되찾는 노력을 하면서, 도시와 연계하여 문화유산이라고도 할 수 있는 오이다니(大井谷) 취락지의 계단식 논을 지키고, 복지와 버섯재배의 제3섹터 등으로 고용의 장을 개발하고 있다.

오늘날 유명해진 나가노현 사카에촌(長野縣 榮村)의 마을만들기도 활기차고 두드러진다. 사카에촌에 대해서는 본서 좌담회(→ 본서 좌담회 「Ⅲ. 재정」)에서도 소개하므로 설명은 생략하지만, 정책을 고안해 내는 것은 경청할 만한 가치가 있다. 키워드는 '협동'이며, 재정규모가 작아도 그 핸디캡을 주민과 협동하여 극복하고 있다.

확대되는 것이 바람직한가?

정부는 '시정촌 통합을 하면, 행·재정 능력이 높아진다'고 하지만, 거기에는 검토해 보아야 할 다음과 같은 중요한 문제점이 있다.

첫 번째 문제점은 지방자치단체 규모의 확대에 따라 주민의 목소리가 듣기 어려워지는 점이다.

총무성은 통합해도 지소(支所)를 두기 때문에 주민 서비스가 떨어지지 않는다고 하지만, 시정촌은 주민등록 등의 창구 서비스만을 위한 존재가 아니다. 지방자치는 '정치와 행정'의 쌍방에 관한 소식이다. 여기서 말하는 정치란 지역의 현상 등에 대해 주민이 서로 이야기하고 상담하여, 모두의 의사를 바탕으로 결정해 나가는 것을 말한다.

통합은 이와 같은 자치의 구도를 어떻게 바꿀 것인가?

나가노현의 마쓰모토시(松本市)를 핵으로 한 19개 시정촌의 통합 패턴을 보면, 통합할 경우 약 42만 명의 도시가 된다. 지방자치법에 따라 인구규모에서 상한이 결정되어 있는 의원수의 인구비를 보면, 인구 약 9,200명에 한 사람의 의원이 된다. 의원은 새로운 시 전체의 시민대표로서 선출지역의 대표는 아니지만, 가령 구시정촌(舊市町村)의 단위에서 보면 9,200명에 못 미치는 정촌(町村)이 11개 단체나 된다. 이들 정촌에서는 단독으로 한 명의 의원도 선출할 수 없다는 계산이 된다. 더욱이 인구가 작은 촌(村)의 경우는 5개 정도 모아도 한 사람의 의원을 낼 수 있는 규모에도 이르지 못한다. 새로운 시의회 의원이 되는 것은 현재의 정촌에서 정촌장(町村長)이 되는 것보다도 어렵다.

두 번째 문제점으로서 시정촌 통합에 의해 면적이 넓어지면, 새로운 지자체 내부에 '지역간 격차'가 확산되며, 새로운 시내의 주변부가 쇠퇴하는 점이 있다.

과거에는 촌의 자치단체 청사가 있는 지역에 사람이 모였지만, 촌에 자치단체가 없어지면 사람이 모이지 않고 과소화되어 인구도 줄어드는 것이다. 이에 대한 대책으로서, 총무성은 2개의 대응 방안을 예정하고 있다('市町村合併'(2001년 5월)). 그 하나는 통합 전에 주민의 의견을 반영시켜 서로 이야기함으로써 '중심부뿐만이 아니라 주변부에 대해서도 배려를 하는 마을만들기계획(시정촌건설계획이라고 한다)을 만들 것', 또 하나는 구시정촌의 구역마다 설치할 수 있는 지역심의회에서 '사업이 지역간 균형 있게 실시되고 있는지 여부를 체크할 것'이다.

그러나 지역심의회는 기한을 미리 정한 조직이며, 장기간의 마을만들기에는 적합하지 못하다. 게다가 통합의 큰 틀은 다른 곳에서도 기술되어 있는 것처럼 '철저한 행정개혁'이라든가 '중점적인 투자에 의한 기반정비'이다.

세 번째 문제점은 통합하여 시 영역의 규모를 확대했을 경우 지방교부세의 감소 등으로 재정이 곤란해진다는 점이다. 지방세는 세율의 인상이나 도시계획세 적용구역의 확대 등으로 수입이 증가되는 경우도 있겠으나, 문제는 지방교부세의 동향이다. 지방도시와 주변 농촌이 통합할 경우, 전국의 몇 가지 사례를 검토해 보면, 보통교부세의 증액이 통합 전인 50%에서 55% 정도까지 감소한다. 이른바 '규모의 이익'에 따른 행·재정의 효율화가 있다고 간주되는 점이다.

니가타현 가모시(新潟縣 加茂市)의 고이케 시장(小池市長)이 「가모시(加茂市)가 현앙동부합병연구회(縣央東部合併研究會)에 참가하지 않는 이유」(2002년 3월 22일자) 속에서 현의 중앙 및 동부 6개 시정촌의 통합 후의 지방교부세를 계산해 보았다. 그것에 따르면 6개 시정촌이 현재 받고 있는 보통교부세액은 199억 엔이지만, '보통교부세 합병산정방식'의 재정조치가 없어지는 통합 16년째 이후에는 99억 엔으로 반감한다. 이를 인구비율에서 (통합 전의) 시정촌별로 계산하면, 소규모 시정촌의 보통교부세는 통합 전의 20%, 30%로 격감한다고 되어 있다. 시마네현 하마다권역 통합구상(5개 시정촌)의 경우, 보통교부세가 통합 전의 110억 엔에서 통합 16년째 이후에는 58억으로 감소하며(감소율 46.4%), 가모시의 방법으로 계산하면 인구가 적은 정촌에서는 보통교부세액이 통합 전의 20%에도 못 미치는 곳이 3개 정촌에 이르게 된다. 통합 전의 20% 이하로 보통교부세가 감소하는 지역은 모두 중산간지역이다. 이들 지역에서는 재정이 확실히 약해질 것으로 예상된다.

네 번째 문제점은 지방분권과의 관계이다. 주민과 가까운 곳으로 행정사무를 내려 보내기 위해 강력한 행·재정 능력을 가진 자치조직을 만드는 것이 목적으로 되어 있지만, 이는 시내 주변부에 사는 주민에게 있어서는 오히려 행정은 먼 존재로 되고 만다. 그것은 지방분권의 정신에 역행하게 되는 것이다.

또한 규모를 크게 하면, 전문직 고용이 가능할지도 모르지만, 이 점에 대해서는 연구하기 나름인 것으로 시정촌의 광역연합이나 도도부현과의 역할분담과 연계에 따른 대체적 방법도 생각할 수 있으며, 대책이 통합뿐만은 아니다(→ 본서 인터뷰 「통합과 주민기본대장 네트워크를 거부하는 지자체 — 야마쓰리정(矢祭町)의 네모토 료이치(根本良) 정장님께 듣는다」). 그리고 통합이라는 '궁극의 행정개혁'은 직원 수의 삭감, 인건비의 감축을 주요한 수단으로 하고 있어, 전문직의 고용을 무조건적으로 할 수 있는 것도 아니다.

'니시오 사안'(西尾私案)에서 보는 분권과 자치의 문제점

지방제도조사회 부회장인 니시오 마사루(西尾勝) 씨가 2002년 11월 1일, 지방제도조사회 소위원회에 '기초지방자치단체 미래상에 대하여(私案)'(이하, '니시오 사안')를 제안했다.

'니시오 사안'에서는, "인구 ○○미만의 단체는 없애는 것을 목표로 해야 할 것이다."라고 제안하고 있다. '인구 ○○'의 공백은 '1만 명'일지도 모르지만, '니시오 사안'이 '현재의 시가 처리하고 있는 사무를 처리할 수 있을 정도의 것'이라고 할 때, 시의 요건인 5만 명 이상, 혹은 통합특례인 3~4만 명 이상을 가리키고 있다고 생각하는 편이 '니시오 사안'의 논리에 충실한 해석이 된다.

아무튼 이 인구규모 미만인 시정촌을 없애는 것을 목표로 '니시오 사안'은 시정촌 통합을 협조적으로 추진할 것을 제안하고 있다. 더욱이 '(일정) 기간이 경과한 후에도 통합에 이르지 못한 일정 규모 미만의 단체'에 대해서 두 가지 방식을 제안하고 있다. 첫째 방식이 '사무배분 특례방식'이다. 이는 법령에 의무로 되어 있는 사무 일부와 자치사무밖에 처리할 수 없는 조직으로, 의원은 무보수이고, 부단체장[5)], 수입역[6)], 교육위원회, 농업위원회 등은 설치할 수 없다. 방식은 '신청'방식이지만, 이러한 형태로 할 것인지 아니면 통합으로 갈 것인지를 "일정 기일까지 선택하지 않으면 안 된다."고 되어 있다. 둘째 방식이 '내부단체 이행방식'이다. 이 방식은 다른 기초지자체에 편입되는 방식이다. 이 경우에는 "해당 단체의 의사와는 관계없이 당연히 다른 기초자치단체에 편입하게 된다."고 되어 있다.

'니시오 사안'에는 검토해야 할 문제점이 적지 않다.

첫째로, 시정촌이 합병특례법에 기초하여 '자주적인 통합'을 검토하고 있을 때에 '니시오 사안'이 "인구 ○○미만인 단체를 없애는 것을 목표로 해야 하지 않겠는가?"라고 제안한 타이밍을 어떻게 판단해야 할 것인가? 시정촌이 '자주적인 통합'을 검토하고 있어도 "인구 ○○미만인 단체를 없앤다."고 해서 한쪽의 출구를 막아 버리면, 발언권이 있을 때 통합을 선택하는 편이 유리하다는 분위기를 한 번에 고조시키게 된다. 그것은 법의 '자주적인 통합'이라는 정신이 왜곡되고, 사실상의 '강제적인 통합'으로 성격을 변화시키게 된다.

둘째로 '니시오 사안'은 일본의 시정촌 역사를 '중앙의 법령에 기초한 사무를 처리하기 위한' '행정촌' 설치의 역사라고 총괄한

5) 일본에서는 조역(助役)이라는 용어를 사용하고 있다. 조역이란 기초자치단체인 시정촌에서 시정촌장을 보좌하고, 보조기관인 직원으로서 맡은 사무를 감독하는 지방자치법으로 정해진 특별직 공무원을 말한다. 시정촌장의 부재중에는 그 임무를 대행한다. 삿포로, 센다이, 요코하마, 교토, 후쿠오카 등 일부 시에서는 대외적으로 부시장이라는 호칭을 하고 있는 곳도 있다.(역자주)

6) 수입역(収入役)이란 기초자치단체인 시정촌의 회계사무를 맡는 지방공무원법으로 정해진 특별직 지방공무원을 말한다. 도도부현의 경우에는 출납장(出納長)이라고 한다.(역자주)

다음, 그 연장선상에 최근의 시정촌 통합을 두어 "시대적 요청에 알맞은 구역을 가진 기초자치단체로 재편하도록 하는 움직임이기도 하다."고 평가하고 있다. 그것은 '니시오 사안'의 강제적인 통합 역시도 '행정촌' 설치라고 함으로써 통합을 정당화하기 위해서이다.

그러나 일본의 지방자치 역사를 이와 같은 '행정촌사관'으로 정리해 버릴 수는 없다. 자유민권운동이나 다이쇼 데모크라시 운동[7], 그리고 전후 지방자치제도의 형성 등 국가통치로부터의 자립과 주민자치확립의 운동이 있으며, 이것과 지방자치단체를 국가통치기구의 말단조직에 머물게 하려는 움직임과의 대항 속에서, 오늘날의 지방자치가 형성되어 왔기 때문이다. 위의 '행정촌' 방식이 재정적으로 파탄한 오늘날, 이를 대신하는 주민자치의 확립을 제안하는 편이 이치에 맞다고 할 수 있을 것이다.

셋째로, '니시오 사안'이 통합을 기대하는 배경에는 '자주재원'에 의한 '지역적 종합행정'을 이상으로 하는, 도시형 편중의 기초자치단체상이 있다. 이러한 이상적인 형태는 한 점으로 집중되어 있는 국토경제구조의 현실을 바탕으로 하고 있지 않은 이념형이며, 이를 직접 현실 정책으로 가져가면 농촌이나 산촌 등의 지방을 잘라내 버리는 흉기로도 된다.

일본의 국토경제구조는 기슭 부분이 풍부한 동산형에서 수직적으로 높은 굴뚝형으로 바뀌어 왔다. 이것이 의미하는 것은 '니시오

7) 다이쇼(大正) 데모크라시는 일본에서 러일전쟁 이후 국가체제의 재편성기에서 호헌운동(護憲運動)의 고양기에 걸쳐서 일어난 번(藩) 파벌 중심의 정치를 비판하고 민중을 위한 정치를 요구한 광범위한 운동을 가리킨다. 민본주의(民本主義)를 제창한 정치학자 요시노 사쿠조(吉野作造)와 천황기관설을 제창한 공법학자 미노베 다쓰키치(美濃部達吉) 두 사람이 다이쇼 데모크라시의 이론적 지도자로 불린다. 다이쇼 데모크라시는 정치적으로 정당내각제의 관례화나 보통선거법의 성립 등을 낳았다.(역자주)

사안'이 이상으로 삼고 있는 '자주재원'에 의한 '지역적 종합행정'을 실현할 수 있는 지역은 도쿄 등의 (대)도시부권에 한정되고 있다는 점이다. 도쿄도(東京都)는 1인당 세수액(稅収額)이 전국 평균의 1.72배로 굉장히 높다. 반대로 1인당 세수액이 도쿄도의 반에도 미치지 못하는 현(縣)은 18개 단체에 이른다(2000). 이러한 현실은 소득과 소비가 도쿄 대도시권 한 곳으로 집중된 결과이다. '자주재원'에 의한 '지역적 종합행정'을 실현하려고 하면, 국토의 경제구조를 발본적으로 개혁하고 평준화를 도모하는 것이 우선이다. 그와 같은 개혁론은 '니시오 사안'에 없으며, 또 전국종합개발계획을 비롯한 정부정책에서는 '지역격차시정'이란 정책이념이 잊혀져 가려 하고 있다.

넷째로 '니시오 사안'의 '중앙과 지방의 세재원 재검토'론이다. 지방교부세제도에 대해 한 마디도 언급하지 않고 세원의 재검토와 자립을 이야기할 때 현실의 정책론으로서는 문제가 있다.

예를 들면, 지방교부세와 국고보조금을 삭감하여 같은 액수의 국세를 지방세로 이양하는 것은 중앙에의 의존도를 낮춰 자주재원을 늘리기 때문에 바람직한 것처럼 들린다. 그러나 그렇게 하면 지역간의 재정적 불공평은 확대된다. 세원이양은 지방교부세의 교부를 필요로 하지 않는 풍요로운 지역의 세수를 늘리고, 빈곤한 지역의 지방교부세를 줄이기 때문이다. 이 결과, 경제적으로 여유 있는 지자체는 더욱더 수입을 늘리고, 농촌과 같은 빈곤한 지자체 재정은 한층 빈곤화에 쫓기게 된다(→ 전게 본서 좌담회에서의 호보(保母) 기본보고). 이는 지방교부세 교부시에는 생기지 않았던 새로운 불공평의 확대이다. 지방교부세에 대해 언급하지 않았던 '니시오 사안'의 주관적 의도는 별개로 치더라도, 오히려 재정적으로 자립할 수 없는 지역에 심각한 영향을 초래하게 된다. 이와 같이 되는 것도 지역경제의 불균등 발전의 결과이다. 세원 혜택을 받지 못하는 지역에 대한 대책이야말로 국정의 중요과제라는 점을 잊어서는 안 된다.

다섯째로, '니시오 사안'은 '기초자치단체에서의 자치조직'을 제안하고 있다. 이 '자치조직'에 대해서 "기초자치단체 내부에서의 주민자치를 확보하는 방책으로서 내부조직"(법인격을 지닌 것으로 할지의 여부에 대해서는 검토를 요함), "구시정촌 단위에 창설되는 자치조직"이라고도 기술되어 있으며, "'이와 같은 자치조직의 제도를 창설함으로써 기초자치단체를 지방자치단체 경영의 단위로서 구성하면서, 해당 지역의 주민이 자발적인 의사와 부담으로 지역을 주체적으로 운영해 갈 수 있지 않겠는가?"라고 그 효능을 말하고 있다.

'니시오 사안'에서 통합을 통해 만들어진 기초자치단체의 기본적인 성격은 오로지 분권의 밑받침 역할을 하는 '지방행정조직'이며, 거기에 빠져 있는 주민자치기능을 확보하는 방책이 '내부자치조직'이라는 것이다.

'니시오 사안'에 적극적인 면을 찾아본다면, 이 '자치조직'의 제안 정도밖에 없다.

'내부자치조직'에 관해서 필자는 과거 니가타현 시오자와정(新潟縣 鹽澤町)의 자주적 단체 '이시우치구'(石打區)나 나가노현 시오지리시(長野縣 鹽尻市)의 '취락계획'(→ 본서 좌담회 「Ⅱ. 통합」), 후쿠이현 가미나카정(福井縣 上中町)의 '취락생활회의' '지구생활회의', 구마모토시(熊本市)의 '남부주민의 모임' 등의 실천을 바탕으로 '내부분권'론을 제시해 왔다. 그것은 현재의 시정촌 내부에서 주민에 의해 가까운 지역으로 의사결정의 권한을 옮겨, 지방분권의 정신을 지역에 살리는 구상이다. 실적을 올려 온 선진사례는 지구(地區)나 취락, 초등학교 단위의 구(區) 등으로 협소하다. 이러한 사례를 통해 말할 수 있는 것은 주민자치가 성과를 올리는 기초단위로서는 '니시오 사안'과 같은 현재의 시정촌 규모에서는 단위로서 너무 크다는 것이다. 주민자치가 활성화하는 데 적합한 최소단위는 '취락' 내지 '지구'가 바람직하다. 그 정도의 규모라면, 어린이를 포함해 전원이 참가하여 '취락(지구)계획'을 논의하고 자원봉사적인 협동작업에 의해 주민자치를 실천해 가는 것이 가능하기 때문이다.

앞으로의 과제

총무성이 추진하고 있는 시정촌 통합은 전술한 바와 같이 지방분권추진이라기보다도 재정구조개혁의 모순을 소규모 시정촌에 전가하는 경향을 강화시켜 왔다. 그와 같은 시정촌 통합은 지방분권추진에 있어서도 바람직한 것이 아니다.

필자는 2003년 2월, 어느 현의 정촌회(町村會) 주최의 연수회에 초청을 받아 시정촌 통합에 대해 이야기했다. 당시 정촌장(町村長)의 감상문에는 '이런 이야기를 좀더 일찍 듣고 싶었다'는 의견이 많았던 데에 놀랐다. 그때까지는 총무성에서 출발하여 도도부현을 경유한 상당히 일방적인 통합추진정보밖에 접하지 못했던 것 같다. 그러한 정보관리와 조작이 지방분권에 맞지 않는다는 것은 두말할 필요도 없다.

그런데 3,200개의 시정촌을 얽어놓은 시정촌 통합논의가 앞으로의 분권과 자치에 대해 생각할 기회를 만들어 주었다는 면도 있다. 홋카이도 정촌회·정촌의회의장회는 이미 광역적인 시정촌인 홋카이도의 현황을 바탕으로 총무성계획과는 다른 연합자치단체구상을 제안하고, 나가노현도 독자적인 시정촌제도에 관한 구상을 정리해 왔다.

그 중에서도 나가노현에서는 현과 오부세정(小布施町), 사카키정(坂城町), 사카에촌(榮村), 야스오카촌(泰阜村)이 협력하여 실행해 온 '시정촌 '자율' 연구회'가 자율전략과 정책을 종합했다. 이 보고서는 시정촌이 자율하기 위해 취해야 할 현(縣)의 보완기능을 내놓았다는 점에서도 주목받는다. 또한 시정촌 통합문제를 현이 시정촌과 함께 생각하는 '앞으로의 '자치'를 함께 생각하는 심포지엄'을 개최한 것도 다른 현에서는 볼 수 없는 특징이다.

그러나 많은 시정촌이 꼭 자주적이라고는 할 수 없는 시정촌 통합문제에 직면하고 있다. 이러한 귀추가 앞으로 지방분권의 전체적인 평가를 좌우하게 될 것이다.

〈참고문헌〉

保母武彦,『市町村合併と地域のゆくえ』, 岩波書店, 2002.

保母武彦監修,『小さくても元気な自治体』, 自治体研究社, 2002.

今川晃・田嶋義介監修,『合併する自治体, しない自治体』, 地方自治職員研修臨時増刊号, 2002.

中西啓介,『新版 市町村合併』, 自治体研究社, 2002.

小西砂千夫,『市町村合併ノススメ』, ぎょうせい, 2000.

木佐茂男監修・今川晃編, 『自治体の創造と市町村合併 — 合併論議の流れを変える七つの提言』, 第一法規出版, 2003.

◆ 인터뷰 ◆

통합과 주민기본대장 네트워크를 거부하는 지자체

– 야마쓰리정의 네모토 료이치 정장님께 듣는다

인터뷰어 호보 다케히코(保母武彦)

호보 야마쓰리정(矢祭町)은 '통합을 하지 않겠다고 선언'하셨지요?

네모토 야마쓰리는 지리적으로 보아도 통합하면 주변부가 되기 때문에 마을이 쇠퇴해 갈 것이 틀림없습니다. 이는 '쇼와시대의 대통합'에서도 이미 증명된 것으로 저희들은 두 번 다시 그러한 전철을 밟지 않겠다고 선언한 것입니다.

호보 주변부가 쇠퇴하는 것은 통합의 가장 큰 문제점이군요.

네모토 말씀하신 그대로입니다.

하시모토내각의 구조개혁에서는 나오지 않았던 통합론이 1997년 무렵부터 아주 강하게 나왔지요. 당시 자치대신이었던 시라카와(白川) 씨는 통합하면 "'다 가져가라'는 식으로(웃음), 돈은 얼마든지 주겠다."는 투로 이야기했습니다. 국민의 세금을 자신의 것이라고 착각한 것이 아니겠습니까?

3,200개의 지방자치단체가 1,000개로 됩니다. 그 미래상은 앞으로의 과제라고 하고 있습니다만, 철학적인 부분 즉 '이 나라(일본)의 모습'이라는 것이 보이지 않아요. 제가 질문하면 항상 "너희들은 그런 어려운 것은 생각하지 않아도 돼. 지방자치단체의 단체장과 지방공무원은 어차피 좋은 아이디어가 없을 테니까. 중앙에서 다 알아서 생각하고 있으니까, 시키는 대로만 해"라는 식이죠.

제가 "관료가 지방자치단체에 이것저것 강제하는 것은 메이지헌법(明治憲法)의 통제권이 아닙니까?" 하고 말하면, "그것은 과격하

네모토 료이치 정장

다.”고 답변합니다. 그러나 저는 “과격하건 아니건 간에 이것은 통제권이지요. 세상을 잘못된 방향으로 이끌게 되며, 독재정권이 되고 말지요.”라고 말합니다.

호보 현재의 헌법, 지방자치법에서 말하는 지방자치를 아무리 봐도 반강제적인 시정촌의 통합에 대해서는 나와 있지 않습니다. 중요한 것은 그 지역의 환경과 자원을 가장 좋은 형태로 그곳에 사는 주민들이 만들어 갈 수 있는 구조입니다. ‘새의 눈’ 높이에서 이곳의 촌(村)과 이곳의 정(町)을 붙이려고 하는 통합론은 헌법의 지방자치 정신과 분명히 다릅니다.

그것이 어째서 분권론 속에서 이만큼 커져 왔는지? 흔히들 이야기하는 700조 엔이나 되는 재정적 자만이 원인은 아닌 듯합니다. 왜냐하면, 시정촌 통합에 의해 정부의 재정적자를 줄이고 재정재건을 한다고 하는 이야기는 그 자체로서는 나와 있지 않습니다. 하지만, 논점은 전체적으로 지방의 돈을 대도시로 흘려보내는 방향으로 가고 있는 점이죠. 그러니까, 재정위기라고 하면서도 ‘도시의 재생’사업은 가장 크게 증가하고 있습니다. 요컨대 지금까지 해 온 농촌의 공공사업을 대도시에서 할 뿐이라는 이야기입니다. 그러기 위해서는 지방에서 자치나 지역의 자립 등을 생각하지 않았으면 하는 것이 솔직한 심정이 아니겠습니까?

농촌의 미래

호보 야마쓰리정은 그 밖에도 '주민기본대장 네트워크'를 탈퇴하여 전국적으로 주목을 받았습니다. 현재 인구가 7,200명 정도이던가요? 이 지역을 장차 어떤 모습으로 만들고 싶으십니까?

네모토 이상상(理想像)과 미래상이 있습니다만, 먼저 이상상은 '독립국가'를 지향한 가와이 쓰기노스케(河井継之助)의 나가오카번(長岡藩)입니다. 시대가 바뀌어도 그런 이상은 갖고 있어야겠다고 생각합니다. 다음으로 미래상입니다만, 저는 무릉도원일 필요는 없다고 생각합니다. 무릉도원이라는 것은 법률이 없는 사회일 것이라고 생각합니다만, 현실적으로 법률이 이렇게도 많이 존재하고 있으므로 무릉도원은 불가능합니다. 다만, 살고 있는 사람들이 계속해서 살아갈 수 있는 사회로 만들지 않으면 안 됩니다. 그런 의미에서 사회나 시대가 바뀌어도 야마쓰리정은 남아 있는 것이 가장 중요하다고 생각합니다.

앞으로 20년 동안은 인구가 감소될 것이 확정되어 있더군요. 그런 가운데 무리를 거듭해서 7천의 인구를 8천, 1만으로 증가시킨다고 하는 불가능한 일을 추구하기보다는 현재의 상태를 어떻게 유지할지를 생각해야 하지 않을까요? 야마쓰리정은 현재 하고 있는 이상의 행정 서비스는 할 수 없을 것이라고 생각합니다. 일본의 국력, 혹은 세계 속에서의 지위, 입장에서 말하자면 야마쓰리정(矢祭町)도 이 이상을 바라는 것은 무리라고 봅니다. 그리고 그렇게 큰 사치를 바라는 것도 아니므로, 교부세의 폐지라든가 정촌(町村) 통합의 강제 등을 그만두어 준다면 저희들은 남아 있을 수도, 잘해 나갈 수도 있는 것입니다.

다만, 정부는 최소한 자녀감소 문제를 해결해 줄 필요가 있겠습니다.

호보 자녀감소·고령화가 진행되고 있으니까 통합해야 한다고 하는 주장도 있지요.

네모토 자녀감소 지역간 통합을 해도 자녀감소는 해결되지 않습니다. 고령화 지역간 통합을 해도 해결되지는 않는 것입니다.

호보 도쿄의 자치구 중에 출생률이 0.8정도인 곳이 있습니다. 전국평균이 1.3대이니까, 대도시화가 출생률 저하의 원인이 되고 있습니다. 대도시화해 가면, 점점 더 자녀를 키우기 어려운 환경이 되어 가는 것입니다. 저는 전국의 농촌부를 돌아보고 있고, 현재 조사하고 있는 농촌에서도 확실히 인구는 줄고 있습니다만, 부부당 자녀의 수는 많습니다. 따라서 일본의 자녀감소 대책으로 농촌에서 잘살 수 있는 상황을 만드는 것이 대단히 중요합니다. 현재는 도회지에 사는 사람 중에도 농촌에 살고 싶어 하는 사람이 늘고 있습니다. 이러한 사람을 농촌이 받아들여 나가는 것은 사회 전체에 있어서 유익합니다. 농촌을 소중히 하지 않으면 일본은 망합니다.

네모토 저희들도 희망적인 편견을 갖고 있습니다. 장차 인간이 인간답게 살 만한 사회는 농촌밖에 없다는 것입니다. 현재 도시에 사는 사람의 대다수는 직업이 있다거나 자녀를 학교에 보내기 위해서 혹은 병원이 가깝다는 점에서 자신을 소중히 해주지 않는 불쾌한 상황에서 살고 있습니다. 이제까지 인구증가가 상승곡선을 그리던 사회에서는 그런 것도 괜찮았습니다만, 적어졌을 때에는 어떻게 할까요?

도쿄의 나가타초[1] 주변에는 폐쇄 직전으로 어린이가 교정에 없는

1) 나가타초(永田町)는 도쿄 스기나미구(杉並区) 남단에 위치한 초(町, 자치단체는 아님)의 이름이다. 국회의사당, 국립국회도서관, 총리대신 관저, 참의원의장 관저, 자유민주당 본부 등이 있는 일본 국정의 중추지역이다.(역자주)

학교도 있습니다. 낮에 도쿄에 있는 것은 예를 들면 주변 현(縣)에 거주하고 있는 도쿄 활동인들입니다. 그러니까 우리들의 정(町), 지역을 지금 제대로 만들어서 장차 사람들이 살 수 있도록 합니다. 2년, 3년으로는 무리겠습니다만, 그러한 시대가 반드시 올 것으로 생각합니다. 다만 그러기 위해서 가장 필요한 것은 자녀감소에 대한 대책입니다. 교육문제도 고령화 문제도 전부 자녀감소가 키워드인 것입니다.

호보 효고현 무라오카정(兵庫縣 村岡町)이 종합계획을 만들 때, 그 미래상을 '꿈을 갖고 자녀를 키우고, 자라나게 할 수 있는 고장'으로 하였습니다. 일본 전체의 시정촌 중에는 자녀문제를 5대 중요사항 중의 하나 정도로 보고 있는 곳도 있습니다만, 이 문제를 가장 중심에 두고 있는 곳은 무라오카정뿐입니다. 일본 사회를 위해서도 실제로 농촌부에서 그러한 환경을 제대로 만들어 놓는 것이 중요합니다.

과학기술도 학력도 점점 높아져 오면, 확실히 모든 농촌부에서 모든 기능을 맡을 수는 없습니다. 그러나 예를 들면 대학에 가더라도 겨우 4년 동안이라는 것입니다. U턴, I턴[2])으로 언제든지 올 수 있고, 인간다운 생활을 할 수 있는 지역을 남기는 것은 일본 사회 전체의 의무입니다. 그러기 위해서는 지방자치가 확실히 뿌리내린 지역을 만들어 두는 일밖에 없다고 생각합니다. 그러한 의미에서 '통합하지 않겠다는 선언'에서 말한 지역의 미래상은 대단히 공감되는 점이 많습니다.

네모토 정민(町民)이 그런 것까지 제대로 판단하고 있다고는 보지 않습니다. 다만, 자신들의 향토를 1센티라도 2센티라도 매일 매일 다른 곳에 지지 않는, 그리고 따라잡으려고 노력하는 자세가

---

2) I턴이란 도심부에서 태어나 성장한 사람이 풍요로운 자연환경이나 사람들과의 만남을 중시하는 라이프스타일을 추구하여, 지방의 기업으로 전직·이주하는 것을 말한다.(역자주)

지역 전체에 침투되어 있는 것입니다. 그리고 물건이나 돈뿐만이 아니라 기분이라는 측면에서 정민(町民)이 자랑스럽게 생각할 수 있는 마을만들기가 이제 겨우 만들어진 것입니다.

어디라고는 말할 수 없습니다만, 저희들 입장에서 보면 우리와는 전혀 차원이 다르지 않은가 하는 생각이 드는 정(町)이 많이 있습니다. 정장(町長)이나 직원 그리고 의원이 자신의 몸보신만을 생각하고 있어서는 주민이 선거에 참가하더라도 아무것도 되는 것은 없습니다. 제대로 주민을 위해서 일하면 정당 지지를 하지 않는 사람도 모두 선거하러 가게 되는 것입니다. 그들은 자민당이니 공산당이니 하고 말하고 있지 않을 뿐으로, 그 장면, 장면에서 정의로운 판단을 내리고 있다고 생각합니다. '요즘 젊은 사람은'이라며 한마디로 제외시키는 것은 대단히 위험합니다.

저희들은 회비를 내고 현의 간부와 1년에 한 번 술 마시는 자리를 갖습니다만, 거기에 접객안내를 해주던 여성이 있었습니다. 제가 가볍게 "자네들도 요즘 불경기로 연회가 적어져서 큰일이겠군"이라고 하니까, 그 여성이 말하길 "무슨 말씀을 하시는 겁니까? 아까부터 듣고 있자니 지금 말씀하시는 분은 정장님이시죠? 저희들은 연회가 적어지는 것 따윈 별로 생각하고 있지 않습니다. 이게 모두 관관접대(官官接待)[3]잖아요. 정장님이나 공무원들이나 현이나 정부나, 공무원들만이 국민의 세금으로 마시고 먹고 하죠. 저희들은 단 한 번도 없지만요"라고 했던 겁니다. 저는 그 이후 조심하게 되었습니다.

게다가 "지금 저희들은 법률에 따라 사회보험에 가입되어 있습니

---

3) 관관접대란 중앙성청의 간부가 지방자치단체로 출장을 나왔을 때 접대하는 것을 말하는데, 고급 요정이나 음식점 등에서 접대해 두면 허인가 등에 대해 중앙성청이 편의를 보아준다고 하는 식으로 결부되어 있는 경우에 사용하는 용어이다.(역자주)

다."라는 말도 들었지요. 그것은 접객안내원의 회사를 말하는 것이지요. 그러니까 제대로 사회보험에도 가입되고 연금도 적립하고 있다는 겁니다. "하지만 저희들은 장래에 1/3도 받지 못할지도 모른다는 불안을 안은 채 연금을 적립하고 있답니다."라고 하더군요. 이래서는 뭐라 할 말이 없더군요. 난처했습니다. 우리들은 반성해야 한다고, 시대가 바뀌었다고 생각했습니다.

호보 관관접대도 공공사업도 바뀌고 있지요.

네모토 한때, 지금 이 공공사업을 다음 해나 그다음 해에 하지 않겠냐고 해도, 재정장(財政長)이 긍정의 답을 안 주더군요. 그건 좀 이상했습니다.

국민이 문제제기를 하여, 그것이 구체적인 사회문제로서 매스컴을 뒤흔들고, 그것이 성과를 올리기까지에는 긴 시간이 걸립니다. 그러나 하지 않으면 그것으로 끝납니다. 저는 그렇게 생각합니다.

재정위기 해결을 위해서

호보 정부에서 보조금·지방교부세·세원이양을 하나로 해서 바꾸는 '삼위일체 개혁'이 검토되고 있어, 아마도 장차 보조금은 대폭적으로 줄어늘 것이라고 생각합니다.

그때 어떻게 할 것인가? 현재는 '주민과 행정', 혹은 '공과 사'라는 관계가 정착되어 있습니다. 그러나 원래는 '공(公)·공(共)·사(私)'라는, 사이에 '공'(共)이라는 부분이 있어서 '공동', '협동'이라는 차원에서 여러 가지의 일들을 해 왔습니다. 요즘 말하는 자원봉사를 말하는 것입니다. 이것이 없어졌기 때문에 재정이 팽창하고 관료지배도 강화된 것입니다. 그 결과, 재정이 파탄 상태에 빠져 버린 것입니다.

나가노현 사카에촌(長野縣 榮村)의 다카하시 촌장(高橋村長)은 이 '협동'으로 상당히 많은 문제를 해결했습니다. 이 방법 외에 재정 문제를 해결할 수 있는 길은 없지 않나 생각합니다.

사카에촌의 인구는 주민이 2,700명 정도 입니다만, 예를 들면 재택 서비스를 위해서 2급 헬퍼(helper)와 3급 헬퍼를 160명 양성하여 촌의 사회복지협의회에 114명을 등록하고 있습니다. 이를 취락마다 8개의 반으로 나누면 1개 지역당 평균 15명이 됩니다. 그렇게 해서 헬퍼의 24시간체제를 구축한 것입니다. 오늘 몇 시부터 몇 시까지는 내가 한다, 그 다음은 네가 한다는 식으로 말입니다. 취락의 인간관계 속에서 전문적인 개호제도(介護制度)[4]도 가능한 셈입니다. '부담 없는 헬퍼 활동'이라고 불립니다만, 부담 없이 24시간 언제라도 달려갈 수 있는 체제를 촌 전체에 구축하고도 연간 예산이 불과 60만 엔입니다. 총무성이 말하는 통합 추진 이유 중의 하나가 '전문가를 고용할 수 있다'는 것입니다만, 660만 명에서 한 사람 고용할 수 있느냐 마냐의 문제이지요? 그와는 다른 형태로 농촌부에서는 옛날부터 있던 지역의 상부상조를 활용하여 재택 개호(케어) 서비스를 완전히 실시하고 있습니다. 이렇게 하는 편이 바람직한 서비스가 아닐까요? 협동사회를 오늘날 부활시키면 재정적으로도 구제받게 됩니다. 사케에촌에서는 이 밖에도 '도로 개량'이나 '논 개량' 사업이 유명합니다만, 정부의 보조금을 받지 않는 단독사업인 편이, 촌의 출비 면에서나 농가의 부담 면에서나 대략 1/3정도로 줄어드는 등

---

4) 일본어에서 사용되고 있는 개호(介護)란 병자나 노약자 등에 대해 간호·간병하거나 돌보는 것으로, 한국어로는 간호·간병·수발·케어 등의 용어가 사용되기도 하나, 여기서는 일본의 제도를 설명하는 것이므로 개호라는 표현을 그대로 사용한다. 경우에 따라서는 이해를 돕기 위해 '케어'(care)라는 설명을 첨가하기로 한다. 이하 동일.(역자주)

효율성이 높다는 것이 실천적으로 증명되었습니다.

현재까지의 행정과 주민의 관계를 그대로 유지하면서 슬림하게 하자고 해도, 거기에는 한계가 있습니다. 오히려 사카에촌과 같이 협동하는 새로운 지방자치를 만들어 내는 것이 오늘날의 과제라고 생각합니다.

네모토 보조사업에 따라서는 단독으로 하는 편이 훨씬 싼 경우가 많이 있습니다. 보조사업에서는 하나의 규격으로 설계기준을 결정하여, 현의 공공단가를 쓰지 않으면 설계심사를 못 받게 한다고 합니다.

이에 따르면, 정촌(町村)의 도로는 전에는 폭이 5미터이면 괜찮았었는데, 지금은 7미터나 8미터이어야 하고 중앙선도 넣도록 하고 있습니다. 그렇게 하면 필요 이상으로 그 지역에서의 가옥이전 문제 등이 발생합니다. 게다가 디플레이션으로 시장가격은 내려갔는데, 보조사업의 공공단가는 올라갔습니다. 그 비용을 일반재원으로 보전하라고 해도 상당히 곤란한 일입니다. 정부도 보조금을 낼 수 없게 되니까, 필연적으로 그러한 것은 분권하여 각 지자체에 맡길 수밖에 없다고 생각합니다.

호보 고치(高知)의 하시모토 지사(橋本知事)도 정부와는 다른 규격의 단독사업으로서 도로를 만들 것을 제창해 왔습니다. 정부는 처음에는 상당히 화내는 편이었습니다만, 결국 새로운 제도 '1.5차선 도로'로서 받아들였습니다.

네모토 저희들은 공공 건설사업은 나쁘다, 혹은 지구의 표면을 깎는 것은 전부 나쁘다고 판단하지는 않기 때문에 필요한 것은 전부 해 왔습니다. 주민이 요망하고 있는 마지막 공공사업은 초등학교 하나뿐입니다.

이에 대해서 '지자체라는 곳이 무섭구나' 하고 제가 실감한 적이 있었습니다. 그 건설비를 신년도 예산요구 속에 8억 엔이라고 해왔는데, 적산근거는 아무것도 없었습니다. 대체로 이 정도 요구하면 안심이 된다는 것이었습니다. 그래서 어떤 것을 만드는지 물어보면, '지금까지의 면적보다 좀더 넓은 것입니다'라고 대답합니다. 지금까지의 면적보다 좀더 넓다고요? 현재의 교사에서 아동 수는 과거의 1/5입니다. 원래는 초등학교를 통합해야 하는 시대에 와 있는 것입니다. 그러나 학교교육에 대해서는 주민의 요구가 강하므로, 저는 그와 같은 일은 하지 않겠다고 공약해 왔습니다. 그러나 지금보다 큰 건물을 만들어야 할 근거는 어디에도 없습니다.

이제까지는 일반적으로 1억 엔 예산의 공공사업이라면, 업자는 99,999,000엔으로 낙찰되었습니다. 99.99%로 낙찰하라고 현(縣)이 지도하고 있는 것입니다. 남은 보조금을 되돌리면 정리예산을 제출해야 하니까 귀찮다는 것이죠. 현에서 정리예산을 하게 되면 정부도 해야 되기 때문입니다.

저희들은 예정가격을 사전공개하고 있습니다. 사전공개로 하면 가격이 적정한지도 판단할 수 있으므로, 현이나 정부의 예산가격보다 5% 정도 싸집니다. 게다가 업자는 예정가격을 상회해서 입찰할 수 없으므로 거기에서 5% 더 싸지게 되어, 결국 당초 가격보다 대략 10% 정도 낮아집니다.

그 차이분은 정부나 현에 되돌리는 것도 아까우니 업자에게 주는 편이 좋다고 생각할 수도 있습니다. 그러나 일본 전체의 일원으로서 본다면, 되돌리는 것도 한 가지 방법이 아닐까 생각합니다. 모두가 그렇게 한다면 상당한 금액이 될 테니 말입니다.

호보 많은 선택지 속에서 가장 좋은 것을 선택한다고 하는 발상이 없는 것입니다. 관료들에게는 자기 돈을 쓰지 않는다고 하는 이상한

'안심감' 같은 것이 있습니다.

네모토 안심하는 거라면 괜찮습니다만, 국민 세금의 재분배자라고 하는 자각을 하지 않으면 안 되겠지요. 지금의 총무성은 교부세에 대해서도 네게 주는 것은 내 돈이라는 태도입니다. 우물쭈물 거리면 안 주겠다는 것이죠. 지방교부세는 지방자치의 발전을 위한 것이라고 법률로 보장되어 있는데 말입니다.

호보 지방교부세가 해 온 역할은 컸습니다. 「샤우프 권고」[5)]의 평형교부금이 그 바탕이 되었습니다만, 그 정신은 기본적으로 계승되어 온 셈입니다.

현재 필요한 것

호보 통합에 대해서는 저희들이 보기에도 정말 사회적으로도 거의 일체화한 지역이 있습니다. 함께 하는 편이 좋은 곳은 통합하면 됩니다. 그것은 그 지역의 자주적인 선택으로 남이 통합 하라 마라 할 문제가 아닙니다. 그것이야말로 지방자치이지요.

네모토 바로 그것입니다. 저희들도 처음에는 통합반대 결의안이라는 것을 검토했습니다만, 그 후 '야마쓰리정은 하지 않겠다'는 신인을 했습니다. 시로 통합하고 싶다, 할 수 있다고 하는 곳이 있으면 특례채 등을 빌릴 필요는 없으며, 2005년 3월까지 기다릴 필요도 없습니다. 자꾸자꾸 추진해 나가면 된다고 생각합니다. (그러나) 야

5) 「샤우프 권고」란 미국 컬럼비아대학교 교수 샤우프(C. S. Shoup)를 난상으로 한 일본세제사절단(日本税制使節団)이 1949년과 1950년에 연합군총사령부(GHQ)에 제출한 세제개혁에 관한 권고를 말한다. 직접세(특히 소득세) 중심의 세제, 신고납세제의 채용, 지방재정의 강화 등을 권고했다. 전후 일본 세제개혁의 원점이라고 할 수 있다.(역자주)

마쓰리정은 하지 않습니다. 오늘날까지 저희들이 전력을 다해서 해 온 마을만들기에 대한 책임이 있으니까요. 통합하면 이 산촌은 어떤 의미에서 붕괴해 버립니다.

그리고 이미 농산물과 공업제품의 가격문제에서는 붕괴직전입니다. 이는 세계적인 문제점이라고도 할 수 있지요.

호보 이 야마쓰리정의 미래를 생각해도, 역시 농업과 임업으로 많은 사람들이 살아갈 수 있는 상황을 아무래도 만들어 나가지 않으면 안 됩니다. 그러나 산업문제는 국제적인 문제로 촌(村) 혼자서는 해결할 수 없습니다. 농촌부가 안심하고 살아갈 수 있도록 하는 정부의 책임은 대단히 크다고 생각합니다. EU를 보아도 통화는 같이 쓰지만, 농산물은 각각입니다. 각 나라의 농작물 자급률은 100%를 넘기기도 하고 있습니다. 그런 상황을 만들기 위해서는 정부가 어떻게 농촌의 자립에 협력할지 생각하지 않으면 안 됩니다. 정부가 농촌에는 어려운 점이 많으니까 통합하라고 하는 것만으로는 아주 곤란한 이야기입니다.

네모토 통합하면 농촌은 붕괴합니다. 반대로 예를 들면 저희들처럼 독립적으로 홀로 걷기를 해 나감으로써 재정운용 속에서 해결하려 하고 있는 약소 자치단체가 전국에 만일 있다면, 국력도 올라갈 것입니다. 현재의 교부세가 부족해서 7조 엔을 빚지고 있다고 합니다만, 그런 문제가 아닙니다. 저희들은 교부세의 20% 정도 감소될 것도 각오하고 있으니 말입니다.

호보 교부세는 재정조정 외에 지방재정을 보장한다고 하는 중요한 기능이 있습니다. 그것을 제대로 하기 위해서는 교부세의 재원이 되는 비율을 예를 들면 40%, 50%로 바꾸면 된다는 이야기입니다. 그렇게 하지 않으니까 부족해서 빚을 지게 되는 것입니다.

네모토 정부는 약소 지자체를 밟아 버릴 것이 아니라, 그 나름대로 지도해 나가야 하는 게 아닐까요? 제도나 법률을 바꾸지 않아도 행정개혁을 통해 예를 들면 경상경비를 10% 낮추어라, 이것이 노력 목표라는 것을 잘 보여줄 수 있다고 생각합니다.

교부세 산정의 근거가 되는 기준재정수요액 항목은 면적, 도로연장, 사무처리 등 자세히 정하고 있습니다만, 그 일정한 재검토 룰을 정부와 지방이 함께 만들어 전국적으로 실행하면, 기준재정수요액의 카운트도 바뀌어질 것으로 생각합니다. 교부세의 단계적인 보정을 검토하는 차원의 문제가 아니라고, 저는 생각합니다.

저는 그걸로 괜찮다고 말하고 있습니다. 그 대신 남겨 달라고 말합니다. 통합하면 다 없어지게 됩니다. 현재 18명의 의원을 10명으로 한 정(町)입니다. 그리고 이 청사를 보세요. 40년 동안 그대로 쓰고 있습니다. 이게 진정한 행정개혁이라고 생각합니다.

하지만 총무성은 '야마쓰리정은 정장과 의원의 보신을 위해서 통합하지 않는다'고 합니다. 그런 차원에서 판단을 내린 적은 단 한 번도 없습니다. 지렁이도 밟으면 꿈틀거린다고, 저희들이 하는 것을 보고 있으라고 말하고 싶습니다.

호보 굉장하군요. 그런 마음가짐이 있다면, 이 정(町)은 지킬 수 있습니다. 지금 필요한 것은 바르고 강한 리더십과 그것을 신뢰하는 주민의 협력이지요.

네모토 지킵니다. 그래서 정민(町民)에게 무엇을 바라느냐고 묻겠습니다. 양자택일인데, 당신의 고향이 남겨지는 편이 낫겠습니까, 그렇지 않으면 견실한 것을 포기하고 통합해서 시끌벅적한 편이 낫겠습니까? 하고 말이죠. 대답은 저절로 나올 것입니다. 그러니까 불안해하지 말고 지금까지의 협력체제로 해 나가 달라고 말하고 있습니다.

제2부

분권의 빛

⁂마을만들기⁂

[도시헌장]

자치기본조례와 도시헌장

류코쿠대학 법학부 교수
도미노 기이치로(富野暉一郎)

분권과 자치기본조례

21세기의 개막에 앞서 시행된 이번 지방분권은, 헌법에 규정된 '자치의 본지'와는 거리가 먼 상태로 지속되어 왔던 전후 일본의 지방자치를, 기관위임사무의 폐지 등을 통해 중앙과 지방의 관계를 근본적으로 변혁하겠다는 방향성을 보여준 제도적 분권으로서 획기적인 것이었다. 그렇기 때문에 지방자치 현장이 그 내용을 소화하고 새로운 활력이 있는 자치를 창출해 내기까지는 상당한 시간이 소요될 것으로 보인다. 또 이번의 분권 자체는 재정적으로 중앙·지방관계 개혁을 남기고 있는 본질적으로 불충분한 것이었다. 더욱이 1990년대부터 계속되어 온 경제구조개혁과 불경기에 따른 재정위기로 인해 지방경제의 쇠퇴가 현재화(現在化)하고 지방재정도 위기적 상황이 더욱 심각해지고 있기 때문에, 많은 자치의 현장에서는 지방분권을 적극적으로 활용하기는커녕, 오히려 꽉 막힌 느낌이 든다고 하는 것이 현실이다.

흔히 이야기하는 것처럼 분권은 수단이며, 자치의 확립이야말로 분권의 목적이어야 한다. 분권이 자치의 주체가 되는 자각적인 주민에 의한, 자율적인 지역사회 형성을 보장하는 사회적 제도의 변혁과 결부시키지 않으면, 분권에 의한 자치의 확립은 단순한 정신론으로 끝나며, 지역의 주체성을 떼어놓은 자치행정의 효율화나 고도화에 머물고 말 가능성이 있다. 현재의 상황으로는 주민의 주체성은 많은 경우, 정신론에 머물러 주민과 행정의 파트너십이 강조되고 있는 한편, '주민에 의한 자치'의 구체적인 제도설계나 역할분담은 명확히 제시되어 있지 않다.

필자는 그 이유를 전후 일본의 지방분권 논의가 기본적으로 「샤우프 권고」를 깔아뭉갠 전후형 분권론으로서의 한계를 갖고 있기 때문이라고 생각한다. 그 한계를 극복하기 위해서는 전후 50년 일본 사회의 구조변화를 바탕으로 한 주민이 주체가 되는 사회 시스템의 변혁을 수반한 분권(포스트 샤우프형 분권=사회 시스템 변혁으로서의 분권)을 추진해 나가야만 한다.[1)] 사회 시스템 변혁으로서의 분권이란, 전후 민주주의에 의해 교육받고 고도경제성장이 가져다 준 풍요로운 사회의 은혜를 입고 등장한 광범위한 중간층의 정치사회의식에 대응하는 분권이다. 그것은 ① 직접민주주의, ② 지역의 자기 결정권, ③ 관민형 사회에서 공(公)·공(共)·사(私)형 사회로의 전환, ④ 국민에서 지구시민(地球市民)으로의 전환을 주요 요소로 하는 시민사회형 분권이라고 할 수 있다. 또한 그 제 요소에 대응하는 사회제도적 표현은 각각 ① 주민에 의한 직접적 정치적 의사결정을 자치에 도입하는 주민투표(referendum)와 주민청구(initiative), ② 기초지방자치단체의 자기 결정권을 구체화하는 자치기본조례, ③ NPO나 트러스트 등 비정부적 공익단체로의 공공사업의 이동, ④ 보완성(subsidiarity) 원칙에 기초하여 국제사회에서 국가나 국제기관으로는 대응할 수 없는 역할을 짊어진 지자체의 국제활동이라는 네 가지 모두에 대응이 가능한 새로운 자치제도라고 할 수 있다.

앞서 기술한 바와 같이 굉장히 답답한 상황임에도 불구하고 일부 자치의 현장에서는 일찍이 2000년 분권의 내용을 소화하고, 이를 뛰어넘으려는 움직임이 각 지역에서 분출하고 있다. 본고에서 다루

1) 富野暉一郎, 「社会システム論としての地方分権」, 年報行政研究33号(1998年), pp. 83~103.

는 자치기본조례 책정의 움직임은 직접청구에 의한 주민투표의 일상화와 함께, 분권의 한계를 지역이란 측면에서 넘어서는 강력한 지역파워의 존재를 증명하는 것이다. 2001년에 홋카이도 니세코정(北海道 ニセコ町)에서 처음으로 시행된 이래, 급속히 전국의 지방자치단체에 파급되고 있는 것은 지방자치단체가 2000년 분권을 생각 외로 빠른 페이스로 소화하여 더욱 전진할 가능성을 보여준 것이다.

자치기본조례제정의 흐름

일본에서 지방자치단체에 포괄적인 자치권을 인정하는 제도는, 도시헌장조례(자치기본조례)를 둘러싸고 검토되어 왔다. '도시헌장'은 city charter의 직역으로 정촌(町村)이 있는 일본에서는 '자치헌장'이라고 부르자는 제안도 있지만, 이하에서는 '도시헌장'이라고 부른다. 도시헌장에 관해서는 전후 헌법 제정시에 맥아더 초안에 "수도·지방, 시 및 정(町)의 주민은 그들의 재산, 사무 및 정치를 처리하며 또한 국회가 제정하는 법률의 범위에서 그들 자신의 헌장을 작성할 권리를 박탈당하는 일이 없도록 해야 한다."[2]는 도시자치를 헌장으로써 포괄적으로 보장하려고 한 조문[3]이 있었다. 이것은 도시헌장을 구체화하는 것과 관련된 최초의 사례라고 생각한다.[4] 이 조문은 일본의 관료저항에 의해 지방자치단체 일반의 조례제정

---

2) 원문은 다음과 같다. "首都地方, 市及町ノ住民ハ彼等ノ財産, 事務及政治ヲ処理シ並ニ国会ノ制定スル法律ノ範囲ニ於テ彼等自身ノ憲章ヲ作成スル権利ヲ奪ハレルコト無カルヘシ."(역자주)

3) "シンポジウム 地方分権と自治体立法 — 都市憲章の制定をめぐって" 立法研究7(1994年), p. 112.

4) 단, 横田清, 『アメリカにおける自治·分権·参加の発展(自治総研叢書)』(教文堂, 1997), p. 64, 232에 따르면, 미국의 도시헌장에 관한 연구는 제2차 세계대전 전부터 행해졌다.

권으로 약화되어 결국 개별법에 의한 자치의 분단으로 후퇴하고 말았다.[5] 그 결과, 일본에서의 자치는 기관위임사무제도와 자치행정을 맥락 없이 묶는 개별 법망이란 양 측면으로 분단되었다. 지방자치단체는 지역주체로서의 아이덴티티를 형성하는 지방정부로서 기능하기보다는, 중앙정부의 동향을 엿보고 중앙정부에 많은 것을 의존하는 말단행정=지방공공단체로서의 역할을 짊어지게 한 것이다.

이 동안, 자치제도의 국제비교나 국제사회에서의 지방자치 측면에서 도시헌장을 보완하려는 연구는 적지 않다.[6] 특히 미국에서 도시헌장(본고에서는 도시헌장이라고 표기할 경우, 특별한 지적이 없는 한, Home Rule Charter=자주제정헌장[7])을 가리키는 것이다)의 성립과정과 실태에 관한 연구나 보고, 그리고 유럽을 중심으로 한 국제지방자치단체헌장으로 이어지는 지방자치단체의 국제적 운동에 관한 연구는 일본에서 포괄적인 자치개념(그리고 그 제도적 표현인 자치기본조례로서의 도시헌장)에 대한 의식을 높여, 때로는 구체적인 움직임을 만들어 내 왔다.

2000년 분권 이전에는 어느 것이나 실현하는 데까지는 이르지 못했지만, 1973년에 의회에 제안된 '가와사키시 도시헌장'(川崎市都市憲章), 1992년 정령지정도시[8]의 '시민의 생활에서 내일의 도시

---

5) 辻清明, 『日本の地方自治(岩波新書)』(岩波書店, 1976), pp. 59~81 및 전게주(4) pp. 233~255.

6) 전게주(4) 제2장(도시헌장과 자치권의 확충) 및 보장(헌법 제8장과 지자체헌장)은 현재의 지방자치제도 개혁에 있어서 왜 도시헌장이 떠오르지 않았는지를 이해하는 데 있어 시사할 점이 많다.

7) 역사적인 경과를 보면, 미국에서는 홈 룰 차터(Home Rule Charter)라고 할지라도 기초자치단체가 스스로 제정하는 형식이 아니라 주의회에 의한 특별입법을 필요로 하지만, 여기에서는 그 내용을 지자체 측이 책정하고 주의회에 의한 입법화는 대략 형식상의 것이라는 사실을 바탕으로 '자주제정헌장'이라는 표현을 사용했다.

8) 일본의 지방자치법 제252조의 19~21에 따라 정령(政令)으로 지정된 인구 50만

를 생각하는 간담회'에 의한 대도시에 도시헌장 제정권을 부여한다는 대도시특례법의 제안, 1994년 가나가와현 즈시시(神奈川縣 逗子市)의 '즈시시 도시헌장조례(시안)' 등의 사례가 있다.[9]

일본 최초의 헌법적인 자치기본조례는 2001년 4월에 시행된 니세코정의 마을만들기 기본조례이다.

니세코정 마을만들기 기본조례[10]

니세코정의 마을만들기 기본조례는, 니세코정 오사카정장(逢坂町長)의 지방자치에 대한 실천적인 접근이 축적되어 비로소 실현된 것이라고 한다. 오사카정장의 정책은 지역사회의 자립과, 그 기반인 주민 자신의 자각과 자립을 지역사회에서 실현하기 위해 지방행정은 무엇을 해야 하는가라는 일관된 문제의식을 바탕으로 ① 주민과 행정의 정보공유, ② 주민과 행정과의 철저한 대화와 역할분담, ③ 행정활동의 제도화 방법론으로서의 법무정책을 착실히 축적해 왔다. 일본의 지방행정으로서는 자치의 이념과 실천이 가장 정합된 실례라고 할 수 있다. 니세코정 마을만들기 기본조례는 그러한 축적들의 바탕 위에 서서, 그 성과를 마을만들기 전체의 이념으로 높여 지역사회에서의 의사결정이나 제 활동을 추진해 나가는 데 있어 지역사회 전체가 따라야 할 기본적인 룰을 정(町)의 법률(조례)로 정착시키고자 제정되었다.[11]

명 이상의 시로, 대도시의 특수성에 따라 일반 시정촌과는 다른 행·재정상의 특례를 인정하는 도시를 말한다. 그러나 실제로는 인구 100만 명 이상의 시가 지정되고 있다. 현재 일본에는 14개의 정령지정도시가 있다.(역자주)

9) '川崎市都市憲章(条例)草案'과 '逗子市都市憲章条例の一試案'에 대해서는, 전게주(2), pp. 113~131을 참조.

10) 白石克孝·富野暉一郎·広原盛明, 『現代のまちづくりと地域社会の変革』(学芸出版社, 2002), pp. 214~222.

11) 逢坂誠二, 「自治基本条例に取り組む」, 地方自治職員研修 2002年 3月号, p. 28.

동 조례의 특징은 ① 책정방법, ② 지위, ③ 기본원칙, ④ 개별사항으로 나타나고 있다.

(1) 이 조례의 책정작업은, 정민(町民) 전체의 참가를 기본으로 하는 주민과 직원의 면밀한 협동에 의해 추진되었다. 또한 많은 전문가와 지방자치단체 직원으로 구성된 연구회 회원의 협력이라는 개방적인 자원과의 협동작업이기도 했다. 지역사회에 있어서 연구자와 행정직원의 기나긴 협력관계가 작은 니세코정의 선진적·첨단적 마을만들기의 기초적 조건이 된 것은, 앞으로의 마을만들기에 있어서 지역사회와 대학 등의 연구기관과의 관계의 중요성을 시사하는 것으로서 주목을 받아야 할 것이다.

(2) 이 조례는, '니세코정의 마을만들기에 관한 기본적인 사항을 정하고 동시에 마을만들기에 있어서 우리들 정민의 권리와 책임을 명백히' 하는 것이다. 즉, 니세코정의 기본이념과 정민과 행정의 기본적인 관계를 명확히 규정하여, 자주적·자립적인 마을만들기 전반의 기반이라는 지위를 부여하고 있다. 이 점은 제13장에서 이 기본조례로 정한 사항이 다른 모든 조례의 책정이나 운용에 있어서 존중되어야 한다고 하는 것도 포함하여, 니세코정에서는 국가의 헌법에 해당하는 지위를 갖고 있음을 보여주고 있다.

(3) 마을만들기의 기본원칙으로서 조례는 우선 행정과 주민에 의한 마을만들기 정보의 공유를 근간으로 하고, 각종 기본 룰을 정하여, 주민의 마을만들기에 대한 참가의 기본조건을 제도화하고 있다. 그 위에 주민의 마을만들기에 대한 참가의 원리와 책무를 정하고 있으며, 더욱이 마을만들기를 전개하는 장으로서 커뮤니티를 정의함으로써 커뮤니티 활동과 그 내실화를 통한 마을만들기의 원칙을 정하고 있다. 한편 행정에 대해서는, 장이나 직원의 사회적

책무와 조직원칙 및 행정활동의 유형을 명기하고, 특히 행정계획의 책정이나 재정 및 행정평가에 대해서는 그 내부규율과 동시에 주민과의 협동원칙을 의식한 집행을 요구하고 있다. 더욱이 니세코정이 외부와의 연계를 어떻게 추진해서 정(町)의 활력을 높일 것인가에 대해서는 사람들과의 연계, 근린 지방자치단체와의 연계, 정부를 비롯한 공공기관과의 광역연계 및 국제사회에서의 연계를 나누어 적음으로써 자립적 지자체정부인 니세코정의 대외정책의 기본원칙을 명확히 하고 있다.

(4) 더욱이 니세코정 마을만들기 기본조례의 개별사항에서는 20세 미만 정민의 마을만들기에의 참가권리를 명기하여, 각각의 연령에 알맞은 사회참여에의 길을 열어 두고 있는 점에 주목하고 싶다. 또한 정보의 공유와 함께 이 조례의 기조를 이루고 있는 것이 주민과 행정의 협동이다. 제8장의 마을만들기 협동과정에서는 정보의 공유를 마을만들기 정책이나 계획책정의 협동작업으로서 결실을 맺도록 하는 구체적인 과정이 규정되어 있다. 그와 같은 조합의 연장선상에 제36조의 정민투표(町民投票) 규정이 있다. 마을만들기의 정보가 공유되고, 정민과 행정의 협동이 일상적인 룰이 되어 있는 상황 속에서 마을만들기에 관한 중요한 사항에 대해서 정민투표가 실시되는 것은 극히 자연스러운 것으로 이해된다.

마지막으로, 제41조 국제교류와 연계에서는 "자치의 확립과 발전이 국제적으로도 중요하다."고 표현하고 있다. 유럽제국에서는 이미 상식적인 것으로 되어 있으며, 세계적인 트렌드가 되어가고 있는 이러한 선진적인 인식의 중요성을 지적해 두고 싶다.

자치기본조례(도시헌장조례)의 가능성

그러면 자치기본조례는 구체적으로 무엇을 일본의 자치제도에 가져온 것일까?[12)]

지자체 경영의 조직운영에 관한 자기 결정

자치기본조례는 지자체의 사무를 각 지자체 독자의 경영이념에 따라 선택·종합화한다. 또 각 도시 독자의 경영환경에 대응한 선거제도, 사무사업의 결정처리 시스템, 조직과 정원, 공무원의 고용조건 등을 주민참여나 주민투표 등을 통해 주민 자신이 자각적·종합적으로 선택함으로써, 법률이 지자체의 행정을 분단하고 있는 현황을 근본적으로 개혁하는 것이 기대된다.

지역사회에 있어서 '시민(주민)'의 재정의

국제화하고 다양화하는 현대사회에서 자치행정의 대책을 행정구역 내에 거주하는 일본 국민인 주민에게 한정해 온 시대는 끝났으며, '시민(주민)'이란 무엇인가를 다시금 생각하게 하고 있다. 지역사회가 재주외국인, 기업(법인) 혹은 특정 지자체에 이해나 관심을 가진 비거주시민 등을 '시민'으로서 인시하고 스스로의 판단으로 그들의 권리의무를 규정하는 것도 가능하다.

지자체의 국제사회에서의 역할

국제사회에서의 원칙·협정·규약 등은 지역사회나 개인에게 있

12) 富野暉一郎 '都市憲章条例への期待 — まちづくりの現場から' 日本地方自治学会 編, 『条例と地方自治(地方自治叢書 5)』(教文堂, 1992), pp. 71~113.

어서 중요한 것이라고 해도 종종 국익이라는 벽에 의해 그 실현·적용이 저지되는 경우가 있다. 자치기본조례는 지자체(및 지자체연합)가 국제사회에 직접 대응하기 위한 이념과 원칙을 명확하게 하여 지자체의 국제활동을 보다 공고하게 할 것이 기대된다.

지자체 독자의 주민의 권리의무 규정

헌법으로 정해진 기본적 인권에 유래하는 사회적 권리는 꼭 국가에 의해 일률적으로 정해질 필요는 없으며, 지역의 특성이나 상황에 따라서는 지자체 독자의 공공성에 기초한 독자적인 사회적 권리(및 의무)가 있어도 당연할 것이다. 예를 들면, 자연환경이 대단히 중요한 사회적 역할을 하고 있는 지역에서는, 주민의 합의를 전제로 하여 주민의 환경을 향유할 권리 혹은 환경을 지킬 의무라는 지역 독자의 권리의무 규정을 도시헌장이 가질 가능성이 있다.

시민권

여기서 사용하는 시민권의 의미는, 미국에서의 국가가 인증하는 시민권이 아니라, 지자체의 시민(및 광의의 지자체 시민)에 대해 지역사회가 해당 시민에 대해 인정하는 제 권리를 의미하고 있다. 시민권 일반의 모습에 대해서, 특히 앞으로의 가능성이란 관점에서 논점을 정리하면, ① 국제규약 등과 시민권, ② 헌법상의 권리규정과 시민권, ③ 지역사회 독자의 시민권이란 세 가지 측면에서의 규정이 가능할 것이다.

공공분리(公共分離)와 직접민주주의

자치기본조례는 지역사회에서의 공익에 대해 규정하고, 공공성의 기본이념을 명확히 하는 것인 이상, 해당 지역사회에서의 공익과 공공성을 구체적으로 정의하고, 그러한 것들을 담당할 주체를 명확히 할 필요가 있다. 그 경우, 특히 공익을 보전하고 증진하기 위해서 필요시 되는 '공공'의 기능은 새로운 발상을 요구하는 분야일 것이다.

'공공'이란 원래 개인이란 차원에서는 실현 불가능한 사회적 요청을 충족시키기 위한 장치나 기능을 의미하고 있다. 일본에서는 메이지(明治) 이래, 공공을 담당하는 것은 주로 관(행정)이라고 생각되어, 관(官)=공공(公共)이라는 개념은 일본인들의 일상생활에 깊이 침투했다. 그러나 1980년대 이후, 사회가 성숙하고 사회경제지표가 상승곡선에서 수평곡선 내지 하향곡선으로 전락한 이후, 행정역량의 저하와 함께 행정이 독점해 온 공공성의 재검토가 진행되고 있다. 지방분권은 넓은 의미에서 그러한 재검토의 일환이며, 지방교부세의 삭감, 시정촌 통합, 공공사업의 축소 등이 지방자치단체의 재정을 직격하여, 지방자치단체에서도 종래의 행정 서비스 수준을 확보하기가 곤란한 상황이 되었다.

이러한 상황을 근본적으로 개혁하는 방법의 하나로서 최근 논의가 활발해지고 있는 것이 공공성의 재검토이다. 관주도의 '관민형 사회'(官民型 社會)에서의 공공성을 '공(公)=권력'축과 '공(共)=사회적 연대'축의 2차원으로 분해하고, 권력적 기능을 '행정=공(公)'이 담당하고, 사회적 연대 기능을 NPO나 지역연고단체 등의 지역주민조직 '주민조직=공(共)'이 담당하는 '공(公)·공(共)·사(私)형 사회'로 전환시킴으로써 공공성을 사회화하는 방향도 그 하나이다. 공공분리에 의한 관의 공(권력작용)으로의 순화는, 다른 한편으로 권력의 부패를 감시하고 그 남용을 억제하는 사회적 제도의 정비로 이어진다. 그러한 방법은 주민이 직접 행정의 의사결정이나 업무의 수행에 관여하는 직접민주주의의 형태를 취하게 될 것이다. 행정의 의사결정에 대한 직접민주주의적 억제는 주민투표이며, 이를 정치적 직접민주주의라고 하면, 다른 한편으로 행정의 일상 활동에 대한 주민의 감시나 참가 등의 관여는 행정적 직접민주주의라고 부를 수 있을 것이다.

제도설계의 문제점

앞으로 지방자치법의 개정 논의가 높아지고, 자치의 형태가 포괄적으로 규정되어 중앙·지방 관계가 독립된 주체상호의 정부간 관계로 재편되어 포괄적인 도시자치를 제도화하기 위한 논의가 심화될 것이 기대된다. 이하, 그러한 방향성도 고려하면서 도시기본조례 제정에 있어서의 과제를 검토해 보자.

자치기본조례(도시헌장)의 구조

도시자치를 포괄적으로 표현하는 법 제도는 이제까지 일본에 존재하지 않았던 만큼, 무엇을 어떻게 자치기본조례로 표현해야 할 것인지에 대한 논의는 아직 충분히 성숙되어 있지 못하다. 따라서 여기서는 표현해야 할 내용에 대한 논의가 아니라, 자치기본조례가 가져야 할 구조와 그 내용에 대해서 어떠한 것이 가정되는지를 열거하는 데 그치고자 한다.

자치기본조례는 지역에서의 자치를 포괄적으로 표현하는 것인 이상, 우선 지자체 내부의 유기적 통일성을 구체적으로 자기 결정하지 않으면 안 된다. 또한 지자체는 다른 지자체와 병존하여 국가의 내부기관이기도 하므로, 다른 기초지자체·도도부현·중앙정부와의 정부간 관계와 함께 정부 이외의 조직 등과의 관계도 필요에 따라서 규정할 필요가 있다. 더욱이 지역사회와 세계가 국가를 넘어서 직접 영향을 서로 미치는 새로운 '글로벌'적인 세계상에 대응하여 지자체나 지자체 주민의 국제사회와의 관계를 규정하는 것도 필요해진다.

자치기본조례의 구성

자치기본조례를 ① 지역의 자치에 대한 자기규정, ② 정부간 관계 등, ③ 국제관계에서 이루어지는 3극 구조로 했을 경우, 그 내용은 어떻게 정리될 것인가? 여기서는 구체적인 논의를 전개할 지면이 없으므로, 기본적인 구성을 열거하는 데 그친다.

(1) 전문

상기의 3극 구조에 기초하여 지자체를 형성하고 운영하는 기본이념을 명확히 하는 '전문'(前文)을 두어 지자체 아이덴티티의 기초를 만든다.

(2) 자치의 내용

지자체의 설립요건, 설립에 드는 방법, 주민의 요건, 주민의 권리와 의무, 지자체와 주민과의 관계, 지자체 사무 및 권한, 지자체의 조직과 운영의 원칙과 방법

(3) 정부간 관계 등

중앙정부와의 관계, 지자체 상호의 정부간 관계, 제3섹터, 지자체 연합 및 지자체 네트워크와의 관계, NGO 및 NPO의 처우, 기타 지자체 외부자원, 기업 및 단체 등과의 관계

(4) 국제관계

지자체 국제활동의 이념, 국제규약 등에의 대응, 활동 분야, 국제기관과의 대응, 지자체 국제 네트워크와의 관계, NGO와의 관계

(5) 절차

도시헌장을 도시기본조례로서 정당성을 부여하기 위한 제정 및 개폐절차

자치기본조례 작성에 다양한 시도를

니세코정에 이어서 2002년 3월에 제정된 이쿠노정(生野町)의 마을만들기 기본조례는 니세코정의 기본조례에서 강한 영향을 받으면서, 보다 지역사회에서의 주민참여·기획참여에 중점을 둔 것이 되었다. 지금까지 군마현(群馬縣)을 비롯해 고치현(高知縣), 홋카이도(北海道) 등 많은 도부현(道府縣)에서 자치기본조례를 제정하려는 움직임이 현재화하고 있다. 또한 기초자치단체에서는 자치기본조례 계통과 마을만들기조례 계통이 혼재하면서도 전체적으로는 자치기본조례의 검토가 일종의 붐이라고 할 정도로 행정과제로서 떠올라 왔다.

지역이 주체가 되어 자치기본조례가 제정됨으로써 자치의 진전에 있어 양호한 환경이 정비되고 있는 상황은 바람직한 것이기는 하다. 그러나 작금의 붐이라고 할 수 있을 법한 자치기본조례 제정의 움직임에는 약간의 위험성도 느껴진다. 그것은 니세코정이나 이쿠노정이 자치기본조례를 제정함으로써 그것을 모범으로 삼는 것이 오히려 지자체헌법이 본래 가지고 있어야 할 지역사회에 주는 폭넓은 가능성을 협소하게 만들 위험성이다. 각각의 지자체와 그 주민이 충분히 시간을 들여 검증하기보다도 자치행정의 도달목표로서 행정주도로 스마트한 자치기본조례가 속출되는 일이 없도록, 주민과의 협동이 요구된다.

지역사회는 본래 주민의 사회적 활동의 집적에 따라 성숙되어 가는 것일 것이다. 지역사회의 참모습을 기본에서 규정하는 지방분권이나 자치기본조례는 그러한 의미에서 충분한 주민참여와 지역특성의 파악, 의식화를 요구하게 된다. 자치기본조례가 유행처럼 각 지자체의 남들 따라하자는 의식으로 책정된다면, 그것은 자치기본조례에 요구되는 성숙과정과는 가장 거리가 먼 공허한 자치를 지역사회에 가져가는 것이 되고 만다. 이제까지 제정된 자치기본조례는 물론 귀중한 선례이기는 하지만, 지역사회가 처하고 있는 다양한 역사나 환경 등의 많은 요소에 따라 다양한 가능성을 끌어내는 것이 중요하다는 점을 깊이 이해하고, 이를 위한 착실한 노력이 쌓여져 나갈 것을 기대한다.

〈참고문헌〉

• 다음에 열거한 문헌은 현시점에서의 도달점을 종합적으로 조감한 것이다.
「自治基本条例・参加条例の考え方・作り方」地方自治職員研修臨時増刊号71(通巻470号), 2002.

• 또 니세코정의 마을만들기 기본조례에 대해서는 이하의 참고문헌을 참조하기 바란다.
木佐茂男・逢坂誠二編,『わたしたちのまちの憲法 — ニセコ町の挑戦』, 日本経済評論社, 2003.

加藤紀孝,「住民参画での『まちづくり基本条例』と今後の情報が果たす役割」, 地方財務564号, 2001, pp. 29～38.

山本契太,「ニセコ町まちづくり基本条例について」, 自治総研 27巻 4(通巻270号), 2001, pp. 62～86.

⁂마을만들기⁂
[독자적 체계]

마나즈루정 '미의 조례'와 마을만들기 계획'

도시플래너 노구치 가즈오(野口和雄)

지방분권일괄법이 시행되어 언뜻 보기에 지방분권을 향한 작업이 착착 진행되고 있는 것처럼 느껴지지만, 뭔가 부족한 듯 희망이 솟아나지 않는다. 지방분권의 주체가 되는 지방자치단체에 활기가 없기 때문이다.

지방분권이 리얼리티를 갖기 위해서는 지자체가 분권 후의 자치상에 대한 제안을 내놓는 것이 중요하다. 그러나 이러한 시도가 확산되고 있지 않다. 특히 도시계획은 직접 국민의 재산권을 규제하는 것이라고 생각되어 온 점에서 국가가 갖는 권한이 대단히 강하다. 후술하는 바와 같이 분권일괄법 시행 후에도 이러한 법률상의 틀에는 변함이 없다. 이와 같은 제약을 극복해야만 지역의 특성에 맞는 지자체 독자적인 마을만들기를 전개할 수 있게 되는 것이지만, 아쉽게도 새로운 시도는 아직 적다.

가나가와현(神奈川縣) 남서부에 있는 인구 약 1만 명의 작은 지자체인 마나즈루정(真鶴町)이 선진적인 실험을 계속 시도하고 있다. 마나즈루정의 실험을 통해, 중앙집권형 시스템을 분권형 시스템으로 바꾸기 위해 지자체에 요구되는 것이 무엇인가를 생각해 보고자 한다.

'마나즈루 시스템'

국가의 법률에 얽매이지 않고 자신의 의사로 풍요롭고 아름다운 마을을 만들기 위해서는 어떻게 하면 될까? 마나즈루정은 이에 대해 다음과 같이 생각했다.

지방분권이란, 지자체가 자신의 의사로 결정하는 것이다. 거기에는 종래의 '상부'로부터의 톱 다운(top down)에 의해 결정되는 시스템과는 180도 다른 바텀 업(bottom up) 시스템을 구축하지 않으면 안 된다. 주민의 합의 형성 절차를 거쳐 최종적으로 지자체의 의결기관인 의회에서 결정된다고 하는 민주적인 결정 프로세스이다.

그러면, 민주적인 결정 프로세스가 보장되어 있다고 해도 과연 풍요롭고 아름다운 마을을 만들 수 있을까? 마을을 만들기 위한 규범은 지금까지 중앙정부가 획일적으로 정해 왔다. 그렇기 때문에 일본의 마을은 개성을 잃었다. 이에 대해 지방분권형 사회에서의 마을만들기 규범이란, 지역의 개성을 보다 풍요롭게 하기 위한 것이어야 한다.

이와 같은 생각에 따라, 마나즈루정 '마을만들기 조례'(이하, 단순히 '조례'라고 한다)는 마나즈루정의 개성에 맞는 마을만들기를 전개하기 위해 다음과 같은 지방자치 시스템을 확립했다. 그것은 마을만들기에 있어서 민주적이고 적정한 절차, 즉 '듀 프로세스'와 마나즈루정의 특성에 맞는 독자적인 '말에 의한 원칙'이다.

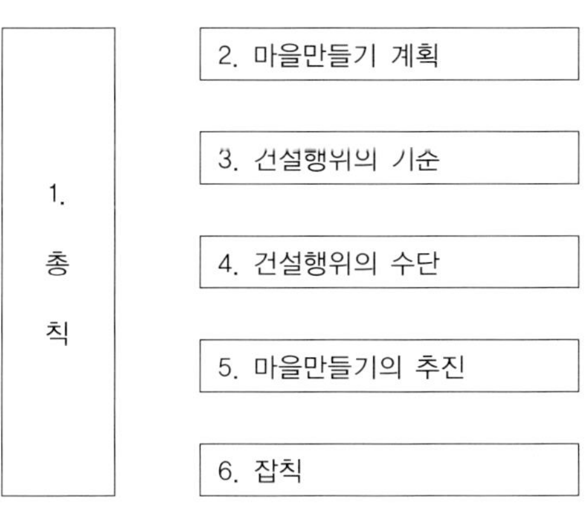

그림 1. 마을만들기 조례의 구성

‘듀 프로세스’

조례는 마을만들기를 지자체의 담당자와 개발업자에 의한 ‘폐쇄된 프로세스’에서 주민에게 공개된 참여에 의해 결정된다고 하는 ‘개방된 프로세스’로 변혁했다. 지금까지 마을만들기의 프로세스는 극히 의례적인 것에 지나지 않았기 때문이다. 마나즈루정의 조례는 공개된 논의, 응답의무, 불복신청, 의회에 의한 의결이라는 새로운 시스템을 통해 ‘마을은 자신들이 만드는 것이다’라는 당연한 원칙을 확립했다.

개발사업자는 우선 일정 규모 이상의 개발(‘건설행위’)을 할 때 정(町)에 신고를 한다. 이 신고는 주민에게 공개하고, 주민설명회를 개최한다. 정(町)은 신고 받은 부지를 직접 조사하고 ‘미(美)의 기준’을 그 부지에서 어떻게 살리는 것이 바람직한지를 기술한 리퀘스트를 작성하여 개발사업자에게 제시한다. 또한 개발의 사전협의 시에는 ‘미의 기준’ 외에 ‘토지이용 규제 규준’ ‘마을만들기 계획’ ‘건설행위의 기준’에 적합한지의 여부를 체크한다.

그런데 만일 이와 같은 프로세스 속에서 개발사업자가 정(町)의 지도에 불복하면 어떻게 할까? 조례는 주민과 개발사업자가 공청회 개최를 청구할 수 있게 했다. 이 공청회는 단순히 ‘열어 놓은 장’이 아니라 ‘논의하는 장’이다. 공청회 의장은 ‘마을만들기심의회’의 위원에서 선출되며, 의사(議事)는 법정과 같이 행해진다. ‘마을만들기 법정’이라고 해도 좋을 것이다.

‘공청회’의 결과에 기초하여 정장(町長)은 보고서를 작성하고, 이를 자유롭게 볼 수 있도록 해야 한다. 이것을 ‘응답의무’라고 부른다. 정장은 ‘공청회’의 결과를 바탕으로 개발계획에 대한 적부판단(適否判斷)과 그 합리적인 이유를 설명할 의무를 지고 있는 것이다.

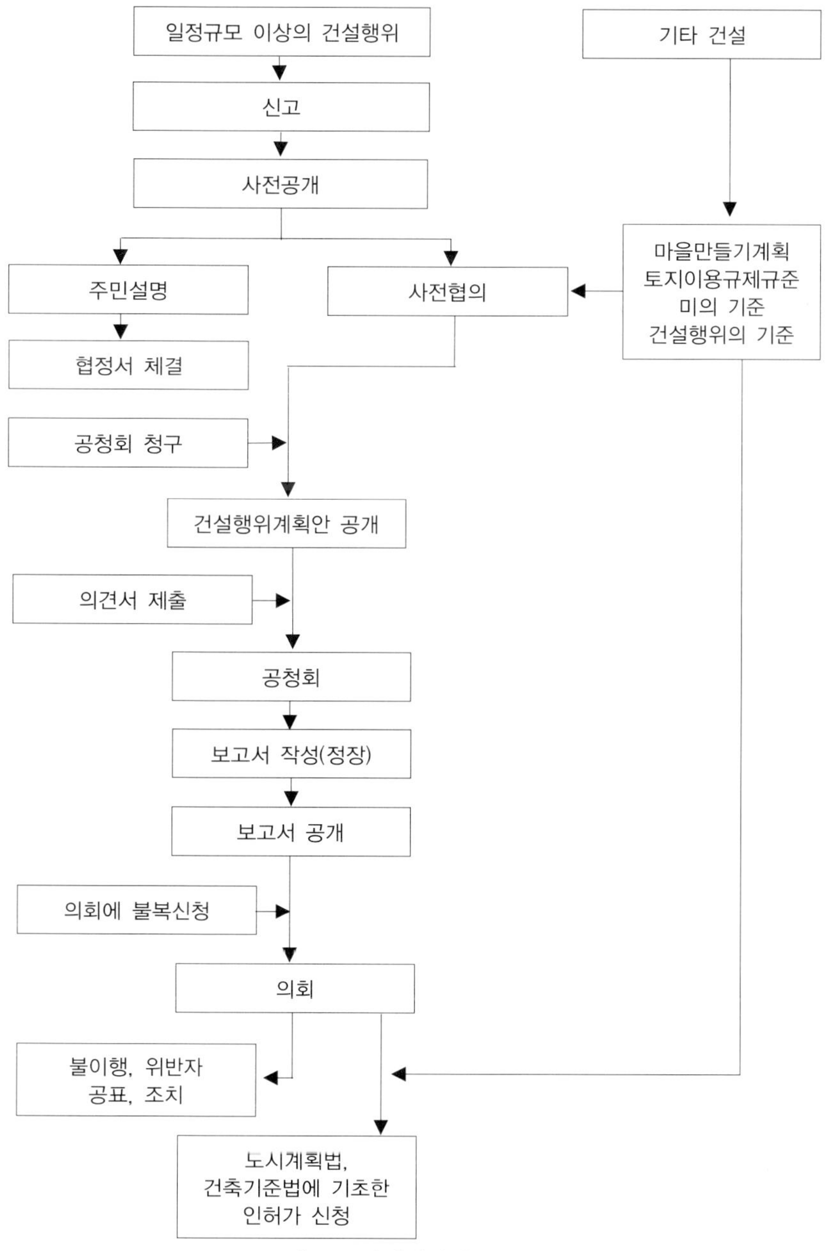
일정규모 이상의 건설행위
기타 건설
신고
사전공개
마을만들기계획
토지이용규제규준
미의 기준
건설행위의 기준
주민설명
사전협의
협정서 체결
공청회 청구
건설행위계획안 공개
의견서 제출
공청회
보고서 작성(정장)
보고서 공개
의회에 불복신청
의회
불이행, 위반자
공표, 조치
도시계획법,
건축기준법에 기초한
인허가 신청

그림 2. 건설행위의 절차

이 정장의 판단에 대해 개발사업자나 주민이 불복할 경우는, 최종적으로 의회에 대해 불복신청을 할 수 있다. 그리고 정(町)의 최고 의결기관인 의회의 의결에 의해 최종적인 정(町)의 의사가 제시된다.

그러나 문제는 여기서부터 시작된다. 의회의 의결로 마나즈루정의 의사를 제시할 수 있었다고 해도, 개발을 중지시킬 수는 없다. 도시계획법과 건축기준법에 따르면 다음 단계로 가나가와현에 대해 개발허가신청, 건축확인신청을 행하게 된다. 이것은 마나즈루정과 전국법이라는 두 개의 룰이 마나즈루정에서 존재한다는 것을 의미한다. 그리고 법률적으로는 전국 룰이 우선한다고 되어 있다. 이것이 중앙집권형 시스템이라는 것의 구체적인 의미이며, 분권일괄법에 의해 마을만들기가 '자치사무'가 되어 지자체의 자치입법권이 확대되었다고는 하나, 이러한 시스템에는 변한 것이 없다.

지자체가 자주조례를 제정하는 것에 대해서는 '법률의 범위 안에서'(일본 헌법 제94조), '법령에 위반하지 않는 한도에서'(일본 지방자치법 제14조)라는 제약이 있어 국가의 법률에 의해 포괄적으로 수권되어 있지 않기 때문이다. 정부가 법률조문에서 구체적으로 지자체의 조례에 위임하고 있지 않음에도 불구하고, 용도지역이나 개발허가 등의 토지이용 규제에 대해서 국가가 정하고 있는 기준보다 엄격한 기준을 조례로 정하고, 이를 강제하는 것은, 변함없이 위법이 될 것이다. 오히려 '조언 및 권고', '자료의 제출요구', '시정조치요구', '동의를 필요로 하는 협의' 등에 의한 국가나 혹은 현(縣)을 통한 통제는 강화된 측면도 있다.

그러면 마나즈루정은 어떻게 할까? 이와 같은 일본의 중앙집권형 시스템이 엄연히 존재한다고 해도, 정장은 의회의 의사를 존중하고 자신의 판단으로 수도급수를 거부할 수 있다고 했다. 마나즈루정의 결단을 실행하는 것이야말로 지방자치의 본지(本旨)이기 때문이다. 마나즈루정의 조례는 여기까지 가정하고 있다.

이에 대해 사업자가 불복신청을 하면, 재판소의 판단을 요구하게 된다. 듀 프로세스를 거친 정(町)의 결단과 국가 법률의 일률적인 운용에 따른 행정처분의 어느 쪽 손을 들 것인가? 이것이 '지방자치와 민주주의'를 철저히 지키려는 마나즈루정에 의한, 전체 국법하에서 생각할 수 있는 범위 내에서의 최대한의 실천인 것이다. 마나즈루정에 의한 지방자치에 대한 문제제기의 현대적 의미는 한층 중요해지고 있다.

그런데 이와 같이 아무리 듀 프로세스가 조례로 보장되었다고 해도, 풍요롭고 아름다운 지역을 만들 수 있는 것은 아니다. 지역의 질적인 풍요로움과 아름다움에는 역사적인 가치가 있다. 이러한 가치의 재생을 향한 마을만들기의 실천이 필요한 것이다. 그러기 위해서는 마을만들기의 규범이나 길잡이가 중요하다.

'말의 원칙'에 의한 계획체계

마나즈루정에서 이루어지는 모든 개발, 공공사업이 준수해야 하는 기준으로서 '미의 기준', 그리고 마나즈루정의 미래비전을 그린 '마을만들기 계획'이 계획의 골격을 이루고 있다. 또한 이를 보충하는 것으로서 '토지이용 규제 규준'이 있다.

'미의 기준'

마나즈루정의 조례는, 제10조에서 그 이전까지 법률 특유의 문상으로 기술되어 있던 것이 갑자기 문학적인 표현이 된다. 제10조에서는 '장소', '등급', '척도', '조화', '재료', '장식과 예술', '커뮤니티',

'미의 기준'에 들어가 있는 마나즈루정의 산에서 채취할 수 있는 고마쓰 돌로 만든 계단.
키워드 '보행로 생태'의 '해결법' 부분에는 "보행로의 테라스에는 포장돌 사이에 작은 풀이나 꽃, 이끼가 자랄 수 있도록 2~3센티 정도의 틈을 두어 포장돌을 깔 것. 밑에는 시멘트를 바르지 말고, 바로 지면 위에 돌을 올려놓을 것. …(중략)…포장돌 자체를 일차적 재료(고마쓰 돌)로 선택하도록 한다."고 되어 있다.

'전망'이라는 8가지 '미의 원칙'을 들고 있다. 예를 들면 "(1) 장소 : 건축은 장소를 존중하여, 풍경을 지배하지 않도록 해야 한다."라고 기술되어 있다. 이 조문을 받아 규칙에서 69개의 '키워드'가 정해져 있다. 이 규칙이 '미의 기준'이다. '미의 기준'은 '신성한 곳', '조용한 뒤뜰', '살아 있는 옥외', '야광충', '전망' 등의 키워드마다 '말'과 해설적인 그림이나 사진으로 설명되어 있다.

'미의 원칙', '미의 기준'은 종래의 법적인 개념에서 보면, 일반적으로 조례로서는 어울리지 않는 룰이다. 그러나 마나즈루정 조례의 본질은 여기에 있다고 해도 좋을 것이다. 그것은 다음과 같은 이유 때문이다.

마을만들기는 창조적인 일이다. 마을의 역사나 자연에 대한 경외심을 잊지 않고, 역사 속에서 자라온 정민 자신의 마음에 따라 정성껏 마을만들기를 추진하면 지역은 풍요롭게 그리고 아름답게 빛날 것이다. 본래 거기에는 수치나 벌칙은 필요 없으며, 이것으로 컨트롤할 수도 없다. 필요한 것은 성문화되지 않았던 마을만들기의 방법을 '말'에 의한 룰로 표현하는 것이다.

이를 구체적으로 '미의 기준'에서 살펴보자. '미의 기준' 최초의 키워드는 '신성한 곳'이다. 마나즈루정에는 '오하야시 숲'이라는 마나즈루의 선인들에 의해 지켜져 온 원시림이 있다. 작은 마을이기는 하지만, 신사에서 작은 도로의 신에 이르기까지 많은 역사적 연고를 지닌 장소와 이를 둘러싸고 있는 자연이 있다. 이들은 마나즈루정이 자랑할 만한 '성지'(聖地)이자, 이를 지켜야 한다는 것은 정민(町民)의 마음속에 깊숙이 자리잡고 있다.

그러나 이러한 룰은 새로운 개발압력에 의해 점차로 사라지고 있다. 그렇기 때문에, 마나즈루정의 정신적인 루트나 과거와의 연계를 유지하지 않으면, 마나즈루정의 독자성이나 개성은 상실되고 만다는 것을 한 번 더 정민(町民)이 공유해야 할 룰로서 확인해야 한다. '미의 기준'에서는 '이를 보장하고, 부활시켜 나가기 위한 모든 수단을 강구할 것'이라고 되어 있다.

이와 같이 '오하야시 숲', '기부네 신사'(貴船神社), 고마쓰 돌(小松石)의 고장에 어울리는 '작은 도로의 신'을 지킨다고 하는 '말'에 의한 룰은 수치나 색과는 다르다. 또한 전국 획일적인 규칙과는 서로 맞지 않는다. '말'은 규칙에 의한 하나의 디자인이 아니라 개성 있는 디자인을 생산하는 힘을 갖고 있는 것이다. '미의 기준'을 조례로 함으로써, 정(町)의 주민뿐만이 아니라 새롭게 정민이 되는 사람들, 개발사업자, 그리고 공공시설을 만드는 행정, 그 누구나가 마나즈루정에 맞는 건축을 당연한 일로 여길 수 있게 되는 것이다. 극단적으로 말하자면, 궁극적인 마을만들기 조례는 '미의 원칙'만 있으면 된다.

'마을만들기 조례'는 1993년 6월에 제정되어, 다음해 1월에 시행되었다. 이로써 정은 '미의 원칙'이라는 마을만들기의 창조적인 룰과 '듀 프로세스'라는 민주적인 절차를 정비할 수 있었다. 다음은 마을만들기의 마스터플랜인 '마을만들기 계획'을 만드는 과제가 남았다. 이는 마을만들기의 목표와 전략을 정한 것이다.

마스터플랜

1996년 12월의 의회에서 의결된 '마을만들기 계획'은 다음과 같은 특징을 갖고 있다.

첫째로, 주민참여를 통해 계획을 만들고, 특히 그 과정은 주민에게 모두 개방되도록 한다는 것을 목표로 삼았다. 이 점은 계획책정에 있어서 가장 중요하고도 어려운 것이다. 왜냐하면, 일본의 도시계획에서는 이와 같은 계획책정의 경험이 부족하고 이론화되어 있지 않기 때문이다. 계획작업은 전문가 영역으로, 계획은 전문가 머리의 블랙박스에서 나오는 것이라는 인식이 일반적이었다.

초년도는 주민과 마나즈루정의 상황이나 과제를 공유화하는 데에 시간을 들였다. 두 번째 해부터는 (인구 약 1만 명의 정에서) 제출된 약 3,000건 이상의 의견을 어떻게 계획으로 '승화'시킬 것인지의 검토에 시간을 소비했다. 주민의 의견은 중복된 것을 정리하여 최종적으로 893건의 의견으로 정리하였다.

행정은 이 893건의 의견에 대한 회답을 작성하기로 하고, 한건 한건 의견과 관련된 담당 부서명을 넣었다. 마나즈루정 특유의 좁은 길('뒷길')을 어떻게 할지는 도로를 관장하는 건설과뿐만이 아니라 복지과나 교육위원회도 회답 담당이 되었다. 다음으로, 이 회답을 지구별 간담회에서 설명하고 주민과의 논의가 이루어졌다. 주민은 자신의 의견이 어떻게 계획으로 이어지는지 알게 되어 계획내용에 대한 논의가 활발해졌다. 마지막으로, 이 과정에서 나온 의견도 포함하여 계획안에 담은 시책에 대해, 그 기술방법에 이르기까지 세부사항까지 검토하면서, 하나하나의 시책이 계획 전체 속에서 더욱 상호 유기적인 관계가 생겨나도록 구성을 공고히 해 나가는 작업이 이루어졌다.

최종안은 제3회째인 지구별 간담회를 거쳐 1996년 10월에 있었던, 조례에 기초한 공청회를 겸한 '마을만들기 심포지엄'에서 정장에 의해 제안되어, 12월 의회에서 의결되었다. '마을만들기 계획'은 행정에 의한 시책의 근거, 주민에 의한 마을만들기 활동의 지침, 민간개발의 기준이 되고, 앞으로의 마을만들기를 구속하는 것이 된다. 그렇다면, '결정'이 필요해지며, 이 '결정'은 지자체로서의 최고의결기관에서 내리지 않으면 안 된다. '결정'이 최종적으로 의회의 의결로 내려져야 할 필요가 있다는 것은 이 때문이다. 이로써, 처음으로 '마을만들기 계획'은 마나즈루정의 마을만들기 헌법이 되었다.

둘째 특징은, 독자적인 계획의 구성과 표현방법을 채용하고 있는 데에 있다.

마스터플랜은 그 자체가 하나의 '이야기'처럼 완결된 스토리를 갖고 있을 필요가 있다. 읽어 나감에 따라 고장의 미래상과 자신의 생활상이 서로 겹쳐지면서, 점차로 마스터플랜의 문장 속에 빨려들어 간다. 가능하면 그와 같은 마스터플랜이 이상적이다. 게다가 마을만들기의 미래전망에서 그 현실수단에 이르기까지 일관된 문맥에 의해 구성되어 있는 것이 바람직하다.

그러기 위해서 우선 '미의 기준'을 계획의 규범으로서 '말'로써 철저하게 쓰도록 했다. 이것은 현재까지의 마스터플랜이 주로 지도에 의한 미래구조도 등으로 그려져 있던 것과 결정적으로 다르다.

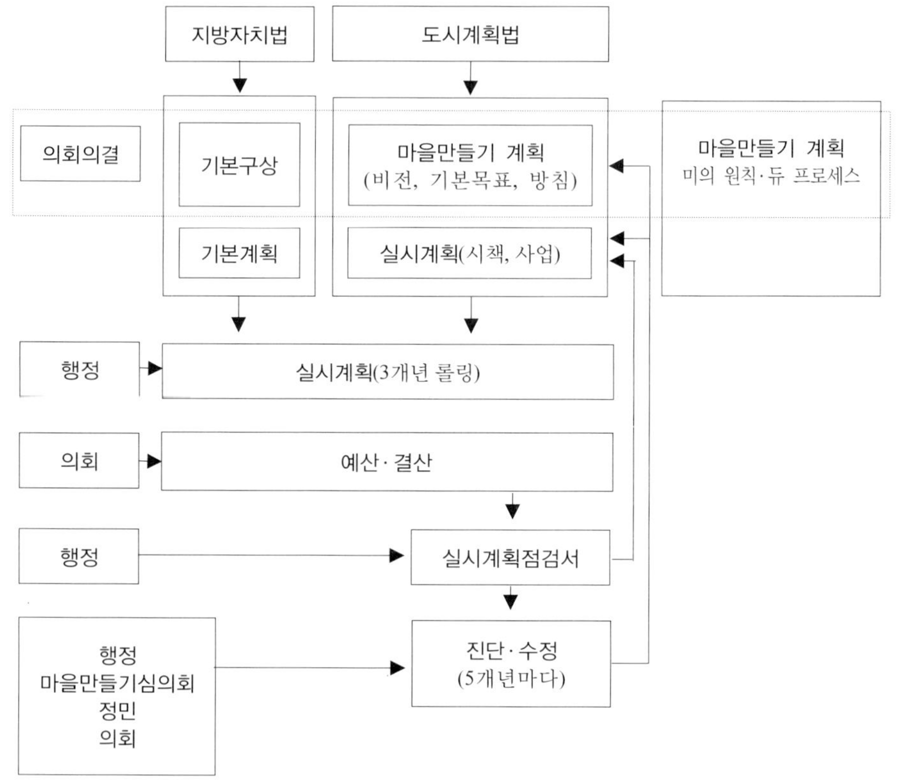

그림 3. 법과 마나즈루체계

더욱이 '고령자들에게 편안한 복지도시 조성', '안전한 방재도시 조성'이라는 슬로건이나 '협소한 도로의 정비', '토지의 고도이용' 등의 전문용어로 기술된 마스터플랜과도 다르다.

계획은 비전에서 출발한다. 비전이란 마을만들기의 미래전망이며, 마을만들기가 구심력을 갖고 이루어지기 위한 것이다. 비전에서는 "마나즈루정의 바다에 '야광충'을 되살리고, 정(町)에 아름답고 풍성한 전망을 창조한다."고 기술되어 있다. 플랑크톤인 '야광충'이 과거에는 해면을 부유하여 밤이 되면 해면이 빛나는 환상적인 광경을 연출했다. '야광충'은 마나즈루의 아름다운 바다와 전망의 상징이자, 그것은 풍요로운 녹음에 의해 유지되고 있었다.

이 비전을 달성하기 위해서 8개의 '기본적인 목표'를 내걸고, '기본적인 목표'마다 '배경', '방침', '시책', '사업'이라는 계층화된 구성에 따라, 목표에서 점차로 구체적인 사업으로 읽는 이가 이끌리도록 기술되었다. '사업'은 실시 시기가 명시되도록 기호를 붙였다. '마을만들기 계획'은 이들 기본계획의 7가지 '지구별 계획'으로 이루어지는데, '지구별 계획'에 대해서도 같은 구성과 기술로 되어 있다.

이와 같은 구성과 기술방법에 의해, '마을만들기 계획'은 계획내부의 정합성, 비전과 실현수단의 일치를 도모할 수 있게 되었다. 즉, '야광충'을 재생하고, '전망'을 창조하기 위해, 인프라의 정비, 녹음의 보전, 업무, 교육 등의 모든 분야에서 무엇을 이루어야 할지 명확해진 것이다. 더욱이 지구별 간담회에 출석한 주민이 "처음에는 문장의 양이 많아 어렵다고 생각했지만, 읽어보면 알기 쉬운 계획이라고 생각하게 되었다."고 했다. '알기 쉽다는 것은 무엇인가?'를 추궁해 온 작업그룹에 있어서 무엇보다도 기쁜 평가였다.

계획의 실현과 진단

정(町)은 '마을만들기 계획' 책정 후, 계획을 실현하기 위해 '실시계획'(3개년 롤링 시스템)을 책정했다. '실시계획'은 '마을만들기 계획'과 '종합계획'에 기초하여 3개년으로 이루어지는 사업의 내용과 예산이 기술된다. 그리고 계획에 기초하여 사업이 실시되었는지의 여부를 체크하는 '실시계획점검서'를 작성하여, 그 점검 결과가

'실시계획'의 수정으로 이어진다. 이들 작업은 기본적으로 행정의 담당부서에서 이루어지며, 공개된다.

게다가 5개년마다 '마을만들기 조례'에 기초하여 설치된 '마을만들기심의회'에 의해 '마을만들기 계획'의 '진단'이 행해진다. 2000년도에 행한 제1회 '진단'에서는 '심의회'의 주도로 '마을만들기 계획'에서 5개년으로 실시하기로 한 사업에 대해, 담당자의 의견 청취뿐만 아니라 데이케어센터(Day care center)나 역 앞 주차장, 도로사업에 대해서는 현장에서의 검토도 상세히 이루어서, '마을만들기 계획'이나 '미의 기준'에 따르고 있는지의 여부에 대한 평가가 이루어졌다. '진단서'는 정장에게 제출된 후에, 주민에게 공표되며, 이와 함께 정에서는 이러한 '진단'을 받아들여 사업의 재검토나 마을만들기 시스템의 재검토에 착수했다.

새로운 대응

'마을만들기 조례'의 제정, '마을만들기 계획'의 책정, 그리고 그 실현과 재검토의 시도를 계속해 온 마나즈루정에는 몇 가지 과제가 있었다. 그것은 마나즈루정의 실험을 영속적인 것으로 하기 위해서는 '지속하려는 의지'를 확고한 것으로 하지 않으면 안 된다는 것이다. 또, 마나즈루정의 시도에 있어서 일본의 지방자치와 도시계획에 관한 법률은 변함없이 장애가 되었다. 이 두 가지 과제는 서로 관련되어 있다. 마나즈루정의 의사와 그것을 지지하는 법률이 '미의 정'에 있어서 필요한 것이다.

2000년도에 실시된 '진단'에서의 최대 과제도 역시 '지속하려는 의지'와 '법의 개혁'이었다.

그래서 정에서는 2002년 5월에 마을만들기 심포지엄을 2일간에 걸쳐 개최하였는데, 정 내외에서 약 1,000명이 참가하였다. 세계의 '아름다운 도시를 창조하는 실험'을 소개한 각 도시와 교류함으로써 '아름다운 도시를 만드는' 시도를 더욱 넓히고자 의도한 것이었다.

'낡은 공공'과의 싸움을 지속하는 다나카 나가노현 지사(田中 長野縣知事)의 기조강연과, 우에하라 구니타치시 시장(上原 國立市長), 이가라시 호세이대학 교수(五十嵐 法政大學教授), 그리고 미키 마나즈루 정장(三木 真鶴町長)의 좌담이 이루어졌다. 미국에서는 마크 트웨인도 아름다운 도시라고 평가한 하와이 주의 코너, 뛰어난 건축들이 집적되어 있음으로써 활성화를 도모하고 있는 인디애나 주의 콜럼버스에서 행정 계획가들이 와서 이들의 보고를 받았다. 또한 영국의 고도 에든버러의 시도가 소개되었다. 일본 내에서는 미에현 이세시(三重縣 伊勢市), 군마현 니이하루촌(群馬縣 新治村), 히로시마현 후쿠야마시 도모노우라(広島縣福山市 鞆の浦)의 마을 만들기가 소개되었다.

마나즈루정의 실험은 끝나지 않는다. '아름다운 도시를 만드는' 시도는 때와 장소를 넘어 퍼져 나가고, 그 발신지로서 마나즈루정의 시도는 계속된다.

〈참고문헌〉

五十嵐敬喜・野口和雄・池上修一,『美の条例 — いきづく町をつくる』, 学芸出版社, 1996.

野口和雄,『まちづくり条例のつくり方』, 自治体研究社, 2002.

五十嵐敬喜,『美しい都市をつくる権利』, 学芸出版社, 2002.

C・アレグサンダー他/平田翰那訳,『パタン・ランゲージ』, 鹿島出版会, 1984.

⁂마을만들기⁂

[지역경제]

상점가와 마을만들기 3법

전일본소매상단체연맹 전무이사
마을만들기조례센터 운영위원장
사카다 가쓰노리(坂田克乘)

마을만들기 3법의 성립

1998년 5월 27일, '대규모 소매점포 입지법', '개정 도시계획법', '중심시가지 활성화법'의 이른바 '마을만들기 3법'이 성립되었는데, 대규모 소매점포 입지법은 6월 3일에 공포되어 2000년 6월에 시행되었다.

최근 지방도시에서 중심시가지의 피폐화가 심해 상점가의 공동화(空洞化) 현상이 현저하게 나타나고 있다. 경제산업성(구통상산업성)의 통계에 따르면, 1991년에서 1997년까지 6년간의 소매점포 수는 161만 점에서 142만 점으로 20만 점이나 감소하고, 2002년 조사에서는 더욱 대폭적인 감소가 전망되었다. 또한 중소기업청이 전국 1,700개 상점가를 조사한 바, 상점가 내에 비어 있는 점포가 차지하는 비율은 2000년 현재 8.53%로 5년 전인 1995년에 비해 1.66% 상승했다. 특히 인구 20만 명 전후의 도시나 그 이하인 도시의 쇠퇴가 두드러진다.

2002년 3월 14일, 세계 최대의 슈퍼체인인 월마트와 스미토모상사(住友商事), 세이유(西友)의 3사가 합동기자회견을 열고, 월마트와 세이유가 업무제휴한다는 것을 발표했다. 월마트는 미국 아칸소주에 본사를 두고, 미국 내에서 100만 명, 해외에서 30만 명의 종업원을 거느리고 있다. 2002년 현재, 미국 내에 3,200개 점포, 브라질·캐나다·독일 등 해외에 1,170개 점포의 사업을 전개하고 있으며, 2002년도의 매상고는 2,180억 달러에 달했다. 이미 토이자라스로 시작된 외국자본의 진출은 최근 까르푸·코스트코의 양판점에 이어, 에르메스·구찌·루이비통 등의 브랜드 전문점이 줄지어 개점하고

있다. 마치 일본의 개항기에 서양문물이 들어오던 모습과 흡사하다.[1]

한편 일본 국내에서는 마이카루·나가사키야(長崎屋)·고토부키야(寿屋)·니코니코도(ニコニコ堂)·다이에 등의 도산 및 민사재생법(民事再生法) 신청 등의 비상사태가 발생하였으며, 중심상점가의 핵심 점포가 차례로 퇴각하여 상점가의 공동화 경향에 박차를 가했다.

이와 같이 공동화가 진행되고 있는 지방도시에서의 '지역경제를 활성화'시키는 데 있어 마을만들기 3법이 극약처방으로서 기능을 할 수 있는지의 여부를, 마을만들기 3법 성립 후 4년이 경과한 지금의 시점에서 지방분권의 흐름과 함께 중소 소매상의 입장에서 검증해 보고자 한다.

상업조정의 역사와 마을만들기 3법

'대규모 소매점포 입지법'을 분석하기 위해서는 상업조정의 역사를 빼놓고는 이야기가 안 된다. 도쿄나 오사카 등 대도시권을 중심으로 한 백화점의 진출을 저지하도록 제정된 것이 제2차 세계대전 전과 후의 '백화점법'이다. 백화점법은, 백화점의 신·증설, 영업시간, 휴일 등을 규제함으로써 중소 소매상의 사업 기회 확보를 목적으로 하고 있었다. 그러나 '유통혁명'으로 상징되는 슈퍼 스토아의 대두는 대도시뿐만이 아니라 지방도시도 직격했다. 당시 '유사백화점'이라고 불렸던 슈퍼 스토아는 고도경제성장을 배경으로 비약적인 성장을 보여, 전국적으로 출점 공세를 가한 것이다. 당연한 일이지만, 지역에서의

1) 원문에는 '黒船来航'라고 되어 있는데, 여기서 '黒船'란, 일본의 무로마치 말기에서 에도 말기까지 유럽 및 미국에서 내항한 함선을 총칭하는 것인데, 여기서는 외국자본의 일본 진출을 상징적으로 표현하고 있다.(역자주)

출점 분쟁이 속출했다. 이런 가운데, 1972년 10월 '대규모 소매점포법'이 공포되고, 이듬해인 1973년에 시행되어, 백화점법은 폐지되었다. 그러면 백화점법과 대규모 소매점포법의 차이점은 어디에 있는 것일까? 우선, 목적 가운데 '중소사업자의 사업기회 확보'와 동시에 '소비자 이익의 확보'가 추가된 점이다. 게다가 허가제를 신고제로 하였으며, 더욱이 백화점 이외의 대형 점포도 대상으로 한 것 외에, 조정 항목을 ① 매장면적, ② 연간휴업일수, ③ 개점일, ④ 폐점시간의 4개 항목으로 했다. 즉 대형 점포 등의 출점을 자유롭게 할 수 있게 하고, 또 그것을 촉진하기 위해 '소비자이익의 확보'를 추가한 것이라 하겠다. 조정 대상이 확대되고 조정 건수가 불어나면, 당연히 근린상점가와의 트러블을 증가시키게 되었다.

이토요카도(イトーヨーカ堂)의 시즈오카(静岡) 지역 진출을 둘러싸고 일어난 시즈오카 10년 전쟁 당시, 상업활동조정협의회 개최 저지를 호소한 상업 관계자 4명이 체포되어 전국적인 주목을 받았다. 이 밖에, 삿포로시(札幌市), 센다이시(仙台市), 니가타시(新潟市), 고오리야마시(郡山市), 마에바시시(前橋市), 하마마쓰시(浜松市), 교토시(京都市), 다카쓰키시(高槻市), 히가시오사카시(東大阪市), 마쓰야마시(松山市), 노베오카시(延岡市), 가고시마시(鹿児島市) 등 전국 도처에서 분쟁이 빈발하여 사회문제화되었다. 1981년에는 쟈스코의 이와테현 에즈리코촌(岩手縣 江釣子村) 진출을 둘러싸고 '에즈리코 소송'이 발생했다. 이는 인접한 기타가미시(北上市)의 상업자 117명이 통산대신을 상대로 해서 행정소송을 한 것으로, 소송 이유는 "출점을 인정한 대신(大臣)의 권고는 상업활동조정협의회의 부당한 심의를 바탕으로 내려진 것이므로, 이를 취소해야 한다."는 것이었다. 그러나 결과는 원고들에게 재판을 제기할 자격이 없다고 소송을 물리치는 판결이 되었다. 1990년 4월에는 미일구조협의의 합의 내용을 받아서 3단계에 걸친 완화가 이루어진 결과, 대규모 소매점포법은 없는 것과 마찬가지인 것으로 되고 말았다. 이와 같은 일련의 흐름은 토이자라스, 월마트, 까르푸로 대표되는 해외자본의 일본 국내 시장에의 참여를 용이하게 하고, 교외형 전문양판점이나 파워 센터(양판점이 모여 있는 곳)가 지역의 특성을 무시하는 형태로, 특정지역을 상대로 한 집중적인 출점을 계속하게 되었다.

대형 점포의 출점은 지역경제뿐만 아니라 도시계획, 생활환경 등 지역에 큰 영향을 준다. 이를 대규모 소매점포법의 4개 조정 항목으로 조정하는 것 자체가 무리였던 것이다. 지방도시의 도시계획이나 환경정책 등 마스터플랜을 고려하지 않고, 출점하는 측의 대형 점포와 지역상업자 측(지역 대형 점포를 포함)의 좁은 범위 내에서의 이해관계의 조정으로 출점이 결정되어 버린다. 게다가 상업활동조정협의회의 심의경과 등은 공표되지 않는 등 불투명한 가운데 심의가 끝나고 출점이 인정된다. 거기에는 지역의 다양한 사정이 감안될 여지는 전혀 없는 것이다. 확실히 소비자는 일시적으로는 '싼 것을 살 수 있다'고 좋아한다. 그러나 지역 전체에 대한 환경정비나 경제적인 공헌은 없다. 수익은 본사 소재지인 도쿄나 오사카로 빨려 들어가고, 이러한 상점이 거대화해 가면, 어느 지역이나 '똑같은 얼굴'을 한 지역이 되고 만다. 즉, 대규모 소매점포법에는 '지역생활자 시점'이라는 지역사회에 있어서는 생명선이라고 할 만한 이념이 결여되어 있던 것이다. 중소상업자단체 중에는 일본전문점회연맹(日本專門店會連盟)처럼 '마을만들기연구회'를 재빨리 설치하고 '마을만들기 시나리오'를 정리하여 경종을 마구 울린 조직도 있다.

대형 점포와 도시를 둘러싼 이와 같은 상황 속에서 '마을만들기

3법'은, 경제적 합리성을 우선시하는 하시모토 내각(橋本内閣)의 규제완화추진계획이라는 정부의 정책전환을 받아, 사회적 규칙이라는 관점에서 ① 도시계획법을 개정하고, ② 대규모 소매점포입지법을 제정하였으며, 그 한편으로 공동화된 중심상점가 등에 대한 부양정책적인 취지에서, ③ 중심시가지 활성화법을 새롭게 제정했다. '마을만들기 3법'의 특징은 경제적 규제에서 사회적 규제로 정책전환이 됨으로써, ① 중소상업자에 대한 보호가 없어진 점, ② 개정 도시계획법에 의해 일부 지역에서 건축물 용도의 제한을 시정촌이 할 수 있게 된 점, ③ 대규모 소매점포 입지법을 신설하고, 주변환경에 대한 영향을 완화, 조정권한을 도도부현 및 정령지정도시로 이행시킨 점, ④ 공동화된 중심시가지를 활성화시키기 위한 법을 제정한 점이다.

그러면 '마을만들기 3법'이 각각 연결되면 중심시가지를 활성화시킬 수 있는 것일까?

우선, '개정 도시계획법'(1998년에 개정된 것으로 이하 '개정 도시계획법'이라고 한다)은, 시정촌은 시가화 구역(도시개발을 촉진해야 하는 지역) 등으로 지정되어 있는 용도지역에 덧붙여 '중소상점지구'나 '대형점 유도지구' 등의 특별용도지구를 독자적으로 지정하고 있는데, 시가화 구역은 국토 전체의 3.7%에 불과하다. 시가화 구역에서 대형점을 규제해도 효과는 적다. 교외 대형점이 그 이외의 교외지역에 출점하고 있는 현황을 보면, '개정 도시계획법'으로 지방도시의 중심시가지를 지키는 것은 극히 어려운 것이다. 다음으로 '대규모 소매점포 입지법'(이하, '대형 입지법')에 의해 운용주체가 중앙정부에서 도도부현 및 정령지정도시로 이행하여 상업조정이라는 수급조정에서 생활환경이라는 사회적 규제로 바뀌게 되었다. 즉, 대형점과 주변의 생활환경(소음 및 쓰레기 등의 좁은 의미에서의 생활환경)을 조화시키기 위한 조정으로, 조정대상이 되는 주민의 편리성(교통정체의 해소나 교통안전 등)의 확보와 생활환경 변화(소음, 폐기물 증가 등)의 방지의 구체적인 내용이 정부의 지침으로 정해진다. 조정권한이 지방자치단체로 이행한 데에 대해 그 나름대로 평가할 수 있지만, 조정대상이 되는 생활환경의 개념이 소음, 폐기물, 교통정체라는 작은 것으로 지역환경(도시계획, 자연환경, 지역문화, 상업환경 등)이라는 지역에 있어서 가장 기본적인 곳에는 들어가 있지 않다는 문제점이 있다. 더욱이 법으로는 지역의 특성에 맞춘 지방자치단체에 의한 규제강화 금지를 명기했다. 이는 분명히 지방분권일괄법의 취지에 반한다.

이러한 가운데, 클로즈업된 것이 '중심시가지활성화법'이다. 자유민주당이 경기회복과 공동화(空洞化)하고 있는 중심시가지를 활성화시키려는 취지에서 '중심시가지 재활성화조사회'를 발족시키고 야마사키 정무조사회장(山崎拓政務調査會長)(당시)을 중심시가지 재활성화조사회의 회장으로 앉히고, 정력적으로 심의를 행하여 야당 각당도 이를 슬쩍 지지하여 동법을 제정했다. 마을만들기 3법 중에서는 가장 이른 7월 24일에 시행되고, 같은 달 31일에는 국가의 방침이 공표되었다. 예산규모는 당초 예산으로 약 1조 엔, 보정예산 약 8천억 엔이 되었으며, 통산성을 비롯해 건설·자치 등 13개 성청이 150 남짓한 보조메뉴를 준비했다. 2002년 9월 현재, 정부에 기본계획을 제출한 시정촌은 543개소이며, 많은 시정촌에서 기본계획의 검토가 추진되고 있다. 시정촌의 기본계획에 기초하여 중소소매상업 고도화사업을 추진하는 것이 TMO(Town Management Organization)이다. TMO는 중심시가지 전체의 상업 활성화를 목표로 TMO 구상이나 TMO 계획을 작성하고, 임차관리, 상업기반의 정비 외에, 이벤트 등의 공동 소프트사업을 실시한다. 2002년 9월 현재, 249개의 TMO가 설립되어,

상공회의소·상공회·제3섹터 등이 주체가 되어 운영되었다. 그러나 계획적인 마을만들기의 경험이 적은 일본에서 노하우의 축적이나 인재육성에 힘을 쏟아, 중심시가지의 활성화를 도모하려는 것으로 구체화하기에는 상당한 시간이 걸린다. 중심시가지 활성화를 논하고 있는 사이에 대형점 등은 출점과 퇴점을 반복하여 기존의 상업집적 등을 황폐화시킬 가능성이 큰 것이다.

상점가의 현황과 대응

마이카루, 나가사키야(長崎屋), 다이에 등의 연이은 도산 및 민사재생법 신청은 결과적으로 중심상점가에서 핵심 점포가 떠나도록 재촉하여 공동화가 진행되는 지방도시의 중심상점가에 심각한 영향을 주었다. 가가와현 간논지시(香川縣 觀音寺市)의 야나기초도오리 상점가(柳町通 商店街)는 40%의 점포가 문을 닫고 있으며, 가누마시(鹿沼市)의 가누마긴자 상점가(鹿沼銀座 商店街), 호후시(防府市)의 텐진마치 긴자 상점가(天神町 銀座商店街), 현청소재지로서는 에히메현 마쓰야마시(愛媛縣 松山市)의 오카이도 상점가(大街道 商店街), 이시카와현 가나자와시(石川縣 金沢市)의 가타마치 상점가(片町 商店街) 등 상점가가 쇠퇴화하고 있는 사례는 일일이 열거할 수 없을 정도이다. '문 닫은 상점가'의 대행진인 것이다.

한편, 독자적인 정책을 갖고 노력하고 있는 상점가도 있다. '지역사회와의 공생'을 경영방침으로 지역사회와의 연결을 중시한 마을만들기회사 '아모르트와'는 JR 죠반선(常磐線)의 가메아리역(亀有駅)에서 걸어서 10분, 도와 긴자 상점가(東和銀座商店街)가 경영하는 회사이다. 도와 긴자 상점가는 길이 400미터 조금 못 미치는 근린형 상점가로, 상점가는 전후 얼마 되지 않아서 형성되었다. 전성기에는 자전거를 타고 가면서는 쇼핑이 불가능할 정도로 번화해서 도쿄도의 모델 상점가 제1호가 되었다. 도와 긴자 상점가에 쇠퇴화 경향이 보이게 된 것은 거품이 가라앉은 후의 일로, 전성기에는 상점이 101개 점포나 있었던 것이 80개 점포로 감소한 것이다. 상점가에서 1킬로미터 이내에 대형점이 속속 진출하여 상권은 황폐화되고, 앞날이 불안한 상황하에서 마을만들기회사 '아모르트와'는 출발했다. 동부지구 병원이 개업한 것이 계기가 되었다. 이 병원은 도쿄도가 아다치구(足立區), 에도가와구(江戸川區), 고토구(江東區), 스미다구(墨田區) 등의 중심에 있는 핵심적인 병원으로서 건설된 것이다. 그런데 이 병원의 매점 경영을 하기 위해 도와 긴자 상점가의 상점주 41명이 출자한 자본금 1,350만원으로 마을만들기회사 '아모르트와'를 설립하게 되며, 상점가의 다나카 다케오(田中武夫) 회장이 사장으로 취임했다. 병원의 매점은 16평방미터의 작은 점포이지만, 이익을 내고 있다. 레스토랑 부문의 식재는 대부분을 도와 긴자 상점가가 납품하고 있고 또 아다치구(足立區)가 학교급식을 민간에게 위탁했을 때에도 적극적으로 활동하여 수주에 성공했다. '지역의, 지역에 의한, 지역을 위한 활동'이 지역에서 이해되기 시작한 것이다. 이 밖에 전국에는 활기찬 상점가가 많이 있다. 고령화 사회를 미리 예상하여 노인들도 이용할 수 있는 '인터넷을 통한 택배 서비스'를 개발한 교토시의 니시신도 상점가(西新道 商店街), '미야자와켄지(宮沢賢治)의 세계'를 테마로 가로 정비사업을 행하여 호평을 얻고 있는 모리오카시(盛岡市) 자이모쿠초 상점가(材木町 商店街), 30년간 '스탬프 사업'을 계속하고 있는 세타가야구(世田谷區)의 가라스야마 역 앞 거리 상점가 등 많은 상점가가 지역과 밀착된 활동을 전개하고 있다.

전국의 상점가나 중소 소매상의 젊은 경영자가 지역을 기반으로 한 운동을 전개하고 있는 사례도 있다. 도쿄도 아라카와구(荒川區)의 마을만들기회사 '아스크'(アスク)의 대표 도네가와 마사히로(利根川昌弘) 씨는 아라카와구 상인연맹과 마을만들기회사 '아스크'를 배경으로 아라카와구 당국에 적극적으로 활동하여 부구청장을 좌장으로 하여 (고령화 사회를 전제로 한) 마스터플랜을 작성하였다. 이 위원회의 60%를 소매업자가 차지하고, 지역의 제 문제에 대해서 다양한 각도에서 문제제기가 이루어진 것이다. 이러한 흐름은 그 후 '미나미센주 활성화 연구회'(南千住活性化研究會)로 발전하고, 2002년 9월에는 지역주도형의 '아라카와 TMO'가 발족하였다. 기타 도쿄·와세다대학 주변 상점가(와세다에 있는 7개 상점가에서 조직)에서는 빈 점포를 활용하여 독립 개업을 희망하는 사람들에게 적극적으로 개방하여 개업지원과 함께 자원봉사 활동에도 대처하여 지역에 밀착된 상점가를 어필하려 하고 있다.

조례와 마을만들기 3법

'마을만들기 3법'이 시행된 지 2~4년이 경과되었다. 그러면 3법은 효과적으로 기능하고 있을까? 또 중심시가지는 활성화 기미를 보이고 있을까? 그렇지 않다고 하지 않을 수 없다. 그 이유는 지방분권일괄법에 의해 분권이 진행되고 있는 것처럼 보이지만, 그러나 실태는 앞서 기술한 바와 같이 변함없이 개별법에 의해 구속된 지자체 독자의 마을만들기에는 한계가 있으며, 더욱이 보조금에 의해 묶여 있기 때문이다. 조례제정권은 '법령의 범위 안'이 아니면 안 되며, '강화' 또는 '추가'2)의 규제는 허용하지 않는다고 되어 있다. '강화'나 '추가'에 해당할 가능

건축물의 제한에 관한 조례에 기초한 히코네시(彦根市)의 상점가
(제공 : 일본상공회의소)

성이 있는 조례는 역시 제정하기 어렵다. 도시계획법이나 대형점 입지법은 이렇게 해서 독자적인 마을만들기를 속박하고 있는 것이다. 한편, 지방자치단체 자신이 법에 의한 '정부의 통제'를 너무 의식하여, 스스로를 속박하고 있는 측면도 있다. 그러나 새로운 시도도 생겨나고 있다.

교토시(京都市), 가나자와시(金沢市), 미타카시(三鷹市), 스기나미구(杉並區) 등은 '마을만들기 조례'를 제정하고, 독자적인 마을만들기 시스템에 따라 대형 집객시설이나 지역의 실태에 맞지 않는 심야영업 집객시설을 규제·유도하고 있다. 중심시가지 활성화 대책을 추진하고 있는 교토시, 가나자와시에서는 교외지의 집객시설을 억제하기 위해 독자적인 가이드라인을 정하고, 이를 준수하도록 사전협의를 사업자에게 의무지우고 있다. 또한, 미타카시(三鷹市)에서는,

2) 일본의 '上乗せ条例'나 '横出し条例'라는 용어는 기존의 법령에 더하여 조례의 제정을 통해 제재를 더욱 강화하거나 내용을 추가하는 것을 의미하므로, 여기서는 '강화'와 '추가'라는 용어를 사용하기로 한다.(역자주)

독자적인 '환경배려제도'를 창설하여, 사전협의에 따라 집객시설의 통제를 하고 있다. 이러한 것들은 선진적인 토지이용 조정조례 등을 모델로 하면서 사전협의제나 신고제 등의 기법을 사용함으로써, 현행법상 한계라고 생각되는 제도를 만들어 3법을 뛰어넘도록 하는 시도라고 할 수 있다. 법적인 효력이나 실효성은 검토할 여지가 있지만, 현행법 속에서 할 수 있는 최대의 노력이라고 할 수 있다.

상점가와 지자체의 더욱 공고한 연계를

전술한 바와 같이, 각지에서 상점가 등 중소 소매상과 지역주민 및 지자체 등이 연계하여 '마을만들기'를 실천하는 움직임이 서서히 구체화되고 있다. 지역의 소비자는, 좁은 의미에서 소비자주의를 탈피하고 '지역생활자'라는 인식하에 고령화 사회 등을 바탕으로 지역상점가와의 협력관계를 모색하고 있다. 지역활성화는 당연 지역에 생활하는 관계자, 즉 '지역생활자'의 시점 없이는 생각할 수 없다. 도시계획이 그렇고, 자연보호가 그렇고, 지역의 전통이나 문화보전이 그렇고, 상업 및 지역경제의 활성화도 마찬가지이다. 그렇기 때문에 지자체에 대해 포괄적으로 도시계획 등의 구체적인 권한을 위양해야 하며, 정보의 공개를 포함하여 열린 형태의 시민참여를 통해 마스터플랜을 제정할 수 있는 시스템을 구축하는 것이 급선무이다.

매년 '전일본 중소 소매상 서밋'을 주최하고 있는 소매상단체는 이미 마을만들기 운동(조례, 요강 등의 제정)에 대응하고 있으며, 모델조례의 작성이나 모델지구의 선정작업에 들어가 있다. 또한 마을만들기 3법에 관한 중소기업단체는 1998년 6월에 '마을만들기 추진연락협의회'를 발족시켜, 지자체를 비롯해 관계단체, 조례 등의 전문가, 지식인과 연계하여 다음 해인 1999년 11월에는 '마을만들기조례연구센터'를 설립하였다. 현재, 마을만들기조례연구센터에는 지자체나 시민단체, 상공관계단체, 연구기관에서 '마을만들기' 등에 대해 문의가 쇄도하고 있다. 그리고 같은 센터의 조사에 따르면 791개의 지자체에서 마을만들기조례가 제정되어 있으며, 그 수는 1,080개에 달하고 있다.

교토의 '기온 축제'(祇園祭り), 센다이(仙台)의 '다나바타 축제'(七夕祭り), 하카타(博多)의 '돈타쿠 축제' 등 일본을 대표하는 축제는 지역상업자와 주민이 일체가 되어 '지역사회의 상징'으로서 수백 년에 걸쳐 계승되어 왔다. 과거 '사카이(堺)의 자치회[3)]'나 '교토의 자치회'는 중앙의 권력에서 자립하는 형태로 지역을 운영·유지해 온 것이며, 거기서 상인으로서의 자부심을 찾았던 것이다. 지방분권의 흐름이 서서히 싹트고 있는 가운데, 상점가 등 지역의 소매상은 지역사회와의 공생을 목표로 현재 착실히 변화하고 있다.

〈참고문헌〉

まちづくり条例研究センター監修/柳沢厚・野口和雄編著,『まちづくり・都市計画なんでも質問室』, ぎょうせい, 2002.

野口和雄,『まちづくり条例のつくり方』, 自治体研究社, 2002.

矢作弘,『都市はよみがえるか』, 岩波書店, 1997.

大内秀明・清成忠男・伊藤公一前田寿・樋口兼次・五十嵐敬喜,『まちづくりのシナリオ』, 日本経済出版社, 1994.

石原武政,『まちづくりの中の小売業』, 有斐閣, 2001.

※ 그리고 본고는 노구치 가즈오(野口和雄) 씨의 많은 조언을 받아 집필했다. 여기에 감사의 뜻을 전하는 바이다.

3) 원문에는 '사카이의 마치슈'(堺の町衆)라고 되어 있다. 마치슈(町衆)란 일본 무로마치시대에 교토·사카이 등의 도시에서 자치적인 공동체를 조직·운영한 사람들을 말하는데, 여기에는 양조·전당포 업자를 비롯한 수공업·금융업자, 그 밖에 그 지역의 무사 등도 포함되어 있었다.(역지주)

⁂생명과 삶⁂
[개호보험]
‘복지’에서의 해방

류코쿠대학 사회학부 교수
이케다 쇼조(池田省三)

개호보험(介護保險)[1]은 소득이나 부양관계에 기초하여 서비스를 결정하는 선별주의적인 고령자 복지를 떠나 누구에게나 필요한 서비스를 제공하고자 하는 보편주의적인 사회 시스템으로의 전환을 도모하고자 하는 제도이다.

지금까지의 조치제도는 ‘누구에게, 어떤 서비스를, 얼마만큼, 얼마에’ 제공하는가를 시정촌이 결정하는 행정처분이었다. 대상자는 한정되고, 서비스의 선택은 기본적으로 허용되지 않으며, 이용료 부담도 소득에 따라 차등 지어져 있었다. 평균적인 수입을 가지고, 보통 수준의 생활을 하고 있는 시민에게 있어서는, ‘복지는 사회적 약자 구제책’이자, 자신과는 무관한 것이며, 앞으로도 무관한 것이었으면 하고 생각되는 것이었다.

그러나 개호(케어)를 필요로 하는 고령자의 증대, 개호기간의 장기화, 가족의 축소라는 상황은 가족에 의한 ‘마지막 간호’가 아니라, ‘개호(케어) 지옥’이라고 불리는 가혹한 가족 개호(케어)를 초래하는 것이 되었다. 그것은 소득과는 관계없이, 어느 가정에서도 일어날 수 있는 것이다. 조치제도는 소득과 부양관계에서 필요하다고 판정을 하는 것이므로 저소득자는 그 나름대로 서비스가 제공되지만, 중간소득 계층에게는 이용하기 어려운 제도이다. 이에 더하여 ‘관청에 신세

---

1) 개호(介護)라는 용어에 대해서는 p. 108 주 4) 참조.
그리고 일본에서는 만 40세 이상인 자 전원이 개호보험의 피보험자(보험가입자)가 되어 보험료를 부담하고, 개호(케어)가 필요하다고 인정되면 비용의 일부(원칙 10%)를 지불하고 개호 서비스를 이용하는 개호보험제도가 성립되어 있다.(역자주)

지고 싶지 않다'는 프라이드는 적극적인 이용을 저해하고 있었다.

개호보험은 이 '복지의 멍에'에서 고령자 개호(케어)를 해방시키는 것을 목적으로 하고 있다. 따라서 필요하다는 판정, 서비스 이용, 비용부담의 어느 것에 대해서도 선별을 일절 하지 않는 보편주의적 서비스 시스템이 구축되어 있다. 3세대 동거가족이건, 독거노인 세대이건 본인이 어느 정도 개호를 필요로 하고 있는가에만 착안하여 인정한다. 이용자는 서비스를 주는 대로 받는 것이 아니라, 선택하여 구입하고, 누구나가 개호비용의 10%를 부담한다. 또, 사회복지법인이 거의 독점하고 있던 개호 서비스 사업에 대해서도 현재 주택 서비스에 한하고 있는 것이건, 영리·비영리를 불문하고 민간섹터에도 개방했다.

이런 표현이 오해를 부를지도 모르지만, 개호보험은 '복지'가 아니다. 이 점을 이해할 수 있는지 없는지에 따라 시정촌의 지역 케어 시스템 형태는 크게 구분할 수 있게 되었다. 개호보험이 보편주의적인 사회 서비스 시스템이라는 것을 이해한 시정촌에서는 자유로운 발상으로 개호보험을 축으로 한 지역 케어 시스템을 설계, 시공했다. 개호보험제도는 50년에 한 번이라는 대개혁이었기 때문에, 많은 시정촌에서는 기획재정 분야나 홍보에서 우수한 직원을 배치하고, 시행준비를 담당시키고 있었는데, 그러한 지자체의 대다수는 주민설명을 거듭하여, 개호보험의 의미를 주지시킴과 동시에 민간의 주택 서비스 사업자를 유도하는 등 서비스들을 확보하고, 그 결과로서 재택 서비스 이용이 착실히 신장하고 있다. 게다가 이용자 보호시책을 준비하고 동시에, 독점사업에 의한 주변 서비스의 충실을 도모한 곳도 적지 않다. 한편, 종래의 복지 분야 직원이 개호보험을 담당한 시정촌에서는 사회보험과 사회복지가 혼동되어 사회복지협의회나 사회복지법인 중심의 서비스 체제인 채로 주민의 이용도 저조한 곳이 두드러진다.

지방분권과 개호보험

개호보험이 시행된 2000년 4월에는 하나 더 중요한 법률이 시행되었다. 지방분권일괄법이다. 중앙정부의 사무를 지자체가 하청하는 기관위임사무는 폐지되고, 지자체의 업무는 법정수탁사무와 자치사무로 구분되었다. 중앙정부의 사무인 법정수탁사무는 엄격히 제한되는 한편, 자치사무는 전면적으로 지자체의 권한으로 위임되어, 지자체의 주체적인 정책판단이 가능해졌다. 개호보험사무의 대다수는 자치사무이다. 따라서 시정촌은 법률에 반하지 않는 범위에서 자유로이 제도를 설계할 수 있다. 이러한 점에서 개호보험은 '지방분권의 시금석'이라고도 불렸다.

그러나 일부 연구자 중에는 개호보험을 '중앙집권' 제도라고 비난하는 사람도 존재한다. 이유는 자치사무라고 해도 법령에 자세히 규정을 두면, 중앙정부가 시정촌을 통제할 수 있으며, 개호보험은 300개 이상의 정령(政令) 및 성령(省令) 위임사항이 있기 때문이라는 것이다.

실태는 어땠을까? 그 해답은 간단하다. 개호보험은 자립적 시정촌에 있어서 지방분권의 좋은 도구이자, 중앙의존형 시정촌에 있어서는 일정한 기준과 통지로 주체적으로 생각하지 않더라도 일단 운영할 수 있는 제도였던 것이다.

후생노동성은 시정촌이 독자적인 시책을 마련하는 데에 기본적으로 개입하는 일은 없었다. 예를 들면, 일부 시정촌의 공비투입에 의한 무원칙적인 보험료 감면 등의 어리석은 행동에 대해서도 그것이 위법이라고도 해석되는 시책임에도 불구하고, 시정촌에 권고도 하지 않았다. 확실히 정령(政令)·성령(省令) 위임사항은 적지 않지만, 그 내용은 인정, 각종 사업의 기준, 재정절차 등에 걸친 것이며,

시정촌이 이에 구속되어 자유로운 설계가 곤란해졌다고 하는 사례는 들리지 않는다. 정령·성령 위임사항이 많은 것은 사업의 종류가 많다는 점과 경험이 없는 최초의 제도라서 예상할 수 없는 사태에 유연하게 대응하고, 신속하게 변경할 수 있을 것이 요구되고 있다는 데에 따른 것이다. 인정이나 사업의 기준 등에 대해서, 장래적으로 시정촌에 위임하는 것은 있을 수 있지만, 시행시점에서의 일정한 전국기준의 설정은 피할 수 없다. 이러한 것들을 모두 시정촌의 자유재량에 위임한다면, 대혼란이 생기기 때문이다.

지방분권을 추진하는 데 있어, 세 가지 필요조건이 있다. 그것은 첫째로 권한의 위양이며, 둘째로 재원의 위양, 그리고 셋째로 분권의 발판으로서 지자체의 주체형성(主體形成)이다.

개호보험은 시정촌 보험급부의 확대, 반대로 보험급부의 제한도 인정하고 있으며, 메뉴에 없는 서비스의 추가도 인정하고 있다. 이에 더하여 시정촌 단독사업을 준비할 수도 있으나, 이용자 보호시책, 서비스 평가사업, 치매고령자 권리옹호사업의 전개를 거부하는 법은 없다. 모두 자치사무라서 권한은 상당히 위양되어 있다고 해도 좋다. 또 고령자가 제1호 보험료를 갹출하면, 그 2배의 재원이 현역 제2호 보험료에서 교부되고, 더욱이 3배의 재원이 공비로 보전된다. 즉, 시정촌이 서비스를 받는 고령자에게서 책임지고 보험료를 징수하면, 그 6배의 재원이 자동적으로 준비된다. 이것은 보조금과 달리 안정된 재원위양이라고 할 수 있다. 앞으로의 과제는 무엇보다도 시정촌의 주체형성에 달려 있는 것이다.

여기에서도 시정촌은 구별된다. 후쿠오카현에서의 거대광역연합에 의한 개호보험운영은 기초지자체의 임무를 포기한 것이며, 교토부(京都府) 내 정촌의 인정사무에 대한 교토부에의 위탁도 마찬가지라고 할 수 있겠다. 그러나 한편으로는 개호보험 시행에 있어 자립적 시정촌으로서 독자적인 지역 케어 시스템을 구축하고자 하는 지자체도 나타나고 있다.

로컬 옵티멈의 추구

보편적인 사회 서비스 시스템으로서의 개호보험, 지방분권적 제도로서 전개할 수 있는 개호보험, 이러한 개호보험을 받아들인 시정촌은 개호보험을 축으로 하여 자기 지자체의 특성에 따른 적절한 지역 케어 시스템, 즉 로컬 옵티멈을 설계하려고 해 왔다.

개호보험은 그것만으로 완결하는 제도가 아니다. 고령자 개호의 기초적인 부분은 개호보험 급부로 보장하지만, 모든 요구를 대응하는 것은 아니다. 예를 들면, 배식 서비스는 개호보험 메뉴에는 없다. 식사는 누구나가 자기 부담으로 할 수 있는 것이며, 개호가 필요하다고 인정된 고령자만이 90% 할인된 가격으로 식사를 할 수 있다는 것은 불합리하니까 보험급부에 포함되지 않는 것은 당연하지만, 배식 서비스가 필요한 고령자는 실제적으로 존재하고 있다. 보험급부를 보완하는 서비스는 필요하며, 그와 같은 케이스는 다양하게 생각할 수 있다.

개호보험 급부는 이른바 내셔널 스탠더드이다(시정촌은 조례로 종류별 지급한도액을 규정하여 특정 서비스 이용 상한을 정할 수도 있다. 그러한 의미에서 내셔널 미니멈이 아닌 데에 특징이 있다). 이 스탠더드에 지역특성을 바탕으로 한 최적성(옵티멈)을 추구하고, 이를 위해 지역자원을 동원할 것이 요구되고 있다.

개호보험은 지역의 사회적 자원과 결부해야만이 진정으로 살아 있는 제도가 되며, 그렇기 때문에 시정촌이 보험자가 되는 것이다.

보험급부를 기초로 해서, 어떻게 로컬 옵티멈을 설계하고 시공할지가 앞으로 시정촌이 보여줘야 할 능력인 것이다.

<그림 1>에 아이치현 다카하마시(愛知縣 高浜市)를 예로 들어 로컬 옵티멈의 개념도를 보이고 있다. 다카하마시의 경우 개호보험의 확대, 추가 서비스를 준비하여, 요지원(要支援)의 경우 97,500엔(국가 기준 61,500엔)에서 요개호5의 412,300엔(국가 기준 358,300엔)이라는 보험급부를 보장하고, 개호용품이나 방문이발 등의 독자급부도 제공하고 있다. 단독사업으로서는 시내 사업자의 협력을 얻은 배식이나 주택개수 서비스를 실시하고 무엇보다도 시민자원봉사자의 손으로 보험 외 서비스의 운영을 담당한다고 하는 특징이 있다. 개호비용 조달을 위해, 자산활용을 지원하는 리버스 모게지 제도를 조례로 정하고 있는 것도 큰 특징이다.

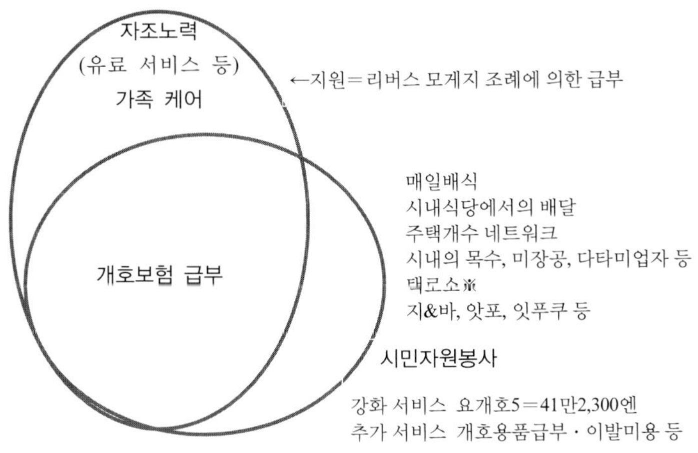

주※) 다카하마시의 택로소란 약 65세 이상으로 돌바드릴 필요가 있는 분을 일시적으로 맡아 식사를 하거나 하여 이용자의 정신적인 서포트를 함과 동시에 이벤트도 정기적으로 실시하는 시설이다. 시설은 지역의 자원봉사자들 중심으로 운영되고 있다.(역자주)

그림 1. 로컬 옵티멈 개념도(다카하마시)

지자체 입법의 전개

다카하마시와 같이 개별적으로 두드러진 시정촌은 각지에서 볼 수 있지만, 블록마다 크게 움직이고 있는 것이 시가현(滋賀縣)이다. 시가현은 장애자 복지에서는 알려져 있지만, 고령자 복지에 대해서는 특히 두드러진 지역이 아니었다. 그러나 개호보험 시행을 향한 대응은 대단히 의욕적인 것이었다. 그것은 먼저, 개호보험조례의 책정에서 시작되었다.

이제까지 새로운 제도 시행에 따른 조례 제정에 있어서 많은 시정촌은 중앙정부가 제시하는 준칙(모델 조례)를 답습하고, 독자적인 규정을 두는 것은 적었다. 그러나 개호보험조례에 대해서는 상당한 시정촌이 적극적으로 독자 규정을 담아, 새로운 지자체 입법의 전개를 보이고 있다. 특히 시가현에서는 대부분의 시정촌이 독자 조례를 제정한 것이 특징이다.

필자들은 7개 도부현(都府縣)과 정령지정도시, 선진적인 시정촌을 대상으로 각각의 개호보험에 독자적인 규정이 어느 정도 담겨져 있는지를 조사해 보았다.[2] 대다수는 후생성(당시)이 작성한 조례준칙을 그대로 답습한 것이었는데, 이용자 보호나 시민참여 등의 규정을 둔 독자 조례도 적지 않다. 그래서 각각의 조례를 점검하고, 독자 규정을 뽑아낸 다음, 이들 독자 규정을 ① 이념·목적(개호보험의 이념, 주민의 권리와 채무, 사업자의 채무), ② 보험급부·보험료(급부한도액의 강화, 시정촌 특별급부에 따른 추가 서비스, 보건복지사업, 6단계 보험료 부과 등), ③ 운영조직·운영방법(개호보험운영협의회 등의 설치와 주

2) 『自治体立法の新展開 — 介護保険条例の研究』(地方自治総合研究所, 2001).

민참여, 심의사항), ④ 이용자 보호(고충처리, 사업자 지도), ⑤ 정보공개·프라이버시 보호, ⑥ 치매성 고령자의 권리옹호, ⑦ 기타 독자 규정으로 분류하고, 각각 20점 평가(계 140점 만점)를 통해 비교해 보았다.

도도부현 수준에서 두드러지는 것은 시가현(滋賀縣)이며, 오쓰시(大津市 : 110점), 오미하치만시(近江八幡市 : 105점), 히코네시(彦根市 : 97점)으로 높은 평가를 받은 지자체가 줄지어 있다. 대부분의 시정촌이 독자 규정을 갖고, 시 평균으로 74점, 정촌에서도 35점이라는 높은 점수로 되어 있다. 다만, 광역연합은 독자 규정이 없어 0점이 되었다.

시가현에서는 지자체의 채무, 사업자의 채무, 주민의 권리 등의 '이념' 규정, 고충처리체제 등의 '이용자보호', 개호보험운영위원회 설치와 시민참여 등의 '운영조직·운영방법'의 점수가 높으며, 치매성 고령자에 대한 '권리옹호' 규정을 두고 있는 시정촌이 많은 것도 다른 도부현(都府縣)에서는 볼 수 없는 특징이다.

이를 뒤따르고 있는 것이 도쿄도(東京都)로 무사시노시(武藏野市 : 113점), 시나가와구(品川區 : 97점), 미타카시(三鷹市 : 103점), 다치카와시(立川市 : 89점), 고가네이시(小金井市 : 86점) 등이 두드러져 시 부분이 특별구 부분을 상회하고 있다. 시 부분 평균은 45점, 특별구는 32점, 정촌은 14점이었다. 도서(島嶼) 부분은 거의 조례순칙대로인 곳이 많지만, 오시마정(大島町)은 96점으로 두드러지게 높은 점수로 되어 있다. 전체적으로 '이념', '운영조직·방법', '정보공개·프라이버시 보호' 규정을 두고 있는 시정촌이 많다.

도쿄도의 시정촌 조례가 높은 점수를 받았다고 해도, 시가현은 도쿄의 거의 배 이상의 점수를 획득하고 있으므로, 그 높은 수준에는 감탄할 만하다. 또한 전술한 다카하마시(高浜市)는 130점으로 전국

톱이었다는 것을 덧붙여 두고자 한다.

재택 중시의 마을만들기

개호보험의 시행에 따라 고령자의 서비스 이용은 급증하고 있다. 이용자는 1년에 거의 1.5배가 되며, 재택 서비스 제공량은 2배를 넘어서고 있다. 그러나 지역에 따라 시설 서비스, 재택 서비스 모두 그 이용 상황은 큰 격차가 있다. 고령자 한 사람당 급부비를 보면, 2002년 4월 현재, 오키나와현(沖縄縣)의 24,031엔이 가장 높으며, 사이타마현(埼玉縣)의 11,812엔이 가장 낮다. 그 격차는 2배를 넘고 있다.

<그림 2>는 도도부현 전체의 급부 상황을 보여준다. 이 산포그래프는 가로축에 고령자 1인당 시설 서비스 급부비, 세로축에 고령자 1인당 재택 서비스 급부비를 두고, 47개 도도부현의 2001년 10월의 실적을 보여주고 있다. 전국 평균을 중심으로 4상한으로 나누어 보면, 지역적 특징을 읽어낼 수 있다. A블록은 '재택중심형'으로 도쿄도(東京都), 가나가와현(神奈川縣)의 대도시부 외에, 시가현(滋賀縣)이 위치하고 있다. B블록은 '재택·시설충실형'(오키나와현은 '과잉형'이라고 해야 할 것이다)이며, 규슈(九州)[3], 주고쿠(中國)[4] 지방에 편재하고 있다. 조치(措置) 시절부터 고령자 복지시책이 앞서 있다고 하던 지역으로, 원래부터 서비스가 많았던 곳이다. C블록

3) 규슈란 일본 열도를 구성하는 4대 섬 가운데 가장 남쪽에 있는 섬, 또는 그 섬을 중심으로 하는 지방을 가리키는 표현이다. 규슈지방에는 현재 후쿠오카현, 사가현, 나가사키현, 오이타현, 구마모토현, 미야자키현, 가고시마현의 총 7개현이 속해 있다.(역자주)

4) 주고쿠란 일본 혼슈의 서부지역을 부르는 용어로, 현재 주고쿠지방에는 야마구치현, 히로시마현, 오카야마현, 시마네현, 돗토리현의 5개현이 속해 있다.(역자주)

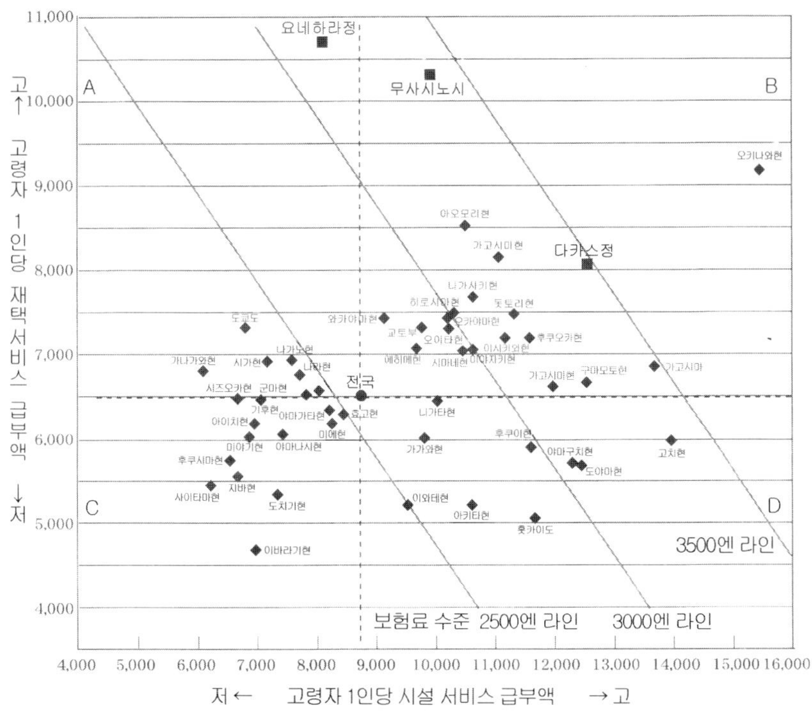

그림 2. 고령자 1인당 재택·시설 서비스 단위수의 비교
(2001년 10월 급부분)

은 '재택·시설빈곤형'으로 북부 간토(關東) 지역에 집중하고 있다. 여기는 소치(措置) 시설부터 서비스가 가장 적었던 지역이다. D블록은 '시설의존형'으로 고치현(高知縣), 홋카이도(北海道), 야마구치현(山口縣), 도야마현(富山縣) 등 여기저기 흩어져 있는데, 모두 요양병상이나 노인보건시설이 많아 의료시설 과잉지역이다. <그림 2>에는 도도부현 외에, 특징적인 시정촌도 표시되어 있는데, 재택중시형의 지자체로서 시가현 요네하라정(滋賀縣 米原町)은 두드러진 자리에 있음을 알 수 있다. 또 도쿄도의 무사시노시(武蔵野市)도 재택

서비스 수준이 높은 것이 두드러지며, 복지 마을로서 잘 알려진 아키타현 다카스정(秋田縣 鷹巣町)은 다소 시설이 많다고 느껴지지만, 재택 서비스의 수준도 낮지 않다. 또한 그래프에서 사선으로 표시되고 있는 것은 개호보험료액의 대략적인 기준치이다. 시가현과 이와테현은 재택 서비스의 이용 상황은 크게 다르지만, 보험료는 거의 동일한 수준으로 되어 있음을 잘 봐 주기 바란다. 같은 비용이라도 지역 케어 시스템은 크게 다른 것이다.

행정과 시민의 파트너십

개호보험은 재택 중시를 이념으로 하고 있다. 그러나 시설을 요구하는 목소리도 높아 많은 시정촌에서 이념은 곧잘 보이지 않게 되고 만다. 그런 가운데 시가현이 재택 중시의 형태를 취하고 있는 것은 왜일까? 물론 시설 특히 의료계 시설이 비교적 적다는 데에도 원인이 있지만 그것만이라고도 할 수 없다.

시가현은 '복지 지자체 유닛'에 참가하는 단체장이 가장 많은 현이다. '복지 지자체 유닛'이란, 1997년 11월 다카스정(鷹巣町), 다카하마시(高浜市), 사세보시(佐世保市) 등의 수장을 대표하여 결성된 시정촌장의 모임으로 현재 약 200명이 가맹하고 있다. 설립 당시에 "이제까지의 지자체는 공공사업 중시의 '토건 지자체' 성격이 강했다. 앞으로는 주민의 생활을 중시한 '복지 지자체'로 전환해 나가야 한다. 이제까지의 고령자 복지는 행정이 일방적으로 '주는 복지'이자, 주민으로부터 '위임받은 복지'였다. 앞으로는 주민과 시정촌이 주역이 되어 책임을 갖고 스스로 결정해 나가는 복지 지자체로 바뀌지 않으면 안 된다."고 호소했던 것처럼, 개호보험 시행을 계기로 지자체의 자기 변혁을 목표로 하고 있었다.

시가현에서, 독자적인 지역 케어 시스템을 만들어 낸 것은 이 복지 지자체 유닛에 참가하는 시정촌 직원들이다. 북부 히코네 관내에서는 현(縣)의 직원이 업무를 넘어서, 보편주의적 사회 서비스로서의 개호보험을 만들어 내야 한다고 각 시정촌에 호소하여 조례 책정을 축으로 시정촌의 연계가 진행되었다. 중부지역에서는 요카이치시(八日市市)와 오미하치만시(近江八幡市)에서 복지 지자체 건설을 둘러싼 경쟁이 이루어졌으며, 남부에서는 오쓰시(大津市)가 현청 소재지의 면목을 걸고 자립형 개호보험 체제 구축을 시작했다. 한편, 시민단체인 '개호의 사회화를 추진하는 1만 명 시민위원회·시가'가 행정과 파트너십을 맺고 개호보험을 준비한다고 하는 움직임이 퍼져나갔다. '1만 명 시민위원회'란, 시민의 손으로 개호보험을 창설하자고 1만 명이 모여 1만 엔씩 갹출하여 1억 엔의 자금으로 활동하고자 결성된 전국 시민조직 — 실제로는 3,000명, 6,000만 엔의 규모 — 이다. 개호보험 시행 후에는 각 지역에서 활동하기로 하여 현(縣) 아래 전체 분위기를 고조시켰다는 경과를 볼 수 있다.

행정직원, 시민단체, NPO가 공동행동을 전개할 수 있었던 원동력은 개호보험이 갖는 새로운 사회 서비스 시스템의 질, 그리고 지방분권의 실감이었다고 할 수 있다.

맺으며

개호보험은 '발전도상제도'이다. 해결해야 할 과제도 많다. 복지계 서비스의 후진성은 가족의 부담을 해소하는 데 이르지 못했다. 케어 매니저는 대부분이 용건을 '듣기만 하는 매니저'로 바뀌어,

요망(demands)과 필요성(needs)의 구별도 하고 있지 않다. 홈 헬퍼는 가족인 듯이 흉내 내고 있을 뿐, 자립지원 케어를 제공하고 있는 사람은 적다. 총체적으로 '경험과 느낌'의 세계를 벗어나 있지 못하다고도 할 수 있다. 치매 케어에 대해서는 국제적으로도 아직 초보적인 상태로 효과적·효율적 서비스가 개발되어 있지 않고 겨우 그룹홈의 역할이 중시되기 시작한 것이다.

또한 보편주의적인 사회 서비스로서의 개호보험을 메인 시스템으로 하고, 이를 보완하는 복지 시스템이 기능하고 있지 않는 것도 중대한 문제이다. 예를 들면 저소득자로 처분할 수 있는 자산을 갖고 있지 않은 사람은 개호부조(介護扶助)의 단일 급부로 자기 부담을 감당할 수 있을 것이나 2002년 적용자는 4,033명밖에 없었다.

그러나 개호보험이 시행되었을 때 지역 케어 시스템의 설계를 주체적으로 전개하고 '분권의 제 맛'을 알게 된 시정촌도 적지 않다. 주민도 또한 '진정'이나 '고발'형 운동에서 '파트너십'과 '제언'을 통한 개호보험 운영에 참가하기 시작했다. 이러한 흐름이야말로 '발전도상제도'인 개호보험을 키워 나가게 될 것이다. 시정촌이나 행정직원, 아니 주민 자신도 개호보험제도를 어떻게 성숙시키는가를 통해 분권·자치의 능력을 시험받고 있는 것이다.

〈참고문헌〉

佐藤進・河野正輝編, 『介護保険法』, 法律文化社, 1997.
大森弥編著, 『分権改革と地域福祉社会の形成(分権社会を作る)』, ぎょうせい, 2000.
筒井孝子, 『(入門)介護サービスマネジメント』, 日本経済新聞社, 1998.
池田省三, 『介護保険は何を変えるのか』, 公人の友社, 1999.

생명과 삶

[NPO]

시민사업과 행정의 협동

호세이대학 대학원 박사과정
와타나베 미쓰코(渡辺光子)

혼미한 지역경제

지역은 현재 활력이 없다. 지역공장은 무너지고, 문 닫은 상점가가 급증했다. 지역경제가 허덕이고 있는 원인은 아주 분명하다.

첫째 원인은, 사람들의 미래에 대한 불안이다. '저출산고령 사회'라는 역피라미드형 사회로 돌입하고, 연금이나 의료보험을 비롯한 사회보장제도가 흔들리고 있다. 노후 생활이나 건강에 대한 불안이 커지고 있다. 게다가 재정불안, 금융불안, 물이나 음식의 안전에 대한 불안, 환경문제에 대한 불안 등도 있다. 미래가 불안하면 소비는 얼어붙는다. 일본 경제가 허덕이고 있는 최대의 요인이다.

둘째 원인은, 경제의 글로벌화에 따른 디플레이션 경제와 산업의 공동화(空洞化)이다. 가격경쟁이 심해지고, 다국적 기업이나 대규모 자본의 양판점에 상점가는 고객을 빼앗긴다. 제조업은 저임금 노동력을 찾아서 해외로 자꾸자꾸 빠져 나간다. 값싼 수입농산물이나 목재에 억눌려 농림업도 쇠퇴했다. 실업률은 5.5%에 달하고, 자살자 수가 4년 연속으로 연간 3만 명을 넘고 있다.

정부의 경제정책을 지켜보고 있는 것만으로는 이 구조적인 불황에서 탈출할 수 없다. 3,265개의 지자체가 이들 원인과 맞서서 그 해결을 스스로 강구할 필요가 있다. 먼저, 시민과 행정이 연계하고, 사람들이 안심·안전·안정을 실감할 수 있는 복지계획이나 도시계획을 책정하고, 실행하는 것이다. 더욱이 글로벌 경제에 흔들리는 일 없이 지역밀착형 경제를 응원하는 것도 급선무이다.

구체적인 대안의 하나는 이제까지 중앙정부나 지자체, 특수법인, 공익법인 등의 '관'이 독점해 온 공공사업이나 공공 서비스를 NPO 법인이나 협동조합이라는 비영리조직 NPO[1], 자원봉사자, 기업 등의 '민간'에게 해방시키는 것이다. 이때 '시민사업'을 우선한다. 시민사업이란 '지역시민이 구성하는 비영리조직 NPO가 지역에의 공헌을 목적으로 하는 사업'이다. 시민사업은 민간 주도, 혹은 지자체와의 협력에 따라 행해지는 비영리사업이며, 중앙정부 주도의 공공사업을 하청받는 것이 아니다. 이 점에서 종래의 민영화론과는 분리하고 있다. 공공 서비스에 민간사업을 우선적으로 참여시키는 것으로 안심하고 살 수 있는 도시를 저렴한 비용으로 만들 수 있다. 동시에 지역경제가 활성화하고, 시민참여형 마을만들기가 추진된다.

지방분권은 시민참여형 마을만들기를 추진하기 위한 조건정비이다. 정부로부터 권한이나 재원을 이양받는 것과 함께 지자체 자신의 노력도 요구된다. 전체적인 행정과정 'Plan(책정) → Do(집행) → See(평가)'에 시민참여를 보장하고, 행·재정개혁을 추진하는 과정에서 '시민의, 시민에 의한, 시민을 위한 정부'가 만들어져 간다.

본고에서는 건강한 시민사업의 현황을 검증하고, 문제해결형 사업의 의의를 생각하여 앞으로의 발전에 필요한 여러 제도에 대해 제안해 보고자 한다.

---

1) '비배당의 원칙', 즉 활동에 의해 생겨난 이익을 설립자나 출자자, 이사나 회원에게 분배하지 않고, 그 전부를 목적으로 하고 있는 활동에 재투자하는 것을 서약하는 민간법인(단, 전속 스태프의 급여는 필요경비로서 인정된다).

건강한 시민사업

산업 공동화(空洞化)와 실업의 시대에 시민사업이 급성장하고 있다. 그 하나는 NPO 법인이다. 한신·아와지 대지진을 계기로 자원봉사 등의 시민활동이 사회적으로 평가받고, 1998년 특정비영리활동촉진법(통칭 NPO 법)이 시민안을 바탕으로 하여 의원 입법으로 만들어졌다. NPO 법은 12개 분야에서 비영리 공익활동[2]을 하는 민간조직에, 내각부나 도도부현의 인증방식에 따라 법인격을 부여한다. 2003년 2월 현재 9,329개의 NPO 법인이 등록되어 있다. '보건·의료 또는 복지의 증진', '사회교육의 추진', '마을만들기의 추진', '문화, 예술 또는 스포츠의 진흥', '환경의 보전'이라는 공공성이 높은 활동이 전체의 85% 가까이 차지하고 있다. 한편, 회비나 조성금에 의존하고 있는 단체가 많아 구미의 비영리조직 NPO에 비해 대개 재정기반이 약하다고 되어 있다.[3]

보다 사업성이 높은 것이 '일자리 만들기' 협동조합이다. 아직 법제화되어 있지 않지만, '워커즈 콜렉티브'(worker's collective)나 '워커즈 코프'(worker's coop)라고 자칭하며 최근 20년 동안 각지에서 늘어나고 있다. 지역주민이 자금을 서로 출자하여 회사를 세우고 협동해서 일하며 경영을 한다. 비영리 지역공헌사업, 1인 1표제의 민주적 경영, 노사관계가 없는, 플렉스 타임(flex time)이나 워크셰어링(work sharing)에 따른 자유로운 업무방식 등이 특징이다.

워커즈 콜렉티브는 1980년대에 가나가와현(神奈川縣)에서 시작되었다. 생활협동조합인 생활클럽의 조합원이 미국 서해안의 시민활동

2) NPO 법에서는 '불특정 다수의 이익에 이바지하는 활동'이라고 정의되었다.
3) 『2000년도(平成 12) 국민생활백서』(経済企劃庁(현 内閣府) 발행) 참조.

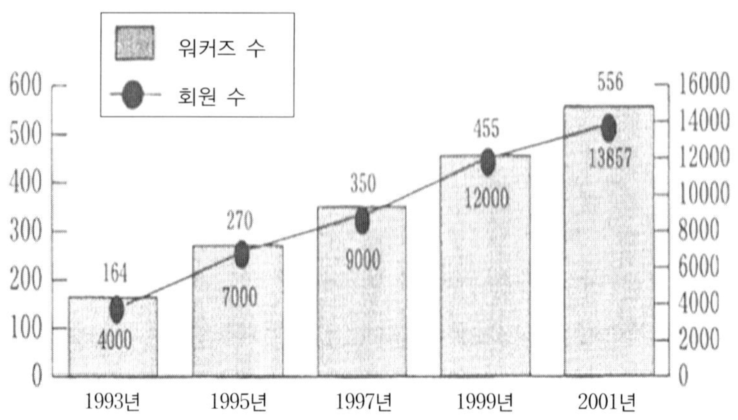

그림 1. 전국 워커즈 수의 추이(출전 : WNJ)

에서 배웠다. 당초에는 생활협동조합 업무의 위탁사업이었지만, 주부활동의 경험을 살려, 가사를 도와주거나 보육, 무첨가 빵·채소·주문생산 도시락의 제조·판매, 리사이클 숍 등 다양한 업종으로 창업하기 시작했다. 각지의 생활협동조합 등을 바탕으로 전국에 퍼져, 2001년도 실적을 보면 구성원 수 15,000명, 단체 수 556개, 총사업액 95억 엔이 되었다. 그 반수는 구성원 수 20명 이하, 연간사업액 2,000만 엔대이지만, 1990년대에 구성원 수, 단체 수 모두 3배 이상으로 급증하고, 총사업액이 전년도 대비 30%의 높은 신장률을 보였다.

워커즈 코프는 도산이나 구조조정(리스트럭처링)으로 실직한 중노년 노동자를 중심으로 간사이 지방(關西 地方)에서 시작되었다. 업종은 공원관리나 녹화 등의 행정위탁사업과 복지 서비스가 반을 차지하며, 병원 등의 빌딩관리, 물류, 판매, 건축·토목, 리사이클 등이다. 구성원수 3만 명, 총사업액 약 192억 엔에 이르며, 이쪽도 전년도 대비 12%의 신장률을 보여주었다.

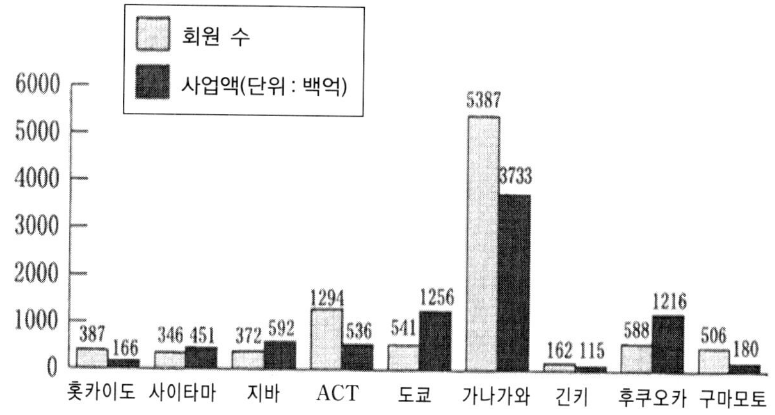

그림 2. 전국 구성단체별 회원수와 사업액(출전 : WNJ, 2000년도)

워커즈 콜렉티브/코프는 경제규모로서는 아직 소수파이지만, 양쪽 모두 착실히 성장하고 있는 점이 주목된다. 개업 수보다도 폐업 수가 상회하는 불황 속에서 잇달아 개업하고, 폐업은 거의 없다. 그 비결은 다음과 같은 데에 있다. ① 실업자, 주부, 장애자, 고령자가 지역에서 활동할 곳이나 비즈니스 기회를 찾고 있다. ② 다양한 서비스에 대한 수요, 즉 시장이 지역에 있다. ③ 서비스업은 막대한 개업자금이나 설비투자를 필요로 하지 않는다. ④ 지역에 공헌하는 사업은 보람이 있다. ⑤ 연합회 조직에 의해 정보나 경영기술을 교환하고 느슨하게 연계하고 있다.

문제해결형 시민사업

다양한 시민사업이 정착한 지역은 한마디로 말해 살기 좋다. 시민이 불안하게 느끼고 있는 사회문제를 해결하고, 지역에 공헌하는 것이 시민사업의 목적이기 때문에, 그 서비스나 재료에 안심, 인간다움, 여유 등이 부가가치로 따라오기 때문이다.

워커즈 콜렉티브의 업종별 단체수를 보면, 복지, 음식의 안전(생활 협동조합 업무를 포함), 환경에 관한 것으로 전체의 97%를 차지하고 있다. 구체적 사업을 살펴보자.

자기 집에서 계속해서 살고 싶다

남녀 취업이 진전하고 있는 저출산 고령시회에서는 개호(케어)나 보육이라는 복지 서비스 사업이 지역경제의 기둥이 된다. 유아에서 노인, 병자, 장애자, 임산부, 혼자 생활, 한쪽 부모만 있는 가정 등 누구나가 자기답게 생활할 수 있는 노멀라이제이션(normalization : 정상화) 지역으로 만들기 위해서는 충분한 도움과 복지 서비스가 필요하다.

행정 서비스에는 질, 양 모두 한계가 있다. 공적 개호보험조차 고령자 전체의 10~15%를 대상으로 하는 데 지나지 않는다. 기타 약 5%가 지자체 독자의 서비스를 받고 있다. 그러나 약 30%는 어느 정도의 지원이 있으면 집에서 자립하여 살 수 있는 상태에 있으면서도 행정 서비스의 대상에서 제외되어 있다.

이러한 시민수요를 채우는 서비스는 '커뮤니티 옵티멈'(지역복지의 최적 조건)이라고 총칭된다. 비영리조직, 기업, 자원봉사, 이웃 등이 유상·무상으로 떠맡는다. 이러한 떠맡는 사람과 서비스 메뉴가 많을수록 누구나가 안심하고 집에서 생활할 수 있는 것이다.

워커즈 콜렉티브는 공적 개호보험과 커뮤니티 옵티멈의 양쪽 모두를 떠맡고 있다.[4] 가사·개호의 방문 서비스뿐만이 아니라, 개호보험에는 포함되지 않은 식사배달, 이동 서비스[5]), 데이케어(Day care),

건강지원, 산후 모자에 대한 케어, 보육 등도 행한다. 연령이나 소득으로 제한하는 것이 아니라, 커뮤니티 가격[6]으로 지역 주민들의 재택생활을 지원하고 있다.

지자체가 식사배달, 이동 등의 서비스, 특별 양로노인 홈·데이 서비스센터·그룹 홈의 운영을 워커즈에 위탁하는 예도 늘어났다. 가나가와현(神奈川縣) 워커즈의 2000년도 실적에서는 커뮤니티 옵티멈의 자주사업이 22만 시간, 개호보험을 포함한 행정에서의 위탁이 20만 시간이었다.

보육 서비스의 수요도 많다. 보육시설 부족으로 전국에 2만 5천 명의 대기아동이 있다. 지자체가 시설을 만들고 민간이 운영하는 공설민영화(公設民營化)가 추진되고 있다. 도쿄도 스기나미구(東京都 杉並區)에 있는 '보육실 모모'는 그 하나이다. 보육사나 전직 교사였던 사람들에 의한 워커즈가 구(區)의 소규모 보육실(정원 15명)의 운영을 위탁받았다. 구는 워커즈와 1년마다 위탁계약을 하며, 보육시설, 비품관리, 광열비를 부담한다. 위탁료는 양자간에 협의하여 기본 월액 50만 엔에 아동 1인당 3만 5천 엔이 가산되어 있다. 구립 보육원에 비해 경비는 훨씬 저렴하다. 구는 워커즈와의 대화와 연수서포트 등을 통해 대등한 협력관계에 노력하고 있다. 워커즈는 0세 유아에서 두 살짜리 아동을 2인당 1명의 비율로 담당하고 있으며 어린이의 페이스에 맞춘 세세한 보육으로 호평을 얻고 있다.

---

4) 2002년 8월 현재, 공적 개호보험의 방문개호사업 지정사업자는 53%가 비영리조직 NPO(농협·생활협동조합·사회복지법인·공익법인·의료법인·NPO 법인 등)이며, 45%가 기업이다.

5) 수요에 공급이 따라가지 못한다. 국토교통성은 비영리의 이동 서비스 사업에 도로운송법의 예외규정을 적용하여 '복지택시'로서 실비요금을 인정하는 방침이다.

6) 입회가 원칙이다. 1,000엔~10,000엔의 입회비와 연회비가 필요하다. 이용요금의 예 : 가사 케어 840~1,050엔/시간(시간외 20~50% 할증), 식사 서비스 500~950엔/1식, 이동 서비스 900~1,500엔/시간, 데이 서비스 5,000엔 전후/일 등.

복지 서비스의 비용을 비교하면, 대략적으로 민간기업은 행정의 1/2, NPO는 1/4에서 1/5이다.[7] 공적 복지 서비스를 NPO나 워커즈에 위탁하는 것으로 행정비용이 대폭적으로 삭감될 수 있다. 한편, 시민사업의 경영도 안정되어 커뮤니티 옵티멈도 풍부해진다. 복지행정의 파트너로서 이들 단체의 위상을 정립하고, 지원하는 시책도 필요하다. 지방세의 감면, 입찰의 우선권, 대등한 위탁계약 등을 생각할 수 있다. 지역복지계획의 재검토라는 책정이나 평가에의 참여도 중요하다. 단순히 행정의 하청이 되지 않도록 애드보커시(advocacy : 정책제언)나 민주도의 실천을 중시한 협동사업이 도쿄도나 가나가와현에서 시작되었다.[8]

음식의 안전과 환경을 지키고 싶다

생명의 양식인 음식이 일찍이 없었을 정도로 오염되어 '음식의 안전'이 위협받고 있다. 이러한 불안에 부응하여, 안전한 식품을 제공하는 워커즈도 많다. 무첨가·무농약의 유기식재를 사용한 빵집, 채소·주문생산 도시락집, 레스토랑, 식사의 배달사업, 생활협동조합 업무의 수탁 등이다. 고등학교나 중학교에서 도시락이나 빵의 판매를 위탁하는 예도 늘고 있다. 지역 상점가 사람들과 학교급식을 담당하는 워커즈도 있다.

---

7) 地方自治経営学会, 1997년 조사. 졸고 「ワーカーズ·コレクティブが支える地域の福祉力 — 神奈川県」, 五十嵐敬喜+立法学ゼミ, 『破綻と再生 — 自治体財政どうするか』(日本評論社, 1999), p. 243 참조.

8) 도쿄도는 '社会貢献団体との協働の指針'(2001년 8월)이란 매뉴얼을 작성하여 비영리조직과의 사업협력을 추진하고, 2001년도 135개 협동사업을 행했다. 가나가와현은 'かながわボランタリー活動推進指針'(2001년 3월)과 'かながわボランタリー活動推進基金21'(기금액 105억 엔)을 만들었다. 현 내 NPO를 공모하여 현과의 협력사업에 1,000만 엔, 독자사업에 200만 엔을 상한으로 보조하고 있다. 외국 국적 여성의 가정 내 폭력(DV) 피난처, 대인기피 환자나 범죄 피해자에 대한 지원, 동산보전 등 시민 주도로 지속되어 온 사업에 현이 협력하고 있다.

음식관계 워커즈는 환경보호에도 배려하고 있다. 농약이나 화학비료를 사용하지 않는 식재의 생산은 흙, 물, 공기라는 환경보호와도 이어진다. 일회용 용기나 젓가락은 사용하지 않는다. 세정에는 합성세제가 아니라 비누를 사용한다.

식당이나 가정의 폐식용유를 리사이클하는 워커즈도 있다. 지바현(千葉縣)에서는 일본에서 가장 더럽다는 데가누마(手賀沼) 호수나 인반누마(印旛沼) 호수를 어떻게든 해결하자고 10년 동안 2개의 비누공장을 만들었다.

재활용품 가게는 자원·에너지 낭비나 쓰레기 문제의 해결, 더 나아가서는 상점가의 활성화에 일조했다. 연금으로 생활하는 노인부터 젊은이까지 누구나가 마음 편히 쇼핑을 하고 즐겁게 대화를 나눌 수 있는 장소인 것이다. 'WE 21 JAPAN'[9]은 가나가와현 내에 45개 점포를 갖고 있으며, 매상의 일부를 아시아 여성의 자립프로그램에 기부하고 있다.

가와사키시(川崎市)의 '에코텍'은 태양열판을 설계, 관리하는 워커즈 코프이다. 10년 전 대규모 전기회사 사원경력을 가진 7명이 시작했다. 연간 거래액은 2억 엔이다. 태양열 발전은 무한하며, 무해한 에너지원이다. 지붕이나 옥상을 활용할 수 있는 태양열판 시장은 대단히 넓다.

삼림조합이나 농협에서 식림이나 농작업을, 지자체에서 도시공원이나 녹지의 관리업무를 위탁받고 있는 워커즈 코프나 NPO 법인도 많다. 이러한 것들도 녹음을 지키는 중요한 환경사업이다.

9) WE는 Women's Empowerment의 약자. 여성의 능력이나 권력을 높이자는 뜻.

공(共) 섹터를 떠맡은 시민사업

문제해결형 시민사업이 활발한 것은, 1980년대부터의 세계적인 경향이다. 사회주의 국가나 복지국가는 재정적으로 한계에 봉착하고, 글로벌 자본주의는 환경파괴나 실업을 초래했다. 이와 같은 정부와 시장의 실패를 보완하기 위해 시민이 일으킨 비영리조직 NPO는 새로운 사회·경제 섹터를 형성하기까지 성장했다. 공(公 : 정부)·공(共 : 비영리조직), 사(私 : 기업)이라는 세 가지 섹터의 균형이 잡힌 사회가 공정하고 지속 가능한 사회라고 한다.

세계적으로 보아도 일본의 NPO는 후발주자이며, 대체적으로 점유율도 작다. 존스 홉킨스 대학의 비영리 섹터 국제비교 프로젝트(1999년)가 주요 22개국의 GDP 대비 NPO 경상수지 비율을 뽑아냈다. 그 결과 네덜란드 15.3%, 이스라엘 12.6%, 미국 6.9%, 일본은 4.5%로 9위[10]였다. 비농업 총취업자에 차지하는 고용비율은 네덜란드 기타가 10% 이상, 미국은 7.8%, 일본은 3.5%로 12위에 머물렀다.

같은 프로젝트는 NPO를 다음과 같이 정의하고 있다. ① 정식으로 조직되어 있을 것(법인격을 갖는다), ② 민간이어야 할 것(정부로부터의 독립), ③ 이익배분을 하지 않을 것, ④ 자기 통치, 자발적이어야 할 것[11]이다. 일본의 NPO 중에는 이들 4개 조건을 완전히 채우고 있지 못한 것도 있다. 예를 들면, 워커즈 콜렉티브/코프는 아직 법제화되어 있지 않다. 또 일부 공익법인과 같이 정부로부터 완전히 독립되어 있지 않은 것도 존재한다.

10) 1995년 수치를 바탕으로 하여, 여기에 종교법인은 포함시키지 않았으며, 자원봉사의 유상평가는 하지 않고 산출해 냈다.

11) 1990년 제1단계 조사에서는 포함되어 있지 않았던 공제조직 등을 1999년 제2단계 조사에서는 포함시켜 NPO를 보다 넓게 정의하고 있다.

구미에서 NPO가 널리 보급되어 다양한 분야에서 활약하고 있는 배경에는 정비된 법제나 세제혜택 및 민주주의의 전통이라는 사회 환경이 존재하고 있다. 일본의 NPO가 공(共) 섹터로서 더욱 발전하기 위해서는 충분한 환경정비가 필요하다.

시민사업을 받쳐 주는 여러 제도의 제안

현재 일본의 법제나 세제는 이제까지의 관치형(官治型) 사회를 유지시키는 구조를 남기고 있으며, 비영리 섹터가 발전할 때의 장애가 되지 않을 수 없다. 비영리조직 NPO와 그 시민사업을 지탱하는 새로운 구조를 생각해 보자.

먼저 민법[12]을 개정하여 민간법인을 영리법인과 비영리법인으로 대별한다. 비영리법인의 정의에는 존스 홉킨스 대학에서 내린 국제적인 정의의 4개 조건을 적용시키고, 설립은 준칙주의로 한다.

현행 민법은 민간법인에 대해서 다음과 같이 규정하고 분류하고 있다. 제33조 "법인은 민법 기타 법률에 따르지 않으면 성립할 수 없다", 제34조 공익법인, 제35조 영리법인이 그것이다. 민법이 실제로 소관하는 것은 공익법인(재단법인과 사단법인)뿐이며, 영리법인은 상법과 유한회사법이, 기타 민간법인은 의료법인법·학교법인법·사회복지법인법·각종 협동조합법·NPO 법·중간법인법(초나이카이 <町內會>나 동창회) 등 100개 이상이나 되는 개별법이 소관하고 있다. NPO 법 제정시 제34조 공익법인을 제35조 영리법인의 대립개

12) 일본의 민법은 일상 시민생활을 규율하는 1,044개 조문으로 된 기본법이다. 1893년(明治 31)에 시행되었다. 전후, 가족제도 부분이 크게 개정되었으며, 1948년(昭和 23)에 이것이 시행된 이래 큰 개정은 이루어지지 않았다.

념인 비영리법인으로 대치하는 것이 시민단체나 연구자들에 의해 주장되었다. 그러나 NPO 법은 개별법으로서 제정되고, 민법 개정은 숙제로 남겨졌다.

영리법인은 준칙주의로 자유로이 설립할 수 있는 데에 비해, 공익법인과 기타 민간법인은 설립에 관청의 인허가나 인증이 필요하기 때문에 이를 주관하는 관청의 재량이 미친다. 공익법인의 약 30% 이상은 지자체나 정부의 출자에 따라 만들어지고, 보조금, 공공사업, 세제우대[13]라는 특권으로 비대화하고 특수법인과 같이 행정의 하청기관으로서 관치형 사회의 일익을 담당해 왔다. 이것은 '민간이어야 할 것(정부로부터의 독립), 자기 통치·자발적이어야 할 것'이라는 NPO 정의에서 벗어나 있다. 현재, 내각부의 행정개혁추진사무국이 공익법인제도의 재검토를 추진하고 있으며, 민법개정은 중요한 검토사항으로 되어 있다.

NPO는 시민의 창의적인 연구로 발전한다. 1998년 제정 당초부터 활동 분야를 12개로 한정하고 있던 것을 비롯해 현행 NPO 법의 문제점이 지적되고 있었다. NPO의 목소리에 부응하여 2002년 12월, 당파를 떠나 NPO 의원연맹의 제안으로 NPO 법이 개정되었다. 새로운 5개 분야의 추가, 인증신청 서류의 간소화, 과세의 특례, 폭력단 배제의 강화, 예산 준칙규정의 삭제 등이 주요한 개정점이다.

NPO 지원세제도 동시에 개정되었다. 2001년 시행의 NPO 지원세제는 기부자(개인·단체)의 소득에서 기부금액을 공제하는 것으로 인정 NPO에 기부가 모이기 쉽게 하는 것을 목적으로 하고 있었다. 그러나 인정 NPO의 요건이 너무 엄격하기 때문에, 시행한 지 1년이

13) 원칙적으로 비과세, 33개 업종의 수익사업은 22% 경감세율, 수익사업 수입의 20%는 손금처리.

지나도 10개 단체(전체의 0.1%)밖에 인정받지 못했다. 이번 개정으로 인정 요건이 다소 완화되어, 유사인정 기부금제도도 신설되었는데 대상이 되는 NPO는 5%에도 미치지 않을 예측이다.

민법에 일관성이 없는 것과 마찬가지로, 현행 세제는 공평성을 결여하고 있다. 같은 비영리조직이면서 공익법인이나 사회복지법인 등은 대우를 받지만, NPO 법인이나 워커즈는 영리법인과 같은 세율로 사업수입에 과세되고 있다. 내각부는 공익법인, NPO 법인, 중간법인을 2005년까지 일원화할 것을 검토 중이다. 정부의 세제조사회와 충분히 협의하여 '영리, 비영리, 사업의 공공성, 법인의 담세능력 등에 따른 공정한 세제도'의 확립도 촉진해야 한다.[14)]

재정기반이 약한 NPO에 대한 조성[15)]이나 소액융자제도 등도 필요하다.

NPO가 중앙정부나 지자체로부터의 자주독립을 지킬 수 있도록 정부 입안에의 참가, 공정한 사업위탁계약, 회계나 사업내용에 대한 정보 공개, 낙하산 인사의 금지, 제3자 기관에 의한 감사 등의 구조도 시민참여로 만들었으면 한다.

'시민의 정부'가 지역경제의 활로

본고에서는 NPO의 시민사업이, 안심하고 살 수 있는 마을만들기, 지역경제의 활성화, 지자체의 행·재정 개혁 등에서 하고 있는 역할

14) 구미의 NPO 세제우대는 참고가 된다. 헝가리에서는 세금의 1%를 NPO에 기부할 수 있다.

15) 영국의 블레어 정권은 NPO와 정부의 연계를 방침화하여, National Lottery Fund (국영복권기금, 1999년 721억 엔)나 포괄적 도시재생예산(2001년도 1,500억원)으로 NPO를 조싱하고 있다.

을 소개하고, 그 발전을 위한 여러 제도를 제안했다.

지방분권이 추진되더라도, 지방정부가 관치형 중앙정부의 축소판이 되는 것으로는 의미가 없다. '시민의 정부'가 지방분권의 궁극적인 목적이다. 자기다운 생활이나 자기다운 지역은행정이나 기업에 맡겨서는 얻을 수 없다. 시민 스스로가 행정과정 'Plan(책정) → Do(집행) → See(평가)'에 참여하여 만들어 내야 하는 것이다. 귀찮은 일이기는 하나 민주주의란 그러한 것이다.

NPO의 시민사업은 한 가지 견인차 역할을 한다. 지지체나 경제가 중앙 주도의 공공사업이나 보조금에 의존해 온 결과, 일본은 700조 엔이나 되는 빚더미 대국이 되고 말았다. 게다가 디플레이션 경제와 역피라미드의 인구 구조로는 고부담·고복지는 바랄 수도 없다. 필요한 서비스를 시민의 창의력과 연구로 사업화함으로써 지역도 지역경제도 활기 있게 된다. 마을만들기의 주체로서 행동하기 시작한 시민사업을 응원하는 각종 제도의 창출은 '시민의 정부'를 만드는 일환이자, 지방분권을 받치는 하나의 기둥이 되지 않으면 안 된다.

〈참고문헌〉

ワーカーズ・コレクティブ生活工房まちまち, 『第五回ワーカーズ・コレクティブ全国会議記録集』, 第五回ワーカーズ・コレクティブ全国会議実行委員会, 2002.
石見尚, 『第四世代の協働組合論 — 理論と方法』, 論創社, 2002.
五十嵐敬喜＋立法学ゼミ, 『破綻と再生 — 自治体財政をどうするか』, 日本評論社, 1999.
内山直人編, 『NPOデータブック』, 有斐閣, 1999.
齋藤明子監修, 『まちづくりNPOの資金・活動・事業 — イギリス・日本の事例と提案』, 市民活動法人 東京ランポ, 2002.
北沢栄, 『公益法人 — 隠された官の聖域(岩波新書726)』, 岩波書店, 2001.

생명과 삶

[방재]

대규모 지진에 대한 새로운 전략

이타바시구 총무부 방재과장
가기야 하지메(鍵屋 一)

밀어닥치는 대지진의 위기

지진예지연락회(地震予知連絡會 : 국토교통성 국토지리원장의 사적 자문기관)은 1970년에 1곳의 관측강화지역과 8곳의 특정관측지역을 지정했다. 그 후 1978년에 관측강화지역을 2곳으로 하여 특정관측지역 8곳과 함께 10곳으로 늘려 지정했다.

그 가운데 이미 7곳에서 매그니튜드 6.8 이상의 대지진이 발생했다. 나머지는 가장 위험시되어 처음부터 관측강화지역으로 지정된 남부 간토(關東) 지방, 매그니튜드 8 정도의 대형 지진이 예상되는 도카이(東海), 그리고 니가타현(新潟縣) 남서부 및 나가노현(長野縣) 북부[1])이다.

남부 간토 지방에는 1923년의 간토대지진(關東大震災) 이후 79년간 대형 지진은 발생하고 있지 않다. 그러나 중앙방재회의는 1992년에 '남부 간토 지역 직하의 대지진'의 긴박성을 지적하고, 지진방재대책을 서두를 필요가 있다는 보고서를 제출했다. 그 내용은 장차 남부 간토 지역 직하를 진원으로 하는 매그니튜드 7 정도의 지진 발생의 긴박성이 높으며, 앞으로 100년에서 200년 사이에 매그니튜드 7 정도의 직하지진이 여러 차례 발생한다는 것이다. 그 피해에 대해서는 도쿄 직하지진의 경우 다음과 같이 상상해 볼 수 있다.[2])

① 건물 피해는 완전파괴 및 부분파괴 약 14만 3,000채

1) 단, 지정하기 전인 1964년 6월에 매그니튜드 7.5의 니가타 지진이 있었다.
2) "東京における直下地震の被害想定に関する調査報告書"(1997, 東京都防災会議)

② 소실 면적은 $96km^3$, 소실 건물수는 38만 채. 특히 환상형의 7호선 연선, 중앙선 연선의 이른바 목조주택 밀집지역에서 대규모적인 화재피해가 발생

③ 라이프 라인은 단수 33만 호(재난 발생 4일 후), 정전 115만 호, 가스 공급 정지 132만 호

④ 인적 피해는 사망자 7,159명, 부상자 158,032명, 귀가곤란자 371만 명

더욱이 매그니튜드 8 정도의 대규모 지진이 예상되는 것은 도카이(東海) 지진이다. 과거의 역사기록을 보면, 도카이 지진은 100년에서 150년에 한 번 반복적으로 발생하고 있다. 마지막으로 발생한 도카이 지진이 1854년이므로, 이미 148년이 지났으므로 언제 발생해도 이상하지 않은 것이다.

방재 마케팅

문제는 이러한 위기가 시민에게 전해져 있지 않다는 것이다. 뿐만 아니라 지자체 내부에도 침투되어 있지 않다. 이 때문에 대지진에 대한 피해 경감 대책은 좀처럼 진전이 없다.

예를 들면, 지진피해를 결정적으로 축소하는 건축물의 내진보강(耐震補強)에 대해서는 공공시설로서 피난소로도 활용되는 초·중학교에서조차, 반수 이상이 내진 진단도 하고 있지 않다.[3] 다가올 대규모 지진으로부터 시민을 지키기 위해서는 먼저 위기라는 것을 분명히 밝히는 데서 시작해야 한다.

---

3) 문부과학성의 추계로는 공립 초·중학교 133,633개교 가운데 57,208개교(약 43%)는 내진성이 없다고 추정되고 있다. 그것도 1980년 이후의 건물은 모두 내진성이 있다고 가정하고 있는 이야기이다. 게다가 1979년 이전의 기존 부적격건물 86,487개교 가운데 60,738개교가 내진 진단조차 하고 있지 않다.

그림 1. 관측강화지역 및 특정관측지역 일람도(1978년 8월 21일 지정)

개인단위의 정보를 전한다

도쿄 직하지진으로 7,000명이 사망하고, 16만 명이 중경상을 입는다고 해도, 그 숫자에 자신이나 가족을 넣고 싶지는 않을 것이다. 14만 채가 완전파괴 혹은 부분파괴되고, 38만 채가 소실된다고 해도, 집을 잃고 허탈해하는 자신의 모습을 상상하려는 사람은 적을 것이다. 사람은 커다란 숫자를 직감으로 이해하는 것은 어렵다. 지금과 같은 막연한 지자체나 지역단위의 위험도로는 시민에게 위기감은 전달되지 않는다.

시민이 위기를 인식하고, 스스로 행동하기 위해서는 대지진 발생 시에 자신의 생명이, 집이 어느 정도 위험한지를 생생하게 상상할 수 있어야 하는 것이다. 예를 들면, 구(區) 지역에 있어서의 목조주택 밀집지역은 3채 중 한 채가 전체 파괴되거나 소실된다고 하는 식으로 구체적으로 상황을 알려주는 노력이 필요하다. 더욱이 시민 한 사람 한 사람의 가옥이 어느 정도 위험한지를 분명히 해서 이를 시민에게 전하는 것이 중요하다. 그것이 시민이 찾고 있는 정보이다.

당신의 집은 안전한가? — 긴급 정보 공개

일반적으로 오래된 건물은 지진에 약하다. 이를 한신·아와지 대지진의 데이터로 나타내면 <표 1>과 같다.

요코하마시(横浜市)에서는 간토대지진 규모의 지진이 발생했을 경우의 거의 정확한 흔들림을 50미터 구획마다 예측하고, 지진 맵으로 공표했다.[4] 도쿄가스에도 똑같은 시스템이 있다.[5] 이러한 예측과 주택의 건축연수, 구조를 조합하면, 특별한 조사를 하지 않아도 개인 주택의 일반적인 위험도를 계산할 수 있다. 즉, 시민 한 사람 한 사람에게 주택의 위험도를 알릴 수 있는 것이다.

---

4) 요코하마시는 수 킬로미터 깊이의 지하구조를 조사하고, 150개 관측점을 가진 고밀도 강진계 네트워크와 요코하마시 리얼타임 지진방재 시스템을 이용하여 진도를 아주 정밀하게 추정했다. 50미터 구획마다의 세세한 진도예측도로 정리하여 이를 '요코하마시 지진 맵'으로 공표했다.

5) 도쿄가스가 독자적으로 개발한 슈프림이라는 시스템으로는 영업지역에 2,000개소 이상의 고기능 지진 센서를 설치하고, 실시간으로 지진의 흔들림을 감지할 수 있다. 더욱이 임의의 진원, 매그니튜드를 설정하여, 지진발생의 시뮬레이션도 가능하다. 이때 50미터 구획에서 진도 6이상, 6이하, 5이상 등 흔들림의 크기가 예측된다.

표 1. 도쿄도의 피해 예상 방법

가속도(gal)	연대(~1960)			연대(1961~1980)			연대(1981~)		
	완전파괴율	부분파괴율	일부파손	완전파괴율	부분파괴율	일부파손	완전파괴율	부분파괴율	일부파손
100	0.00	0.00	0.00	0.00	0.00	0.00	0.00	0.00	0.00
200	0.07	0.21	0.56	0.04	0.12	0.32	0.01	0.03	0.08
300	1.00	3.00	8.00	0.67	2.01	5.36	0.18	0.54	1.44
400	5.01	15.03	40.08	3.33	9.99	26.64	0.90	2.70	7.20
500	13.36	40.08	46.56	8.88	26.64	64.48	2.40	7.20	19.20

예를 들면 자신이 살고 있는 가옥의 위험도가 높다는 것을 알면, 내진 보강을 하고자 하게 된다. 그와 같은 주택이 밀집한 지역에서는 마을만들기를 하고자 하는 움직임이 나오게 된다. 자신의 위기를 알게 된 시민은 자주적인 방재활동을 활성화함으로써, 행정에 대해 위기관리 태세의 내실화를 요구하게 된다.

방재마케팅으로 개별적 서비스를

피해 예측이 개인에게까지 구체화되어, 이를 시민이 이해하게 됨으로써 시민과 지자체가 해야 할 목표는 분명해진다. 그리고 내진 대책은 강력한 추진력을 얻게 된다.

흔들림이 큰 지역에서 낡은 주택에 살고 있는 사람에게는 방재훈련보다 내진보강이 중요하다. 몸이 불편하여 집에서 누워 있는 고령자에게는 재해시에 자원봉사자가 지원하는 체계가 필요하다. 아기가 있는 가정에서는 우유나 기저귀를 많이 준비해야 하는 것도 빼놓을 수 없다.

시민에게 있어서 가장 필요한 지진대책은 각각에 있어 다른 것이며, 이에 대응하는 오더 메이드 방식의 방재대책이 요구된다. 지자체는 시민에게 방재라는 상품을 갖추도록 하기 위해, 일반적인 방재훈련이나 계발을 할 뿐만 아니라, 시민 한 사람 한 사람에게 위험도와 방재대책을 알려주는 세세한 마케팅전략을 세워야 하는 것이다.

내진보강이 생명을 지킨다

한신·아와지 대지진에서 지진 직후에 생명을 잃은 5,502명 중 85%는 목조가옥 등의 건물이나 가구에 의한 압사·질식사이다. 이 사망자 수는 아무리 방재훈련을 해도 줄지 않는다. 가옥을 내진보강하든지 새로 집을 짓든지 해서 '깔리지 않도록 하는' 것 외에 도리가 없기 때문이다.

진전 없는 주택의 내진화(耐震化)

주택의 내진화에 가장 열심히 대처하고 있는 요코하마시는 내진진단이 무료, 내진보강 공사에 비용의 1/3, 상한 200만 엔의 보조제도를 두고 있다(소득이 낮으면 단계적으로 보조금은 증액되어 최고 비용의 9/10, 540만 엔이 보조된다). 진단을 받은 주택은 2002년 9월 말까지 10,881건이다. 이 가운데 무너질 위험이 있는 것이 4,032건(37%), 다소 위험이 있는 것이 3,903건(36%)이었다. 이만큼 두터운 보조를 해도 실제로 개수된 것은 불과 187건이다. 그 최대의 원인은 비용으로 평균 약 510만 엔에 달하고 있다. 보조금을 빼도, 약 290만 엔이 자기 부담이 된다.

이제까지 건물의 내진보강은 시민의 자조노력에 의해야 하는 것으로 그 조성은 사유재산에 대한 지원이라고 하는 비판조차 있었다.

그러나 그것은 대지진의 건물피해로 다수의 사망자가 나와도 상관없다고 말하고 있는 것과 다를 바 없다. 이 문제를 시민의 자조노력이 부족한 탓으로 밀고 가도 아무런 해결도 되지 않는 것이다.

간이내진보강(簡易耐震補强)을 공공사업으로

지진국가 일본의 내진보강은 생명을 지킨다고 하는 점에서 의료와 똑같은 사회 인프라가 아닐까? 따라서 가난하더라도 가옥의 내진보강을 할 수 있도록 소득이 적은 사람에게는 전액 공비(公費)로 하고, 소득이 많은 사람에게 일부 부담을 요구하는 것이 바람직하다. 즉 공공사업으로서 대응하는 것이 필요하다고 생각된다.

물론 지자체에 예산의 제약은 있지만, 집을 완전히 지키는 것이 아니라 인명을 지키기 위해서라고 생각하면, 간이내진공법(簡易耐震工法)으로도 충분히 대응할 수 있다.

현실적으로 목조주택 한 채당 50만 엔에서 80만 엔 정도의 간이보강공법이 많은 사업자들로부터 제안되고 있다. 이들 공법 가운데 공적 기관이 1981년의 새로운 내진기준(新耐震基準) 이상의 강도가 있는지를 검증하고, 인증하는 것이 우선 중요하다. 이에 따라 내진보강공사의 신뢰성이 높아지고, 그 보급이 활기를 띠게 된다. 공사 후의 확인에 있어서도 최근에는 상시적인 미동의 측정 등에 따라 내진성의 향상도를 과학적으로 검증할 수 있게 되었다.

간단히 경비효과를 검토해 보자. 도쿄의 목조주택은 230만 호 있다. 내진성이 낮은 130만 호를 간이내진보강하는 경비는 총액으로 6,500억 엔에서 1조 엔이다. 5년계획이라면 연간 1,300억 엔에서 2,000억 엔, 그리고 시민에게 반액부담을 요구하면 연간 650억 엔에서 1,000억 엔이다. 이 정책을 추진하지 않고 대지진을 맞이하면,

주택만으로도 최대 6조 8천억 엔의 국비투입이 전망되는 것에[6] 비해, 훨씬 저렴하고 무엇보다도 다수의 인명을 지킬 수 있다.

더욱이 집이 쓰러지지 않으면 화재도 확대되지 않는다. 인간이 살아남아 초기적인 소화작업을 하는 데다가, 도로상에 쓰러진 가옥이 적으므로 소방차가 신속하게 도착할 수 있기 때문이다. 다수의 피난자가 피난소나 공원에 넘쳐나는 일도 없다. 무너진 건물 등에서 나오는 대량의 쓰레기로 환경을 파괴하는 일도 없다. 즉, 주택의 내진보강에 의해 대지진대책의 과반수는 달성하게 된다.

시민의 안전과 안녕을 지키는 것, 미래의 이익을 위해 투자할 것이 현재 요구되고 있다.

지자체는 시민의 자조(自助)·공조(共助)를 서포트한다

시민은 원래 위기를 관리하는 권리와 의무를 갖는다. 그리고 재해시에 지자체가 강제적으로 실시할 수 있는 조치는 극히 제한되어 있다. 따라서 지자체의 주요 역할은 시민이 스스로 위기 대응능력을 높일 수 있도록 서포트하는 것이다.[7] 사실 한신·아와지 대지진에서는 구출자의 90%[8]는 지역시민에게 구조되었다.

6) 한신·아와지 대지진에서는 완전파괴 주택 한 채당 1,300만 엔이 국비로서 지출되었다(후술하는 片山恒雄, p. 175 참조). 도쿄 직하지진으로는 523,000채가 완전파괴 내지 부분파괴·소실된다고 전망되고 있으며, 국가가 한신·아와지 대지진과 마찬가지의 지출을 하면, 최대 6조 8천억 엔이 된다.

7) 이를 「독일국민보험법」 제1조 제1항에서는, "관청의 조치는 주민의 자조를 돕는다."라고 명확히 규정하고 있다.

8) 고베시에서 구조를 필요로 했던 사람들 중에 약 5%를 소방단, 약 85%를 일반주민이 구출했다는 추계가 있다(村上ひとみ '1995年阪神·淡路大震災における応急救助所要時間の検討' 福井震災50周年 '世界震災都市会議' 開催実行委員会 『21世紀の'国際防災安全都市'をめざして — 福井震災50周年記念事業'世界震災都市会議'予稿集』(福井震災50周年'世界震災都市会議'開催実行委員会, 1998), pp. 130-131.

커뮤니티의 복권

간토대지진의 간다사쿠마초(神田佐久間町)나 한신·아와지 대지진의 나가타구 마노지구(長田區 真野地區)는 큰 화재로부터 시민이 동네를 구한 예로서 잘 알려져 있지만, 모두 평상시부터 커뮤니티 활동이 활발하여, 실로 커뮤니티 연대가 얼마나 중요한지를 보여주었다고 할 수 있겠다.

이 커뮤니티의 연대를 위해, 시민이 평소 얼굴을 마주하는, 인구 1만 명 정도의 초등학교 교구 단위의 커뮤니티로 보편화할 것을 제안하고자 한다. 거기에서는 교육·복지·문화·방재나 마을만들기 등을 논의하면서 그 지역에 적합한 정책을 모색하고, 실시한다. 재해시에 시민이 서로 도울 수 있는 단위로서도 적절하며, 장애인이나 고령자 등 도움이 필요한 사람을 구조하는 데 있어서는 특히 능력을 발휘할 것이다.

이는 1960년대 이후, 북유럽 여러 국가에서 실시되고 정착되어 온 시스템이며, 스웨덴의 커뮤니티는 시민에게 가까운 정책의 결정권을 가지며, 그 사업예산의 총계는 지자체 예산의 50%에 이른다. 그리고 시민의 자기 결정권을 높임과 동시에 자기 책임을 육성하여 시민과 지자체의 자율을 촉진하고 있다.

새로운 네트워크

2002년 11월 전국의 선진적인 방재활동 등에 대해서 의견을 교환하는 '안전·안심 마을만들기' 워크숍이 도쿄의 이타바시구(板橋區)에서 개최되었다. 홋카이도(北海道)에서 규슈(九州)까지 NPO, 상점가, 기업, 학교, 행정 등의 74개 단체, 120명이 참가하여 깊은 교류를 했다. 분과회에서는 '서바이벌을 위한 지혜'나 '방재와 커뮤니티'

등 9개 워크숍이 이루어졌다. 예를 들면 '방재교육'의 분과회에서는 고베시(神戸市)의 히가시 가와사키 방재주니어팀(중학생)이 '미니 펌프 훈련'과 시민구명사 강습회에 참가하여 기능습득에 노력하고 있다고 보고하고 이에 대해서 열띤 논의가 이루어졌다.

이와 같이 전국 각 지역에서 각각 선진적으로 활동하고 있는 시민이 네트워크를 형성하여 더욱 강력한 활동을 전개하고 있다.

그러한 예로써 2002년 8월에 설립된 '도쿄 생명의 포털사이트'(대표 야스이 준이치로(安井潤一郎) 와세다상점회 회장)를 소개해 보자. 이 단체는 지역사회, 상점가, 비영리조직, 민간기업, 대학, 국가와 지자체 직원 등의 광범위한 네트워크력으로 수도권 직하지진 등의 대규모 재해를 대비하고 있다고 한다. 주민참여가 아닌 행정참여의 방재대책을 추진하는 것이다.

구체적으로는 방재정보의 발·수신, 방재에 관한 정보 시스템, 재해피해의 경감, 상호지원, 이재민에 대한 상담, 심신의 케어 등의 사업을 하고, 간이내진보강의 추진에도 힘을 쏟고 있다고 한다. 회원은 이미 200명을 넘어, 계속해서 증가하고 있다. 2002년 12월 25일에는 NPO 법인 신청을 하여 한층 더 비약하기를 도모하고 있다.

자치입법이 위기관리를 강화한다

일본인에게는 타민족과의 항쟁을 반복해 온 서유럽 여러 국가들에 비해, 위기관리의 사상이 결여되어 있다고 한다. 대규모 재해가 일어났을 때에 천벌이 내려졌다고 하는 천벌론이나 운명에는 거스를 수 없다고 하는 운명론이 퍼져 과학적으로 재해를 극복하려는 시도를 저해한다. 여기에 특유의 잘 잊어버리는 성향이 더해진다.

따라서 항상 '재해는 잊고 지낼 때 찾아온다.'

이러한 문화를 바꾸기 위해서 지자체에는 시민의 방재에 관한 의식을 높이고, 방재정책을 계속적·전략적으로 실시하는 것이 요구된다. 그러기 위해서는 자치입법인 조례를 제정하는 것이 바람직하다. 현대의 지자체는 조직·예산·제도가 없으면 움직일 수 없는 것이며, 조례는 그 중에서 가장 강력한 근거가 되기 때문이다.

2002년 4월에 시행된 이타바시구 방재기본조례에는 그 내용을 심의하는 방재간담회 24명의 위원 가운데, 학자 및 전문가 2명, 경찰·소방관계자 3명을 제외하고 나머지는 소방단, 주민방재조직, 구내 사무소 등의 시민이며, 더욱이 10명은 공모로 선발되었다.

회의는 야간에 개최되고, 위원은 이타바시구의 방재에 무엇이 중요하고, 어떻게 실행해야 할지를 본심을 털어놓으며 논의를 거듭하여, 그 내용을 공개하고, 더 나아가 홍보 등으로 일반인들에게 의견을 요구했다. 최종적으로는 회장(히로이 오사무(廣井脩) 도쿄대학 사회정보연구소장)이 논의를 정리했지만, 그것은 시민의 생생한 목소리를 살리는 형태로 결실을 맺었다. 예를 들면, 그 이념은 '우리들의 고장은 우리가 지킨다'고 하는 자조(自助), 공조(共助)를 중핵으로 하고, 이를 행정의 공조(公助)를 통해 지원하는 것이다. 또 학교나 병원 등의 내진화를 촉진하기 위해, 법률의 강화가 되는 공표규정(公表規定)을 설치해야 한다고 하여 이것이 조례화되었다.

대규모 지진과 같은 위기에 대처하고 시민의 생명·자유·재산을 지키는 것이 최초의 정부, 지자체의 궁극적인 역할이다. 안전을 기원하는 것만으로는 부족하다.

〈참고문헌〉

지진예측연락회 홈페이지 http://cais.gsi.go.jp/YOCHIREN/
廣井脩,『新版 災害と日本人 — 巨大地震の社会心理』, 時事通信社, 1995.
外岡秀俊,『地震と社会』, みすず書房, 1998.
竹下譲監修・著,『世界の地方自治制度』, イマジン出版, 1999.
中邨章編著,『行政の危機管理システム』, 中央法規出版, 2000.
伊藤和良,『スウェーデンの分権社会 — 地方政府ヨーテボリを事例として』, 新評論, 2000.
溝上恵,『徹底検証 東京直下大地震』, 小学館, 2001.
望月利男・中林一樹編著,『安全・安心の都市づくり』, 東京都立大学出版会, 2001.
片山恒雄,『東京大地震は必ず起きる(文芸新書)』, 文芸春秋, 2002.

생명과 삶

[경찰]

국민을 위한 '자치체 경찰'로

세리사 나카무라 가쓰조(中村一三)

경찰과 지방분권

경찰은 110번(전화신고 서비스)이나 파출소 등을 보면 알 수 있듯이 어떤 의미에서 국민의 생활에 가장 가까운 존재이면서 누가 인사나 업무를 조정하고 있는 것인가, 비용은 누가 지불하고 있는 것인가라는 중요한 사항에 대해서는 거의 관심의 대상이 되고 있지 못하다. 하지만 이대로 두어도 괜찮을까? 경찰은 본래 지방자치단체의 것이다. 본고는 이를 '지방분권'의 관점에서 검증해 보고자 한다.

먼저 경찰제도부터 살펴보자.

경찰제도는 제2차 세계대전 이전과 이후에서 크게 바뀌었다. 제2차 세계대전 전에는 내무성(内務省)을 중심으로 한 '중앙집권적 관료경찰국가'라고 평가되는 것처럼 전쟁에도 큰 책임이 있었다. 패전과 함께 일을 해 온 연합국 최고사령관 총사령부(GHQ)는 '국가를 위한 경찰에서, 국민을 위한 경찰로'를 개혁의 이념으로서 경찰개혁에 나섰다.

당초, 내무성의 경찰제도 개혁시안이나 GHQ의 참모2부(G2)의 일본경찰 재조직안은 제2차 세계대전 이전의 중앙집권적인 국가경찰을 유지하면서 체제를 공고히 하고, 그 위에 지방자치제도의 확립에 따라 지방자치단체에도 경찰사무를 담당시킨다고 하는 어중간한 것이었다. 이에 대해 일본의 비군사화와 민주화를 철저하게 추진하고자 했던 GHQ의 민생국(GS)은 이러한 안(案)에 강하게 반발하여 '당장 완전하고 철저한 분권화를 도모해야 할 것'이라고 했다.

이 대립의 배경에는 당시 높아지고 있던 사회운동에 대한 탄압을 우선시하는 G2와 민주화를 우선시하는 GS의 방침이라는 GHQ 내부의 모순도 있었지만, 민생국에서 내놓은 안이 통과하여 1947년 그때까지 국가만이 갖고 있던 경찰권을 기초적인 자치단위가 된 시정촌에 대폭적으로 이행하는 '자치체 경찰'을 중심으로 하는 경찰법이 제정되었다.

경찰은 군부(郡部)를 관할하는 '국가지방경찰'(국경(國警)이라고 불렸다)과, 인구 5,000명 이상의 시가지를 가진 시정촌을 관할하는 '자치체 경찰'(이를 자경(自警)이라고 불렀다)의 두 개로 되고, 자치체 경찰의 룰은 시정촌의 조례로 정해져 관리운영은 시정촌이 의회의 동의를 얻어 임명하는 3명의 공안위원에 의해 이루어지게 되었다. 국가에서 완전히 독립한 철저한 민주분권적인 '자치체경찰제도'가 시작된 것이다. 이것은 오늘날 말하는 지방분권을 전후 초기에 실현한 것으로서 주목할 만하다.

그러나 현실은 이념대로만 되는 것은 아니다. 장애가 된 것은 대략적으로 말하면 시정촌의 능력이라는 것이었다. 경찰법에 의하면, 인구가 5,000명 이상으로 2,000명 이상이 시가지를 형성하고 있다고 하는 작은 촌(村)에서도 자체적으로 경찰을 갖지 않으면 안 된다. 그렇기 때문에 파출소를 그대로 경찰서로 승격시키고, 순사(巡査)도 경부(警部)로 승격하여 경시(警視)란 직함을 붙이지 않을 수 없게 되었다. 또한 자체적인 유치장이나 감식·통신시설이 필요하게 되고, 교육도 자체적으로는 할 수 없기 때문에 국가의 학교에 위탁하거나 하지 않으면 안 되게 되었다.

더욱이 그 비용도 큰 부담이 되어 재정기반이 약한 시정촌에서는 유지할 수 없기에 자치체 경찰을 반납하려는 움직임도 나오게 되었다.

1951년 이러한 움직임을 받아서, 주민투표로 자치체 경찰을 폐지할 수 있다고 하는 경찰법 일부개정이 이루어졌다. 이에 기초하여 각지에서 주민투표가 행해지고 1,386개 정촌의 경찰 중 무려 1,024개 정촌이 자치체 경찰을 스스로 반납하여 최종적으로는 125개 정촌의 경찰밖에 남지 않게 되었다.

그래서 1954년 6월에 경찰법은 전면적으로 개정되었다.

개정의 요점은 경찰조직을 국가경찰과 도도부현 경찰로(단, 도도부현도 지자체이지만, 자치체 경찰로 불려진 시정촌 경찰과 구별하기 위해 이하, '도도부현 경찰'이라고 한다) 이원화한다는 것이다.

개정경찰법안이 상정된 국회는 의회사상 일찍이 없던 난투소동이 일어났지만, 마지막까지 존속을 희망한 5대 시(오사카, 교토, 나고야, 요코하마, 고베)를 포함해 시정촌의 자치체 경찰은 완전폐지되어 7년이란 짧은 역사를 마치고 현재의 도도부현 경찰로 대체된 것이다.

중앙관료조직

오늘날 경찰조직은 이리하여 전국적인 문제를 담당하는 경찰청과 도도부현 경찰의 둘로 이루어져 있다. 이를 보면 경찰은 시정촌에서 도도부현으로 바뀌었나고는 하나, 그래도 아직은 분권화되어 있는 것처럼 보인다. 그러나 실제로는 그렇지 않다. 경찰조직은 시빌리언 컨트롤을 갖지 않은, 강력한 중앙집권조직인 것이다. 이를 이하에서는 경찰청, 공안위원회, 경찰과 계급 그리고 예산으로 나누어 살펴보자.

경찰청

경찰청을 국가 행정조직 속에서 보면, 내각부의 외국(外局)에 위치하며, 국가공안위원회라는 조직에 의해 지휘 감독되는 것으로 되어 있다. 전국 하나의 경찰조직으로 되어 있는 경찰청은 두 가지 점에서 문제가 있다.

첫째는 톱이 각 성청의 사무차관에 상당하는 경찰청 장관이라는 점이다. 각 성청의 사무차관이 최종적으로는 민의 대표인 대신(大臣)의 지휘감독을 받는 것에 대해, 경찰청 장관은 전혀 누구에게도 구속되지 않고 직무를 집행하고 있다. 물론 국가공안위원회라는 것이 있어서 여기서 통제하게 되어 있지만, 그것은 나중에 보는 바와 같이 겉으로 내세운 원칙뿐인 것이다.

둘째는 경찰청(경비국)이 경비, 공안의 사령탑이 되고, 행동부대가 경찰청 등 도도부현 경찰에 배치되어 있다고 하는 것이다. 도도부현 경찰에는 경찰청의 일선기관으로서 기동대나 공안형사가 배치되었다. 두뇌가 경찰청, 수족이 경시청 및 도도부현 경찰이라고 할 수 있다.

'경찰법'에 따르면 경찰청은 경찰에 관한 여러 제도의 기획 및 조사에 관한 것, 경찰에 관한 국가의 예산에 관한 것, 국가의 공안과 관련된 경찰에 관한 여러 제도의 기획 및 조사에 관한 것, 기타 간선도로의 교통규제, 국제수사공조, 황궁경찰, 경찰관의 교육훈련, 등 경찰행정의 조정을 담당하는 기관으로서 자리잡고 있다.

이와 같이 경찰청은 경찰활동의 운영에 관해서는 어디까지나 '조정' 권한뿐으로 도도부현 경찰을 지휘 또는 지도하는 권한을 갖고 있지 않다. '조정'에 머물지, 그것을 넘어서 구체적으로 개입하고 있는지의 여부가 경찰의 분권을 측정하는 척도라고 할 수 있을 것이다. 그러나 위와 같은 경찰법의 규정에도 불구하고, 사실상 분권이 부정되어 왔다. 이를 결정적이게 한 것이 1996년의 경찰법 개정이다.

그 개정으로 경찰청 장관이 수사방침이나 계획을 정하고, 도도부현 경찰에게 실행을 명하며, 또한 도도부현 경찰에게 필요한 보고를 요구하고, 지시 및 감독하는 것이 가능해졌다. 즉 경찰청에 강력한 권력을 집중시키는 것이다. 경찰국가라고 불렸던 제2차 세계대전 전에도 경찰조직은 전국이 일원화되어 있지는 않았으며, 내무대신 아래에는 내무사무차관, 그 밑에 경보국장(警保局長 : 전국 지방경찰을 통솔했음)과 경시총감(警視総監 : 수도경찰의 톱)이 있는 2원화되어 있었음을 상기해 주었으면 한다. 이와 비교해도 얼마나 권력이 집중되어 있는지 분명하다고 할 수 있겠다.

국가공안위원회

권력은 감시되어야 한다. 이것이 제2차 세계대전 후 국민주권 혹은 민주주의를 취한 헌법의 이념이다. 이와 같은 것을 바탕으로 구상된 것이 공안위원회이다.

경찰청에 대응하는 것으로서 국가공안위원회, 도도부현 경찰에 대응하는 것으로서 도도부현 공안위원회가 설치되었다.

본래 공안위원회는 경찰조직 밖에 있어서 국민적인 시야에서 그 공평성이나 중립성 혹은 민주성 등을 감시하는 것으로서 설치되었다. 특히 제2차 세계대전 이전과 같은 경찰국가의 부활을 용납해서는 안 되었기 때문이다.

그러나 현재는 공안위원회의 형해화(形骸化)가 지적되고 있으며, 공안위원회의 경찰에 대한 감시기능은 거의 부여되고 있지 않다. 거기에는 이유가 있다. 우선 인사(人事)이다. 공안위원회의 구성은 국가공안위원이 5명(특히 위원장은 대신(大臣)), 도도부현 공안위원은 도쿄에서 5명, 기타 지역에서는 3명이다. 국가공안위원회의 경우는 내각총리대신이, 도도부현의 경우는 지사가 임명권자이다. 이들은 모두 여당 등과 사전 조정작업을 마친 다음, 경찰관료에 의해 정해진다.

회의내용도 형식화하고 있다. 현재의 국가공안위원회는 단순히 경찰청의 보고를 듣고, 간단한 논의를 하는 정도의 것에 불과하다. 주 1회, 약 2시간 동안 개최되는 위원회는 졸속주의로 결론이 우선시되는, 실질적으로는 의식이나 다름없다. 공안위원회 본래의 역할은 '경찰운영이 민주적으로 이루어지고 있는지 여부를 감시하고, 또 경찰이 정치적인 중립성을 확보하는 것'일 텐데 경찰관료를 위한 방파제로 바뀌었다.

국가공안위원의 연봉은 각 성의 사무차관과 같은 2,667만 엔, 신분은 상근직 처우이다. 한편 도도부현 공안위원의 월급은 후쿠이현의 16만 엔이 최저로, 20만 엔 전후에 집중하며, 후쿠오카(福岡), 오사카(大阪), 아이치(愛知), 가나가와(神奈川)의 4개 현이 30만 엔대, 그리고 도쿄(東京)가 45만 엔이다.

공안위원회의 업무내용도 문제가 많다. 현행 경찰법에서는 도도부현 공안위원회는 도도부현 경찰을 '관리한다'고 명시적으로 규정하고 있지만, 점차 공안위원회의 관리권은 경시총감(警視総監)이나 경찰본부장을 통해 행하는, 직접적인 경찰직원의 활동을 지휘 감독할 수는 없다고 해석되고, 기능하게 되었다. 본래 공안위원회의 권한으로 되어 있는 것의 대부분을 경찰이 행하고 있는 것이 현 실정이다.

최근 나가노현(長野縣)의 다나카(田中) 지사는 마쓰모토 사린사건에서 범인으로 간주되어 피해를 입었던 사람을 공안위원으로 임명했다. 원죄(冤罪)를 몸소 체험한 사람을 위원에 임명하여 경찰을 통제하고자 하는 것이다. 분권이란 이런 것을 말하는 것이지만, 이와 같은 사례는 나가노를 제외하고는 거의 없다.

경찰과 계급

자치체 경찰의 자치가 유명무실해진 큰 원인은 이 밖에도 있다. 그중에서도 계급제와 예산의 책임이 크다.

먼저 국가 및 지자체의 행정을 담당하는 '공무원'제도 속에서, '계급제도'를 갖고 있는 조직은 자위대와 경찰뿐이라는 점에 유의하자.

경찰의 계급은 위에서부터 경시총감(警視総監), 경시감(警視監), 경시장(警視長), 경시정(警視正), 경시(警視), 경부(警部), 경부보(警部補), 순사부장(巡査部長), 순사(巡査)의 9단계로 이루어져 있다. 이 서열은 경찰청의 톱에서 도도부현 경찰의 말단까지 수직적인 하나의 라인으로 이어져 있다. "경찰관은, 상관의 지휘감독을 받아 경찰의 사무를 집행한다."(경찰법 제63조)고 되어 있어, 상관에게 반항할 수 없다. 완전한 수직사회가 형성되어 있는 것이다.

9개 계급 가운데 경시정(警視正) 이상만을 국가공안위원으로 하여 국가가 장악하고, 도쿄도(東京都)에만 경시총감을 톱으로 하는 경시청이 설치되며, 기타 오사카부(大阪府) 등의 대도시권 톱에는 경시감(警視監)을, 그 이외의 현의 톱은 경시장(警視長) 또는 경시정(警視正)을 보내고 있다. 즉, 계급은 완전히 집약적인 인사로 직결되고 있는 것이다.

이것을 인사체라는 관점에서 보면, 이 문제는 더욱 분명해진다.

각 도도부현 경찰본부장의 인사권은 원칙적으로는 국가공안위원회가 갖고 있지만, 실제로는 경찰청 장관이 모두 장악하고 있는 것이 현 실정이다. 이는 본부장 인사만의 문제가 아니라, 국가공무원이 되는 경시정(警視正)으로의 등용도 마찬가지로, 도도부현 경찰의 간부인사를 경찰청이 쥐고, 전국의 경찰을 인사라는 측면에서도 완전히 장악할 수 있는 체제로 되어 있다.

경찰예산

경찰예산에 대해서는 이해하기 쉽도록, 현재의 경찰청과 도도부현의 예산을 그림으로 나타내 보자. 여기에서도 중앙통제가 관철되고 있다.

(1) 경찰예산의 역사

우선 경찰비의 변천을 살펴보자. 메이지시대(明治時代) 초기의 유신정부(維新政府)는 재정기반이 위약하여, 모두 정부가 부담하겠다고 할 만한 힘이 없었다. 각 부현의 경찰예산은 다양한 지역의 실정을 반영하고 있지만, 결국 1875년(明治 8) 6월에는 이러한 것들이 통일된다. 즉 지방장관회의에 있어서 경찰비의 관비(국비)와 민비(지방비) 양쪽에서 연대지불하게 되었다. 경찰의 국가행정 사무경비는 국고부담으로 하고, 지방행정 사무적인 측면은 지방비로서 각 부현의 부담으로 하는 것은 각 부현이 지방의 실정에 적합한 시책을 시행할 수 있는 이점이 있다는 이유에서 관민연대지불제가 된 것이었다.

한편, 같은 해 9월, 태정관 포고에서는 조세부금(租稅賦金 : 세금)을 국세와 부현세로 나누고, 이 가운데 부현세는 부현에 과세권을 부여하지만, 그 부과방법에 있어서는 대장성(大藏省)의 허가를 받을 것, 그 용도는 내무성(內務省)의 허가를 받도록 한다. 내무성은 이를 바탕으로 부현세의 대강을 정하고, 부현(府縣)에 매년 그 수지(收支)를 보고하게 했다. 그리고 이것이 내무성이 지방재정에 적극적으로 관여하는 계기가 된 것이다. 이 시스템은 경찰예산에 그대로 적용된다. 즉 내무성은 이 시스템에 의해 재원이라는 방법으로 경찰권에 개입할 수 있게 되며, 내무성에 의한 통치 시스템을 완성시켜 가는 것이다.

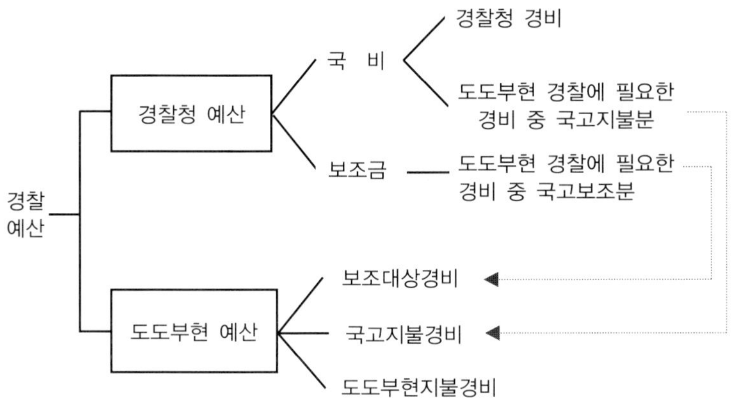

경찰예산은 중앙정부의 예산으로 계상되는 경찰청 예산과 각 도도부현의 예산으로 계상되는 도도부현 경찰예산으로 구성되어 있다.

그림 1. 경찰예산의 2층제

(2) 전후 구경찰법에 있어서의 자치체 경찰의 비용

앞서 본 바와 같이 경찰은 패전과 신헌법의 제정에 의해 큰 개혁을 하게 된다. 내무성은 해체되고 시정촌의 자치체 경찰이 출발했다.

자치체 경찰의 경비부담에 대해서는 국회의 지방재정위원회가 지방자치의 재정확립을 도모함과 동시에, 해당 지방 공공단체가 전액을 부담한다는 방침을 정했다. 그러나 작은 시정촌에까지 일률적으로 경찰권을 이양한 것은 운용의 측면에서 많은 장애가 있었을 뿐만 아니라, 시정촌 재정에도 큰 부담이 되었다. 지방자치단체의 전액부담이라는 제도에 지자체는 견디지 못했던 것이다. 그 결과, 시정촌 경찰은 속속 폐지를 결정하고, 1954년 6월의 경찰법 전면개정에 의해 현재의 도도부현 경찰로 이행한 것은 앞서 본 바와 같다.

(3) 현행 경찰법하에서의 재정제도

개정 경찰법에 의해 생겨난 도도부현 경찰하에서, 재원부담의 시스템도 변경되었다. 그것은 시정촌 경찰시대의 자기 부담이 아니라, 중앙과 지방 양쪽이 연대해서 부담하는 구조로 된 것이다. 이는 메이지 정부가 최초로 근대국가경찰을 만들 때에 채용한 '관비민비양지변제'(官費民費兩支辨制)의 부활로 볼 수 있을 것이다.

앞서 본 바와 같이 내무성(內務省)은 이 구조에 기초하여 경찰을 전면적으로 지배해 왔다. 이번에도 같은 일이 일어났다. 즉 경찰청 예산 전체 중에서 경찰청이 그 일부를 국고지변경비(國庫支辨經費), 보조대상경비(補助對象經費)로서 도도부현 경찰에 배분하게 된 바, 즉 도도부현 경찰은 예산이란 측면에서도 경찰청에 의존하지 않으면 안 되게 된 것이다. 구체적인 부담액 등에 지자체의 의사는 반영되지 않고, 경찰청의 방침에 따르는 구조로 되고 말았다. 경찰비의 부담구분 제도는 이미 50년이 경과하였으며, 최근의 지방경찰비(도도부현 예산)의 증대, 그에 관한 정보 비공개나 지방의회의 예산·결산에 있어서 경찰비에 대한 체크부족(결산심사의 시간 등에서도)을 지적하지 않으면 안 된다.

미야기현(宮城縣)에서는 2002년, 경찰에 대한 정보공개의 조례를 책정하고, 예산의 사용상황 등에 대해서도 조사하게 되었다.

도도부현 경찰은 기본적으로는 자치체 경찰이며, 예산도 국비가 투입되어 있다고는 하나, 기본적으로는 지자체의 지출이다. 따라서 수사 등 기밀이 요구되는 것은 별개로 치고, 경찰행정도 다른 행정과 마찬가지로 주민참여와 공개 혹은 정책평가의 대상이 되어야 할 것이다. 미야기현의 실험은 이를 위한 첫걸음으로서 평가되어야 한다.

그러면 해외에서는 경찰이 어떻게 되어 있는지 간단히 살펴보자. 독자 여러분이 이 내용을 보면, 일본의 경찰이 얼마나 특수한지를 이해할 수 있을 것이다.

해외의 경찰제도

여기서는 미국과 영국에 대해 살펴본다. 그리고 이 두 나라뿐만 아니라 예를 들면 타이완에서는 국립 중앙경찰대학이 문부성 소관이며, 교수도 일반대학과 동일한 자격으로 되어 있다. 독일의 경찰관료 양성대학은 사무계 직원 양성대학과 동일한 소관이거나 교장이 동일하게 되어 있는 등 일본과의 차이는 크다. 언젠가 이들 해외의 경찰을 둘러보고 전면적인 연구가 이루어지기를 기대한다.

미국의 지자체 경찰

미국에는 경찰청에 상당하는 관청은 존재하지 않는다. 연방경찰을 관할하는 것은 사법성(司法省)으로 연방정부에 지자체 경찰을 관리하는 기능은 없어 완전한 지자체 경찰제도이다. 지방경찰에는 도시경찰(都市警察), 군보안관(郡保安官), 주경찰(州警察) 등이 있다. 주경찰 중에는 주경찰국(State Police), 하이웨이 패트롤, 주공안국(Department of Public Safety) 등이 있으며, 미국 전체적으로는 약 4만 개의 경찰조직이 존재하고 있다. 경찰은 기본적으로는 지방자치단체의 임무라고 생각되고 있기 때문에, 연방헌법이나 연방법에는 경찰조직이나 임무, 권한 등의 규정은 없다. 주법(州法)에서조차도 통일적인 규정을 두고 있는 주(州)는 적다.

지방경찰은 범죄의 방지, 조기진압, 범인의 신속한 체포에 경찰활동의 중점을 두고 있다. 흉악범죄나 광역조직범죄는 연방수사국(FBI)이 담당하므로 그만큼 주민생활에 직결된 지역의 안전유지에 역점이 놓여진다. 이는 지자체 경찰의 본질이라고 할 수 있다.

지자체 경찰의 관리체제는 '커미셔너'(국장) 등으로 불리는 톱

(top)이 존재하지만, 어느 경찰이나 최고 책임자는 시장이다.

'커미셔너'는 본래 경찰위원회(공안위원회)였는데, 복수 합의제로는 효율이 떨어진다는 이유로 독임제 위원이 되었다. 그 보좌관으로서 커미셔너대리(국장대리)를 두도록 되어 있다. 국장, 국장대리 모두 대학교수나 경찰관계를 조사 연구하고 있는 전문가이다. 일부에는 내부 승임자가 있지만, 경찰관이 아니라 시장이 바뀌면 그들도 바뀌는 것이 관례이다.

영국의 경찰제도

영국의 경찰조직은 주로 지방자치단위로 조직된 52개의 경찰이 있다. 수도경찰(런던 경시청)을 제외하면 모두 지자체 경찰이다.

중앙정부와의 관계는 잉글랜드와 웨일즈에서는 내무장관이 경찰행정을 직접 컨트롤하고 있다. 스코틀랜드는 스코틀랜드 장관이 담당하고, 북아일랜드는 북아일랜드 장관이 담당하고 있다.

의원내각제인 영국에서 경찰행정은 국회의 권력하에 있게 된다. 그러나 내무대신에게 지자체 경찰을 관리하는 권한은 없으며, 지자체 경찰을 관리하는 경찰위원회가 경찰장의 인사에 승인을 부여한다고 하는 아주 작은 영향력이 있을 뿐이다.

내무장관은 수도경찰에 대해서는 관리책임이 있으며, 수도경찰의 톱(top)인 커미셔너는 내무장관이 인선한다. 그러나 수도경찰의 법집행에 대해서는 간섭할 수 없도록 되어 있다. 영국의 경찰관(constable)은 시민이 자신들의 안전을 지킨다고 하는 의무를 대행하고 있는 일반 시민인 것이다. 그들이 갖고 있는 권한은 지방자치단체나 국가에 의해 부여된 것이 아니라, 시민사회에 뿌리를 두고 있는 것으로, 이른바 경찰관의 권한 및 의무는 코먼 로(common law)에 유래하는 것이다. 1930년 이후 확립되어 온 경찰관은 그 권한을 오로지 자기 책임에 기초하여 행사하고, 그 누구에게도 통제받지 않는다고 하는 '경찰관 독립성의 원리'가 작동하고 있는 것이다.

경찰조직을 관리하는 것으로서 지방경찰위원회(Local Police Authority)가 있는데, 지방정부의 대리로서 권한을 부여받은 것이 아니기 때문에, 지방정부 및 지방의회에 대해서 법적 책임을 지지 않는다는 것도 특징이라고 할 수 있다.

개정의 방향

외국의 사례 등을 참조하면서, 우리들도 경찰의 개혁을 생각할 필요가 있다. 지금까지 몇 가지 제언을 해 왔지만, 그 열쇠가 되는 것이 경찰의 분권이다. 현재, 경찰이 전국 하나의 조직이기 때문에, 국민에 의한 감사기능은 없는 것과 마찬가지이다. 현재의 도도부현 경찰을 본래의 의미에서 자치를 짊어지는 '자치체 경찰'로 하고, 경찰 활동의 기본인 지역사회의 안전유지에 힘쓰도록 해야 할 것이다.

분권경찰의 이미지를 들어보면 다음과 같다.

우선은 국가와 자치체 경찰의 인사, 예산, 운영 등에 관한 종속적인 관계를 원칙적으로 없애야 한다. 도도부현 경찰의 본부장은 도도부현 의회의 승인을 거쳐 지사가 선임을 하고, 경찰을 관리한다. 도도부현 공안위원회의 위원은 미국의 경찰위원회와 같이 폭 넓게 인재를 시민사회에서 찾아 의회의 승인을 받은 다음, 위원은 시민의 대표로서 활동한다. 의사(議事)는 물론 공개되며 시민이 직접 의견을 말할 권리가 보장된다.

한편, 경찰청은 행정기관으로서 본래 도도부현 경찰간에 걸쳐진

조정적 역할을 담당하고, 지역의 경찰만으로는 처리할 수 없는 광역범죄나 조직범죄, 혹은 일본의 경제안전보장에 대한 위협, 범죄기업과의 전쟁을 독자적인 임무로서 담당한다. 이와 같은 국가경찰적인 역할에 대해서는 미국의 FBI, 영국의 수도경찰(런던 경시청) 등이 참고가 될 것이다.

국가공안위원회는 명확히 경찰청만을 통제하는 기관으로서의 지위를 갖는다. 공안위원회는 국회가 인선을 하고 내각총리가 임명한다. 국가공인위원은 변호사, 대학교수, 경제인, NPO 등의 인재를 등용하여, 활력 있는 위원회로 하지 않으면 안 된다.

국가경찰의 장의 임명은 국회의 승인사항으로 하고, 국가경찰의 스태프는 계급이 없는 평등한 시스템으로 하여, 상하관계로 조직편제되어 있는 현재의 제도를 폐지한다. 도도부현 경찰도 이와 같은 시스템으로 한다.

시민을 위한 경찰은 어떠한 것이어야 하는가에 대한 연구는 이제 막 시작되었을 뿐이다.

〈참고문헌〉

篠原一代代表編集,『警察オンブズマン』, 信山社, 2001.
五十嵐敬喜＋立法学ゼミ,『破綻と再生 — 自治体財政をどうするか』, 日本評論社, 1999.
警視庁史編纂委員会,『警視庁史』, 警察庁史編纂委員会, 1958.
戒能通孝編,『警察権』, 岩波書店, 1960.
小島和司,『日本財政制度の比較法史的研究』, 新山社, 1996.

공공사업

[쓰레기]

주민과 만드는 쓰레기 처리 시스템

와세대대학 이공학부 교수
무라야마 다케히코(村山武彦)

다이옥신 대책을 계기로 한 폐기물 처리 방침 전환

90년대 중반부터 가속된 다이옥신 대책

일본의 다이옥신 대책은 다른 나라에 비해 상당히 뒤떨어졌다고 할 수 있다. 다른 선진국에서는 환경오염 대책을 위한 지침 기준치인 TDI[1](耐用1日摂取量)를 1980년대부터 설정해 왔다. 일본에서도 이 시기에 가이드라인이 설정되었지만, 북구를 중심으로 한 유럽제국과 비교하면 약 10배의 차이가 있었다. 일본의 대응은 조사연구가 대부분이며, 실질적인 대책을 취했다고는 볼 수 없다.

그러던 것이 1990년대 중반 이후, 대책이 빠르게 가속화되었다. 1995년 9월에는 전국에 있는 일반폐기물의 소각시설에서 배출되는 다이옥신 농도가 일반에게 공개됨과 동시에, 특히 농도가 높은 시설이 분명해졌다. 그 후 1997년 1월 23일에는 당시의 후생성에서 "쓰레기 처리에 관한 다이옥신류 발생 방지 등 가이드라인에 대해서"가 통달(通達)로서 발표되고, 다이옥신 배출량의 삭감량을 5년 후에 86%, 10년 후에는 98%로 설정했다.

1) TDI(Tolerable Daily Intake:내용 1일 섭취량)는 사람이 평생 동안 섭취해도 건강에 유해한 영향이 나타나지 않는다고 판단되는 체중 1kg당 1일 섭취량을 말한다. 다이옥신 TDI는 1990년의 WHO전문가회의에서 '10pg/kg/일'로 정하여, 일본에서도 1996년에 후생성의 연구반이 '10pg/kg/일'로 정했다. 환경청의 검토회는 1997년에 건강리스크 평가기준치로 '5pg/kg/일'를 제시했다.(일본후생성 홈페이지 http://www1.mhlw.go.jp/houdou/1106/h0621-3_13.html 참고)(역자주)

폐기물 처리의 광역화와 그에 따른 대책으로서의 광역연합

정부가 제시한 다이옥신 대책의 가이드라인에는 대책의 하나로서 폐기물 처리의 광역화에 의한 처리시설의 고도화가 포함되어 있다. 그 내용을 구체화한 것이 같은 해 5월 28일에 도도부현을 대상으로 발표된 "쓰레기 처리의 광역화 계획에 대해서"라는 통달이었다. 그 통달에서는, 광역화를 추진할 필요성을 제시한 다음, 폐기물을 광역적으로 수집하여 처리함으로써 시설성능의 고도화나 규모의 경제에 따른 재정효과를 얻을 수 있다고 했다.

이 내용은 이제까지 각 시정촌의 자치사무로서 다루어져 온 폐기물 처리의 방향에 변경을 요구한 것이었다고 말할 수 있다. 분명히 지역에 따라서는 일부 사무조합에 의해 광역적인 처리를 해 왔지만, 그러한 것들은 어디까지나 지역의 자주적인 의사에 기초하는 것이었다. 그러나 정부에 의한 폐기물 처리의 광역화를 향한 방침은 그러한 지역의 의사와는 무관하다는 데에서 발단하고 있다.

더욱이, 이러한 광역화를 하기 위한 대책의 하나로서, 1994년 지방자치법 개정시에 창설된 광역연합이 활동할 가능성도 있다. 광역연합의 구성원은 제도상 복수의 시정촌에 거주하는 주민이지만, 시정촌 단위를 넘어선 존재이기 때문에, 그다지 친밀감은 주고 있지 않다. 그럼에도 불구하고, 광역연합은 행정의 광역화를 맡도록 하고 있다.

폐기물 처리의 법 정비와 중앙·지방관계의 변모

폐기물처리법의 개정에 있어서 중앙의 방침 강화

2000년의 폐기물처리법 일부개정에서는, 다음과 같은 형태로 중앙의 방침이 강화되었다고 할 수 있다.

첫째로, 국가가 폐기물의 감량화나 적정처리에 관한 종합적이고 계획적인 추진을 도모하기 위한 기본방침을 정한다고 했다.

둘째로, 이 기본방침을 받아서 도도부현이 폐기물 처리계획을 책정하도록 했다. 이로써 이제까지 도도부현이 책정해 왔던 산업폐기물에 관한 처리계획은 삭제되고, 일반폐기물도 포함한 계획책정이 요구된다. 그 한편으로 시정촌은 각각 일반폐기물에 관한 처리계획을 책정하고 있으며, 도도부현 수준과 시정촌 수준으로 별개의 계획이 존재하게 되었다. 필자가 폐기물 처리시설의 계획으로 관계하고 있는 나가노현(長野縣)에서도, 현 수준에서는 적극적인 폐기물 삭감계획을 내놓으면서, 시정촌 수준에서의 계획과의 정합성이 아주 충분히 도모되고 있지는 못한 현실이다. 폐기물 대책에 적극적인 방침이 제시되는 것은 바람직한 일이지만, 현장을 안고 있는 시정촌과의 의견조정 프로세스가 제도로 갖추어져 있지 않아, 도도부현이나 시정촌의 행정 담당자는 당혹해 할 수밖에 없는 상황에 처하고 있는 것으로 생각된다.

'외압'에 의한 광역화의 문제점

분명히 폐기물 처리를 광역화함으로써 지역의 특성을 살린 지속가능한 발전이 기대된다면 아무런 문제가 없다. 그러나 지역에서의 의사가 아니라, 중앙의 방침으로서 내놓은 광역화에 많은 과제가 남겨져 있다. 첫째로, 폐기물 처리의 광역화는 배출된 폐기물을 어떻게 기술적으로 최선의 형태로 처리할 것인지에 지나치게 중점을 두고 있어, 배출자인 지역주민이나 지자체의 올바른 방향에 대한 배려가 없는 것으로 생각된다. 이 때문에, 지역주민과 처리프로세스와의 물리적인 거리를 넓히고, 그러한 것이 심리적인 거리의 확대로도 연결되지 않을 수 없다. 폐기물을 가까운 형태로 처리해야만, 주민은 폐기물의 삭감이나 유해물의 분별에 배려하게 된다. 광역화는 이러한 의식을 손상시켜, 2000년에 제정된 순환형 사회 형성 추진기본법에서 최초로 제시된 폐기물 대책의 최우선 과제인 '발생량의 삭감'과는 역행하는 결과가 되지는 않겠는가?

둘째로, 광역화에 따른 대규모 시설의 정비가 폐기물의 영속적인 공급을 필요로 하고 있다는 점에 있다. 앞서 제시한 바와 같이 광역화의 흐름은 다이옥신 대책에 발단하고 있다. 그렇기 때문에 광역에서 수집된 폐기물을, 고도의 기술을 구사하는 대규모시설에서 처리하게 됨으로써 다이옥신의 발생량을 삭감하는 것이 목적으로 되어 있다. 처리프로세스에 있어서 온도변화는 다이옥신의 발생과 연결되기 때문에, 시설의 연속적인 사용이 조건이 된다. 이를 위해서는 일정량의 폐기물이 안정적으로 공급되지 않으면 안 된다. 과연 이것이 바람직한 지역상이라고 할 수 있을까? 정부는 1999년 9월에 폐기물의 감량화 목표량을 설정하였으며, 일반폐기물에 대해서는 1997년부터 2010년의 사이에 배출량을 약 5% 삭감하고, 최종처분량을 반감하겠다고 했다. 이러한 목표가 달성되면 대규모시설을 연속적으로 사용하기 위해 필요한 폐기물이 안정적으로 공급되기는 어려워지지 않을까? 또, 시설정비에 관한 지역주민의 합의가 점점 얻기 어려운 상황에 빠질 것이 우려된다.

폐기물 처리의 법체계에서 본 지방 역할의 변모

이와 같이 일반폐기물에 있어서 최근의 동향은 정부가 광역화에 따라 대규모시설에 의한 처리라는 기본적인 방침을 내놓고, 그에 따른 처리 시스템을 지방자치단체가 구체화한다고 하는 형태가 되도록 해 왔다. 일반폐기물의 처리에 관해서는 분권화라기보다는 집권화가 진행되고 있다고 말하지 않을 수 없다.

또 최근 순환형 사회 구축을 향한 법 정비에는 놀랄 만한 것이 있다. 1992년의 「자원유효이용촉진법」으로 시작하여, 「용기포장 리사이클법」(1995), 「가전 리사이클법」(1997)이 속속 제정되고, '순환형 사회 원년'이라고 불리는 2000년에는 「순환형 사회형성 추진기본법」, 「건설 리사이클법」, 「식품 리사이클법」 등이 제정되었다. 이러한 법들은 일본에 있어서의 자원순환의 방향성을 제시하는 것으로서 일정한 평가는 할 수 있지만, 개개의 구체적인 실시방책은 지역에 맡기는 형태로 되어 있다. 그 때문에, 지역에서는 리사이클 시설이나 자원순환 시스템 등 구체적인 사회인프라가 정비되지 않은 채, 법 정비만이 선행된 측면이 있다는 사실은 부정할 수 없다. 예를 들면, 「건설 리사이클법」은 건설폐자재의 재자원화를 목적으로 하고 있지만, 그렇게 하기 위한 시설정비가 불충분하기 때문에 현장에서는 폐자재 처리에 상당히 고심하고 있다는 이야기를 듣는다. 이러한 현황을 이해하면, 보다 지역의 특성을 고려한 형태로 자원순환 시스템을 검토하고, 지역발의형(地域発意型) 행동계획을 책정해 갈 필요가 있지 않겠는가?

시민과 함께 지역순환 시스템의 참모습을 생각한 야마가타현 나가이시(山形縣 長井市)

제로 에미션(zero emission)형 지역순환의 선구

야마가타현 나가이시(山形縣 長井市)에서는 지역의 일반세대에서 발생한 유기계(有機系) 폐기물을 재자원화하고, 퇴비로서 활용한 농가에서 생산된 야채 등의 농산물을 지역 주민들이 구입한다고 하는 유기계 자원의 지역순환 시스템(통칭 : 레인보우 플랜)을 출발시켰다.

실현시키기까지의 경위

지역순환 시스템의 계획책정까지의 경위는 대략 다음과 같다. 1988년에 마을만들기 디자인회의가 발족되어, 97명의 시민이 참가하여 지역의 미래상을 협의했다. 그 가운데 나온 농업에 관한 주요한 의견은 수확형 농업으로의 전환, 10%에 미치지 못하는 지역자급률의 향상, 안전하고 신뢰할 수 있는 농산물의 확보 등이었다. 이러한 논의를 거쳐 1989년 8월에는 '좋은 고장(快里) 디자인 연구소'를 시가 발족시켰다. 직원은 디자인회의의 주요 회원인 상공회의소 임원, 농업 종사자, 회사원, 상점주 등 18명으로 1991년에는 '좋은 고장 디자인 계획'을 책정하고 그 중에서 기본자세의 하나로서 '자연과 대화하는 농업'을 두었다.

더욱이, 1991년 6월에는 '부엌과 농업을 잇는 장기적인 계획조정 위원회'가 시민대표 17명(연구소원, 상공회의소, 여성단체, 소비자 단체, 농업 종사자 등)과 행정기관대표 6명에 의해 구성되어, 부엌에서 배출되는 유기계 폐기물을 퇴비화(compost)하고, 농업용 비료로서 이용하는 안이 구체적으로 검토되었다. 이 내용은 20세기와 21세기, 지방과 도시, 만드는 사람과 먹는 사람을 각각 잇는 무지개다리라는 의미에서 '레인보우 플랜'이라고 이름 지어, 1992년 3월에는 시장에 답신, 1992년 11월에 계획추진위원회가 설치되고, 1997년 2월에 콤포스트 센터가 본격적으로 가동, 같은 해 4월에는 레인보우 플랜 추진협의회가 발족하여 농가에의 퇴비제공이 개시되었다.

지역순환 시스템의 개요

시스템의 개요는 <그림 1>과 같다. 퇴비의 원료가 되는 음식물 찌꺼기는 시의 중심부에 거주하는 약 4,900세대에서 배출되는 유기계 폐기물이 대상이다. 각 가정에서는 물기를 제거하는 통에 음식물 젖은 쓰레기를 넣고, 수집소의 컨테이너(용량 약 70리터)에 옮겨 담는다. 220개소의 수집소에서 요일마다 약 반수의 세대 폐기물을 회수하고, 콤포스트센터에 이송한다. 이물질 제거는 발효단계나 자기선별기에 의한 작은 철 조각의 제거 외에 퇴비의 정립화 단계에서 실시하고 있다. 1998년도에 폐기물 반입량 2,235톤에 대해 약 600톤의 퇴비가 생산되었다. 퇴비의 성분은 안정되어 있어 판매는 농협에 위탁되고 있다. 퇴비의 수요에 생산량이 따라가지 못하고 있는 상황이라고 한다.

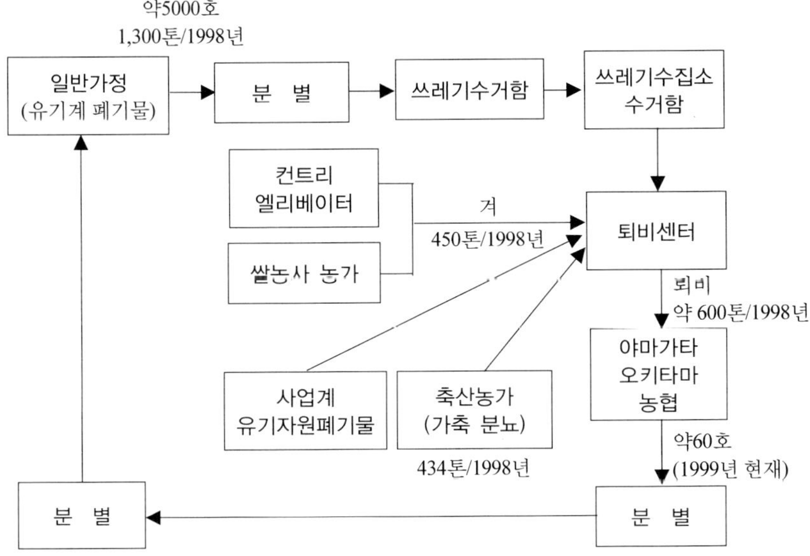

그림 1. 나가이시(長井市) 지역순환 시스템의 개요

시스템 성립의 배경

이러한 독특한 시스템이 성립한 배경에는 나가이시(長井市)가 비교적 소규모 도시였다는 점, 농업이 비교적 친밀한 산업이어서 지역 내의 순환을 생각하기 쉬웠다는 점, 농가와 중심지구에 거주하는 소비자를 비롯한 관계주체의 의향을 효과적으로 끌어올려 시스템화하는 프로세스가 구축되었다는 점, 그리고 시스템 검토의 시기가 먹을거리에 대한 안전성이 강조되고 있던 시기와 겹쳐졌던 점 등을 들 수 있겠다.

폐기물 내의 이물질 혼입은 퇴비화에 있어서 커다란 장애가 되는데, 나가이시(長井市)의 사례에서는 아주 적은 혼입률로 억제되어 있던 것은 지역 내 순환을 추진하는 것으로 먹을거리와 농사와의 심리적 거리가 근접했다는 증거라고 할 수 있다. 시 전체의 농가에 대한 퇴비의 사용률은 아주 근소하지만, 지역의 특성을 살려 독자적인 순환 시스템을 쌓아 올린 사례로서 평가할 수 있다.

폐기물 처리시설 정비를 향한 나가노현(長野縣) 주신지구(中信地區)에 있어서의 새로운 시도

시설입지의 문제점

필자는 이제까지 후쿠시마현(福島縣) 내를 중심으로 하여 폐기물 처리시설의 입지계획에 관한 조사를 해 왔다. 주변주민과 사업자 측이 주요 쟁점으로 하고 있는 것은, 환경영향이나 지역에 대한 경제적 영향의 문제, 처리되는 폐기물의 발생장소 문제, 사업주체의 경영적 안정성, 절차상의 문제 등의 네 가지로 정리된다.

문제는 이러한 쟁점에 대해 충분한 정보제공이나 의견교환의 무대가 설정되어 있는가 하는 점이다. 먼저 근본적인 문제는 시설이 초래하는 환경오염이나 기타 재해에 따른 안전성에 관한 정보가 충분히 제공되어 있지 않다는 점이다. 또한 사업자 측에서 제공되는 정보 중에는 '왜 거기에 처분장이 필요한가'라는 주민의 질문에 대답할 만큼의 재료가 없다. 이래서는 NIMBY(Not In My Backyard) 증후군이 발생해도 당연할 것이다.

당초계획의 백지 철회

나가노현이 당초 '주신'(中信 : 신슈(信州) 지역의 중앙이란 뜻)지구에서 추진하고 있던 사례도 입지선정에 관한 문제점을 안고 있었다. 나가노현에서는 1993년에 설립된 현(縣)의 폐기물처리사업단이 마쓰모토시(松本市)에서 10km 정도 북쪽에 위치하는 도요시나정(豊科町)에서 입지계획을 추진하여, 환경영향평가도 행하기에 이르렀다.

그러나 이 사이에 지역주민에게는 폐기물 반입계획의 타당성, 처분장의 필요성, 입지선정 프로세스의 경위 등 정보는 거의 제공되지 않았다고 한다. 또한 처분장 입지에 의한 환경영향에 대해서도 종래와 같은 환경영향평가에 의한 결과만으로 중요 유해물질에 의한 영향은 충분히 고려되지 못했다. 이와 같은 상황에 지역주민의 일부는 반발하고, 도요시나정(豊科町) 내의 지구 안에서 시설입지의 옳고 그름을 묻는 주민투표가 행해졌다. 지구에 따라서는 찬성이 반대를 상회했지만, 결과적으로 반대가 대다수를 점하는 지구가 많아 당초의 입지계획은 암초에 걸렸다. 그래서 2000년 10월에 현지사(縣知事)에 취임한 다나카 야스오(田中康夫) 씨는 하라시나 사치히코(原科幸彦) 도쿄공업대학대학원 교수(환경계획론)에게 검토위

나가노현 주신지구 폐기물 처리시설 검토위원회의 모습(2002년 6월)

원회의 위원장을 의뢰하여 기본적인 운영방침을 모두 맡기게 되었다. 하라시나 교수는 이 계획을 일단 백지로 돌리고, 새로운 검토 프로세스를 추진하는 검토회를 설치하도록 제안했다.

전문가와 지역주민으로 구성된 검토위원회의 설치

위원회는 전문가와 공모에 의한 지역주민으로 구성하기로 하고, 필자를 포함한 현 내외의 전문가 7명이 '공모위원 선출회'를 구성했다. 현 내 전체에 위원의 공모를 요청한 바, 36명의 응모가 있었으며, 가능한 한 다양한 의견을 반영할 수 있도록 배려하여 전형한 결과, 12명의 공모위원을 선출했다. 일반주부와 지역의 환경단체 관계자, 대상지역 내의 지방자치단체장, 기업관계자, 전문가에 가까운 대학교수, 학생 등 폭넓은 층이 위원으로서 더해졌다. 또 위원회의 사무국은 실적이 있는 민간 컨설턴트에 위탁함과 동시에 심의의 과정 및 정보를 모두 공개하는 것을 원칙으로 했다. 그러기 위해서, 모든 심의에 대해서 방청을 인정하고, 심의과정은 지역의 케이블TV로 방영했다. 자료, 의사록은 인터넷으로 공개함과 동시에 공모위원을 편지위원으로 하는 뉴스레터를 수개월에 한 번 정도 발행하여 심의의 투명성을 도모했다.

2001년 5월 27일의 첫 회합 이래, 회합은 2주간에서 1개월에 한 번의 간격으로 개최되어, 2002년 9월말 현재 25회의 위원회와 함께 3회의 현지조사와 일반폐기물의 조성조사(助成調査)를 해 왔다. 이와 병행하여, 일반폐기물 감량지침이나 산업폐기물 감량목표의 검토에는 해당지역의 전문가나 공모위원, 그리고 위원 외의 환경단체 등으로 구성된 워킹그룹(working group)이 정력적으로 개최되고 있다. 또 위원회에서는 공모위원으로 뽑히지 못 했던 응모자들의 의사표명의 기회를 만듦과 동시에 다양한 관계자로부터 실제 상황이나 의견을 듣는 기회를 만들었다.

폐기물 처리에 관한 정책·계획 수준의 검토

검토위원회에서는 처음부터 처분장 입지의 시비에 대해서 논의하는 것이 아니라, 먼저 문제의 상류에 있는 폐기물 발생상황을 파악하고, 있을 수 있는 처리계획을 검토한 다음 시설의 필요성을 논의한다고 하는 방식을 취했다.

초기단계에서는 위원 전체가 폐기물 문제에 관한 지식을 공유한다고 하는 목적에서, 기본적인 용어의 설명이나 국가 전체의 폐기물 처리 동향, 현(縣)의 폐기물 처리계획 등과 함께, 도요시나성(豊科町)에 건설이 예정되어 있던 처분장의 기본방침이나 반입계획에 관해서도 설명이 이루어졌다. 이 가운데 개개의 위원이 의문을 해소하면서 의견을 서로 내놓았다. 특히, 당초 현 사업단에 의해 예정되었던 처분장의 건설계획에 대해서는 기초가 되는 데이터가 너무 오래되었다는 점, 폐기물의 발생억제를 고려하고 있지 않는 점 등의 의견이 줄이어 나왔다.

이러한 의견을 받아, 먼저 폐기물 발생량의 실태를 파악하는 것부터 시작해서, 배출억제, 재자원화의 가능성을 검토해 갔다. 일반폐기물에 대해서는 지구 내의 시정촌에 대한 설문조사나 타 지역의 선진사례를 검토하고, 산업폐기물에 관해서는 배출사업자에 대한 청취조사와 현지조사 등을 실시하여 폐기물 종류마다의 배출억제와 함께 재자원화에 의한 최종 처분량의 삭감을 검토했다.

더욱이 그 후 지역 내에서 필요해지는 중간처리시설의 내용을 검토함과 동시에, 입지 가능한 지역을 추출하기 위해 법 규제나 각종 계획 등을 참고로 하여 제외해야 할 지역의 리스트를 뽑아냈다. 앞으로 대상지역을 더욱 추출하여 복수의 후보지를 내놓은 다음, 전략적 환경영향평가라고 불리는 수법으로 후보지를 상호 비교하고, 최종적인 후보지를 선정하는 프로세스가 예정되고 있다.

시도의 성과와 과제

이제까지의 대응에서 나타난 성과로서 다음의 세 가지를 들 수 있다. 먼저, 폐기물 문제의 상위단계에서부터 검토를 개시하여, 폐기물의 발생억제나 재자원화의 모든 가능성을 추구한 것이다. 검토위원회의 논의에서는 자주 폐기물을 배출하는 사업자의 대응에 대해서도 검토하여 폐기물의 양을 최소한으로 삭감할 것을 목표로 했다.

둘째로, 폐기물 분야를 넘어서 폐기물의 발생억제, 재자원화의 가능성을 재평가했다. 폐기물의 발생억제에 대해서 논의를 해 나가면, 폐기물 문제가 자체의 틀을 넘어서 지역 전체의 사회기반이나 산업구조까지 검토하지 않을 수 없게 된다. 이러한 경향은 산업폐기물의 처리에 있어서 현저하다. 예를 들면, 하수도 오니(汚泥)의 처리에 대해서는 이미 책정되어 있는 하수도계획에서 전제가 되었던 소각처리를 재검토하고, 시멘트 재료로서 이용하는 것으로 재자원화할 것을 제안했다.

셋째 성과로서, 지역주민과의 정보교류가 진전을 이룬 점이다. 검토위원회의 초기의 논의에서는 지역주민에서 선발된 공모위원으로부터 현이나 폐기물사업단의 폐기물 행정에 대한 대응에 대해서 의문이나 비판이 곧잘 제기되었다. 그러나 검토가 추진되는 과정에 각각의 입장에서 정보나 의견을 서로 교환하고, 서로의 입장이나 생각을 이해하는 방향으로 점차 나아가고 있는 것으로 생각된다. 그것은 현 담당부국의 직원이 검토위원회에 매회 출석하고, 위원회에서 내놓은 의문이나 의견에 대해서 회답에 힘씀과 동시에 주민으로부터 요구가 있었던 자료와 정보에 대해서는 기본적으로 모두 제공한다고 하는 자세가 하나의 원인이 되었다.

맺으며

현재 추진되고 있는 국가 전체의 큰 흐름은 처리해야 할 폐기물이 일정량 존재하는 것을 전제로, 광역화에 따른 대규모적인 소각처리나 획일적인 기술 대응을 하려고 하고 있다. 거기에는 지역의 얼굴은 보이지 않는다. 그러나 쓰레기문제의 해결을 위해서는 쓰레기를 배출하는 측의 삭감노력이 대전제이며, 그 위에서 어쩔 수 없이 배출되는 쓰레기에 대해서, 지역특성을 고려한 재자원화나 처리

시스템을 구축해 가는 것이 중요하다. 사례로서 제시된 야마가타현 나가이시나 나가노현 주신지구의 시도에서는 시민이 주체적인 관여를 하는 속에서 지역에 요구되는 자원순환이나 폐기물 처리의 참모습을 모색하고 있으며, 새로운 방향을 모색하기 위한 실마리를 부여하고 있는 것이 아닐까? 지역자원의 특성에 부응한 시스템을 구축하기 위해 가장 효과적인 것은 지역 독자의 발상을 허용하는 구조를 만드는 것이다. 그러한 의미에서 쓰레기 문제를 한 번 더 지역의 시점에서 다시 받아들여 볼 필요가 있다.

〈참고문헌〉

山本節子, 『ごみ処理広域化計画 ― 地方分権と行政の民営化』, 築地書館, 2001, p. 220.

北村喜宣, 『自治体環境行政法(第二版)』, 良書普及会, 2001, p. 322.

関口鉄夫, 『ゴミは田舎へ？』, 川辺書林, 1996, p. 250.

田口正己, 『ごみ問題の政策争点 ―「リサイクル社会」論から「経済的手法」』, 自治体研究社, 1996, p. 363.

原科幸彦, 「長野県における廃棄物処理計画への住民参加」, 環境と公害第31巻2号, 2001, pp. 42～43.

村山武彦, 「公共事業における合意形成 ― 廃棄物処理施設の立地を例に」, 自治体学研究第79号, 1999, pp. 42～48.

Munton, D., *Hazardous Waste siting and Democratic Choice, Georgetown University Press*, 416 pp., 1996.

Dante, D. et al., *Waste and the Backyard : The Creation of Waste Facilities-Success Stories in Six European Countries*, Kluwer, 223 pp., 1998.

B・サドラー＝R・フェルヒーム／原科幸彦監訳, 『戦略的環境アセスメント』, ぎょうせい, 1998, p. 219.

공공사업

[탈 댐] 나가노에서 묻는 자치 시스템

호세이대학 법학부 교수
이가라시 다카요시(五十嵐敬喜)

2002년 9월 1일, 나가노현(長野縣)에서 대립후보와의 압도적인 표차로 다나카 야스오(田中康夫) 지사가 재선되었다. 실질적인 정책쟁점이었던 '탈 댐 선언'에 대한 나가노현 주민의 판단은 오랜 동안 일본 사회를 규정해 온 '공공사업'에 대한 시민과 단체장의 공동 이의신청으로서 자치론이란 측면에서 보아도 아주 큰 전환점을 연출했다고 생각된다. 더욱이 이것은 사실 나가노현(長野縣)에 머무는 것이 아니라, 마찬가지로 의회 내 소수파로서 '도로공단 민영화'를 비롯한 공공사업개혁에 대응하고 있는 고이즈미(小泉) 수상의 '성역 없는 구조개혁'(聖域なき構造改革)과도 공통되는 논점, 즉 누구나가 개혁의 담당자이며, 그것은 어떻게 하면 실현할 수 있을까라는 질문과 그에 대한 대답을 시사하고 있다고 생각한다. 그래서 본고에서는 자치의 관점에서 나가노의 드라마를 분석함과 동시에 필요에 따라 고이즈미(小泉) 수상의 도로공단개혁에 대해서도 언급하기로 했다. 두 가지 개혁은 일본의 정치적 미래를 점칠 수 있는 현상으로서 주목받아야 할 것이다.

댐과 관료지배

'탈 댐' 선언이란 다나카 지사(田中知事)가 첫 지사선거 때에 '공공사업'을 재검토한다는 공약에 기초하여, 9개 현영(縣營) 댐 건설의 중지를 요구한 것이었다. 일반적으로 말하면 지자체의 대표자인 지사가 자신이 관할하는 사업에 대해 '중지'를 선언한 것이기 때문에 누구나가 당연히 중지할 수 있다고 생각할 것이다. 특히, 이른바 기관위임사무를 대신하여 자치사무가 기본이 된 현대 지방자치단체의 행정, 혹은 댐에 관한 1997년의 개정 하천법의 주민참여 중시의 자세 등을 보면 지사의 중지선언은 그대로 실현되는 듯이 보였다. 그러나 현실은 그렇지 않았다.

(1) 댐 계획은, 사업결정이 하천법(단, 나가노현의 경우 개정 전의 하천법에 의한 것이지만, 현재는 신하천법(新河川法)으로 절차를 밟게 되어 있다.)에 의해 국토교통대신의 하천정비 기본방침에 기초한 하천정비계획에 적합하지 않으면 안 되며, 이러한 절차 없이 지자체는 어떠한 사업도 합법적으로는 행할 수 없다.

(2) 관료지배는 인허가뿐만이 아니라, 보조금에도 관철되고 있다. 현영(縣營) 댐의 경우, 비용부담은 지자체 50%, 정부 50%이다. 단, 지자체의 50%(지방채) 중 정부는 70% 정도를 이른바 뒤에서 부담(지방교부세로 처리)하므로 지자체의 지출은 불과 15%에 지나지 않는다. 200억 엔의 댐을 30억 엔으로 만들 수 있다. 이것이 지자체가 댐(과소채 등을 포함해 공공사업의 재정은 모두 이와 같은 구조로 되어 있다. 또한 고규격도로(高規格道路)의 경우, 지자체 부담은 제로)에 달려드는 큰 이유였다.

댐 중지의 경우, 이미 사용하고 있는 보조금을 반환해야 하는가의 여부는 「보조금에 관계된 예산집행의 적정화에 관한 법률」(보조금적정화법)의 해석이 문제가 된다.[1] 나가노현의 재정은 현재 극히

1) 보조금의 반환에 대해서 정부는 적정한 절차 즉 국토교통성이 정하는 기준에 기초하여 지자체마다 설치된 '사업평가위원회'의 심사를 거쳐 '중지'라고 판단된 것에 대해서는 반환을 요구하지 않는다는 조치를 취하고 있다. 이제까지 '사업평가위원회'의 대부분은 건설속행이라고 평가해 왔으므로, 이러한 문제가 부상되는 경우는 없었지만, 나가노현처럼 '사업평가위원회' 이외의 절차로 사실상 중지 결정된 것에 대해서는 어떠한 조치가 취해질지 불명확하다.

위기적인 상황에 있어, 이러한 가운데 만일 보조금 반환을 해야[2] 하는 사태에 이르면, 나가노현은 도산하게 될 것이라고 한다.

(3) 의회는 예산안이나 조례안을 부결하는 권한을 갖고 있다. 댐 건설의 촉진을 부르짖는 의회는 지사가 댐 건설 예산을 삭감한 것에 대항하여, 예산을 부활가결한 다음, 그 집행을 밀고 나갔다. 또 댐에 대한 옳고 그름을 심의할 수 있는 나가노현 치수(治水)·이수(利水) 댐 등 검토위원회 조례를 의원입법으로 가결했다[3]. 그들은 여기서 댐 지지파가 이기도록 획책했다.

(4) 각 지자체의 토목부는 통상 국토교통성에서 내려오는 파견 공무원이 부장을 맡고 있다. 이 파견공무원이 지자체의 사무를 사실상 장악하고 있다. 국가와 지자체는 다른 주체가 아니라, 조직적으로 한 몸인 것이다. 이 일체성은 보조금 신청이라는 돈에 관계된 것뿐만 아니라, 댐 건설을 중지할 것인지 말 것인지에 대한 이론투쟁에서도 민감하게 나타났다.

댐 건설의 근거가 되고 있는 '기본고수'(基本高水 : 어느 정도의 비가 오면, 어느 정도의 유량(流量)이 있는가에 대한 계산. 최대 홍수 유량)는 국토교통성이 결정하는 것이며, 지자체는 그것을 좌우할 수 없다[4]는 것이다.

---

2) 나가노현의 재정은, 이대로 간다면 2004년도에는 재정재건단체로 전락한다고 할 정도로 위기적인 상황에 있으며, 나가노현 토목부 하천과의 예산도 종래의 하천행정을 유지할 수 있을지 어떨지 걱정될 정도로 궁핍해 있다. 이와 같은 재정 상태를 생각하면 사업을 계속하는 것도, 사업을 중지해서 하천개수 등의 대체안을 실시하는 것도 모두 곤란하다.

3) 지사는 그 집행을 보류했다. 또한 학설은 이제까지 의회는 제출된 예산의 감액가결은 가능하지만, 증액가결은 집행이 담보되지 않으므로 가결할 수 없다고 하고 있다.

4) 기본고수(基本高水) 논쟁에는 위원회 및 부회를 포함한 전체 심의시간 중 대부분의 시간이 소모되었다. 마지막에는 건설파와 중지파의 쌍방에게 절대적으로 타협이 없는 '신들의 논쟁' 상태가 되었다. 답신에는 쌍방의 기본고수를 병기했다. 또한 이 논쟁은 치토세가와 강(千歲川) 방수로, 가와베가와 강(川辺川) 댐

2000년 4월 지방분권 일괄법하에서, 일본에서도 자치·분권의 방향에 큰 변화가 있었다. 그러나 위에서 본 바와 같은 논점이 지금도 존재하고 있는 댐(공공사업)의 관치이론(官治理論)이자 현실인 것이다.

듀 프로세스

다나카 나가노현 지사는 이와 같은 관치(官治) 지배망을 깨기 위해서 다음과 같은 수순을 밟았다. 이것이 듀 프로세스(due process)이다.

(1) 2000년 10월 15일, 지사선거에서 공공사업의 재검토를 공약하여 당선.

(2) 2001년 2월 20일, '탈 댐' 선언에 따라 9개의 현영 댐 건설의 중지를 발표. 또한 3월 7일, 국토교통성에서 파견 나온 토목부장을 사실상 경질시킴.

(3) 지사는 조례에 기초하여 나가노현 치수·이수 댐 등 검토위원회를 설치. 6월 25일, 제1회 검토위원회가 개최되어, 지사는 9개 하천의 종합적인 치수·이수 대책 등에 대해 자문.

(4) 위원회는 14회 위원회, 아사카와 강(浅川)에 대해 13회의 부회(部會)와 1회의 공청회, 도가와 강(砥川)에 대해서 13회의 부회와 3회의 공청회를 개최한 뒤, 2002년 6월 7일, 양 댐의 건설중지를 답신.

(5) 답신을 받은 지사는 6월 25일, 양 댐의 건설중지를 발표.

(6) 7월 5일, 의회는 이에 대해 반발하고, 44 대 5로 지사불신임 가결(댐 건설 찬성인가 반대인가로 보면 55 대 5가 된다.[5]).

등 전국으로 펼쳐 나갔는데, 국토교통성은 스스로 중지한 댐을 포함하여, 이 기본고수를 수정·철회한 예는 한 건도 없다.

5) 나가노현 의회의 이번 불신임은 너무나도 근거가 희박했다. 지사는 5명의 의원을 위원으로 하여 임명한 다음, 적정한 프로세스를 밟았다. 이에 대해 의원은

(7) 7월 15일, 지사는 의회 해산인가, 지사 실직인가라는 선택안 중에서 실직에 의한 지사선거 재출마를 선택, 9월 1일, '이념은 공유하지만, 방법이 잘못되었다'라며 현 의회에서 민 후보를 약 82만표 대 약 40만표의 큰 차로 이기고 다시 지사에 당선.

이상이 사태의 추이인데, 이 프로세스를 보면 누가 보더라도 지사의 절차에는 과실이 없고, 오히려 반대로 '의회'에 많은 의문이 있다는 데에 동의할 것이다.

위원회 방식의 가능성과 한계

지사는 종래와 같은 공공사업을 변경하기 위해서는, 앞서 본 포위망, 즉 시스템과 대결하지 않으면 안 된다. 시스템과 대결한다는 것은 보다 구체적·최종적으로 말하면 댐 중지와 대체안 실시를 위한 조례나 예산을 통과시킨다고 하는 것이지만, 위원회(의회의 반대로 간단히는 통과되기 어려울 경우, '위원회'를 이용한다고 하는 방법을 생각할 수 있다.)나 심의회 방식은 이제까지도 관료가 자기 정책의 정당성을 높이기 위해 많이 이용해 왔다. 그러나 이번은 다르다. 다나카 지사는 조례로서 그 설치를 어쩔 수 없이 하게 된 것이지만, 결과적으로는 댐 중지가 답신됨으로써 '탈 댐'의 정당성을 높이는 데 성공했다. 한편 고이즈미 수상도 '도로 관계 4개 공단 민영화 추진위원회'를 설치하고, 매스컴에 대해 영향력이 큰 작가인 이노세 나오키(猪瀬直樹)를 위원으로 기용하고, 그것을 정치적으로 이용했다. 즉 이러한

위원회에서 심의할 뿐만 아니라, 종종 의회에서 지사나 토목부장에게 질문하고 위원회 심의를 외부에서 흔드는 등 위원회의 중립성이나 불가침성을 침범하고 철저하게 정치적으로 이용했나.

수법은 의회 내 소수가 의회 내 세력을 뛰어넘어 직접 국민에게 호소하는, 바꿔 말하면 관료나 의회가 저항하기 어렵도록 하는 수법으로서 되살아난 것이다. 거기에는 다음과 같은 조건이 필요했다.

(1) 관료를 위원으로 하여 기용하지 말고, 사무국으로서 어디까지나 중립적인 입장으로 세운다.

(2) 철저하게 정보를 공개하고, 공청회, 설문조사, 여론조사 등 모든 방법으로 시민의 참가를 도모한다.

(3) 전문적인 지식을 동원하고 새로운 사상이나 재평가의 기준을 확립한다.

이러한 조건은 정보를 공개하여 전문적인 지식의 도움을 받으면서 충분히 논의하면 시간이 걸릴 수는 있어도, 언젠가 하나의 올바른 결론에 이른다고 하는 예측에 서 있다. 그러나 필자의 체험을 바탕으로 보면, 나가노현의 댐 위원회의 경우, 이 가운데 성공한 것은 1뿐이다. 2의 경우는 미묘하고, 3의 경우는 거의 성공하지 못했다.

댐 위원회는 일찍이 어떠한 위원회도 한 적이 없는 충실한 주민참여를 이루었다. 하지만 예상과는 반대로(반대라고 해야 할지, 예상대로였다고 해야 할지), 주민참여는 하면 할수록 논의가 확산되어 찬반은 첨예하게 대립했다. 댐 건설을 인정해야 할지 부정해야 할지는 앞서 본 '기본고수'(基本高水) 논쟁과 직결되어 여기에 대부분의 시간을 소모했지만, 국토교통성 및 나가노현 토목부의 강력한 저항도 있어서 '신들의 논쟁'처럼 전혀 맞물리지 않는 채로 되었다. 그 때문에 다른 중요한 요인인 '재정', '환경', '안전성', '삼림' 등의 논점은 거의 논의되지 않은 채로 끝났다.[6]

6) 五十嵐敬喜, 「政策転換の手法」, 『世界』, 2002年 3月号, p. 158 참조. 여기에서는 나가노현 치수·이수 댐 등 검토위원회와 도로관계 4개 공단 민영회 추진위원

그런데 이 밖에 한 가지 더 논의를 복잡하게 한 것으로서, 공사중지에 의한 영향 혹은 보상을 어떻게 생각하는지의 문제가 있었다. 공사중지는 계획단계인 것이라면 어렵지 않다. 그러나 댐으로 치자면 아사카와 댐, 도로로 치자면 다이니토메이 도로(第二東名道路) 등, 이미 공사에 착수하여 상당한 정도 진척되어 있는 경우에는 중지 논의는 아주 어렵게 된다.

댐의 경우, 앞서 본 바와 같이 이미 받은 국고보조금의 반환, 공사중지에 따른 종합공사업자(general contractor)에 대한 배상, 주민에 대한 보상(용지매수, 이제까지의 토지이용의 제한 등)이 문제가 된다.

도로의 경우는, 이를 중지하면 도로계획과 관련된 토지구획정리사업이나 도시재개발사업, 혹은 인터체인지 부근의 슈퍼 등의 진출계획 등, 이른바 마을만들기 전체에 대해 결정적인 영향이 발생한다. 더욱이 영향을 미치는 장소가 댐과 같은 한 곳이 아니라, 다이니토메이(第二東名) 고속도로·메이신(名神) 고속도로 같은 것을 보면 도쿄에서 나고야(名古屋), 나고야에서 고베(神戸)까지의 연선 전체의 시정촌에 미친다. 게다가 이러한 연선은 부분적으로 병용할 수 있을 정도로 거의 완성되어 있는 곳도 있거니와 용지매수조차 되어 있지 않은 곳도 있다. 공사를 완성시키기 위해서 약 7조 엔이라는 거액의 자금을 필요로 하며, 게다가 개통 후 채산이 맞지 않을 것은 확실하다. 또 이를 중지한다고 해도 거대한 콘크리트 건축물은 벌써부터 현대판 만리장성이라는 목소리가 들려올 정도로 무용지물이 된 것이다.

공공사업에 관한 법률을 보면, 실제로 흥미로운 사실을 알 수 있다. 하천법, 도로법 등의 수백 개에 이르는 공공사업은 사업을

회의 '가능성과 한계'를 다루었으며, 현대정치 특히 변혁기의 현대정치를 해석했다.

계획하고 실시하는 것에 대해서는 만전을 기한 법체계로 되어 있다. 그러나 중지에 관해서는 한 줄의 조문도 없으며, 사후적인 조치에 대해서는 전혀 생각하고 있지 않다는 점이다. 이제까지 공공사업이 중지되는 것 등은 생각지도 못했는데 그 대가를 치르게 된 것이다. 이를 해결하려면, 국회에 의한 법률의 정비 등이 필요하며, 지자체의 위원회 수준에서는 거의 대처할 방도가 없다.

중요한 것은 중지하기 위한 법률이 완성되기까지의 동안에, 해결 방법이 없다는 이유로 무조건 공사를 속행한다고 하는 목소리가 강해져 간다는 것이다. 나가노현에서는 관계 시정촌은 보상이 불가능하다는 등의 이유도 포함해서 공사의 속행을 강하게 주장했다. 도로의 경우는 댐 이상으로 이제까지 해 온 이상, 새삼스레 건설을 중지하는 것은 반대라는 입장을 취하여, 지자체의 건설촉진 단결을 공고히 하고 있다[7]. 자치의 공동화는 이와 같은 법의 정비부족·결함 등으로도 가속화된다.

의회와 정당의 괴멸

의회의 지사 불신임과 이를 받아들여 실시된 나가노현 지사선거는 이제까지 그다지 보이지 않았던 '질병'을 시민에게 분명히 노출시켜 보여준 커다란 드라마였다. 그것은 의회는 당치않게 민의에서 벗어

7) 과거에는 지방자치단체도 정부 정책의 일익을 담당하여 공공사업추진에 힘써 왔지만, 최근에는 재정위기 등도 있어서 정책평가 기법 등을 활용하면서 공공사업 등에도 칼을 대기 시작하고 있다. 미야기(宮城), 미에(三重), 고치(高知), 돗토리(鳥取) 등의 현지사(県知事)는 분권의 기수이자, 개혁의 대표선수로 간주되어 왔다. 그러나 이 도로에 대해서만큼은 왠지 그들 개혁파도 건설촉진의 입장에 서 있다(→본서 인터뷰 「'녹색 고용'과 일본의 미래 — 와카야마현 지사 키무라 요시키(木村良樹)에게 듣는다」). 또 五十嵐敬喜, 「道路公団民営化推進の課題」, 『時事トップコンフィデンシャル』, 2002年 9月 17日号, p. 6 참조.

나, 고색창연한 게다가 흉폭한 수구의 요새가 되었다는 사실이다. 공공사업을 보고 있자면, 이사하야완 만(諫早湾) 간척사업 문제의 나가사키현(長崎縣), 나가라가와 강(長良川)의 아이치현(愛知縣) 등 지사뿐만이 아니라 의회도, 혹은 의회야말로 최강의 추진모체가 되어 왔다는 것을 알 수 있다. 나가노현 의회도 그러한 의미에서는 전국과 동일한 의회이지만, 60명 중 55명(그중에는 중앙 차원에서는 댐에 반대하고 있는 민주당이나 사회민주당을 포함)이라는 대다수가 의안을 부결하고, 그뿐 아니라 근거 없는, 전혀 이유 없는 불신임을 들이민 의회로서 지방자치단체 역사에 길이 기억되어야 할 것이다.

의회를 어떻게 볼 것인가? 헌법은 국회를 '최고의 유일한 입법기관'(제41조)이라고 하고 있다. 삼권 중에서 의회 우위의 구조는 의원내각제의 국회뿐만이 아니라, 대통령제를 취하는 지방의회에서도 마찬가지이다. 지사불신임도 좋게 말하면 이 의회우위성을 지렛대로 삼은 것이다. 그러나 지사 선거의 재실시에서는 시민이 의회에 불신임을 안겨줬다. 이 선거는 최근의 각종 설문조사 등에서 보였던 시민의 압도적인 의회 혹은 정치에 대한 불신감을 단순한 분위기가 아니라 현실로서 실증한 것이다. 이것은 정치학 혹은 헌법학 등이 의회우위를 당연한 전제로 해 온 학문에 대한 본질적인 문제제기가 된다.[8)]

문제는 세 가지로 나뉜다. 첫 번째는 단적으로 말하면, 간접민주주의를 전제로 한 의회주의는 앞으로도 유효한가 하는 것이다. 바꿔 말하면, 실로 지사 선거에서 보였던 것처럼, 직접민주주의 쪽이 민의(국민주권)를 나타내는 것이 아닐까? 두 번째 의문은 이것보다도

8) 이 문제제기를 헌법 차원에서 받아들여, 논헌론(論憲論)으로 체계화한 것으로서 五十嵐敬喜, 『市民の憲法』(早川書房, 2002) 참소.

더 작고 복잡하며 게다가 현실적이며, 그 해결을 서두르는 문제이다. 시민은 이번 지사 선거에서는 '탈 댐'을 들고 나온 다나카 지사를 선택했다. 그러나 이 다음 현의회 선거(2003년 4월)에서는 누구를 선택하는 것일까? 2002년 12월 현재의 예측으로는 다소의 변화는 있더라도 다음번에도 또 댐 건설촉진을 들고 있는 의원이 선출될 것이라고 보고 있다. 같은 시민이 다른 투표를 한다. 즉 지사선거에서는 댐 반대의 지사, 현의회 선거에서는 댐 찬성의 의원을 선택한다.[9] 이렇게 되면 지사는 댐을 중지하고 하천개수 등을 하기 위한 예산이나 조례를 제안해도 의회에서 부결되므로 이전과 마찬가지로 '탈 댐'을 실시할 수 없다. 장기에서 볼 수 있는 '같은 수의 반복'인 것이다. 이렇게 꼬인 것은 현행법으로는 해결할 수 없다.

그리고 마지막 세 번째 문제도 아주 어렵다. 그것은 의회우위의 근대정치를 지탱하는 본질적 장치가 부서졌다고 하는 것이다. 정당은 이제까지 '정당정치'라고 불리는 것처럼 민주주의의 원칙 속에서 의회를 구성·운영하기 위한 본질적인 요소라고 생각되어 왔다. 이에 대해서 최근에는 특히 지방선거에서는 '지지 정당이 없는 세력'으로 상징되는 것처럼 정당이탈이 두드러졌다. 이번 나가노현의 지사 선거에서는 이것이 극단적으로 진행되었다. 선거결과는 의회도 정당도 괴멸된 것이다.

9) 더욱이 이 동안 나가노현 민의의 변화를 지적하는 것으로서 木佐芳男, 『田中康夫戦いの手の内』(情報センター出版局, 2002), 保屋野初子, 「長野で起こった初めての市民革命」, 『週刊金曜日』, 2002年 9月 6日号, p. 54, 「'進化'する有権者が変える ― 長野·田中康夫知事再選で見えてきたもの」, 『地方自治職員研修』, 2002年 11月号, p. 13, 内山卓郎, 「『長野の変』とマスメディア」, 『世界』, 2002年 11月号, p. 224 등이 있다.

이들 보고는 다나카 지사의 선거에 초점을 맞춘 것이지만, 변화의 근저에는 자유민권운동 이래 나가노현의 농민운동이나 교육운동 등 혁신적인 분위기가 있다고 하는 지적도 있다.

앞으로의 정책과제와 자치

2002년 9월, '탈 댐'이 이겼다. 그러면 이것은 어떻게 하면 실행할 수 있을까? 댐 위원회의 답신은 댐 대신에 하천의 준설이나 개수를 제안했다. 먼저 지사는 이것을 앞에서 본 몇 가지나 되는 포위망을 넘어서 실시해 나가지 않으면 안 된다.

국고보조금은 반환하지 않으면 안 되는 것인가? 국토교통성은 대체안을 인가할 것인가? 종합공사업자 관계에 대한 공사중지에 따른 손해배상은 어떻게 할 것인가?

주민과의 사이에서 이제까지 계약한 용지매수 등의 해약경비 이외에도 이제까지 댐 건설을 전제로 방치되어 온 인프라 정비, 토지이용규제, 혹은 이제까지 주민이 겪은 고뇌에 대한 위자료 등을 어떻게 할 것인가? 이러한 것들은 '부(負)의 유산' 처리의 문제이다.

부의 유산 문제를 더욱 크게 말하면, 관계 당사자의 문제뿐만이 아니라, 고용이나 지역경제의 쇠퇴를 어떻게 할지의 문제와 연결된다. 이것은 공공사업의 중지나 축소에 따라 불가피하게 발생하는 것으로, 이 대책을 방치하면, 의회나 이익단체뿐만이 아니라 불황으로 고통받는 모든 주민을 적으로 돌리게 된다.

그리고 이를 가속하는 결정적인 사태가 찾아오려 하고 있다. 나가노현은 이대로 가면 2004년에는 '재정재건단체'로 전락한다. 이 빚지옥(이는 주로 올림픽에 관계한 공공사업에 의해 만들어졌다.)에 대해 나가노현은 "2002년도 예산의 재정구조를 전제로 했을 경우의 중기재정시산(中期財政試算)에 있는 대로 철저한 재정개혁을 하지 않을 경우에는 2003년도에는 기금이 바닥나서 적자 단체가 되며, 2004년도 이후에는 거액의 재정적자가 누적되어 재정재건단체(본

텐류가와 강 수계 도가와 강

	A안 (댐+하천개수안)	B안 (댐에 의존하지 않는 하천개수 단독안)
재정적 시점 치수대책에 대해서 ① 비용총액 ② 나가노현 부담	① 약 236억 엔 ② 약 64억 엔	① 약 15억 엔 ② 약 5억 엔(국고보조사업의 경우) 약 6억 엔(현 단독사업의 경우) 댐을 중지했을 경우, 나가노현의 부담분(일반재원)은 산출할 수 있는 범위에서 최대 약 41억 엔

신노가와 강 수계 아사카와 강

	A안 (댐+하천개수안)	B안 (댐에 의존하지 않는 하천개수 단독안)
재정적 시점 치수대책에 대해서 ① 비용총액 ② 나가노현 부담	① 약 257억 엔 ② 약 74억 엔	① 약 128억 엔 ② 약 44억 엔(국고보조사업의 경우) 약 115억 엔(현 단독사업의 경우) 댐을 중지했을 경우, 나가노현의 부담분(일반재원)은 산출할 수 있는 범위에서 최대 약 421억 엔

그림 1. 나가노현 치수·이수 댐 등 검토위원회 '종합적인 치수·이수 대책에 대해서(답신)'

현에서는 재정적자가 이미 250억 엔을 넘으면, 국가의 지도하에 재정재건을 하게 된다. 회사경정법(會社更正法)의 적용을 받아 민간기업이 재건을 하는 경우에 상당)로 전락하고 맙니다."[10]라고 고백했다. 알기 쉽게 말하면, 지자체 도산이라는 절대적인 위기 속에서 게다가 의회와의 대립구조를 안은 채로 지사는 댐에 대신하는 식림, 하천개수 등의 종합적 치수·이수 정책을 실시해 나가야만 한다. 재실시한 지사 선거에서의 지사의 공약은 "'파괴형 자치'에서 '창조형 자치'로"였다. 나가노현은 어떻게 해서 진정한 '자치'로 나아갈 것인가?

10) 「長野県財政改革基本方針」(2002년 4월) 참조.

공공사업
[개혁]
지방분권하에서의 공공사업의 참모습

시마네대학 법문학부 교수
호보 다케히코(保母武彦)

시작하며

공공사업은 지방분권론의 중요한 초점의 하나이다. 적어도 일본에 있어서는 그렇다. 왜냐하면 일본이 여전히 '공공투자국가'라는 기본적 성격을 갖고 있기 때문이다.

일본의 공공사업정책은 1960년대, 고도성장기의 사회자본 내실화 정책에서 본격적으로 시작되어, 그 후의 저성장기나 불황기에 경기대책으로 팽창해 왔다. 그 결과, 공공사업비가 국민경제나 재정에 차지하는 비율은, 여러 선진국가들의 그 비율에 비해서 2배에서 3배나 높게 지켜왔다. 그것은 미국의 '군사국가', 영국의 '복지국가'에 대해 일본이 '공공투자국가'라고 특징지어진 이유이다.

지방분권은 행정사무의 분권과 재원의 분권(재분배)이 조화를 이룸으로써 아주 잘 진행되는 것이지만, 재원의 분권화가 좀처럼 추진되고 있지 않다. 그 한 가지 원인은 공공사업 문제에 있다. 거대한 공공사업비가 가져온 국가재정의 파탄이 중앙정부로 하여금 재원의 지방이양을 주저하게 하고 있기 때문이다. 현재, 지방으로의 세원이양이 정부 내부에서 검토되고 있지만, 이양재원의 밑천으로 국고보조금을 예상하고 있는 데에도 정부의 주저가 나타나고 있다. 또 공공사업을 둘러싼 이권(利權)과 정계(政界)·관계(官界)·업계(業界)·학계(學界)의 유착이 공공사업개혁의 걸림돌이 되고 있다는 것도 부정할 수 없다.

이와 같이 공공사업은 오늘날 지방분권문제의 키워드라고 해도 된다. 본고에서는 지방분권론에서 공공사업 문제를 검토해 보고자 한다.

정부여당에 의한 공공사업 '발본적인 재검토'

필자들이 본서의 이전 판인『지방분권의 원줄기로 — 현장에서의 정책과 법』을 출판한 뒤, 공공사업을 둘러싼 상황은 크게 변화했다. 최대의 변화는 2000년 여름, 정부여당에 의한 공공사업의 재평가가 시작된 것이다.

그해 7월, 가메이 시즈카(亀井静香) 당시 자민당 정조회장(自民黨政調會長)은 "필요성이 없어진 공공사업은 중지, 혹은 동결한다." "(재검토에) 성역은 없다."고 선언했다. 그리고 약 1개월 후, 여당 3당은 233건의 재검토 사업리스트를 정부에 권고했다. 정부는 같은 해 9월, 공공사업의 재검토에 나섰다. 이렇게 해서 "일단 시작된 사업은 완성시킨다."고 해 오던 일본의 공공사업의 강직성이 느슨해지기 시작한 것이다.

그때까지는 사업을 둘러싼 환경이 변화해도, 환경피해가 발생해도 "일단 시작한 사업은 완성시킨다."고 하는 부동의 자세가 건설성(현 건설교통성)과 농업수산성을 비롯한 공공사업 실시관청과 지방자치단체를 강력하게 지배하고 있었다. 그 일각이 '갑자기' 무너져 내린 것이다. 그 이후의 공공사업의 변화가, 여기에서 시작되었다고 생각하면, 이러한 재검토의 의미는 컸다.

하지만, 이러한 재검토에는 다음과 같은 어중간한 점과 미해결의 문제점을 남겼다.

(1) 재검토된 사업에는 계획결정 후에 휴지상태(休止狀態)가 된 사업의 '처리'라는 측면도 있었다. 재검토된 총사업비 2조 8천억 엔은 연액(年額)으로 치면 2,800억 엔 정도이다. 당시의 연간 행정투자액의 1%에도 미치지 않아, 금액에서 볼 때 '발본적 재검토'와는 거리가 먼 규모였다.

(2) 재검토 수법으로 쓰여진 '시대의 변화에 입각한 시책의 재평가'(時のアセスメント)에서는 환경·생태계나 지역문화에의 영향, 환경코스트를 포함한 비용 대 효과, 대체수단의 유무라는 질의 측면보다도, 시간의 경과가 중시되었다. 그렇기 때문에 국민의 비판이 컸던 이사하야완 만(諫早湾) 간척사업이나 가와베가와 강(川辺川) 댐 등 환경파괴를 수반한 사업이 재검토의 대상에서 제외되었다.

(3) 각종 공공사업을 실시하는 예산상의 근거를 제공해 온 '전국종합개발계획'과 '공공사업의 중장기계획'에는 손을 대지 않았다. 즉, 개별사업의 재검토는 있었으나, 공공사업의 제도개혁은 다음 기회로 넘겨졌다.

공공사업의 무엇이 문제인가?

공공사업을 논할 때에 빼놓을 수 없는 것은 '국민의 삶에 있어서 공공사업은 어떤 모습으로 존재해야 하는가'라는 시점일 것이다. 국토구조의 미래상도 국민의 삶에 대한 미래설계와 관계된다. 사회자본으로서의 유용성이나 경기대책만을 중요시하는 주장이 여전하지만, 그들의 정책논의에 의해 '일본 공공사업의 이상한 특성'이 형성되었다는 것을 생각하면, 공공사업 개혁의 제1보로서 우선 착수해야 하는 것은 공공사업이 초래하고 있는 현재의 문제점을 해결하는 것이 아닐까?

해결해야 할 과제는 많다. 예를 들면, 다음과 같이 문제는 심각하다.

(1) 대규모 공공사업이 각지에서 일으키고 있는 환경파괴나 재해유발과 같은 직접적인 악영향이 커지고 있다는 점.

(2) 거액의 공공투자가 재정상황을 악화시키고, 세 재정의 부담과 배분을 통해 국민의 복지·의료, 교육·문화, 농업이나 중소기업 경영

등 광범위한 분야에 지장을 가져오게 되었다는 점.

(3) 공공사업이 정계(政界)·관계(官界)·업계(業界)의 유착에서 보여지는 바와 같은 정치부패의 온상이 되어, 일본의 민주주의의 발전을 왜곡시키고 있는 점. 지방이 공공사업을 요구하고, 공공사업의 유치에 힘이 있는 유력한 정치가가 지지를 받는, 이러한 '토건형 민주주의'(土建型 民主主義)의 활보가 일본을 위기로 이끌어 온 점.

(4) 공공사업 의존의 지역경제가 형성되어 영양주사처럼 공공투자를 계속하지 않으면 붕괴되는 자립할 수 없는 지역경제사회가 만들어졌다는 점.

사회적으로 필요한 사회자본을 정비하는 공공사업은 두말할 나위도 없이 필요하다. 기존의 사회자본을 운영·관리하고, 기한이 된 시설을 갱신하는 비용도 늘고 있다. 이와 같은 사회적인 요구에 적절히 대응하여 공공사업을 실시해 가기 위해서는 공공사업의 문제점과 폐해, '부'(負)의 측면을 제거하는 것을 빼놓을 수 없다.

왜냐하면, 첫째로 공공사업의 '부'(負)의 측면이 비대화하고, 공공사업에 대한 국민의 신뢰를 실추시켰기에 신뢰회복이 필요하다는 점, 둘째로 재정 상태가 극히 악화된 현재, 사업을 엄선하여 쓸모없고 불필요하며 서두를 필요가 없는 공공사업이나 환경파괴형 공공사업을 정리하는 것이 급선무이기 때문이다.

대도시의 불만을 부추겨서 농촌·지방에서 대도시로 공공사업을 이동시켜도 문제는 해결되지 않는다. 공공사업의 내용을 산업기반 우선에서 생활기반으로 전환하는 것은 총론으로서는 필요하지만, 그것이 상당한 정비비율을 갖고 있는 도로에서 하수도로 토목공사로 이동시키는 것만으로 되었다고 하기는 어렵다. 공공사업의 계획입안과 실시 책임을 지방분권의 시대에 어울리게 지방에 내려 보내는 것이라면, 전국종합개발계획과 공공사업의 중장기계획을 폐지하고, 주민의 의견을 반영하기 쉽도록 지방자치단체의 권한과 책임을 강조하여 주민참여 방식을 정착시키는 것이 중요하다. 고이즈미 내각의 '견실화 방침'(경제재정운영과 구조개혁에 관한 기본방침)과 일체가 된 공공사업 정책이 이들 문제점의 해결에 대해 어디까지 시야에 넣고 있을지 의문이다.

왜 문제가 되풀이되고 있는 것인가?

공공사업정책 개혁의 필요성은 국민들로부터 공공사업에 따른 환경파괴 문제를 중심으로 지적받아 왔다. 나가라가와 강 하구언(河口堰), 이사하야완 만(諫早湾) 간척, 가와베가와 강(川辺川) 댐 그리고 호소카와나이(細川内) 댐 문제 등을 둘러싸고 공공사업의 재검토를 요구하는 주민운동도 활발히 해 왔다. 그러나 문제가 지적된 거대 공공사업의 대다수가 재검토되는 일 없이 그대로 추진되어 왔다. 그 결과 공공사업에 따른 환경의 파괴, 누적채무의 증대, 지역경제의 공공사업 의존체질의 심화라는 문제점을 증폭시켜 온 것이다.

이 같은 사대가 왜 계속적으로 반복되는 것일까? 그것은 일본의 경제·사회·정치 전반에 걸쳐 잠재되어 온 세 가지 문제점, 즉 ① 정계·관계·업계·학계의 유착구조, ② 공공사업 관련 전문 관료의 존재, ③ 공공사업 의존 경제가 개혁이 이루어지지 않은 채로 있기 때문이다.

첫째, '정계·관계·업계·학계의 유착'에 대해서는, 최근 사람들 사이에서 회자되고 있는 이사하야완 만(諫早湾) 간척과 나가사키현 정계의 정치헌금도 그 일례라고 할 수 있다. 유착구조를 정확히

신지코 호수 담수화에 반대하는 어민들이 250척의 배로 호수 위에서

이해하기 위해서, 구조 속에 '학계'(학자)를 넣었다. 연구자는 진실에 대해 겸허하지 않으면 안 된다. 그런데 환경을 파괴하는 대규모 사업에서는 심의회 위원으로서 혹은 위탁조사로 고(go) 사인을 내놓는 학자가 적지 않다. 그중에는 인식이나 감정에 있어서 피할 수 없는 선의의 잘못도 있지만, 심의회 위원이 되는 것을 '사회적 공헌'으로 착각하여 행정의 얼굴빛에 따라서 답신이나 보고서를 쓰는 학자도 적지 않은 것 같다. 그러한 학자밖에 등용하지 않는 행정 측에도 책임이 있지만, 이를 추종하는 학자의 책임은 더욱 무겁다.

둘째의 '공공사업 관련 전문관료의 존재'에 대해서는 일단 중지된 이사하야완 만(諫早湾) 간척사업계획이 '간척기술자를 실직시키지 않도록 하기 위해서'(당시의 가네코 이와조(金子岩三) 농업수산대신의 발언)라고 한 사례가 단순명쾌하게 말해 주고 있다. 공공사업의 확대가 기술관료를 늘리고, 늘어난 기술관료가 공공사업 삭감의 장애가 된다. 이 문제는 중앙성청의 통폐합과 지방분권화를 했음에도, 그 일선기관을 통합하여 구체제를 유지하고 그 유지를 위해서 사무사업이 유지·확대되는 구도와 마찬가지이다. 인사의 비유동성이 공공사업 개혁의 걸림돌이 되었다.

또 셋째의 '공공사업 의존 경제'가 일상화한 지역에서는 공공투자의 삭감에 대한 위기감이 의외로 강하다.

특히 농림수산업이 쇠퇴한 농산촌(農山村)에서는 공공사업이 지역에 있어서 최대의 산업으로서 소득과 고용을 중심적으로 짊어지고 있기 때문이다.

개혁해야 할 것은 일본의 '공공사업 의존' 사회의 모습이다. 이 개혁을 위해서는 공공사업의 배후에 있으며 공공사업을 조종하는 상기의 세 가지 문제점이 제거되지 않으면 안 된다. 그러기 위해서는 국민의 가까운 곳에서 공공사업의 기획입안과 실시를 할 수 있도록 하여 국민의 감시와 참여를 보장하는 것을 빼놓을 수 없다. 또한 전국적인 시야에서 필요한 공공사업에 대해서는 정부 측에서 제기된다고 해도 그 사업에 관계된 정확한 정보의 제공과 토지 소유자뿐만이 아니라 관계지역 일반 주민의 동의가 필요하다.

지방분권추진위원회의 개혁안

공공사업의 재검토에 있어서는 「중앙성청 등 개혁기본법」에 다음의 내용이 규정되었다(법 제46조).

(1) 공공사업에 관해 정부가 직접 행하는 것은 전국적인 정책 및 계획의 입안 그리고 전국적인 견지에서 필요하다고 보는 기초적 또는 광역적 사업의 실시에 한정하며 기타 사업에 대해서는 지방공

공단체에 위임해 나아가는 것을 기본으로 할 것.

(2) 정부가 개별적으로 보조금 등을 교부하는 사업은 정부의 직할 사업과 관련된 사업, 국가적인 사업과 관련된 사업, 선도적인 시책과 관계된 사업, 단기적·집중적으로 시행할 필요가 있는 사업 등 특히 필요가 있는 것에 한정하고, 기타 사업에 대한 조성에 대해서는 가능한 한 개별 보조금 등에 대신해서 적절한 목적을 단 통합적인 보조금 등을 교부하고 지방공공단체에 재량적으로 시행시킬 것.

지방분권추진위원회는 이 규정을 검토하여 제5차 권고를 했다. 그 후 지방분권추진회의에서는 '중간 논점 정리'(2001년 12월)와 관련하여 공공투자의 규모, 중앙·지방의 역할분담, 보조금에 의한 관여, 건설비용, 시설의 유지관리 면에서의 중앙·지방 역할분담 등의 논점을 내놓았다.

고이즈미 총리로부터는 '지방에서 할 수 있는 것은 지방으로'라는 생각이 제시되었으며, 또 총액의 재평가를 피할 수 없게 된 상황하에서, 경제재정자문회의에서의 논의는 공공사업 관계 장기계획과 특정재원제도 등에 대해 검토해 왔다.

지방분권추진회의는 2002년 10월 30일 중앙과 지방의 역할분담에 따른 사무사업의 형태에 대해 의견을 정리하여, 고이즈미 총리에게 '바람직한 사무·사업의 형태에 관한 의견'을 제출했다. 그 중에서 공공사업을 둘러싼 10년간의 환경변화에 대해서, ① 사회자본의 정비수준이 상당한 정도 진전했다는 점, ② 재정사정의 현저한 악화와 낮은 출산율과 고령화에 의해 부담과 수요의 변화가 예측되는 점, ③ 공공사업에 대한 국민의 불신감이 있다는 점의 세 가지에 대한 인식을 나타낸 다음, 바람직한 공공사업의 모습에 대해서 기술했다.

(1) 공공사업 관계 장기계획 등의 재평가. 그러나 국토교통성의 장기계획 일체화나 농업수산성의 노력을 '기본적으로 지지'하며 그 폐지까지는 언급하고 있지 않다.

(2) 보조사업 등에 있어서 중앙과 지방의 관계 명확화. '국고보조 부담사업의 폐지·감축을 실시해 나가야' 한다고 하고 있다. 이유는 '지방의 주체성을 살리기' 위해서라고 하고 있지만, 여기서 부상된 보조금은 가타야마 플랜에 제시되고 있는 것처럼 대도시권에 옮기는 세원이양의 밑천이 될 가능성이 높다.

(3) 사업주체로서의 중앙과 지방의 역할분담의 명확화. 명확화는 필요하지만, 중앙이 일원적 관리를 하는 도로나 하천의 직할사업을 '지방공공단체와의 협의대상으로 하는 것은 적당치 않다'고 하는 국토교통성의 견해가 제시되었다. 지금까지도 도로나 하천의 대형 공공사업이 환경문제를 둘러싼 주민과의 대립의 초점이었다. 이를 협의대상 외로 두는 것은 문제를 남기는 것이 아닌가?

(4) 더욱이 공공사업 관계 기업의 정치헌금의 금지에 대해서는 적혀 있지 않다. 또, 공공사업 재평가 시스템의 개혁에도 진전이 없다. 이래서는 오늘날 공공사업 개혁의 초미의 과제가 누락되어 있다고 말하지 않을 수 없다. 재정의 심각한 현실은 말하면서, 공공사업 총액의 억제도 제시되어 있지 않다.

이와 같이 분권만으로는 공공사업 문제의 개혁은 불가능한 것이다.

공공사업의 원칙을 생각한다

앞으로의 공공사업 정책을 주민과 지역의 실태나 요구에 적합한 것으로 바꾸어 가는 데 있어서, 공공사업 본래의 바람직한 형태나 그 필요조건 등 공공사업의 원칙에 대해 정리해 두기로 하자. 왜 이와 같은 정리가 필요한가 하면, 공공사업의 분권논의가 현행 공공사업을 전제로 한 중앙·지방간의 재분배론으로 기울어져 기본으로 되돌아간 바람직한 공공사업상을 충분히 음미하고 있지 않기 때문이다. 그러면 주민의식과도 틈이 벌어져 확실한 주민합의가 형성될 수 없다.

6개 항목으로 정리해 보자.

(1) 지역주민은 자연환경과 서로 의지하면서, 건전·다양하고 지속 가능한 환경조건 속에서 생존할 권리를 갖는다. 따라서 공공사업은 인간과 자연과의 공생관계를 파괴하지 않고, 공생관계의 유지·향상에 이바지하는 것이라는 점을 원칙의 하나로 삼는다.

(2) 지역주민과 자연이 상호의존의 관계에 있다는 인식에 서서, 공공사업은 자연과의 사이에서 광범위하고 다양한 영향을 서로 주기 위해서 공공사업의 설계 및 실시에 대해서는 구석구석에 미치는 영향까지 주의 깊게 고려해야 한다.

(3) 지역사회는 인간이 활동의 축적으로 형성된 문화적·역사적인 존재이며, 공공사업의 설계 및 실시에 있어서는 물질적 뿐만 아니라 문화적·정신적으로 바람직한 주민생활상도 주의 깊게 고려해야 한다.

(4) 공공사업의 의사결정에 있어서는 지역주민의 복지적인 생활, 자연 시스템의 건전성 유지 및 그 상호관계에 주는 영향의 여러 결과에 대해 책임을 지는 것이 필요하다. 따라서 공공사업 계획에 있어서는 해당지역에서의 주민의 생활계획, 경제계획, 그리고 자연 시스템의 확보에 관한 계획을 거쳐야 한다.

(5) 재정규모가 일정하면, 공공사업 점유율의 확대는 복지·교육 등의 비공공사업과 경합한다. 또한 공채(公債)는 조세를 가불하는 것과 같아, 공채발행에 의한 공공사업의 규모는 중장기적으로는 세수

액으로 규정된다. 따라서 '불황대책=공공사업'이라는 도그마에서 빠져나와 불황시에는 공공사업 이외의 대책으로 지혜를 짜내야 한다.

(6) 주민의 동의는 공공사업의 착수 및 추진에 빠져서는 안 될 조건이다. 지방자치단체의 단체장이나 의회의 동의를, 주민의 동의로 간주할 수 없는 경우도 현실적으로는 있기 때문에 행정이 설명책임을 다한 다음, 필요하다고 인정되는 경우에는 주민의사의 분포조사나 주민투표 등 지역주민의 직접적인 의향의 반영이 이루어지지 않으면 안 된다.

실제 개혁은 어디까지 진행되었는가?

공공사업의 지방분권화와 개혁의 핵심은 어떻게 사업을 주민의 감시와 참여를 얻기 쉽게 하여, 앞서 말한 문제점을 해결해 나가는가이다. 이러한 점에서 2000년 여름의 정부여당의 공공사업 재검토는 정부 차원에서의 재검토였지만, 그 후 지방 특히 도도부현(都道府縣) 차원에서의 재검토가 시작된 것은 주목할 만하다.

2002년 2월, 나가노현(長野縣)의 다나카 야스오(田中康夫) 지사가 '탈 댐' 선언을 발표하고 전국적인 주목을 모았다. 거기에서는 "일본의 등줄기에 위치하고, 수많은 수원(水源)을 갖고 있는 나가노현에서는 가능한 한 콘크리트 댐을 만들어서는 안 된다." "백년, 이백 년 뒤의 우리들 후손에게 남겨 줄 유산으로서 강과 호소(湖沼)의 가치를 중시했으면 한다."라는 선언을 하고 있다. '탈 댐' 선언, 그 구체적인 조건으로서의 아사카와(浅川)·시모스와(下諏訪) 양 댐의 건설에 대한 재검토가 추진되었다. 나가노현에서는 '탈 댐' 선언에 위기감을 가진 현 의회 다수파가 지사를 해임했지만, 재선거에서 다나카 지사가 압승하여 '탈 댐' 선언이 현민에게 지지받는 형태가 되어 공공사업의 재검토에 박차가 가해졌다(본서 이가라시 다카요시 「나가노에서 묻는 자치 시스템」).

또한 구마모토현의 시오타니 요시코(塩谷義子) 지사는 2002년 12월, 현영(縣營) 아라세(荒瀨) 댐(같은 현 사카모토촌(坂本村))의 철거방침을 표명했다. 이 댐은 1954년 구마가와 강(球磨川)의 하류 지역에 건설된 발전용 댐으로 수리권 이용면허의 기한(50년간)이 2003년 3월말로 되어 있다. 시오타니 지사는 7년 후의 규슈전력(九州電力)과의 계약기한 종료 후 '즉시 철거'한다고 표명했다. 이 댐에 대해서는 수질·환경의 악화, 은어의 격감 등을 이유로 지역에서 철거요구가 나오고 있었다. 댐을 계속 두는 것과 철거할 경우의 비용 대 효과에서는 철거가 유리하다는 것이 철거의 이유이다.

이 외에도 도쿠시마현(德島縣)에서는 요시노가와 강(吉野川)의 유동식 제언(堤堰)에 비판적인 지사가 당선하여 그 건설 움직임을 저지해 왔다. 또 돗토리현(鳥取縣)에서는 지사가 주부(中部) 댐에 의문을 제시해 이를 중지시켰다.

이러한 여러 동향에 비추어 보면 중앙정부가 장악해 온 공공사업이 지방분권의 방향으로 나아가 지방의 손으로 재검토를 하기 시작한 시대의 변화를 읽어낼 수 있다.

앞으로의 과제 ― 분권형 공공사업의 권유

공공사업의 개혁은 문제가 있는 대형사업을 재검토하는 것만이 아니다. 재정적인 어려움이 더해지는 가운데, 주민이 필요하다고 하는 공공사업을 얼마나 효과적으로 하는가가 앞으로의 과제이다. 그러한 점에서도 지방에서의 개혁이 시작되고 있다.

2003년도부터 국토교통성의 사업으로서 '1.5차선' 도로에 대한 보조금이 등장한다. 교통량이 적은 지방도로에서는 1차선이라도 피할 곳을 마련하여 서로 지나갈 수 있을 정도의 폭을 마련하면, 자동차 교통이라는 사업목적은 달성할 수 있다. 고치현(高知縣)이 주장해 온 “원칙적으로 2차선밖에 국가의 보조대상이 되지 않는다는 것은 지역의 실태에 맞지 않는다.”고 하는 정책논리에 정부가 ‘꺾였다’는 형태로 ‘1.5차선’ 도로가 생겨났다. 이러한 방식의 도로정비는 이미 눈이 많은 나가노현 사카에촌(榮村)에서 단독사업인 ‘길 고치기’ 사업으로서 실시되어 전 세대가 아침에 눈 치우기를 가능케 한 뛰어난 실적이 있다. 이와 같은 방법은 2차선보다도 연장도로당 단가가 싸며, 국가의 보조금이 없어도 싸게 사업목적을 실현할 수 있는 것이다(본서 인터뷰「통합과 주민기본대장 네트워크를 거부한 마을—야마쓰리정 네모토 료이치 정장님께 듣는다」 및 좌담회「Ⅲ. 재정」).

공공사업의 개혁은 이와 같이 지방에서 시작할 수 있다. 지방분권의 시대에는 지방자치단체에 그와 같은 창의력과 노력이 기대되고 있는 것이다. 중앙과 지방의 재정적인 어려움은 상당히 장기화될 것이라고 생각하지 않으면 안 된다. 그렇게 보면, 전국의 지자체에 있어서 고치현(高知縣)이나 사카에촌(榮村)과 같이 ‘작은 재원으로 큰 효과’를 거두는 창조력과 연구와 실행력이 지금 이상으로 필요해진다. 그러한 모델이 될 사업이 나오기 시작했다는 의의는 크다.

〈참고문헌〉

保母武彦,『公共事業をどう変えるか』, 岩波書店, 2001.
五十嵐敬喜・小川明雄,『公共事業をどうするか』, 岩波書店, 2001.
金沢史男,『現代の公共事業』, 日本経済評論社, 2002.
山田明,『公共事業と財政』, 高管出版, 2003.

◆ 인터뷰 ◆

'녹색 고용'과 일본의 미래

― 와카야마현 기무라 요시키(木村良樹) 지사님께 듣는다

듣는 이
이가라시 다카요시(五十嵐敬喜)

지사 신인류

이가라시 솔직히 질문하겠습니다. 지사로서 무엇을 하고 싶다고 생각하셨는지요? 또 그것은 왜 입니까?

기무라 와카야마현(和歌山縣)은 원래 도쿠가와(德川) 가문의 세 집안[1]이 소유한 토지입니다. 그 하나가 기슈(紀州) 가문인데, 그야말로 기노쿠니야 분자에몬(紀伊國屋文左衛門)과 같은 거상(巨商)도 나왔으며, 목재도 귤도 좋은 가격을 받았지요. 제2차 세계대전 후에는 석유 콤비나트도 좋았고 또 미국마을이라는 곳이 있어서 해외에 나갔다 들어온 사람들도 많았다고 하는 비교적 진취적인 기질이 있는 곳이었습니다. 다양한 지표에서 전국적으로 17~20위의 현이었습니다만, 최근에는 모두 40위 가까이 되었기에 아무래도 활력이 없어진 것은 아닌지 모르겠습니다. 한 번 더 밖으로 개방된 현민이 자부심을 갖고 생활할 수 있는 현으로 만들고 싶습니다.

저는 와카야마현 출신도 아니고, 지연도 혈연도 없이 지사가 되었습니다. 그 전에는 오사카에서 부지사도 하고 있었으므로, 거기와의 교류 속에서 와카야마에 활력을 되찾았으면 합니다.

이가라시 지사라는 직업은 물론 행정의 톱입니다. 당시 행정직원은 어떻게 보였습니까?

기무라 지금은 와카야마뿐만 아니라 어느 현에서도 현청 직원은

---

1) 도쿠가와(德川) 문중의 세 집안이라고 하면 오와리(尾張), 기이(紀伊), 미토(水戶)를 말한다.(역자주)

기본적으로 우수합니다. 자녀수가 적은 시대이므로 도시의 대학에 가더라도 장래에는 고향으로 돌아와 주었으면 하는 부모들이 많습니다. 돌아와 일할 곳이라고 하면, 와카야마에서는 현청이므로 이곳으로 모두 옵니다. 그러니까 갈고닦으면 좋아지고, 의욕을 이끌어내면 힘이 될 수 있습니다. 그런데 그러한 사람들을 넣어도 시골의 현에서는 예를 들면 연고를 우대한다는 등의 일이 종종 있습니다. 그렇게 되면 좋은 인재가 무용지물이 되고 맙니다.

기무라 요시키 씨

저는 능력주의를 선호합니다. 일을 할 수 있는 사람을 등용합니다. 과거에 흔히들 이야기하듯이 공무원처럼 늦지 말고, 쉬지 말고, 일하지 말라는 형태가 되어서는 안 됩니다. 자신이 태어나고 자란 지역을 위해서 자신의 능력 이상의 것을 만들어 내고자 노력해야 한다고 생각합니다.

이가라시 확실히 현청 직원에는 그러한 사람들이 많군요. 시정촌의 직원은 어떻다고 생각하십니까?

기무라 시정촌에도 좋은 직원이 있습니다. 지금은 시정촌 통합 논의가 왕성합니다만, 규모를 좀더 크게 해서 적재적소의 잡 로테이션(job rotation)을 할 수 있게 한다면 직원들이 더욱 발전해 나갈 것으로 생각합니다. 그러나 현재의 규모에서는 좀처럼 어렵다는 생각이 듭니다.

이가라시 지자체는 행정과 의회로 이루어져 있습니다. 의회는 어떻게 생각하십니까?

기무라 원래 저는 와카야마현에서 총무부장을 하고 있었으므로 의원과는 서로 전원 알고 지냈습니다. 그래서 지금 현 의회와는 서로 잘해 나가고 있습니다.

이가라시 저는 와카야마현에 관계한 것은 사실 『만요슈』(万葉集)[2] 에서도 노래하고 있는 정말 아름다운 사이카자키 곶(雜賀崎)의 매립 문제였습니다. 실제로 여기에 와서 현지를 둘러보기도 하고 지역 주민들의 이야기를 듣기도 했습니다만, 정말 의미 없는 공공사업이라는 것을 알 수 있었습니다. 그러나 와카야마시는 물론이거니와 현에서도 무슨 일이 있어도 공사를 한다는 것으로 긴박한 상황을 초래하고 있었습니다.

기무라 그건 큰 문제였습니다만, 지사가 되고 나서 바로 공사를 중지했습니다. 이런 시기에 2천억 엔이란 돈을 들여서 바다를 메워도 물류기능을 제대로 하지 못하리라는 것은 알고 있었습니다. 그런 식으로는 지역경영은 절대로 할 수 없으므로 동결시킨 것입니다. 경제원칙에서 보아도 돈을 내는 이상 그만큼 현에 효과가 없으면 곤란한 것입니다.

이가라시 제가 왔을 때에는 이 매립에는 유력한 국회의원이 얽혀 있어서 곤란하다. 반대 등을 하면 곧바로 압력을 받게 되어 꼼짝도 할 수 없게 된다고 했습니다. 실례되는 질문일지도 모르겠습니다만, 국회의원이나 현의회로부터의 압력은 없었습니까?

기무라 과거와 달리 지금 그런 일로 압력을 가하면 어떻게 되는지 모두 알고 있기 때문에 거의 없었습니다. 게다가 지사가 되어 바로

2) 일본의 나라(奈良)시대 이전의 노래를 모아놓은, 일본에서 가장 오래된 시가집으로 모두 20권이다.(역자주)

결단을 내렸으므로 압력을 가할 시간도 없었던 게 아닐까요?(웃음)

이가라시 지사님은 돗토리현(鳥取縣)의 가타야마(片山) 지사와 동기생이셨죠? 그 세대라고 해도 두 사람뿐일지 모르겠습니다만, 밖에서 보고 있으면 아주 혁신적인 일을 하고 있습니다. 그것은 왜일까요?

공공사업에 대해서는 저도 전국을 보아 왔습니다. 그 감상을 말하자면 국토교통성이나 농수성이라는 국가 관료뿐만이 아니라 오히려 지방자치단체 쪽이 완고합니다. 게다가 지사뿐만이 아니라 의회까지 전체적인 협력체제[3])를 취하고 있었던 것입니다. 고베공항(神戸空港)이나 시즈오카공항(静岡空港) 그리고 이사하야완 만(諫早湾)도 모두 누가 보더라도 합리성은 없었습니다. 물론 지사가 모두 완고하다는 것은 아니며 미야기현(宮城縣)의 아사노(浅野) 지사나 미에현(三重縣)의 기타가와(北川) 지사 그리고 고치현(高知縣)의 하시모토(橋本) 지사, 이와테현(岩手縣)의 마스다(增田) 지사 등은 열심히 노력하고 있습니다.

그러나 기무라 지사와 가타야마 지사를 보고 있으면, 그 세대와는 질이 다릅니다. 그들은 말하자면 열심히 노력해서 정책을 만들고 있는데 비해, 이 두 분은 '지사 신인류'라고 해야 할까요, 별거 아니라는 듯이 휙 하고 가볍게 실행해 버립니다. 이에 대해서 직원도 의회도, 이것도 어디까지나 밖에서 보고 말하는 것입니다만, 그다지 저항하지 않습니다. 나가노현(長野縣)의 다나카(田中) 지사와는 아주 다릅니다.

기무라 그렇게 대단한 일은 하고 있지 않습니다. 제가 지사가 되었을 때 마침 공공사업에 저항바람이 불고 있었고, 이런 매립은

---

3) 원문에서는 총익찬체제(総翼賛体制)라는 표현을 쓰고 있다. 익찬이란 잘 도와서 인도한다는 뜻이다.(역자주)

안 된다고 느끼고 있었기에 그저 실행했을 뿐입니다.

공립대학의 설립 이야기도 선생님들까지 채용했던 것을 그만두었습니다. 지역에 대학이 없어서야 되겠느냐는 말을 하는 사람도 있습니다만, 현재 현이 학교를 만든다고 해도 취업할 곳이 없기 때문에, 대학을 나와도 또 어딘가에 가지 않으면 안 됩니다. 그래서는 전연 효과가 없다고 판단했습니다. 이것이 매립보다 훨씬 저항이 컸습니다. 하지만 신념을 꺾지 않기를 잘했다고 생각합니다.

저는 항상 오사카적인 경제 합리주의적인 발상을 합니다. 벌 수 있을까 하고 말입니다. 앞으로는 행정도 경제합리성이 없으면 안 됩니다. 그러니까 공공사업에 대해서도 시시비비를 따져야 합니다. 예를 들면, 고속도로는 저나 가타야마(片山) 지사도 선두에 서서 추진하고 있습니다. 전철이나 뒷길로 가는 것이 정취가 있어서 좋다고 하는 사람도 있습니다만, 여러 가지 산업을 일으키는 데 있어서나, 관광에 있어서나 목적지까지 빨리 가는 길이 없으면 아주 곤란하다고 생각합니다.

이른바 과거에 있었던 도로 건설만을 추구하던 사람들과는 다릅니다만…….

이가라시 저는 고속도로를 만드는 것은 그만두어야 한다고 생각합니다. 굳이 말하자면 이것은 지사님 의견과는 다릅니다. 그리고 과거의 도로 건설을 추구하던 사람들의 의견과 지사님의 의견이 어떻게 다른지 잘 모르겠습니다.

기무라 그런 오해를 가능한 한 풀기 위해서 몇 분의 지사님들과 발언을 하기도 하고, 신문에 투고를 하기도 하고 있습니다. 저는 물론 공공사업 지상주의자도 아무것도 아닙니다. 다만, 50년간 빚을 되갚을 수 있는가 하는 재무성(財務省)적인 수지주의자(收支主義

者)도 아닙니다. 예를 들면, 간사이공항(關西空港)의 빚을 나리타공항(成田空港)과 똑같이 처리한다는 등의 발상은 이상하다고 생각합니다. 공공사업에 대해서는 만드는 조직의 낭비, 업자 선정에 있어서의 낭비, 공법상의 낭비, 불필요한 규제에서 오는 낭비, 기득권익 옹호의 낭비를 근본적으로 없애는 노력을 진지하게 할 때가 왔다고 생각합니다.

'녹색 고용'

이가라시 그렇다고 해도 왜 도로를 계속 만들어야 하는가에 대해서는 다른 의견이 있습니다. 오히려 그와 같은 생각이라면 반대로 해야 하는 게 아닙니까?

그러나 오늘 대결을 하기 위해 온 것이 아니니까 이야기를 더 진행해 나아가기로 하죠. 또다시 칭찬하는 이야기입니다만, '녹색 고용'은 대단히 좋습니다. 이것은 어디에서 힌트를 얻었으며, 지금 어떤 단계이며, 앞으로 어떻게 전개해 나아가려고 하고 계신지요?

기무라 아까도 말씀 드렸습니다만, 저는 오사카와 와카야마를 잇는 시책을 고안하려고 생각했습니다. 그래서 먼저 생각한 것이 '새로운 고향 만들기'입니다. 옛날에는 3대를 계속하지 않으면 에도 사람[4]이 아니라고 했습니다만, 지금은 모두 에도 사람이 되어 버려서, 자신의 지연·혈연이라는 의미에서의 고향은 이미 없어졌습니다. 그다지 지방과 관계가 없고, 지방 사람도 옛날처럼 집단으로 취직하러 도시로 가는 일도 없습니다. 연결이 끊어져 버렸습니다.

---

4) 에도(江戸)에서 태어나 에도에서 자란 사람을 말한다. 일반적으로 금전에 담백하고 위세가 좋다는 등의 뉘앙스가 있다. 에도는 1868년 동경이라고 개칭되었다.(역자주)

그래서 다양한 의미에서 서로 이해부족이 생겨나므로, 이것을 어떻게든 잇도록 해서 와카야마현에도 활력을 붙이는 정책을 만들자고 생각했던 것입니다.

도시 사람이 다양한 생활무대에서 지방과 관련을 맺는 것 말입니다. 소풍을 가는 것도 좋고, 여름에 놀러 가는 것도 좋으며, 자원봉사를 하기 위해 찾아오는 것도 좋습니다. 예를 들면 도쿄에 있다가 무슨 일이 있을 때, 그야말로 지진을 만나서 잠시 피난할 때는 와카야마에 간다고 하는 상호관계를 만들어 나가야 한다고 생각합니다.

한편으로 와카야마현의 산들은 황폐해지고 있습니다. 민간 소유의 숲이 많습니다만, 이익이 없으니까 손질을 할 수 없는 것이죠. 옛날에는 산을 소유한다고 하는 것은 농지해방에서 산만은 대상외가 되어, 1950년대 후반에서 1960년대 초반에 큰돈을 번 사람들이다, 그런 사람들의 산을 깨끗이 하는 데에 세금을 쓰는 것은 말도 안 되는 얘기라는 느낌을 솔직히 말해 줄곧 갖고 있었습니다. 하지만, 현지를 보면 더 이상 그런 상황이 아닙니다. 정부나 지방의 정책으로서 산의 환경을 지키지 않으면 안 될 상황까지 와 있습니다.

그 무렵 마침 교토의정서(京都議定書)에서 CO_2 배출권을 국가와 국가 사이에서 매매할 수 있다는 생각지도 못한 사태가 벌어졌습니다. 그래서 CO_2 흡수원 대책을 위한 삼림정비를 하나의 '직업'으로 할 수 없을까 생각했습니다. 기본적으로는 삼림조합에 예산을 주고 도시사람을 고용해서 산을 정비한다고 하는 것입니다.

고이즈미(小泉) 구조개혁이라고 하지만, 결국 업적이 회복되고 있는 회사란 리스트럭처링을 해서 인건비, 고정비를 떨군 회사가 겨우 한숨 돌렸을 뿐입니다. 해고된 사람은, 흔히들 이야기하듯이 IT산업에 곧바로 투입되어 활동할 수 있는 것도 아닙니다. 그러니

실업률이 대단히 높아지고 있습니다.

제가 가장 슬프게 생각하는 것은 일본은 지금도 1인당 개인소득은 세계제일인데도 매년 3만 명 이상이나 되는 사람이 자살하고 있다는 것입니다. 이런 나라는 세상에 또 없을 것입니다. 이는 어떻게든 조치를 취해야 합니다. 앞으로의 시대는 이미 소득을 보장하기는 어려울 것입니다. 가령 경기가 좋아져도 경제는 완전히 공동화(空洞化)하고 있으며, 중국 등에서 사람을 고용하므로 소득은 그쪽으로 가고 있는 셈입니다. 그러면 일본에서는 일부 억만장자도 나오겠지만, 해고되는 사람도 나옵니다.

그러한 사람을 포함해서 지방에 관심을 갖는 사람을 산과 관련된 일을 중심으로 불러옵니다. 그래서 소득은 적지만, '마음의 소득'을 얻습니다. '자신은 자연을 보호하고 국제적인 공약을 실현하기 위해서 일하고 있다'는 프라이드를 갖고 일하게 하는 구조가 되었으면 하는 것입니다. 지금까지는 지방에서 도시로의 인구유입밖에 없었습니다. 최근에는 양쪽 모두 안정되었으므로 서로의 교류도 없어졌습니다. 이번에 처음으로 도시에서 지방으로의 인구유동이 일어나면, 과소화나 고령화 문제의 해소에도 도움이 될 것이므로 '녹색 고용'을 생각해 낸 것입니다.

이가라시 이것은 다른 지자체와도 연계해서 공동으로 홍보하셨지요. 전국적인 운동으로 되어 이미 44개 현이 찬동했다는군요. 총리대신도 관심을 갖기 시작했고, 임야청(林野廳)의 2003년도 개산(槪算) 요구에서도 '녹색 고용'이 첫째로 올라와 있습니다.

이것은 '녹색 고용' 그 자체로서도 의의가 있을 뿐만 아니라, 지자체 정책이 국가를 움직여 나가는 사례로서도 재미가 있습니다. 이른바 일본의 전체적인 한계를 타개해 나가는 한 가지 방법으로서도 주목을 받는다고 생각합니다만.

기무라 2001년도 보정예산[5]의 긴급고용대책에서는 6개월의 단기고용이었습니다. 그러나 임야청은 새로이 95억 엔을 예산화할 방침입니다. 이것으로 항구적인 고용으로 이어갈 수 있습니다.

저는 솔직히 말해 6개월로는 집을 정리하고 산으로 들어오는 것은 무리일 것이라고 생각했습니다. 원래는 최저 2, 3년 있으면서 그 동안 자신에게 맞는지 안 맞는지, 또 특별한 방향으로 전환할 수 있는지 없는지를 잘 생각해서 진정으로 지역에 뿌리를 내려 주었으면 하는데, 6개월로는 너무 짧습니다. 그렇다고 해서 현(縣)도 돈이 많은 것이 아니라서 단독으로는 할 수 없습니다. 그런데 2002년에는 125명이 6개월의 '녹색 고용'으로 다른 부현(府縣)에서 와카야마현에 들어온 것입니다. 지금까지 30년이나 40년 동안에 와카야마현의 산림에 와서 정주한 것이 49세대이니까 그 125명이 얼마나 큰지 알 수 있습니다. 전국적으로도 유명해져서 임야청도 관심을 갖게 된 것입니다.

이가라시 정부도 이 '녹색 고용'이라는 이름이나 구조를 그대로 사용하고 있습니다.

기무라 제가 말씀드리자면, 이것은 일본이라는 나라의 정책입니다. 실업률이 대단히 높아져서 항상 해결할 만한 방법이 없습니다. 그런 때에 산 속에서 고용할 수 있는 숫자라고 해야 한정되어 있습니다만, 이러한 것도 포함해서 다양한 사람에게 전직할 일자리나 라이프스타일을 제공하지 않으면 더 이상 무리라고 생각합니다.

이가라시 '녹색 고용'으로 간벌재(間伐材) 등을 자르는 한편, 이것

5) 한국의 추가경정예산에 해당한다.(역자주)

과 세트로 목재의 이용을 촉진하고 있습니다. 그러나 어디에서나 외국 자재가 아주 싸게 들어오고 있으므로 국내에서의 목재 사용에 대해서는 고전하고 있습니다.

기무라 CO_2 흡수의 이야기는 앞으로 10년이나 20년 계속될 것으로 생각됩니다만, 비용이 들더라도 어느 정도 나무를 사용해 가는 것에 대해서 생각하지 않으면 안 됩니다. 현에서 생산된 목재로 집을 지을 경우 보조금을 내고 있습니다.

이가라시 '나무 문화' 말이군요. 즉 목재를 상품으로서만 받아들이는 것이 아니라, 문화로서 봅니다. 문화라면 행정으로서의 자리매김도 달라집니다.

기무라 네. 공공사업 등에 대해서도 지금까지는 시멘트 등을 사용해서 언제까지나 썩지 않는 것이 가치가 있었습니다만, 앞으로는 몇 년이 지나면 '썩는 것'이 가치가 있다고 하는 생각을 도입해 나갑니다. 그때, 재목을 사용함으로써 올라가는 비용에 대해서는 이미 '공공사업'이라는 말 자체가 이상합니다. 그 부분은 공공사업이 아니라 별도의 '환경보호사업'으로서 돈을 모아 가는 구조를 생각하고 싶습니다.

또 사용하지 않은 채로 방치되어 있는 간벌재 등을 바이오 자원으로서 활용해 가는 방법을 생각해 나가고 싶습니다.

그리고 한 가지 더 말하자면, '녹색 고용'의 대상이 되는 사람들이 산에서의 일 이외에도 돈을 벌 수 있는 구조를 만드는 것입니다. 예를 들면, 지금은 산 속의 농지는 원칙적으로 50아르[6] 이하는 매매할 수 없습니다만, 이 규제를 완화해서 반농반림(半農半林)의 형태

6) 번석의 난위. 1아르는 100평방미터(약 30.25평). 기호 a.(역자주)

라도 시골생활을 할 수 있게 합니다. 그러한 것들이 잘 되도록 하기 위한 종합적인 구조로 만들지 않으면 안 됩니다.

단지, 거기에는 상당한 시간이 걸리므로 먼저 몇 년 동안은 임업에 종사하면서 소득을 얻는 방법을 생각할 필요가 있습니다.

이가라시 임도(林道)나 현립 학교 등 그야말로 공공시설에서 할 수 있는 데부터 지역의 재목을 써 나가도록 하면 수요가 상당히 늘어 가지 않을까요?

기무라 저는 소등학교 등도 전부 목새로 반들변 마음노 풍요로워진다고 생각합니다. 현재 이와테현(岩手縣) 등에서 그러한 1층 건물의 학교를 만들고 있습니다. 가격은 비싸집니다만.

이가라시 '마음의 소득'이니 가령 조금 비싸져도 현민도 환영하지 않겠습니까?

문부성[7)]이 콘크리트의 학교만 지었기 때문에 학교는 너무나도 무미건조합니다. 콘크리트 학교건물과 교육의 퇴폐는 어딘가에서 깊이 관계되어 있는 것이 아닐까 하는 의문도 듭니다. 나무로 지은 학교 특히 전국에서 각각의 개성을 지닌 학교건물이 있다면 삼림뿐만 아니라 교육도 되살아날지 모릅니다.

기무라 그렇습니다. 기존의 콘크리트 교사(校舍)가 일본이란 나라를 획일적으로 만들어 여유와 따스함이 없어지고 살벌해져 버렸습니다.

이가라시 한 가지 더 콘크리트의 죄라는 것을 들 수 있습니다. 그것은 기술자, 목수 그리고 기와 만드는 장인을 절멸시켜 왔다는 것입니다. 오랜 눈으로 21세기의 일본을 보면, 장인의 혼이나 기술은

---

7) 일본의 행정개혁을 통해 문부성은 현재는 문부과학성으로 되어 있다.(역자주)

일본의 뛰어난 문화로서 아주 귀중한 것이 됩니다.

예를 들면 옛날에는 '요리인'이라는 것은 그다지 학교성적이 좋지 않은 사람의 직업이라는 이미지가 있었습니다. 하지만, 지금은 '요리의 철인'이 되면 세계제일의 프라이드와 수입을 얻을 수 있는 훌륭한 직업이 되었습니다. 요리인에 한하지 않고, 젊은 사람이 도전할 수 있는 장인의 세계는 많이 있습니다. 이러한 사람들을 제대로 교육하는 종합적인 장인학교가 필요합니다.

좀더 말하자면, 다소 의아하게 생각되고 있는 '정시제 고등학교'[8] 등에도 건설과를 만들어 목수를 하고자 하는 사람들에게 개방하고, 또 실제 목수 일을 하고 있는 사람에게 선생을 맡기는 등의 일을 자꾸 벌여 나가야 합니다.

옛날에는 손기술을 익혔다는 것은 어딘지 성적이 낮은 사람을 위로하는 듯한 표현이었습니다. 그러나 그게 아니라 그것은 오히려 자부심을 가질 것이라는 식으로 바꿔야 합니다. 그것이 '나무의 문화'와도 연결됩니다.

기무라 반대로 말하면, 그러한 것이 가치를 갖는 시대가 이제 겨우 되기 시작했다고 생각합니다. 지금은 전통적인 직업을 계승하는 일이 적어졌기 때문에 2003년도에는 '이러한 직업의 계승자를 필요로 하고 있어서 이 정도의 소득은 확보할 수 있다'고 하는 데이터를 도시를 중심으로 내놓아, 많이들 와 주었으면 하고 생각합니다.

이가라시 그러한 시책을 전개하는 가운데 곤란하다고 느끼는 점은 없으신지요? 예를 들면 정부의 지방교부세가 낮아져, 현의 재정이 점점 어려워지는 것은 큰 제약이라고 생각합니다만, 어떻습니까?

8) 정시제 고등학교란 야간, 농한기 등 특별한 시간 또는 시기에 수업을 행하는 고능학교를 말한다.(역자주)

기무라 돈이 있을 때는 지혜가 나오지 않습니다(웃음). 돈으로 승부를 하려고 하는 발상은 20세기형이라고 생각합니다. 예를 들면, 현이 공공건물을 만드는 것은 가장 간단합니다. 모두들 좋아하고요. 하지만 지금은 그런 일들은 할 수 없으니까 기존에 있는 것을 어떻게 활용해 나갈 것인가 하는 지혜를 내놓아야 합니다. 그러는 가운데 직원의 머리도 활성화되고 그에 따라 더욱 다른 지혜도 나오게 됩니다.

지방자치재편론

이가라시 가난도 그런대로 괜찮다는 것인가요? 하지만 특히 정부에 대해서 바라는 것이 없지는 않으실 텐데요.

기무라 저는 일본의 지방자치제도 자체를 근본적으로 바꿀 필요가 있다고 생각합니다. 47개 도도부현(都道府縣)을 더욱 큰 덩어리로 만듭니다. 그 덩어리끼리 서로 견제하기도 하고 경쟁하기도 하면서, 진정한 의미에서 분권을 떠맡을 수 있도록 합니다. 예를 들면, 정부는 대단히 어려워지고 있는 외교의 전문가가 됩니다. 그 대신 지역의 일은 지역이 결정하도록 합니다. 교부세 제도도 현재의 3,300개 지자체를 기초로 해서 생각한다면 제대로 될 리가 없습니다. 일단 중앙정부로 빨아올린 다음 분배할 것이 아니라, 지방자치단체가 서로 옆에서 조정하는 구조를 만듭니다. 그렇게 되지 않으면 안 되며, 언젠가 그렇게 될 것이라고 생각합니다.

현재 일본의 지방자치라고 해도 모두 남을 따라하기 일쑤입니다. 어딘가가 전국체전에서 일본 내 최고가 되어야 한다고 하면, 모두들 똑같은 일들을 합니다. 그것이 과연 자치일까요? 저희는 그런 일은 하지 않아도 된다고 봅니다. 출전한 선수가 있는 힘껏 열심히 즐기고 왔다면 자기 지역에서 행한 전국체전은 성공이었다고 말할 수 있는 사람이 반수 이상 되어도 당연하다고 생각합니다.

이가라시 역시 기무라 지사님과 가타야마 지사님은 '지사 신인류'이군요. 이제까지 47개 도도부현에서 그런 이야기를 하는 사람은 거의 없었습니다. 전국체전이 그 전형이지요. 전국체전을 떠맡은 이상 어떤 방법을 써서라도 절대로 1위가 되어야 한다고 생각합니다. 이러한 의식이 전국체전 때마다 나와, 지자체가 경기장 등 대형건물을 만드는 원동력 혹은 면죄부가 되어 왔습니다. 그리고 현재는 그 부채로 고생하고 있는 것입니다.

이를 타파하기 위해 하시모토(橋本) 지사님은 역시 노력했습니다. 그러나 기무라 지사님의 경우는 그와 같은 결정을 전혀 고민 없이 척척 해 나가고 있습니다. 지사님은 원래 관료이셨습니다. 관료가 이렇게 간단히 정책변경을 해도 좋은 것인가 하는 생각도 듭니다.

또 도대체 지사님은 대학시대에는 무엇을 하셨습니까? 왜 관료가 되셨습니까?

기무라 기본적으로 학생분쟁 때였으므로 '인터내셔널'[9])을 불렀고(웃음). 학교에서 나와 기동대에게 쫓기고 무서우니까 집에 돌아와서 화장실에 숨어 있었어요(웃음). 그저 우리들이 한 것은 본격적인 것과는 전연 거리가 멉니다(웃음).

이가라시 조금 화제를 바꿀까요? 현재 전국적으로 통합이 화제가 되고 있습니다. 이것에 대해서는 어떻게 생각하십니까?

기무라 예를 들면 고향 살리기 1억 엔 사업에서는 모두 온천을 팠습니다. 온천을 만들면 안 된다는 것은 아닙니다만, 역시 적지(適

9) 일종의 혁명가(革命歌)인 인터내셔널은 공산주의와 관련된 노래로 1917년부터 1944년까지 구소련의 국가(国歌)이기도 했다.(역자주)

地)라는 것이 있습니다. 좀더 큰 범위라면 자기가 있는 곳에 가장 알맞은 것을 만든다고 하는 합리적인 배분도 할 수 있습니다. 또 직원도 들어와서 그만둘 때까지 창구업무만을 하는 것으로는 자기 계발도 되지 않습니다.

커지면 처음에 말씀드린 잡 로테이션(job rotation)도 가능해지고, 불필요한 이중투자도 피할 수 있습니다. 여러 가지 점에서 통합에는 의미가 있다고 생각합니다. 침체되어 있는 것을 휘저어 섞으면 뭔가 나올지도 모릅니다. 그것만으로도 의미가 있습니다. 저는 통합에는 찬성입니다.

이가라시 저는 2005년의 시한입법이라는 점이 마음에 들지 않습니다. 통합 그 자체는 꼭 나쁘지는 않습니다. 그러나 이번의 통합은 당사자의 의지가 아니라 재정특례로 몰아세우고 있습니다. 이것은 올바른 방법이 아니라고 봅니다. 현지를 둘러보면, 모두 2005년의 일로 머리가 꽉 차 있습니다. 시정촌에서도 그야말로 적은 출산과 고령화 그리고 지역산업의 부활, 고용의 확보 등 해야 할 일이 산더미입니다. 그러나 통합으로 버거워하고 있습니다.

기무라 이상(理想)은 멀지만, 지금의 일본이라면 미래의 바람직한 자치상을 추구하기 위해서도 비교적 짧은 시간에 꽉 조여서 해보는 것도 한 가지 방법이라고 생각합니다.

이가라시 합병(통합)론의 배후에는 아무래도 큰 것이 좋은 것이다라고 하는 생각이 있는 것 같습니다. 그러나 유럽에서는 3,000명이나 5,000명 정도의 아름다운 마을이 많이 있으며, 누구도 그것을 파괴하려고는 하지 않습니다. 그것도 하나의 선택답안이므로 어느 쪽을 택할지는 실로 자유롭게 하면 된다고 생각합니다.

그것이 지방분권 속에서 활발히 논의되어 온 '자기 결정'이며,

전국적인 합의라고 생각했습니다만, 아무래도 이번 조치는 이에 반합니다. 더욱이 2005년 이후에도 통합론이 연장되어 작은 정(町)이나 촌(村)은 이번에는 법적으로 강제된다고 하고 있습니다(→ 본서 좌담회 「Ⅱ. 통합」 및 호보 다케히코(保母武彦) 「분권에 반대되는 강제통합」). 작은 지자체는 없애버리려는 것은 아닌가 하고 불안에 떨고 있습니다만.

기무라 없애버리려고 한다는 발상은 안 했으면 합니다. 작은 정(町)이나 아름다운 촌(村) 등도 커뮤니티적인 지역자치라는 형태로는 살려도 됩니다. 일본인은 감상적이어서 커뮤니티와 행정구역을 혼동하고 있는 면이 있습니다. 저는 이 두 가지는 따로 생각해야 한다고 봅니다.

행정구획으로서는 어느 정도 통합이 필요합니다. 하지만 예를 들면 와카야마로 치자면, 고야산 산(高野山)도, 다이지(太地)라는 고래로 유명한 정(町)도 있고, 류진온천(竜神温泉)도 백사장도 있습니다. 그러한 곳은 특색을 남기면서 지명을 간판으로 한 지역으로서 잘 보존해 가야 한다고 생각합니다.

저는 현재의 도도부현, 시정촌의 구조는 지방분권과는 맞지 않는 것, 오히려 중앙집권 유형의 하나라고 생각합니다. 이와 같은 상황을 개선하기 위해서는 연방국가와 같이 큰 틀로 해서 큰 틀끼리 서로 경쟁하게 합니다. 그러는 가운데 또 각각의 개성이 있는 시정촌을 자치의 기초로 하여 서로 경쟁하는 구조가 필요하지 않겠는가 하는 것입니다.

그리고 이 개혁은 이제까지의 분권논의와 같은 종래의 정책과 연속선상에서 생각할 것이 아니라, 불연속적으로 생각해 나가는 구조가 필요해진다고 생각합니다. 실제 움직임은 조금 다릅니다만,

시정촌의 통합도, 이와 같은 움직임의 선구적인 사례로 자리매김해 나갈 필요가 있다고 생각합니다.

이가라시 그러기 위해서는 조금 비약일지도 모르겠습니다만, 현재의 헌법을 재검토해야 할 것입니다. 이른바 우익적인 헌법 제9조[10] 논쟁이 아니라, 자치의 바람직한 모습으로서 21세기에는 좀더 주민투표나 직접민주주의를 살려 나갈 필요가 있습니다. 진지하게 연방제 국가를 구상한다면 그야말로 헌법개정을 염두에 두지 않으면 안 되며, 만일 그렇지 않다면 이제까지와 똑같이 그저 평론으로 그치고 말지 않을까요?

기무라 연방의 의미가 참 어렵습니다만, 일본은 면적이 작기 때문에 연방제와 현재 제도의 중간적인 제도, 옛날에 논의되었던 도주제(道州制)[11]와는 구별해서 저는 '지방제'라고 부르고 있습니다만 이러한 구조가 좋지 않을까 생각합니다.

이가라시 역설적입니다만, 이론의 미래를 생각하기 위해서도 절대 통합하지 않겠다는 지자체가 나오기를 기대합니다.

기무라 본래 자치라는 것은 그러한 것이라고 생각합니다. 어디를 가도 주민의 수준이 똑같아야 한다고 하는 발상을 버리는 것이 중요합니다만, 유감스럽게도 많은 지자체에서는 아직 거기까지 의식이

---

10) 일본 헌법 제9조를 보면 다음과 같다.(역자주)
제9조【전쟁의 포기, 전력 및 교전권의 부인】① 일본 국민은 정의와 질서를 기조로 하는 국제평화를 성실히 희구하며, 국권의 발동인 전쟁과, 무력에 의한 위협 또는 무력의 행사는 국제분쟁을 해결하는 수단으로서는 영구히 이를 포기한다.
② 전항의 목적을 달성하기 위해, 육해공군 기타 전력을 보유하지 않는다. 국가의 교전권을 인정하지 않는다.

11) 도주제(道州制)란 지역의 자주적, 자립적인 운영을 실현하기 위해 집권적인 국가체제를 분권적으로 구성하는 제도를 말한다. 도주제는 일본 상공회의소를 비롯한 경제단체에 의해서 오래전부터 주장되어 왔는데, 오늘날에는 광역연합의 실적을 바탕으로 전국에 9~10개의 도주를 만든다고 하는 단계적인 주장도 나오고 있다. 중앙정부하에서의 권한이양을 도모한다고 하는 점에서 연방제와는 다르다.(역자주)

고조되고는 있지 않다고 생각합니다. 지방교부세 제도의, 이른바 뭐든 원 세트로 해 나가는 구조 속에서 줄곧 해 왔으니까요. 그것을 거부해도 스스로 일어설 수 있다면, 그것은 아주 훌륭한 지자체로서 저는 존경합니다.

이가라시 통합하지 않고 도산하는 지자체가 있어도 됩니다. 아까 이야기가 나왔던 '자기 결정'을 권리론으로 해서, 좀 극단적인 표현을 하자면, 살인은 물론 범죄입니다만 자살은 죄가 아닙니다. 어떤 지자체가 모두 이대로 안락사해도 좋다고 결의했다면, 그것을 막을 권한은 누구에게도 없습니다. 물론 국가에게도 없습니다. 헌법이 지방자치를 '제도적으로 보장'했다고 하는 것은 그러한 것입니다. 자치의 궁극적인 부분에는 이러한 권리가 있다고 저는 생각합니다.

그 정도까지 가지 않으면 주민의 의식도 바뀌지 않을지도 모른다는 생각이 듭니다. 통합하면 일시적으로는 도산을 면합니다. 그러나 마이너스와 마이너스를 더해도 플러스로는 되지 않습니다. 특별조치는 모르핀 주사에 불과합니다. 모르핀으로 일시적인 구제를 해도 자치의식은 멈춰 버립니다.

기무라 옛날에는 자치성(自治省)이 완전히 구제했었습니다만, 구제가 점점 없어지고 있는 것도 하나의 사실입니다. 하지만 구제가 없는 것이 어떤 의미에서는 진정한 의미의 자치·분권이며, 거기에서밖에 진정으로 성숙된 시민사회는 생겨나지 않는다고 생각합니다.

일본은 지금까지는 아시아적인 발상이라고 해야 할까요, 중앙집권으로 좋은 대학에 들어가고 좋은 회사에 입사해서 열심히 노력합니다. 시골은 노동력을 제공합니다. 하지만 앞으로는 인구도 줄고 있으므로 유럽형의 성숙된 형태로 이전하지 않으면 안 됩니다. 또 그러한 가치관을 갖지 않으면, 예를 들면 옆에서 자꾸자꾸 성장해 나가는 중국 등에 대해 일본은 독자성을 갖지 못한다고 생각합니다. 일본은 60년의 민주주의 전통 속에서 외부와는 다른 좋은 면도 많이 나왔습니다. 자유로운 마음의 정도는 다른 아시아 국가 예를 들면 중국 등과는 상당히 다르다는 것을 보여주지 않으면 진정한 의미의 선진국이라고는 할 수 없는 것입니다.

이가라시 국가에 대해서 이야기를 들었습니다만, 이번에는 와카야마 현민에게 뭔가 주문하고 싶은 것이은 있으신지요?

기무라 제가 가장 중요하게 여기고 있는 것은 미에현(三重縣)이 기타가와(北川) 지사처럼 '정보 공개'입니다. 모두에게 많은 것들을 공개해서 알리려고 하고 있습니다.

격동의 시대이므로 '위에 올라선다'는 발상은 아니지만, 선거에서 선출된 사람이 리더십을 발휘하고, 식견을 갖고 해 나가야 한다고 생각합니다. 고이즈미 수상은 저항세력으로부터 곧잘 독재적이라는 소리를 듣습니다만, 그러한 요소도 어떤 의미에서는 필요하다고 생각합니다. 다만 독재자가 잘못된 일을 하면 아주 안 좋기 때문에 그 균형점을 찾는 것이 어렵습니다만.

고야산 산(高野山)

이가라시 마지막으로 부탁이라고 해야 할까요, 마침 좋은 기회이니까 요망을 포함해서 고야산 산의 이야기를 해주십시오. 고야산 산을 세계문화유산으로 하도록 신청하셨지요? 그곳은 세계적으로 자랑할 만한 진정한 '마음의 유산'의 장소라고 생각합니다. 단지 밖에서 보면, 고야산 산에는 1,200년간 연면히 배양되어 온 종교의 압도적인 위엄성(dignity)이 있는 한편, 솔직히 말해서 이를 둘러싼

정(町)의 경관이 정말이지 볼품없습니다. 세계문화유산에 이름을 올리고자 하는 것이라면 종교시설뿐만이 아니라 정(町) 전체를 세계에 자랑할 만한 것으로 한다는 기개와 대응이 필요하다는 생각이 듭니다만.

기무라 고야산 산은 옛날에는 '일본의 고야산 산'이었습니다. 오사카가 경제라는 점에서는 도쿄와 견줄 만한 중심이었으니까, 오사카의 부자들은 여름에는 피서하러 고야산 산에 올라가서 더위를 식혔고, 묘소도 그곳에 만들었습니다. 그러한 의미에서 도시와 고야산 산과의 사이에는 대단히 강한 연결고리가 있어서 거기에서 문화도 발신할 수 있었습니다. 그런데 지금은 도쿄에 대부분의 문화인이 모여서 어느 새인가 '작은 고야산 산'이 되어 버렸다는 대단히 강한 위기감을 절에서도 갖고 있습니다. 그것이 세계문화유산 등록 운동의 한 원동력이 되었던 것입니다.

말씀하신 대로 고야(高野)는 산상도시입니다만, 유럽의 산상도시와는 전연 다릅니다. 보통 걸어가도 되는 곳을 관광버스가 배기가스를 내뿜으며 달리고 있습니다. 가능하면 외부에 커다란 주차장이라도 만들어 차로 온 사람은 거기에 세운 다음, 도보나 전기자동차 등등으로 스탬프 첩을 들고 돌아다니도록 해야 합니다.

이가라시 1549년 프린시스코 자비엘이 일본에 왔을 때, 일본에 7개의 대학이 있었습니다. 고야산 산은 그 하나로 당시 파리의 가르체 라탕(Quartier-latin)을 넘어서는 3,500명의 학승이 었었다고 합니다. 일대 종교도시이자 동시에 대학도시이기도 했던 셈입니다. 그러한 사실 등도 기조로 해서 21세기의 새로운 도시 조성을 목표로 삼으면 어떠신지요?

기무라 고야산 산뿐만이 아니라 네고로지(根來寺)라는 절도 학승

(學僧)과 승병(僧兵)이 반수 정도씩 있었습니다. 승병은 전부 도요토미 히데요시(豊臣秀吉)에게 살해당하고, 학승은 다른 절로 옮겨 갔습니다. 중세에는 절이 학문의 중심이었습니다. 저는 지금 와카야마현을 '문화 중심의 현'[12]으로 만들자고 하고 있습니다.

이가라시 괜찮은 표현이군요.

기무라 현민의 자부심도 높아집니다. 그것도 천박한 것이 아니라 정말 인간적인 광채가 나는 깊은 자부심을 갖도록 하는 것을 목표로 하고 있습니다. 그러기 위해서는 문화를 소중히 하지 않으면 안 됩니다.

이가라시 와카야마현에는 현의 자랑거리나 역사 그리고 전통이 있어서 그것과 자치가 결부됨으로써 성장해 가겠습니다. 아까 말씀하신 기초자치단체의 의의도 거기에 있다고 생각하시는 것이군요.

기무라 그렇습니다. 주민의 생활을 가장 중시해 나갑니다. 그때에는 학교제도도 문부과학성이 말하는 방식뿐만 아니라, 커뮤니티 스쿨이 있어도 괜찮고 영어로만 공부를 가르치는 곳도 있어도 좋다고 봅니다. 그러한 다양성 속에 있지 않으면, 진정으로 강한 인간은 나오지 않으며, 진정한 의미의 민주주의 국가는 만들어지지 않는다는 발상인 것입니다.

이가라시 앞으로도 그러한 아이디어를 자꾸자꾸 내놓아 주십시오. 주민도 자신감이 나올 것이라고 생각합니다. 오늘은 장시간 동안 정말 감사했습니다.

12) 원문에는 문화입현(文化立県)이라는 표현을 사용하고 있다.(역자주)

⁂내부개혁⁂

[협역행정]

지방자치단체 내 분권의 모습

욧카이치대학 총합정책학부 교수
이마카와 아키라(今川　晃)

지자체 내의 분권화에 대한 요청과 과제

지자체 내의 분권화는 그 자체가 목적이 아니라 어떤 방향성과 이를 위한 전략성 속에서 자리매김하지 않으면 굳이 지자체 내의 분권화라고 표현하는 의미가 없어질 것이다. 단순히 증명서 교부 등의 창구업무나 특정 사업을 실시하는 것을 중심으로 한 이제까지의 지소나 출장소 등의 위상과는 다르다. 정령지정도시의 행정구조차 이제까지는 이 정도의 위상이었다.

지자체 내 분권의 지구 인정단위는 복잡하다. 정령지정도시의 행정구와 같은 비교적 큰 단위에서, 시정촌에서의 지소, 출장소라는 행정상의 단위를 기본으로 생각하는 경우가 일반적일 것이다. 시정촌 통합의 경우를 보면 구시정촌이 지자체 내 분권의 단위라고 생각하는 것이 일반적이다. 더 나아가서는 초등학교구 등의 일정 커뮤니티를 지자체 내 분권의 단위로 설정하는 것도 가능하다.

따라서 지자체 내의 '자치' 단위를 어떻게 설정할지는 어떠한 지자체를 형성하는 것인가 하는 방향성과, 이를 위한 전략과 관련되어 있다.

이 지자체 내 분권의 방향성에는 크게 행정 서비스의 질적 향상을 추구하기 위해 행정 서비스 공급상의 일정 권한과 책임을 지소 등의 기관에 위양하는 것과 주민을 주인공으로 하는 지역민주주의를 촉진하기 위해 일정한 정책결정권한을 지구협의회 등에 이양하는 것의 두 가지가 있다고 볼 수 있다.1)

1) See Vivien Lowndes, Decentralization, Devolution and the Local Dimention, in

전자는 지구(이하, 지자체 내 분권화에서의 단위. 즉 일정한 지리상의 범위를 지구로 한다.)의 상황에 따른 매니지먼트에 관한 요청이다. 예를 들면, 면적이 넓은 지자체나 시정촌 통합 후의 지자체에서는 지구마다 고령화율이나 지리적 조건 등의 특성이 다르기 때문에 복지행정 서비스 공급을 획일적으로 하기보다는 어느 정도 각 지구 독자의 운영에 맡기는 편이 효과적으로 서비스를 공급할 수 있는 경우도 있다. 또, 정내회(町內會)나 자치회(自治會), 혹은 지구사회복지협의회(地區社會福祉協議會)라는 지연직인 단체의 성격도 동일한 지자체의 지구마다 다양한 경우도 있으며, 주민 자원봉사자 등과의 다양한 네트워크 속에서 복지 서비스의 참모습을 생각할 때, 일정한 행정 서비스 공급상의 책임을 지구에 맡기는 지자체 내 분권화의 시점은 불가피해진다. 더욱이 원래 고령화 사회에 대한 대응은 좁은 범위에서의 지역단위의 활동이나 심적 교류가 기반이 될 것이며, 이 사회적 상황에서도 지자체 내 분권은 피할 수 없다.

후자는 지역민주주의를 추진하기 위해서, 지구 내에서 완결하는 사항에 대해서는 지구에 일정한 정책결정권한을 이양하도록 하는 것이다. 첫째의 행정 서비스의 질적 향상에 관한 내용과도 무관하지 않지만, 특히 정책결정과정의 형태가 의문시된다. 즉 이 경우에는 지구의 문화, 역사, 자연환경 등에 따른 일정한 마을만들기 시책이나 사업 등의 대응에 있어서 결정권한의 이양문제뿐만이 아니라 지구 커뮤니티에서 주민이 결정책임을 공유화한다고 하는 방향성에 착안해야 한다. 지자체 전체에 있어서 주민참여는 대의제 민주주의의 보완으로서 중요하지만, 지자체 내 분권에 있어서는 더욱 결정책임

Steve Leach ed., "The Local Government Riview; Key Issues and Choices," Institute of Local Government Studies The University of Birmingham 1994.

을 자각한 주민에 의한 참여민주주의 확립을 향한 자치의 민주적 운용질서로서의 새로운 거버넌스를 스스로 확립해 간다고 하는 의의를 갖게 된다.

이상의 지자체 내 분권에 관한 두 가지 방향성에 공통적으로 발생하는 과제로서 다음 세 가지를 생각해 볼 수 있다.

첫째로, 도대체 자립적인 지구(地區) 만들기를 어떻게 하는가라는 과제이다. 최근 진행하고 있는 시정촌 통합에서는 광역화하면 할수록 협역적(狹域的)인 자치에 대해서도 생각하게 된다. 통합 후에는 주변부가 되어 쇠퇴하고 말 가능성이 높은 지구일수록 지구간의 공평성 보장이나 해당 지구의 자립성이 중요과제가 되는 것이다. 따라서 「시정촌 합병(통합) 특례에 관한 법률」(이른바 「합병특례법」)로 정해져 있는 것과 같은 통합시정촌장의 자문에 응하여 시정촌 건설계획의 변경이나 집행상황 등에 대해 지역심의회, 혹은 지자체 내 분권화 논의 등의 필요성이 생겨나게 된다.

둘째로, 서비스 공급 시스템의 지구 독자 운용의 경우에도 지구 독자의 마을만들기 시책 책정이나 사업 실시에 있어서도 지자체 전체의 형평성 확보나 다양한 조정이 필요해질 수 있다는 점이다. 즉, 각각의 지구가 지구의 자립이나 유연성이라는 장점을 살리면서, 다른 한편으로는 지자체 전체와 관련된 정책 형성을 어떻게 전개해 나가야 할 것인가라는 과제이다.

셋째로, 지구의 발전이나 과제해결을 위해서는 지구가 주체적으로 판단하는 해당 지자체 외의 지구나 다른 지자체와의 연계의 필요성도 생겨날 가능성이 있으며, 그 경우 어떻게 대응해야 할 것인가라는 문제가 있다. 이것은 지자체간 상호연계의 문제가 아니다. 지리적 조건 등도 영향을 미쳐서 유연하게 그리고 기동적으로 대응해

가기 위해 지자체 내의 지구가 중심이 되어 광역연계를 전개해 나아간다고 하는 새롭게 주목해야 할 측면이다. 특히 최근의 시정촌 통합에 따라 광역화했을 경우, 구시정촌 단위에서 하나의 지구로 된 경우도 있으며, 그 경우에는 해당 지구가 광역연계의 주체가 되어 활동하지 않을 수 없는 것도 있다.

이와 같은 여러 과제를 전제로 지자체 내 분권 그 자체가 내포하는 방향성과 실태상의 제 모습을 찾는 것이 본고의 목적이다.

협역자치와 광역자치를 둘러싼 패러다임 전환

지자체 내 분권은 본청에서 지소 등의 기관에 대한 권한이양의 조정만으로 실현할 수 있는 것이 아니다. 현재의 지방자치의 발전을 향한 실태상의 움직임을 파악하면서, 지구의 자립과 민주적인 권한 운용의 올바른 방향을 추구해 갈 필요가 있다. 획일적 혹은 수량적으로 해결책이 도출되는 것도 아니다. 그래서 지자체 내 분권화로의 프로세스도 포함해서 개개 지역의 실태를 어떻게 파악할지가 중요한 포인트가 될 것이다.

지자체 내 분권과 공공 서비스의 질적 향상을 위한 협동

최근 행정 서비스의 공급에 관한 가장 주요한 변화는 공공 영역을 담당하는 것은 행정이며, 공공 서비스의 질적 향상에 대해 주민은 행정에 요구·요망하면 된다고 하는 수직적 관계가 무너지기 시작한 것이다. 행정 서비스의 질적 향상을 위해서는 자원봉사 단체나 NPO 등과의 협동도 필요해지며, 대체로 지구 내 주민 상호간에 자립적·수평적으로 해결하는 움직임도 보이기 시작했다. 예를 들면 고령자에의 복지 서비스에 대한 보람을 찾아서 NPO 등의 활동에 참가하는 고령자도 늘고 있다. 즉, 지자체 내 분권화된 행정권한의 운용에 있어서 행정 담당부문과 주민조직과의 협동에 의한 풍부한 지역형성을 행하는 시대가 도래한 것이다.

따라서 지자체 내 분권을 생각할 경우의 한 가지 포인트는 자치회(自治會)·정내회(町內會) 등의 전통적인 지연단체(地緣團體)를 포함한 각종단체와 행정기관과의 연계, 협동에 의해 지구의 환경에 따른 공공 서비스 공급이 가능해지는가, 그렇지 못한가라는 점에 있다.

시정촌 통합의 경우에서는 구시정촌 단위가 지자체 내 분권의 지구단위로 설정되는 경우도 있지만, 어찌되었든 '통합에 의해 효과가 올라간다고 생각되는 사무사업'과 '통합에 의해 효과는 변함이 없거나 혹은 내려간다고 생각되는 사무사업'에 대해서 직원의 의향도 고려한 평가를 가능하면 사전에 해 둘 필요가 있을 것이다. 그때에 주민과의 협동관계의 가능성과 그 형태에 대해서도 정리해 둘 필요가 있다(필자는 이 개혁을 향한 평가를 전략적 평가라고 부르며 제창하고 있는 바이다).

'통합에 의해 효과는 변함이 없거나 혹은 내려간다고 생각되는 사무사업'(예 : 복지 관련 사업이나 커뮤니티 관련 사업)은 통합해도 구시정촌 단위에서 실시해야 할 영역으로서 정리해야 할 것이다. 실태를 잘 아는 현장 직원도 참여해서 이와 같은 검토작업을 하고, 지자체 내 분권의 구조를 생각해 감으로써 각각의 지역의 상황에 따른 새로운 지자체를 형성할 수 있을 것이라고 생각한다. 또 새로운 지자체를 구성할 예정인 시정촌은 지리적 조건 등에 따라 특별한 역할을 담당하고 있는 경우도 있다. 따라서 지자체 내 분권화의 범위설정에서는 다음의 중층적인 연계자치구조를 전제로 한 가능한 한도에서의 유연한 대응도 요구된다.

지자체 내 분권과 중층적 연계 자치구조

지자체 내 분권에 의해 폐쇄적인 지구의식이나 아전인수적인 지구간 경쟁관계를 만드는 것은 회피할 필요가 있다. 쇼와시대(昭和時代)의 대합병(시정촌 통합) 시대부터 지속되어 아직까지도 이와 같은 상황을 보이는 지자체는 많다. 과제는 종래의 요구형 지구조성이 아니라, 지자체 내 분권화에 의해 책임도 갖고 있는 사립된 지구조성을 목표로 하는 것이다. 특히 NPO의 성장에 따라, 실태에 따른 행정활동의 양상이나 지자체 범위에 얽매이지 않는 유연한 대응 형태가 급선무로 되어 온 것이다.

어떤 지구를 전제로 했을 경우, 광역적인 과제해결은 그 지구가 포함된 지자체 전체의 문제로서 대응하는 것이 이제까지의 시스템이었다. 그런데 어떤 지구가 안고 있는 과제해결을 위해서는 해당지구가 중심이 되어 광역적인 연계를 촉진하는 편이 효과가 올라가는 경우도 있다. 특히 시정촌 통합에 의해 상당한 광역의 신지자체가 탄생한 경우 등에는 구시정촌 단위에 실질적인 연계지원상의 결정권한을 남기는 편이 적절하게 과제를 해결할 수 있는 경우도 있을 것으로 생각된다. 예를 들면, 해당지구 주민단체가 광역적으로 다른 지자체의 어떤 지구 주민단체와 물산교류를 전개하려고 할 경우, 또 지리적 조건도 있어서 어떤 지구의 복지 자원봉사자 그룹과 인접 지자체 어떤 지구의 복지 자원봉사자 그룹이 일체가 되어 지자체의 다른 양 지소(支所)와 연계하려고 할 경우, 더 나아가서는 하천유역의 어떤 지구가 하천유역의 다른 지자체 혹은 지구와 연계해서 하천유역 연계를 하려고 할 경우 등이 있다. 이하에서 몇 가지를 구체적으로 생각해 보자.

NPO 법인 부젠(豊前)의 국가건설클럽(國建設倶樂部 : 오이타현(大分縣))에서는 야마쿠니가와 강(山國川)을 사이에 두고 현(縣) 경계를 넘어선 교류와 야마쿠니가와 강 유역 연계 추진을 위해 이제까지 다양한 사업전개를 해 왔다. 예를 들면, 유역 전체의 정보지도도 각 시정촌에서 만드는 경우도 없으며, 또 현 경계, 시정촌의 경계 때문에 각종 정보가 분단되어 있는 상황이므로, 위의 클럽에서는 최근 『야마쿠니가와 강 유역의 새로운 연계를 목표로 : 야마쿠니가와 강 채도, River side map』을 발행하게 되었다. 게다가 이 책자는 유역의 각종 정보뿐만 아니라 '이 사람들에게 물으면 훨씬 즐겁게 더 많이 지역을 알 수 있다! 마을만들기의 달인 대사전'으로서 개인명, 전화번호까지 게재하고 있으며, 야마쿠니가와 강 유역의 다양한 소리를 모아 담은 CD도 부록으로 구성해 놓았다. 이 책자는 국토교통성의 지원을 받아 작성된 것이지만, 어쨌든 이런 부젠의 국가건설클럽의 다양한 활동에 의해 유역 시정촌의 강 유역에 대한 관심은 서서히 높아지고 있다. 이 유역 전체를 커버하는 시정촌 통합을 통한 대응은 대단히 어려우며, NPO이니까 유역 전체나 현의 경계를 넘어선 맞은편 강변까지도 시야에 넣고 활동할 수 있는 것이다. 가령 어떤 패턴에 의해 통합된 새로운 지자체가 이러한 NPO를 지원할 경우나, 유역 교류에 관한 사업을 전개할 경우에는 지자체 내 분권화된 유역 구시정촌 단위에서의 유연하고 기동적인 대응이 기대될 것이다.

또한 '아사히정(朝日町)이 계속해서 미래에도 살기 좋고 매력 있는 마을 만들기를 목표로 하여, 시민 누구나가 뭐든 좋으니까 할 수 있는 일을 자주적으로 행동하는 모임'인 아사히 마을만들기회(미에현 아사히정(三重縣朝日町))에서도, 광역연계의 활동을 시작하게 되었다. 아사히 마을만들기회는 2003년 11월에 시작된 구마모토현 미야하라

정(熊本縣宮原町)과 나가노현 오부세정(長野縣小布施町) 간의 물물교환을 전제로 한 트럭 편(타운 셔틀·볏짚장자 편)의 연선이기도 해서, 이 교류사업에 참가하게 되었다. 이 교류사업은 '물산교류를 도구로 해서 마을만들기 활동이 활발한 지역의 민간그룹과의 새로운 구축을 지향한다'는 것이다. 아사히 마을만들기회에서는 물산개발을 위해서도 유기클럽의 결성, 유기농업의 확립, 종합학습과의 연계 등 다양한 구상이 구체화되고 있으며, 행정과의 협동관계 확립도 빼놓을 수 없는 상황에 있다. 그런데 이 아시히정도 인접한 욧가이치시(四日市市) 등과 통합될 가능성이 있으며, 가령 통합되었을 경우에도 구아사히정(舊朝日町)이라는 지구가 중심이 되어 광역적인 교류가 가능해지는 구조를 추구할 수 있게 된다. 그렇지 않으면, 구아사히정의 매력을 살린 '마을만들기'를 전개해 갈 수 없을 것이다. 따라서 이 경우에도 지자체 내 분권화에 있어서 중층적인 발상이 요구되어진다.

이와 같이 지구의 특성에 기초한 마을만들기나 광역적 연계의 거점으로서의 의미가 지구에 부여됨으로써 지자체 내 분권화는 보다 다이내믹한 움직임을 보일 가능성을 숨기고 있게 된다.

지자체 내 분권과 지자체 내 '기능분산'

주민 개개의 자립을 대전제로 짜여진 자치의 기본인 '보완성의 원칙'에 적합하고 가능한 한 좁은 지역의 자립성을 존중하려고 하는 지자체 내 분권화의 진행은 지자체 내 '기능분산'이라는 새로운 방향성을 서서히 보일 가능성도 있다.

예를 들면 어느 시(市) 어느 지구(地區)의 주민단체에서는 다음과 같은 이야기가 제기되고 있다. 시 차원의 입장에서 해당지구에 설치되어 있는 스포츠공원의 역할을 지닌 도시공원을, 자연공원의 기능

유라쿠시장(제공 : 미야케 시게노리(아사히 마을만들기회 회원/아시히정 직원))

현 경계를 넘어선 줄다리기 대회(제공 : 기노시타 가쓰야(호젠노쿠니 건설클럽 사무국장))

을 추가한 것으로 바꾸려고 하는 움직임이다. 시 차원의 공원이라는 위상에는 변함이 없지만, 그 공원이 입지하고 있는 지구의 특성에 적합한 공원으로서 바꾸어 가자고 하는 것이다. 그러나 해당지구의 지역주민이 중심이 되어 시내 전역에 네트워크를 형성하고 자주운영·관리체제를 확립해 나가게 되면, 행정의 관할도 본청의 공원녹지과에서 지소로 이관하는 편이 주민과의 협동관계도 형성하기 쉬워진다고 한다.

확실히 행정과 주민과의 협동은 특히 주민에 의한 자주관리·운영을 전제로 한다고 하게 되면, 해당시설 등이 입지하고 있는 지소단위를 중심으로 네트워크를 형성하는 편이 기동적인 경우도 생각할 수 있다. 이것이 지자체 내에 있어서도 개개의 지구를 중심으로 한 중층적인 구조를 형성할 가능성이 있다는 것을 시사하고 있는 것이다.

협역자치를 짊어진 주인공들과 그 구조

이와 같이 지자체 내 분권은 각각의 지구를 전제로 그 자립성을 높여갈 필요가 있다. 그렇다고 하면, 행정 서비스의 질적 향상을 목표로 하기 위해서도, 다양한 지구의 방침이나 정책을 결정하는 경우에도 민주적이고 개방된 협역자치 거버넌스의 구조가 형성되지 않으면 안 된다.

NPO나 지연적인 새로운 '마을만들기' 조직이 만들어진 경우에도 기존의 정내회(町內會)·자치회와의 관계를 무시할 수 없는 경우가 대부분이다. 필자의 체험을 전제로 이야기하면, 자유로운 유지(有志)의 모임(이 중에는 NPO 관계자나 정내회·자치회 임원의 참가도 있다)인 이른바 '마을만들기회'에서도 정내회·자치회나 NPO와의 연계가 형성되지 않는 한, 모든 구상을 스스로의 단독사업으로서 행하는 것은 불가능한 경우가 많다. 정내회·자치회도 종래와 같은 행정하청적 체질인 곳이 일반적이기는 하지만, 자립화에의 발걸음을 시작한 곳도 있으며, 현실적으로는 정내회·자치회마다 다양한 체질을 갖추고 있다.

예를 들면, 전술한 미에현(三重縣)의 아사히 마을만들기회는 아사히정(朝日町)이 1999년부터 2000년까지 제4차 종합계획의 책정을 했을 때 공모로 참가한 주민이 중심이 되어 결성된 자주적인 단체이다. 어느 지자체의 주민일지라도 자유롭게 참가할 수 있다. 물론 활동 지역은 아사히정을 중심으로 하고 있다. 아사히 마을만들기회는 주민이나 각종단체가 서로 교류를 심화시키는 장으로서 유락시장(遊樂市場)을 매월 1회 개최하고, 자녀양육 지원 활동, 유휴공유지 등의 환경정비 활동, 자신들의 활동을 기반으로 한 아사히정 마을만들기 비전책정 등, 다양한 활동을 하고 있다. 또한 매스컴 등을 활용하여 발신성을 높임과 동시에, 심포지엄이나 워크숍의 개최 그리고 적극적인 정보제공을 통해 널리 주민의 이해를 얻고 있다. 이와 같이 해서 하나의 자주적인 모임이 정내회·자치회뿐만 아니라 폭넓은 주민의 신뢰성을 높여간 것이다. 그리고 아사히 마을만들기회는 개개의 사업활동에 있어서 각종 자원봉사단체나 NPO 등과의 다양한 연계를 향해 움직여 나가고 있는 것이다.

그러나 아사히 마을만들기회가 조정자적인 기능이나 NPO 지원센터적인 기능을 짊어질 수 있었다고 해도 하나의 단체에 불과하며, 시정촌 통합 후 기존의 정내회·자치회를 포함해 넓게 지구의 의사를 통합할 수 있는 집단이 아니므로, 지구의 의사결정기관으로는 될 수 없다. 그래서 협역자치의 거버넌스를 말할 경우에, 지구의 의사결정을 행하는 집단이나 기관의 정당성이 중요한 포인트가 된다. 이와 같은 의사결정의 구조와 지소권한과의 연계 그리고 예산의 자주운영에 있어서 중심적인 역할을 담당하는 '지구운영협의회'와 같은 주민대표자에 의한 협의회를 통해 정도의 차는 있을지라도 지자체 내 분권의 체제를 정비해 가게 된다. 또한 지자체 전체의 조정이나 지자체 전체에 관한 정책제언 등도 지구운영협의회의 역할이 될 것이다.

지자체 내 분권화의 구조 — 커뮤니티형

초등학교구 등의 커뮤니티를 전제로 지구를 설정하는 것이다. 지자체 내 분권화의 기본이 되는 것이다.

예를 들면, 무나가타시(宗像市)·겐카이정(玄海町) 합병협의회(후쿠오카현(福岡縣))에서는 통합 후 초등학교구를 원칙으로 한 커뮤니티 단위에 일정한 권한이나 재원의 이양을 예정하고 있다. 12개 커뮤니티 센터의 관장은 주민의 대표가 되며, 자립적인 운영이 될 때까지는 각 커뮤니티센터에 1~2명의 직원을 파견한다고 하는 것이다. 커뮤니티의 주요한 운영에 대해서는 구장(區長)이나 각종단체로 구성된 '커뮤니티 운영협의회'에서 결정할 수 있게 된다. 또한 커뮤니티의 미래상을 다음과 같이 생각하고 있다. '행정 서비스가 가까워진다, 권한위양을 한다, 보조금의 쓰임새를 지역에서 결정할 수 있다, 지역의 독자적인 사업의 추진, 커뮤니티센터 기능의 정비, 지역의 연계'. 각 지자체의 상황에도 따라 다르겠지만, 커뮤니티 운영협의회와 같은 의사결정기관에는 공개모집한 구성원을 포함시키기도 해서 커뮤니티의 활성화를 도모하는 일도 중요하다고 생각된다.

지자체 내 분권화의 구조 — 도시연합형

광역적인 시정촌 통합 등의 경우에는 각각의 구시정촌(舊市町村)의 자립성을 남겨 두면서 통합의 장점을 살리는 방법을 생각해 나아갈 필요가 있을 것이다. 그러한 경우에는, 도시연합과 같은 통합지자체의 구조를 생각할 수 있다. 각 지구(구시정촌 단위)의 자립도가 높을 것이므로 전술한 중층적 연계자치구조를 형성할 가능성이 있다.

이 경우에도 지구운영협의회 등의 의사결정을 행하는 기관이 필요해진다. 구성원을 주민투표형 선거(이 경우의 '의원'은 자원봉사자가 원칙이 될 것이다)로 선출할 것인지, 각 단체의 장과 공개모집한 구성원으로 구성할지 혹은 전술한 커뮤니티 운영협의회와 같은 커뮤니티 대표자에 의한 구성으로 할 것인지 등 다양한 형태를 생각할 수 있다.

어떠한 경우에서도 실제적인 활동에 있어서는 자치회·정내회, 자원봉사자 단체, NPO 등의 각종 집단과의 연계가 필요하며, 지구운영협의회의 자문위원회와 같은 부속위원회를 설치하는 등 이들 주요단체가 어떠한 형태로든 의사결정에 관여하는 구조를 만드는 것이 필요할 것이다. 또한 보조금·조성금의 운용 등에 있어서도 공개심사나 실질적인 배분이 가능해지는 경쟁원리의 도입 등 새로운 구조의 도입이 필요해질 것이다.

협역자치와 지역조직의 활성화

지자체 내 분권은 지구의 자립을 위해 행하는 것으로 활성화하기 위한 방법을 생각해 나가야 한다.

필자의 '마을만들기 체험'에서 말하면, 다음과 같은 점에 유의해야 한다. 자치회·정내회를 내부에서 활성화하고자 생각하면 그때 열심히 일하는 지자체 행정직원의 노력도 필요해질 것이다. 연합자치회·연합정내회 정도의 규모로 지구의 활성화를 위한 자문위원회를 설정하고, 그 구성원을 널리 공모하여 모집하고, 비전을 만들거나 활동방침의 검토를 하는 것도 대단히 유익하다고 생각한다. 혹은 마을만들기에 관심이 있는 유지들이 자치회·정내회와는 관계없이 새로이 '마을만들기회'와 같은 조직을 세우고 개방적·민주적인 활동을 하여 자치회·정내회나 NPO 등과 연계해 간다고 하는 방책도 생각할 수 있다. 어떠한 경우에도 매스컴 등을 기회가 있을 때마다 활용하여 발신성을 높임과 동시에 개방된 교류 네트워크에 마음 써야 할 것이다.

어쨌든지 협역자치를 실현시켜 가기 위해서는 지구 내의 각종 지연단체의 활성화가 필요해진다. 그렇게 해 나가지 않으면, 상술한 커뮤니티 운영협의회나 지구운영협의회와 같은 의사결정 기관과의 연계에 의한 사업 실시도 어려워질 것이다. 또한 지구운영협의회 등이 개방된 기관이 되지 않으면, 지구의 활성화는 불가능해질 것이다. 더 나아가서는 NPO는 그 취지에 따라서는 시정촌이나 지구와는 관계없이 활동을 전개하는 일도 많으므로, 결국에는 종래의 지연조직의 활성화가 중요한 과제로 남아 있는 것이다. 따라서 전술한 바와 같이 열심히 일하는 지자체 행정직원이나 주민의 힘에 의해서 조금이라도 새로운 바람을 불어넣는 노력을 하면서, 보수적·폐쇄적인 환경을 개선해 나가는 수밖에 다른 길은 없을 것이다.

지자체 내 분권화의 성패는 이와 같이 주민조직이 활성화하느냐 마느냐에 달려 있다. 종래의 일반적인 자치회·정내회는 해당 행정부국에 의지하려는 경향이 강한 반면, 행정 각 부국에서의 위탁·

협력업무의 확대화에는 불만을 흘리는 경우도 많다. 이러한 관계를 개선해 나가기 위해서는 각 행정부국이나 행정직원이 자치를 육성하는 방향에서 어떻게 자치회·정내회와 접촉해 나가야 할 것인지 진지하게 검토해야 할 것이다.

이상은 지자체 내 분권화의 골격을 디자인한 것에 지나지 않는다. 분권화된 지구 내에서도 적극적인 주민참여의 추진이나 기본적인 '마을만들기협정' 책정 등의 규칙을 만드는 일이 필요하다는 것은 두말할 필요도 없을 것이다.

〈참고문헌〉

佐藤竺監修/今川晃編著,「市民のための地方自治入門」, 実務教育出版, 2002.
(財)日本都市センター編,「自治的コミュニケーションの構築と近隣政府の選択」, 日本都市センター, 2002.
佐藤竺,『地方自治と民主主義』, 大蔵省印刷局, 1990.
今川晃・田嶋義介監修,『合併する自治体, しない自治体』, 地方自治職員研修臨時増刊69号, 2002.
木佐茂男監修/今川晃編, 『自治体の創造と市町村合併 — 合併論議の流れを変える七つの提言』, 第一法規出版, 2003.
日端康雄編著,『市民参加の国土デザイン — 豊かさは多様な価値観から』, 日本經濟評論社, 2001.

⁂내부개혁⁂

[직원연수]

홋카이도 '토요강좌'의 정착

후렌정(風連町) 총무과 과장보좌
쿠와하라 류타로(桑原隆太郎)
난포로정(南幌町) 도시시설과 과장보좌
시마다 히로히코(嶋田浩彦)

처음에

2000년 4월에 지방분권일괄법이 시행된 지 3년(2003년)이 지났다. 현재 지방자치를 둘러싼 전체 상황은 제1차 분권개혁의 과정에 있다. 기관위임사무의 폐지를 거점으로 한 제도적 틀의 개혁은 이른바 단체자치의 조건정비를 가속시켰다. 그러나 그 조건을 최대한으로 구사하고 주민자치의 심화와 연계시켜 '분권형 사회의 실현'을 향한 지자체 자신의 주체적인 운영은 아직 시작에 불과하다.

그러한 제1차 분권개혁의 큰 흐름 속에서 전국의 지자체 특히 소규모 지자체는 지금 '느닷없는' 시정촌 통합문제로 흔들리고 있다. 필자들이 사는 홋카이도에서도 지방교부세의 대폭적인 삭감에 따른 재정위기를 배경으로 한 통합논의는 바야흐로 많은 시정촌에 있어 가장 큰 정치과제가 되었다.

이 국가의 정치정세를 바탕으로 한 객관적인 상황은 통합의 유무에 관계없이 우리 지자체의 생존을 건 행·재정 개혁을 들이밀게 된다. 이러한 지자체 구조개혁의 직접적인 당사자는 지자체 직원이다. 분권개혁과 통합문제가 공존하는 이 시대에서 지자체 직원의 인재양성과 능력형성에 공헌하는 '직원연수'의 더 넓은 확충이 다시금 요청된다.

이러한 문제의식하에 본고에서는 광의의 직원연수에 관한 홋카이도에서의 실천적인 대응을 소개하고자 한다.

'연수기회의 다양화'와 '연수수준의 향상'

제1차 분권개혁의 모습을 방향 짓는 지방분권추진위원회는 제1차 권고 속에서 '지방분권의 열매를 맺기 위해서는 지방공공단체에서의 유능한 인재의 육성·확보가 점점 더 필요해진다'고 지적하고 있다.

그래서 '연수기회의 다양화'와 '연수수준의 향상'을 실전화하는 시점에 대해서 홋카이도의 상황을 바탕으로 하면서 이하의 시점에서 생각해 보고자 한다.

(1) '연수기회의 다양화'를 향한 '지방자치 토요강좌' 방식의 유효성 —'연수' 개념의 전환.

(2) '연수 수준의 향상'을 지향하는 홋카이도 정촌회의 시도 — 정촌 직원 연수체제의 정비를 향한 '자체조달주의'.

부여받는 연수에서 창출하는 연수로

홋카이도에서의 '지방자치 토요강좌'는 2003년으로 9년째를 맞이한다. 분권시대의 문제상황에 적극적으로 발언을 하고 있는 홋카이도 내외의 제일선 강사진에 의한 질 높은 연속강좌의 개최는 홋카이도는 물론 전국적으로도 획기적인 시도였다.

동 강좌를 실현시킨 것은 홋카이도 정촌회(町村會)이지만, 그 정촌회를 움직인 것은 홋카이도 내 정촌 직원의 연수기회가 절대적으로 적다는 사실이다. 삿포로(札幌) 근교의 정촌 직원에 의한 광역적 자주 연구그룹인 '도앙권 정촌 직원 정책연구회'(道央圈町村職員政策研究會)가 1994년에 실시한 설문조사 결과에 의하면, 근속연수 10년 미만

토요강좌. 진지하게 청강하고 있는 수강생(2002년)

인 정촌 직원의 62%가 실제로 채용시의 초임자 연수 이외에 정규연수를 받지 않았다. 홋카이도 내 180개 정촌(당시)의 직원 수는 약 3만 명이지만, 각종 연수기관에의 입소자는 연간 1,000명 정도이므로 평균하면 연수기회는 20년에서 30년에 한 번밖에 돌아오지 않는다는 계산이 된다.

이러한 상황하에서 개최된 '토요강좌'는 때마침 지방분권 논의가 고조된 것과도 맞물려, 예상을 뛰어넘은 큰 반향을 불러왔다. 수강자는 정촌 직원을 중심으로 시(市)나 도(道)의 직원 외에도 의원이나 시민에게로 확대되었으며, 그 수는 1년째가 360명, 2년째가 825명, 3년째가 503명, 4년째가 476명, 5년째가 490명, 6년째가 473명, 7년째가 360명, 8년째는 460명으로 되었다.

3년째인 1997년부터는 드넓은 홋카이도에서 매회 삿포로(札幌)에 나오는 것은 힘들기 때문에 보다 참가하기 쉽도록 수강자가 중심이 되어 삿포로 이외에서도 '지방판 토요강좌'가 잇달아 열리게 되었다. 이러한 '지방회장'의 몇 개 장소를 더한 전체 수강자가 1,500명 가까이 된 해도 있었다.

'토요강좌'가 실제로 어떠한 것인지, 그 개요는 <표 1>의 프로그램을 보면 이해할 수 있을 것이다. 강사진은 홋카이도 내외의 연구자, 지자체 직원, 지방자치단체장, 시민운동 구성원, 저널리스트 등 다채롭다. 강의의 테마로는 지자체 이론이나 현장의 행정기술 등 시민자치에 관한 매력적인 논점이 설정되었다.

표 1. 2002년도 '지방자치 토요강좌' 프로그램 개요

제1회(6월 15일)
■ 테마 : 지자체와 NPO의 관계를 생각한다
제1강 '지자체와 NPO와의 관계'(홋카이도대학 교수)
제2강 '지역통화와 지역자치'(홋카이도대학 조교수) 패널토론

제2회(7월 13일)
■ 테마 : 홋카이도 지역경제발전론
제1강 '홋카이도 경제의 전략과 전술'(홋카이도대학 교수)
제2강 '지역부흥을 생각하는 시점'(일본경제신문사 편집위원) 패널토론

제3회(9월 28일)
■ 테마 : 사회를 강하게 하는 자치의 형태
제1강 '앞으로의 지역, 앞으로의 사상'(평론가)
제2강 '시민사회의 재생과 지방자치'(도쿄대학 명예교수)
제3강 '홋카이도 행정기본조례의 구상과 시안'(홋카이도대학 교수)

제4회(10월 19일)
■ 테마 : 계획과 평가와 재무
제1강 '지자체에서의 계획과 평가'(홋카이도학원대학 교수)
제2강 '공공사업을 둘러싼 정부와 지자체의 대등관계란? — 정부와의 법적 대화의 실천부터'(시마네현 직원) 3인 토론

제5회(11월 9일)
■ 테마 : 움직이기 시작한 협동의 구조
제1강 '협동의 구조 — 사상과 제도'(홋카이도학원대학 교수)
제2강 '협동의 마을만들기 — 미타카시(三鷹市)의 다양한 대응에서'(미타카시 교육위원회 직원) 패널토론

'토요강좌'의 질은 종래의 집합연수의 질과는 명백히 다르다. 개별적인 법 제도 지식을 배우는 것도 아니거니와 조직이 요청하는 능력개발이나 매니지먼트 기술의 습득도 아니다. 오늘날 자치의 전체상과 지자체 직원으로서의 아이덴티티를 찾아내고, 그 속에서 우리 지자체의 마을만들기를 담당하는 주체이기 위해서 어떻게 자기 형성을 해 나가야 할 것인가 하는 이러한 문제의식에 뿌리를 둔 학습운동으로서 '토요강좌'는 정착했다.

그 동안 프로그램을 만들고 운영하는 것에 대한 다양한 연구가 이루어져 왔다. 강의형식 외에 강사도 함께 하는 패널 토론이나 3인 토론 등의 방식도 추가했다. 삿포로에서 회장을 옮겨 숙박을 하면서 집중강의를 하는 서머 세미나도 개최되었다. 또 시작 초기부터 사무국 기능은 홋카이도 정촌회에 의존해 왔다는 경과가 있었지만, 2002년부터는 수강자 속에서 스태프를 모집하여 실질적인 사무국을 구성하게 됨으로써 새로운 전개를 시작했다.

그런데 여기서 이 '토요강좌'가 직원연수와의 관계에서 어떠한 의미를 갖는가 하는 점에 대해 살펴보고 싶다. 먼저 지적할 수 있는 것은 실제 '토요강좌'의 압도적인 임팩트가 종래의 연수 이미지를 크게 바꾼 점이다. 즉, 기존의 연수소 등에서 받는 연수 외에도 다양한 연수의 형태가 있을 수 있다는 것을 많은 지자체 직원이 '토요강좌'를 통해 알게 된 것이다. 실로 '연수기회의 다양성'의 실례라고 할 수 있다. 자신들이 알고 싶은 사항이나 배우고 싶은 테마에 대해 자신들이 선택한 강사를 초대하여 차분히 이야기를 듣는, 그런 '연수'를 가능하게 하는 구체적인 방법과 경험을 손에 넣은 것이다.

사실 '토요강좌'의 파급효과는 컸다. 전술한 것처럼 홋카이도 내 각지에 '지방판 토요강좌'가 실행위원회 방식으로 생겨나 네트워크가 넓어지고 있다. 강사진의 대학교수님들도 바쁜 스케줄 속에서도 참가함으로써 지역에서의 지자체 직원이나 의원, 시민과 연구자와의 귀중한 만남의 장이 되고 있다.

홋카이도에서 '토요강좌'는 완전히 정착했다. 당초의 수강자인 지자체 직원은 '토요강좌'로 배운 것을 자신의 직장에서 동료들과 논의하기 어려운 분위기가 있었다. '토요강좌'는 특별시되고 있었기 때문이다. 그러한 의미에서 직장과 '토요강좌'는 단절되어 있었다. 그러나 현재는 다르다. '토요강좌'에서 논의되는 내용은 어느 지자체의 행정현장에서도 공통적으로 안고 있는 과제이며, 현장에서 자치의 시스템에 대해서 개방적으로 논의해도 좋다는 공기가 확산되고 있다. 수강자 속에 관리직이 늘고 있는 데에서도 이를 뒷받침해 준다.

시점을 바꾸면 행정현장은 그만큼 절박한 상황에 처해 있다고 할 수 있다. 시정촌 통합문제가 지자체 직원에게 초래될 위기감은 큰 것이다. 통합 그 자체의 시비론은 제쳐 두더라도 우리 지자체가 지금 이대로의 상태로 앞으로 더 버틸 수 있다고 생각하는 직원은 적다. 통합한다, 안 한다에 관계없이 지자체 행·재정의 구조개혁은 기다릴 수 없는 상황에 처해 있는 만큼, '토요강좌'를 수강하는 지자체 직원의 동기부여는 높다.

계속하는 것은 힘이 된다는 말이 있다. '토요강좌'의 8년간의 축적은 자치현장에서의 실천을 가능케 했다. '토요강좌'에서 배운 지자체 이론이나 자치 시스템과 거기에 부수된 행정기술을 직장으로 가져가는 직원이 확실히 늘고 있다. 인터넷에 의한 수강자간의 정보교환 네트워크도 무기가 된다. 수강자는 개개 직원으로 돌아가면 소수파임에는 틀림없지만, 이전과 같이 고립된 존재가 아니다. 어느

지자체에서도 문제해결에 쫓기는 과제가 현재화(顯在化)하고 있기 때문에 '토요강좌'를 통한 문제제기나 구체적 제안은 효과적으로 작용한다. 홋카이도에는 니세코정(ニセコ町)이라는 대단히 발신력이 강한 실례가 존재하며, 니세코정의 일련의 대응이 다른 많은 지자체에 큰 자극을 주고 있다는 것도 수강자에게 용기를 주고 있다.

홋카이도에서 태어난 '토요강좌'는 이미 '왜 토요강좌인가'라는 설명이 필요 없을 정도로 존재감이 증대되어 지자체 개혁을 향한 '토요강좌'의 실천적 가치의 축이 형성되고 있다.

부여받는 연수에서 직원 스스로 창출하는 연수로, 새로운 지평을 연 '토요강좌' 방식은 지방분권추진위원회가 제창한 '연수기회의 다양성'에 부응하는 효과적인 실천 사례라고 할 수 있다.

연수체제의 양적 정비는 자체조달주의로 — 직원 스스로가 연수강사

'연수기회 다양화'의 추구가 지방공무원법 제39조의 연수규정에 연원하는 종래형 연수의 질적 전환을 촉구하는 것이라고 한다면, 지방분권추진위원회가 말하는 '연수수준의 향상'을 가능하게 하는 제일의 조건은 연수체제의 확충에 있을 것이다. 도도부현이나 대도시와 달리 소규모 시정촌의 연수체제의 빈약성은 주지의 사실이다.

특히 홋카이도의 경우에는 심각하다. 독립적인 연수기관은 홋카이도와 삿포로시에만 있을 뿐이다. 시의 경우는 전임 연수 담당자를 배치하는 등 그 나름대로의 체제를 갖추고 있는 곳이 많지만, 정촌을 보면 이름뿐인 연수체제에 불과한 곳이 대부분이다.

이러한 사태의 개선에 홋카이도 정촌회가 움직였다. 그 시도를 소개하는 가운데, 연수체제의 양적 정비라는 시점에 대해 생각해 보기로 하자.

먼저, 홋카이도 정촌회가 10년쯤 전부터 대응해 온 정촌 직원연수 개혁의 포인트는 다음과 같다.

(1) 최대의 목표는 신규 졸업자에서 계장 직전까지의 젊은 직원 전원에게 평등한 연수기회를 부여하는 데에 둔다.

(2) 이를 위해 해당하는 전 직원을 대상으로 한 계층별 연수를 계획적으로 실시한다.

(3) 구체적으로는 ① 신규 채용 직원 연수, ② 채용 2년째 연수, ③ 채용 4년째 연수의 3단계 방식으로 한다.

(4) 실시는 14개 지구 정촌회 단위에서 실시하지만, 연수 커리큘럼 및 사용교재는 통일한다.

(5) 강사는 정촌의 과장 등을 대상으로 강사형성 강좌(講師形成講座)를 실시해서 확보함과 동시에, 강사용 매뉴얼을 작성해서 지도수준을 높인다.

이것만을 보면, 이미 시정촌을 위한 독립된 연수기관(시설)을 정비하여 광역적 공동연수를 실시시키고 있는 부현에서 보면 그다지 특필할 것은 없을지도 모른다. 그러나 연간 750명 정도밖에 받아들일 수 없는 홋카이도 자치정책연수소(北海道自治政策研修所)에 시정촌 직원의 연수를 위탁할 수밖에 없는 홋카이도의 실정에서 보면 정촌회의 시도는 획기적이었다.

그런데 여기서 강조하고 싶은 것은 소규모 시정촌의 연수체제를 정비해서 직원 전체(실제로는 젊은 직원이 중심이 되겠지만)의 자질 향상으로 이어 나가기 위해서는 각 직장에 잠재하고 있는 직원연수에 관심을 가진 인재를 조직하고 그들이 나설 자리를 정비하는 구조를 구축할 필요가 있으며, 협의의 연수 담당자의 노력에 기대하고 끝낼 문제가 아니라는 점이다.

홋카이도 정촌회의 실천에서 말하자면, 통일된 커리큘럼의 설정, 교재의 선정, 강사 스태프의 양성과 강사용 매뉴얼의 작성이라는 일련의 작업은 그 역량을 갖춘 지자체 직원(도 직원을 포함해서)이 중심이 되어 담당해 왔다. 이 점이 가장 포인트가 된다. 지방공무원 일반의 초임자 연수가 아니라, 홋카이도 정촌 직원이라는 아이덴티티에 뿌리를 둔 연수가 기능해지기 때문이다.

예를 들면 과거에는 신임연수의 강사는 홋카이도의 지청 시정촌계 등에 자리를 둔 젊은 직원이 담당하고 있었지만, 이를 개선하여 정촌의 과장 등이 '지방자치의 이야기', '지방공무원의 이야기', '재무회계', '문서실무'라는 연수과목의 강사를 맡게 되었다.

이와 같은 개혁의 의의는 두 가지 의미에서 크다. 수강자에게 있어서는 같은 정촌 직원으로서 대선배에게서 정촌 현장의 실정이나 경험에 바탕을 둔 이야기를 들을 수 있다는 점에서 유익하다. 다른 한편으로 강사를 맡는 측은 양성강좌 및 연수강사연구회(Follow up 연수회)를 수강하고, 독자적으로 개발한 강사용 매뉴얼을 참고로 하면서 교재(시판물)를 충분히 이해하여 강의에 임함으로써 귀중한 자기 연마의 기회를 얻게 된다. 이러한 강사경험을 통해 자기 직장의 직원연수에 대한 이해가 깊어지고, 직장에서의 연수체제의 개선을 위한 '응원단'적인 역할을 맡는 것도 기대할 수 있겠다.

계층별 연수의 강사를 연수기관의 스태프나 대학교수에게만 의지하는 시대가 아니다. 연구자의 '이론'과 현장의 '실무'가 잘못 짝지어져 있는 데에도 이에 둔감한 것이 종래 직원연수의 현실이었다. 전문적인 연수기관도 필요하며, 전문 스태프에게서 지적 지도를 받는 연수를 부정하는 것도 아니지만, 강조하고 싶은 것은 연수 교재나 강사용 매뉴얼 등의 개발을 바탕으로 각각의 지역에 어울리는 연수 커리큘럼을 구축하고, 강사도 스스로 조달하는 조건과 역량이 지자체 직원 자신에게서 생겨나고 있다는 사실이다.

홋카이도 정촌회의 시스템은 홋카이도 내 전 정촌의 직원연수 프로그램이 되어, 채용 후 수년이 지난 젊은 직원에 대한 전체연수로서 정착했다. 그 '자기 조달주의'가 효과를 내서 20대 정촌 직원층의 수준 향상, 전체적인 향상이 나타나고 있어 '연수 수준의 향상'을 구체화한 실천 사례로서 전국적으로 발신을 할 수 있는 것이다.

⁂내부개혁⁂

[의회]

지방의회의 현황과 활성화 방안

규슈대학대학원 법학연구원 교수
기사 시게오(木佐茂男)

의회가 왜 거론되고 있는 것인가?

지방의회는 일본 헌법상 반드시 설치해야 하는 기관이다. 그런데 그것이 민주주의의 실천무대로서 충분히 기능하고 있는지 없는지에 대해서는 일찍부터 의문시되어 왔으며, 그 위기적 상황은 각지의 사정에 따라 다양한 형태로 나타나고 있다. 예를 들면, 과소지(過少地)에서는 보수가 낮다는 이유로 입후보자가 없다거나, 혹은 보수적인 지역에서는 이권이나 알선이 얽혀 행정직원의 인사에 의원이 관여하는 일이 일상적인 것으로 되어 있거나, 반대로 의회사무국(장)이 의회심의를 처리하기도 한다.

2000년 4월 시행의 지방분권 개혁에서는 의회의 개혁사항은 거의 없었다. 예외적인 개선 항목으로서 의원의 의안제출 및 수정동의 제안 요건이 '정수의 1/8 이상'에서 '1/12 이상'으로 낮아졌다(일본 지방자치법 제112조 제1항, 제115조의 2). 이로써 공동제안에 필요한 의원수가 줄어 소수파 의원의 의견도 빛을 볼 기회가 많아졌다. 그러나 그 이외의 사항은 거의 모두 앞으로의 과제가 되었다.

의회의 생태와 문제점

지자체와 의회 이미지의 고정화

먼저 일본 지방의회의 구성에 있어서 왜곡되어 있거나 이상한 점을 망라하여 열거해 보자. 선거용 차량에 의한 시끄러운 선거운동 등의 선거와 관련된 일반적인 폐해는 제쳐 두고라도, 대표선출 및 선거용어의 '출마', '출진식', '선거전', '승기를 잡다'는 등 군사용어의 범람은 민주주의 룰에 따르는 선거와는 어울리지 않는다. 그러나 일반적으로는 누구도 이러한 용어법을 이상하게 생각하지 않는다.

그런데 의회는 지방자치단체장이 소집하므로(일본 지방자치법 제101조 제1항. 예외 있음), 의원이 자주적으로 모여 의회를 여는 것은 불가능하다. 소집한 단체장은 설명을 하기 위해 의장에게서 출석을 요구받았을 때에만 출석의무가 있는 데 머문다(제121조). 하지만, 실태를 보면 본회의장에서는 항상 의회와 집행부(집행기관)가 대치하고 있는 모습으로 운용되고 있다. 법률과 실태의 괴리를 가장 잘 볼 수 있는 장면의 하나이다. 또한 발언자인 의원은 집행부측과 같은 방향에서 의원을 향해, 배후에 있는 집행부에 대해서 질문을 한다. 이는 국회 본회의를 본뜬 것이다. 국회와 달리 지방의회는 의원수도 적지만, 의원이 원탁형식 등으로 의회를 개최하려는 발상은 지금까지 없었다. 다소 본심을 논의하는 장소로서 집행부도 주민도 포함시키지 않는 비공개의 '전원협의회'가 있다.

의원이라는 직업

일본에서는 의원은 일종의 직업으로 되어 있지만, 제2차 세계대전 이전의 일본의 지방의원은 명예직이었다. 그런데 무산자(無産者)의 정치 진출을 쉽게 한다고 하는 목적에서 제2차 세계대전 후, 거의 논의도 이루어지지 않은 채, 작은 지자체일지라도 의원은 일종의 직업이 되었다.

무엇보다도 일본 지방의회의 특수성은 겸직 금지에 있다. 그 결과 두 가지 큰 문제가 내재하게 된다.

첫째는, 의원 구성의 문제인데, 요컨대 현실사회의 구성원을 충실히 반영하는 직업·세대·성별 구성이 되어 있지 않다는 점이다.

둘째는, 직업으로서의 보수의 문제이다. 무산자 대책이라고 하면서, 실은 다음과 같은 보수에 관한 문제를 안고 있다. 전국 지방의원의 최저 의원보수는 1996년에 월 5만 8천 엔이었다. 이것은 학생 아르바이트 수당보다도 낮을 것이다. 인구 5천 명 미만인 지자체의 평균 의원보수는 19만 엔이다(전국 정촌의회 의장회 2000년 조사). 잔업수당도 기족수당도 없는 현 상태로는 생활보호기준 이하의 생활을 어쩔 수 없이 하고 있는 의원도 적지 않다. 어느 50대의 홋카이도 내 시의회 의원의 경우, 월 보수는 32만 엔, 순수입으로 22~23만 엔 정도(1999년 청취조사)에 불과하다. 나라현(奈良縣)의 어느 촌 의회는 월 19만 5천 엔, 연간 총지급액 314만 엔(세금포함)이다(2002년 9월 현재). 한편, 후쿠오카시의 생활보호비는 표준세대(부부와 두 명의 자녀)에서 312만 엔이며, 게다가 소비세 이외는 비과세로 각종 무상의 급부 등이 있다. 위에서 말한 바와 같이 의원의 보수가 낮다는 것을 한눈에 알 수 있다. 다만, 정령지정도시(政令指定都市)의 평균 의원보수는 월 91만 엔이다. 도쿄도(東京都)의 구의회 의원의 경우, 정무조사비(政務調査費)도 포함해서 1,500만 엔의 총소득이 되며, '생계'를 기준으로 했을 때 의원 사이에서도 불균형이 현저하다.

또한 의원으로서 3번의 임기를 만료하면 연금이 붙는다. 지역에 따라서는 이 연금이 '시기'의 대상이 되기 때문에 2기에서 자주적으로 사퇴하는 관행이 있다. 일본과 같이 한번 퇴직하면 공무원으로 복직하는 것도 불가능하고, 또 한편으로 2기밖에 의원을 하지 못하는 것이 일반적이라면 점점 더 의원이 되려는 사람의 범위가 더욱 좁게 한정되고 만다.

입후보하는 것만으로 공무원 신분을 잃는 가혹한 겸직 금지의 선거제도는 독일에서는 위헌이라고 여겨지고 있다. 독일에서는 지방의원은 명예직이기 때문에 겸직의 관념은 없지만, 공무원이 국회의원(연방·주)으로서 당선되었을 경우, 그 시점에서 휴직처리가 되며, 두 가지 권력의 동시행사는 안 되는 것으로 생각하고 있다. 임기가 종료되면 복직할 수 있다. 일본의 현행제도로는 정치참여의 자유를 방해하는 것이 되어 위헌의 소지가 있다.

적-아군의 단체장·의원관계

일본의 경우, 단체장 여당에 속하는 의원집단도, 집행부를 일종의 적으로 보고 있다. 독일의 연구자 집단이 행한 일본과 독일의 지방의원을 대상으로 한 설문조사에서, 독일에서는 의원이 정보를 행정측으로부터 너무 많이 받아서 이를 다 활용하지 못하고 있다고 한 것에 비해, 일본 측 의원은 입수하는 정보가 거의 자신의 지지자들로부터 받은 것이라고 했다. 또 독일의 경우, 의원은 집행부를 파트너로 보고 있는 것에 반해, 일본 측은 적대관계에 있다고 보고 있다.[1] 그렇기 때문에 본회의장에서는 집행부 측으로부터 무언가 언질을 받는다는 것이 다음 선거를 위해서도 필수적인 일이 된다.

방청하는 주민은 '옆에서 듣는 사람'

일본의 본회의장은 의원석과 방청석이 엄격히 구별되어 있다. 미국에서는 방청자도 의장의 동의를 얻어 자유로이 발언하고 있는 모습

1) Paul Kevenhoerster/Herbert Uppendahl, Gemeindedemokratie in Gefahr? Zentralisierung und Dezentralisierung als Herausforderungen lokaler Demokratie in Japan und der Bundesrepublik Deutschland. Baden-Baden (Nomos) 1987.

이 일본에서 종종 소개되었다. 그런데 일본에서는 양자를 완전히 분리하고 있으며, 그것은 지자체의 방청인 단속규칙에도 나타나고 있다. 일본 지방자치법 제130조에는 '방청인의 단속'이라는 조문 타이틀로 방청자가 '공공연히 가부를 표명하는 것', 즉 방청자가 의원의 질문, 집행부의 답변 등에 대해 박수치는 것을 금지하고 있다. 본래의 주권자를 '방청자'라고 하는 것 자체도 이상하다. 인터넷에서 조사한 바로는 모든 지자체 의회가 똑같은 금지규정을 갖고 있었다. 이는 역시 이상한 일이다. 미국의 지방의회 수준의 운용개혁이 우선 필요하다. 다만, 요코스카시(横須賀市), 교토시(京都市), 요코하마시(横浜市) 등에서는 '단속'은 떼어내고 '방청규칙'이라는 명칭으로 부드럽게 했다. 필자가 견학한 A시에서는 불과 4명의 방청자에 대해서 제복을 입고 부동의 자세로 곧게 서 있는 수위 4명이 줄곧 감시하고 있었다. 이래서는 친밀한 의회는 머나먼 세계인 것이다.

남북격차

필자가 홋카이도(北海道)에서 규슈(九州)로 전근하고 놀란 것은 일본의 남북에서 의회·의원의 실질적 정치적인 지위·권한이 대단히 다르다는 점이었다. 홋카이도의 일부에서는 시찰의 기획·교섭·여정의 결정까지 의원 자신이 하며, 운동화·배낭차림으로 나가고 시찰 후의 보고서도 스스로 작성하고, 홍보지도 의원이 손수 만드는 등의 노력도 볼 수 있다. 그런데 규슈의 의원이 홋카이도에 시찰하기 위해 방문했을 때에는 의회 사무국 직원은 물론이거니와 시찰사항에 관련된 단체장 부국의 간부도 수행하여 장군행렬처럼 되었으며, 이를 맞이하는 지자체는 관광이 주목적으로 보이는 시찰에 두 손 들었다. 규슈에서는 직원 채용이나 인시에 대해 의원의 관여도 홋카이도에 비해 두드러진다.

본회의장은 시나리오를 읽는 곳?

전국 지방의회의 관행에도 상당한 차이가 있다. 선진적 지자체에서는 상당히 자유롭고 활발한 논의가 있으며, 의원상호간의 '주고받는다'고 할 만한 장면을 볼 수 있는 곳도 있다. 그러나 제1회 질문, 답변, 제2회 질문, 답변의 전부에 대해서 사전에 의견조정이 끝나 있으며 본회의장에서는 완성된 사실상의 의사록안(議事錄案)을 그저 읽고 있는 지자체도 드물지 않다. 의장용이나 단체장용으로는 큰 글씨로 어려운 글자에 토씨를 달고 있는 것도 있다.[2)]

보수, 서훈 기타 사정도 있고 해서 의장은 1~2년으로 교체하는 관행이 많으며, 누구나가 해볼 수 있는 자리로 되어 있는 곳이 많다. 이들 지자체에서는 실질적인 토론이 없기 때문에, 일 처리하는 능력은 필요하지 않은 것이다. 다툼이 생기면 "잠시 휴식하겠습니다."라고 말하면 된다.

의원의 직업과 당선 회수

일본 지방의회의 최대 문제점의 하나는 의원의 직업구성, 연령구성, 성별이다.

연령에 관해서는 예를 들면 독일 지방의원의 평균연령은 44~48세 정도, 일본은 62~63세 정도이다. 독일에서는 18세 이상이면 피선거권이 있기 때문에, 전체 지방의원의 약 3%는 학생이다.[3)] 일본에서는

---

2) 한자에 토를 달지 않았을 때 어떻게 읽는지에 대해서, ふくおひろし, 『地方議会議員生態白書』(インパクト出版会, 1999), p. 52 이하에 사례가 많다.
3) 독일의 지방의회에 대해서는 木佐茂男, 『豊かさを生む地方自治 ― ドイツを歩いて考える』(日本評論社, 1996), p. 36 이하 참조.

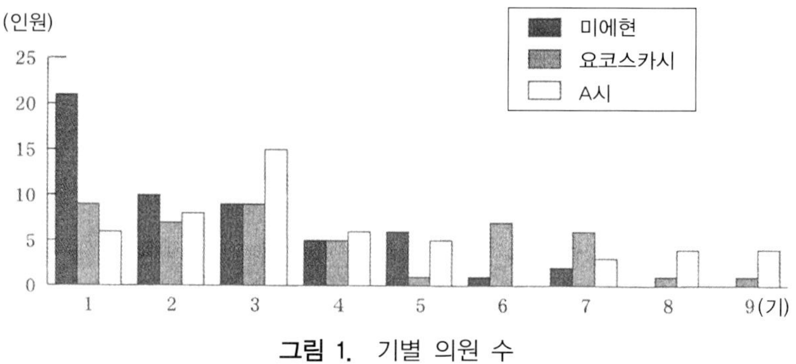

그림 1. 기별 의원 수

88세인 현재에도 9기 연속 선출되어 의회 질문은 전혀 하지 않았다는 기록 보유자도 있으며, 일반적으로 바람직하지 못한 의원의 고령화 현상을 볼 수 있다.

<그림 1>은 지자체의 활성화 정도를 현저히 보여주고 있다. 특징적인 의회를 아주 자의적으로 골랐다. 미에현(三重縣)의 기타가와 지사(北川知事)가 일본에서 가장 활성화하고 있다고 자랑하는 의회는 현재 인원 54명 중 1기째 의원이 21명이다. 행정의 정보공개가 진전되면, 의원만이 알 수 있는 이권정보가 없어지고, 여기에 더하여 실질적인 토의를 위한 프레젠테이션 능력이 없다는 것도 분명해지기 때문에, 의원으로 계속 있기 어려워지게 된다. 행정도 의회도 활성화 정도가 낮은 A시는 노장의원이 많으며 이권과의 결합도가 높다고 한다. 지방분권 정책에서 주목을 받고 있는 요코스카시는 양 지자체의 중간에 위치하고 있다.

의원연수 · 교육

일본의 경우, 10기 전후의 의원 경력을 지닌 사람도 적지 않기 때문인지, 의원연수에서는 처음부터 끝까지 맨 앞줄에서 코를 골고 있는 사람도 있다. 따라서 의회사무국의 고민은 의원이 졸지 않는 연수 '강사'를 뽑는 일이다. 그래서 연예인이 '강사'로 선택되는 일도 드물지 않다. 이제까지 의원이 의원회라는 조직을 만들고, 자비로 회비를 적립해서 그것을 이용하여 연수회라고 불리는 온천여행 등을 다녀왔다는 곳도 많았다. 그러나 최근에는 의회주최로 야간에 직원·주민에게 공개하는 연수회, 반대로 행정주최의 직원연수에서 의원·주민에게 공개적인 것을 개최하는 지자체도 홋카이도 등에서 늘고 있다. 일본에서는 지역에서도, 전국 규모에서도 의원을 위한 공적이고 체계적인 연수가 없다. 전국시의회의장회, 전국정촌의장회를 찾아서 청취조사를 했지만, 그들의 최대 중요 임무는 의원의 배지 제작과 공제사업이었다.

독일의 지방의회

그러면 지방의회가 행정기관의 일종과 같은 위치에 있고, 예규집도 아주 얇으며, 의회가 자원봉사 개념의 의원에 의해 야간에 열리고 있는 독일의 의회를 살펴보자. 어느 주(州)에서는 여름휴가와 크리스마스 시즌을 제외하고 매주 19시 15분부터 의회가 열리고 있다. 일본식으로 말하자면, 본회의와 위원회가 교대로 열리고 있다. 그고 작은 지자체의 회의 소집장을 입수했는데, 어디에서나 공개 의사일정과 비공개 의사일정으로 나뉘어 있다. 물론 후자의 비율은 적다. 본회의장은 일본과 같은 대치형은 대도시에서는 볼 수 있는데, 그렇다고 해도 극단적인 형식성(形式性)·의식성(儀式性)은 없다. 중소 지자체에서는 본회의장은 기본적으로 원탁형식 등의 회의실이다. 또 다목적 회의실이나 드물게 시민·직원용 식당의 일각에서 방음

셔터로 칸막이를 해서 야간에만 본회의장으로 하는 곳도 있다. 이것은 단체장이 의장을 겸하는 시스템으로 되어 있는 주(州)가 많기 때문이다. 의회의 집행부 측으로서는 중소 지자체라면 단체장=의장, 회계담당관 겸 재무책임자, 부시장 겸 총무과장격인 인물, 기타 서기계(書記係) 직원이 있을 뿐이다. 대도시에서는 일본과 마찬가지로 다소 많은 인원수의 집행부석이 있다.

본회의장에서는 노타이, 청바지, 운동화 차림으로 일본에서는 징벌을 받을 만한 모습의 학생직원도 드물지 않다(아래 사진). 일본과 같은 의식성은 없으며, 실로 보통회의이며, 의원 상호간의 논의도 자연히 활발하다. 의원은 재판관·변호사, 다른 지자체나 중앙정부의 직원·교원·의사·은행 지배인·자영업자 등 실로 다양하며, 전문성을 갖고 박사학위를 지닌 고학력자도 자원봉사자처럼 의원활동을

인구 2만 4천 명 마을의 의회. 학생 3명도 지방의회의원
(바이에른주 그레펠핑(Gräfelfing) 마을)

하고 있다. 독일의 경우, 의회가 활성화되어 있기 때문에, 지자체의 인사·재정의 책임 있는 직원 자리의 응모자가 적다고 한다. 즉, 인사·재정의 중요한 곳은 의회의 위원회와 본회의에서 결정하기 때문에 일본과 같은 인사·재정 담당자가 가질 만한 재량권은 없다. 의원 측이 명예직이고, 겸무가 가능하기 때문에 전문성이 높아지며, 직원도 단체장도 전문성을 높이지 않을 수 없다. 단체장 중에 박사학위 소지자가 많은 것은 의회 측도 마찬가지이다.

지방의원의 연수시설을 방문해 알아보니, 연간 25주의 프로그램이 전년도 11월경에는 이미 완성되어 있었다. 바이에른주 전체를 관할하는 의원연수소는 뮌헨시 교외의 작은 마을의 호텔 내에 있다. 그 지역에서 단체장을 한 경험을 가진 여성 소장과 아르바이트 여성 한 명만으로 연간 전체 프로그램의 제작과 진행관리를 하고 있었다. 소장의 연간 평균 근무시간은 주당 26시간이라고 한다. 강좌는 월요일에서 금요일까지로 신인의원을 위한 코스에서 도시계획, 환경문제 등 보다 전문적인 코스까지 준비되어 있다. 단체장이나 관리직도 수강가능하다.

의회개혁의 방책

앞으로 지방의회 개혁의 방책은 몇 가지 측면에서 분류할 수 있을 것이다. 또 개혁절차에서는 전후관계도 나오게 된다. 큰 방향으로서는 현재 많은 지자체에서 제정작업이 진행 중인 자치기본조례(마을만들기 기본조례) 속에 의회의 기본적인 역할을 정하는 것이다.[4)]

4) 자치기본조례의 제1호인 '니세코정 마을만들기 기본조례'의 초안이 되었던 삿포로지방자치법연구회 시안 http://www1.ocn.ne.jp/~houmu-tt/htm/jichi_Frame.html 에

그 중에서 의회의 기본적인 임무나 운영원칙을 정하는 것이 중요할 것이다. 이하에서는 운용과 제도의 쌍방에 관한 제언이 많이 있겠지만 편의상 다음과 같이 배분해 보았다.

운용면

운용면의 개선책도 다기에 걸쳐 있다. 의사운영 전반에 관련해서 철저한 토론형의 의사가 이루어질 수 있는 개혁을 사무국과 함께 해 나갈 필요가 있다.

무엇보다도 행정 측에 의한 정보공개이다. 각 지자체의 홈페이지를 보면 의회의 정보공개를 잘 알 수 있다. 지자체 규모와 공개 정도와는 전혀 상관관계가 없다.

정보공개·공유가 진전되면, 의회 자체가 신진대사를 한다. 앞의 <그림 1>에서 보았듯이 정보공개는 수구형 지방의원의 도태에는 최선의 방책이다. 그러나 수구형 정치가에 의해 보호받고 있는 지자체 간부직원이 많은 지자체에서는 정보공개가 진전되지 않는다. 수구형 의원을 통해서 기득권을 얻고 있는 주민층은 변함없이 나이 많은 의원에게 투표할지도 모른다. 의원의 노장화는 행정과 의회의 정보공개에 대한 소극적인 태도와 비례하고 있다.

의회 그 자체의 공개도 당연히 중요하며, 멀티미디어 툴을 사용하여 지자체 의회를 중계하고 있는 지자체도 늘고 있다. 더욱이 나라현 이카루가정(奈良縣 斑鳩町)은 전원 협의회를 공개하고 있다. 출장의회, 의원간 토크, 위원회의 공개 등도 앞으로 한층 넓어져 갈 것이다.[5] 이렇게 해서 직원도 의원도 도태되는 시대에 돌입했다.

서는 의회에 대한 규정을 두고 있다.

5) 단, 위원회 심의의 전체 발언에 대한 의사록화를 요구하는 견해도 있지만, 과

제도면

제도개혁은 우선 외형부터 다루는 것도 좋다. 현재와 같은 높은 의장석, 정면대치형의 의회구조를 대화가 가능한 형식으로 바꿀 필요가 있다. 그러나 예를 들면 소규모 지자체에서 원탁 테이블 형식을 취할 경우, 일본의 이원대표제가 불씨가 되어 이른바 집행부 측이 어디에 앉아야 하는가 하는 어려운 문제가 나오게 된다. 그러나 단체장의 명패만 있으면 그 역할은 알 수 있으므로 이것이 결정적인 개혁 저해요인은 아닐 것이다.

의회가 독립적인 의원도서실을 갖고 있어야 한다는 규정(일본 지방자치법 제100조 제16항)도 이상하다. 집행부 측과 공동으로 도서·행정자료실 등을 만들고, 직원·주민의 편의와 절약에 힘써야 한다. 사무국에 대해서도 여러 가지 제언이 있다. 의회사무국의 인사가 특히 중요하다. 어디까지나 단체장이 최종적으로는 인사권자이기 때문에 의회를 활성화시키는 의회사무국장은 좌천인사를 받을 가능성이 있다. 따라서 각지의 의회사무국에 근무하는 사람이 전문가로서 출세해 나갈 수 있는 길을 모색할 필요가 있다. 의회가 의회다운 기능을 충분히 발휘하기 위해서 선진적인 단체장들이 연합해서 이와 같은 인사의 구조를 창설하는 데에 고심해야 할 것이다.6)

외국에서는 제대로 기능하고 있는 제도를 보방해노 일본에서는 전혀 다른 기능을 하는 구조로 되는 경우가 있다. 예를 들면 명부식

잉적인 재정적 부담을 수반하는 기록화가 적절한지 어떤지의 문제가 남게 된다. 회의록이나 영상을 공개하고 있는지, 있지 않은지를 도도부현, 도도부현 내 시정촌마다 지도로 표시한 '지방의회 최강 링크집'이 있다.
http://www2s.biglobe.ne.jp/~L-Fairly/chihouex.html

6) 木佐茂男·田中孝男, 「政策法務論の新展開(19)」, ガバナンス19号(2002), p. 121에서는, 내부고발을 하여 근무하기 어려워진 직원이 다른 지방자치단체에서 근무할 수 있는 제도의 정비를 제안하고 있다.

비례식 선거이다. 일본에서는 명부식 선거는 명부가 만들어진 시점에서 정말로 나왔으면 하는 사람이 후보자 리스트의 상위에 오기는 어렵다. 명부식에서는 노장이 명부의 상위에 오게 되면 노장의원정치가 되어 버릴 가능성이 크다. 그리고 1인 1표로는 지역에서 생활하고 있는 사람은 때로는 어려운 선택에 고심하게 된다. 따라서 복수표를 나누어 행사할 수 있는 구조가 바람직하다. 독일의 지자체에서는 한 사람이 3표 내지 8표를 갖고 있는 지방선거제도를 채택하고 있으며, 지역에서 주민들에게 물어보거나 저명한 연구자에게 물어보아도 가장 민주적인 시스템이라고 대답했다.

제도개혁에서 가장 중요한 것은 지자체 의회의 기본적인 구성이다. 필자는 일찍부터 의회제도의 다양화를 주장했다. ① 현행법 그대로의 의회제도, ② 야간이나 일요일 축일을 이용한 자원봉사형 의회(해당 지자체 직원이 아닌 한 원칙적으로 겸직 가능), ③ 철저한 직업의회화(의원 수는 소수로 하고, 의원에게는 높은 급료의 정책비서를 붙인다. 선임책임은 의원 자신에게 있다). ③형에서는 일종의 의원내각제로 하여 의원이 각 부국의 장을 맡는다(미국 등의 예가 있다). 이러한 다양한 제도를 지방자치법상에 준비하고 각 지자체는 지역적 사정에 따라 선택하는 것이다. 이러한 제도가 아니면 소규모 지자체에도 다수의 집행기관 설치를 요구하는 현행제도의 개혁과 마찬가지로 여러 가지 무리가 생겨나는 것이다.

정부는 시정촌 통합과의 관계에서 통합하지 않는 소규모 지자체를 '행정체'로서 생각하기 시작하고 있다. 이 점에 대해서 여기에서는 다루지 않지만, 가령 소규모 지자체가 남을 경우, 민주주의의 원점으로 돌아가 주민총회의 활용도 아울러 검토되어야 할 것이다.[7]

앞으로의 전망

이제까지 지방의회도 일종의 치외법권적인 장소였다. 최고재판소를 중심으로 하는 재판례는 지방의회의 '부분사회'성에 기초한 자율을 강하게 인정하고, 의원에 대한 징벌 등에 대해서는 거의 재판대상으로 하려고도 하지 않고 있다. 이것은 다수파에게 있어서 극히 유리한 법해석이었다. 출석정지에 대해서는 "자율적인 법규범을 가진 사회 내지 단체에 있어서는 해당 규범의 실현을 내부규율의 문제로서 자치적 조치에 맡겨, 반드시 재판에 의하는 것을 적당하다고 여기지 않는 경우가 있으며, ……출석정지와 같은 징벌은 실로 여기에 해당한다."고 하여 재판권의 대상이 되는 것을 부정했다.[8] 다만, 본회의장에서의 명예훼손 발언 등에 대해서는 손해배상청구를 인정하고 있어, 다소 사법심사가 미치는 범위가 확대되는 경향은 보인다.[9]

의회에 대한 평가가 낮다고 해서 의회가 너무 힘줄 필요는 없다. 현재 좋게 말하면 의회중시론(議會重視論), 나쁘게 말하면 의회과대기대론(議會過大期待論)이 위세를 떨치고 있다. 그러나 의원은 전능하지 않다. 의원입법은 확실히 할 수 있으면 가장 바람직하며, 의원의 입법 능력의 향상은 필요하다. 그러나 사실상 다른 직업을 갖고 있으면서 직원 이상의 법제 능력을 가지라고 하는 것은 현재 의원의 직업구성, 연령구성으로는 거의 무리다. 철저한 감시기능을 가질

---

7) 田中孝男, 「町村総会に関する法制度設計試論」, 自治体学会編, 『ローカル·ルールを作ろう(年報自治体学第13号)』(良書普及会, 2000), p. 102 이하 및 田中孝男의 홈페이지 http://wwwl.ocn.ne.jp/~houmu-tt/02-050101.htm 참조.

8) 最高裁判所 1960年 10月 19日 大法廷判決 最高裁判所民事判例集 14巻 12号 p. 2633, 判例時報 239号 p. 20.

9) 最高裁判所 1994年 6月 21日 判例時報 1502号 p. 96.

것과 의원의 다양성을 도모하는 방향에서의 개혁이야말로 급선무일 것이다. 앞서 열거한 일체의 행정·의회정보의 공개는 손쉬운 수단으로 의회는 저절로 변혁하게 된다.

바야흐로 할 수 있는 것부터 손을 대지 않으면, 지방의회는 붕괴해 버린다. 마쓰시타 케이치(松下圭一)는 "지자체의 '기본조례' 혹은 '의회기본조례' 속에서 소집·조직·회기·공개·참여 등을 규정할 것을 생각해야 한다."[10]고 말하고 있는데, 실로 동감이다. 하지만, 지방자치법이 정한 제도의 근간은 법 스스로가 손낼 수는 없다. 지금 찾아온 개혁 단계에서 주민이나 매스컴이 나서야 할 때이다.

〈참고문헌〉

大森弥,『分権改革と地方議会』, ぎょうせい, 2002.

大山礼子,「首長・議会・行政委員会」, 松下圭一・西尾勝・新藤宗幸編,『自治体の構想 4 機構』, 岩波書店, 2002, p. 21 이하.

人見剛,「住民自治の現代的課題 — 地方議会・住民参加・住民投票」, 公法研究62号, 2000, p. 190 이하.

10) 松下圭一,『自治体は変わるか(岩波新書)』(岩波書店, 1999), p. 58 이하. 반대로 의회의 위원회기록의 완전화나 의회사무국 내의 법제과·정무조사과 설치를 제안하는 兼子仁,『新 地方自治法』(岩波新書, 1999), p. 132, 143은 대규모 지자체에는 타당할지도 모르지만, 중소 지자체에는 가중부담을 초래한다.

분권추진의 도구 [조례제정]

조례에 의한 행정으로의 전환

릿쇼대학(立正大學) 법학부 교수
야마구치 미치아키(山口道昭)

디폴트로서의 조례

'디폴트(default)로서의 조례'라고 하더라도, 조례로 규정되어 있는 내용을 디폴트란 영어 본래의 의미처럼 '불이행'한다거나 '태만'해도 된다는 것이 아니다. 이 경우의 '디폴트'는 초기값＝디폴트 밸류(default value)의 줄임말이다. 즉, 정책은 조례라는 형식으로 정해지는 것이 원칙(＝초기값)이며, 어떠한 사정에 의해 예외적으로 커스터마이즈(customize : 특별사양화)의 결과로서 정책이 규칙이나 요강, 행정계획 등의 형식으로 나타내지는 것이 있을 수는 있지만, 이와 같이 정책의 표현형식에 관한 원칙과 예외에 대한 생각을 재검토하는 것이 분권시대의 지자체에 요구된다.

이제까지 지자체에서 독자적인 조례를 제정한다고 하는 것은 특별한 사업, 특별한 일이라고 생각되어 온 것 같다. 이는 ① 지자체의 기관위임사무 체질에 의해 단체(위임)사무나 고유사무(공공사무)일지라도 국가로부터의 지시를 기다리는 심정에 빠져 있었던 점, ② 지자체 독자적인 정책을 지역에서 책정해 나간다는 발상이 부족했던 점, ③ 설령, 지역적인 정책을 입안했다고 해도 그 수법은 간편한 요강행정으로 해 온 점 등의 결과이다. 이 원인으로는 각 대신이 그 재량범위의 확대를 의도하여, 소관법령의 해석에 있어서 되도록 기관위임사무로서 다루어 온 점이나 국고보조금에 의한 지자체 지배가 있다. 지자체·중앙정부 쌍방의 이와 같은 법령해석의 편중이나 보조금 행정의 폐해가 복합적으로 작용하여 기관위임사무는 실

제 이상으로 지자체에 크게 영향력을 미쳐 왔던 것이다.[1]

그러나 새로운 지방자치제도에서는 이 기관위임사무가 폐지되었다. 기관위임사무제도라는 OS(operation system)상에서 작동해 온 통달행정(通達行政)이라는 프로그램은 그 동작기반을 잃은 것이다. 자치회에서 처리하는 사무는 모두 자치사무와 법정수탁사무로 재구성되어 새로운 OS로 변경되었다. 이 새로운 OS에 상응하는 어플리케이션 소프트(application soft : 지자체 정책)를 개발해야 되며, 동시에 이 어플리케이션 소프트는 정품 인증을 받은 것이어야 할 것이다. '정품 인증'이란 법적으로 인지된 수법을 가리키고 있다. 지자체에 있어서 그 최고의 수단은 조례이다.

그래서 적어도 자치사무에 관해서는 특별한 경우에 조례를 제정하는 것이 아니라 '원칙적으로 조례를 제정한다'고 하는 방침이 기본으로 되어야 한다. 이 경우에는 '예외' 지표를 생각할 필요가 있을 것이다.[2]

지방분권의 선두주자 — 요코스카시

그러면 다음으로 규범론을 떠나서 구체적인 사례를 소개하고자 한다. 그것은 요코스카시(横須賀市)의 대응이다.[3]

---

1) 辻山幸宣, 「機関委任事務廃止の意味」, 日本地方自治学会編, 『機関委任事務と地方自治』(敬文堂, 1997), pp. 58~59 참조.

2) 예를 들면 사이타마현(埼玉県)(「条例の活用に関する基本的指針」 2002년 1월)이나 가와사키시(川崎市)(「地方分権推進指針」 2002년 3월) 등 일부 지자체에서는 이미 '지침'이라는 형태이기는 하지만, 정책의 조례화에 관한 방침을 제시하기까지 진행되었다.

3) 우선 宇賀克也編著, 『地方分権/条例制定の要点』(新日本法規, 2000), p. 89 이하(横須賀市行政管理研究会 집필), 出石稔, 「地方分権の条例づくりに向けて ― 横須賀市の取り組みから」, 自治総研 260号(2000), p. 41 이하 참조.

요코스카시는 우선 지방분권일괄법에 적극적으로 대응하기 위해, '지방분권에 따른 조례 등의 정비방침'을 책정하고, 각부에 통지했다(1999년 9월). 그 특징은 '시민들이 이해하기 쉬운 조례, 규칙체계의 정비'에 있다. 구체적으로는 지방자치법 제14조 제2항에 의한 권리의무규칙에 해당하지 않는 사항에 있어서도 시민에게 절차 등의 일정한 행위를 요구하는 사항 등에 대해서 시민 본위의 행정을 추진해 나가는 관점에서 조례로 규정한다고 하고 있다.

分権 暮らしを変える 第2部 軋轢を超えて③

市の挑戦状

「県は対等の契約を」

「それならやってもらわなくて結構」――。今年六月、神奈川県と横須賀市の間でトラブルが起きた。カラオケボックスやビデオレンタル店が青少年に対しても健全に運営されているかどうかの実態調査で、県が市に協力依頼の通知を出した時のこと。市側が四月に施行になった地方分権一括法の趣旨に沿って県に委託契約の締結と財源負担を求めたところ、県は他の市町村とのかねあいからこれを拒絶。冒頭の発言となった。

青少年の非行防止という目的があるため、横須賀市も十数年、県の通知一本で請け負ってきた。今回初めて実施の根拠を問いただしたところ、「やらなくて結構」との発言。人手をかけて実施すべき調査なのか、市側は疑念を強めた。一応今回は時間切れを理由に調査に応じたが、来年以降、協力するかどうか未定という。

▼役割分担を明確に

交通量や市街地面積など都市計画の実情を探るため、ほぼ五年おきに実施している都市計画基礎調査。今年はこの調査の実施でも国、神奈川県、横須賀市でやり取りが続いている。県は「役割分担があやふやなのは事実」と分担は明確にする考えだが、財源は市町村の負担を増やしたい意向だ。

これに対し、横須賀市は「対等・協力」の関係で応じたいとして財源はこれまで通り折半にすべきだと主張。場合によっては自治体間の紛争を解決する「自治紛争」の手続きをとることも検討し始めた。

▼下請けの前例排す

軋轢（あつれき）を起こしてまで突き進むことになった発端は、今年五月に総務部長名で職員に出した一枚の通知「国県からの法令に基づかない事務の委託等に関する取扱いについて」。国・県の関与について自主的な基準を設けたもので、関係者の間では国と県に突き付けた"挑戦状"とみなされている。

通知は「従来と同様に安易に受諾することなく、地方分権の趣旨に基づき対等・協力関係のもと契約等を締結した上で事務処理を行うこと」と明記し、役所内にはびこる前例踏襲主義に警鐘を鳴らした。市の支出が必要な事務を契約する場合、仕事を引き受ける担当課から財政課に連絡することも義務づけた。

横須賀市は来年四月、中核市に移行する。県から九百四十九の事務権限が移譲されるとあって、役所の姿がどう変わるかに敏感だ。昨年六月には課長予備軍を中心に職員百人を「地方分権推進主任者」に任命。各課で分権への理解と情報交換を進める体制を整えた。出石稔行政

県からの調査協力受け入れなどで対応を協議する（横須賀市役所行政管理課）

요코스카시의 건투를 전하는 닛케이신문
(2000년 10월 30일)

요코스카시의 '방침'과 유사한 것은 많은 지자체(특히, 도도부현)에서도 책정되었다. 단, 내용면에서 요코스카시에 따르고 있는 것은 찾아볼 수 없다. 그 결과, 요코스카시에서 제정개폐된 조례수는 61건, 또 제정개폐된 규칙수는 83건으로 같은 규모의 지자체에 비해 많았다.

요코스카시는 그 후에도 계속해서 일상업무의 조례화에 대응하여 시민협동추진조례(2001년 7월 1일 시행), 시민 퍼블릭 코멘트 절차조례(2001년 4월 1일 시행), 남녀공동참여추진조례(2002년 4월 1일 시행)라는 비법정사무에 관한 독자적인 조례를 제정·시행하고 있다. 또한 법정사무에 관해서도 '묘지 등의 경영 허가절차에 관한 조례'(2001년 4월 1일 시행, 2003년 1월 1일 개정조례 시행)라는 조례를 제정했다.

그리고 이들 대응을 떠받치는 틀로서 기획조정과·재정과·행정관리과에 소속되어 있는 직원, 법제집무나 정책추진에 걸친 업무경험자, 및 공개모집에 의한 직원으로 조직된 '정책법무위원회'가 있다. 지방분권을 지자체 직원 모두의 살과 피로 만들기 위해서는 이와 같이 정책에 관한 분권의 필터를 만들어 두는 것이 중요하다.

개별법의 현황과 지자체의 대응

요코스카시와 같은 선구적인 지자체가 존재하는 한편, 많은 지자체는 분권개혁에 제대로 반응하지 못하고, 아직도 잠자고 있는 듯한 생각이 든다. 그 최대의 원인은 대부분의 개별 법률이 일본 지방자치법의 일반원칙(지자체의 역할과 정부의 배려(제1조의 2), 국법의 입법, 해석·운용원칙(제2조 제11~13항))에 따라 개정되어 있지 않은 데에 있다. 이러한 점은 유감이지만, 그렇다고 해서 개별 법률이 개정되지 않으면 지자체에서 창의적으로 연구할 여지가 없는가 하면 그렇지도 않다. 단지 단순히 개별 법률만을 들여다보고 있어서는 분권개혁의 성과는 분명해지지 않지만, 개별 법률을 새로운 지방자치법의 일반원칙에 의해서 다시 해석함으로써 지자체와 주민은 분권개혁의 성과를 얻을 수 있는 것이다.[4)]

작금의 지자체 재정상황은 위기적이며, 지방자치법에 대한 연수 등은 대부분의 지자체에서는 실시할 여지가 없는 것 같다. 한편, 지방분권일괄법에 기초한 법률개정은 지자체에 대한 정부 등의 관여를 감축시키고, 또 남아 있는 관여에 대해서도 법정화·투명화를

4) 자세히는 山口道昭, 「地方自治法の一般原則と個別法規定 — 自治事務を中心に」, 今村都南雄編著, 『自治・分権システムの可能性』(敬文堂, 2000), p. 65 이하 참고.

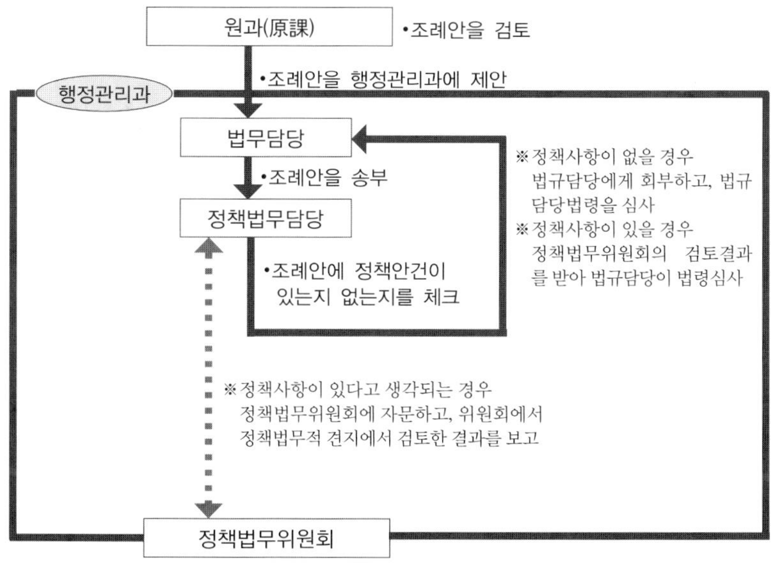

그림 1. 법령심사의 이미지

요청하는 '관여의 개혁'이므로 지자체의 사무집행의 자유도를 높이는 것이다. 따라서 종래와 같이 중앙정부의 의향에 신경을 쓰면서 사무를 추진하는 것도 가능하다고 할 수 있다. 지역에서 발상하고, 사무집행에 있어서의 창의적인 연구에 힘쓰는 것을(물론 한계는 있지만) 지방자치법은 가능하게 했지만, 그러한 대응을 지자체에 의무화하고 있지 않은 데에 제1차 분권개혁의 특징이 있다. 그래서 분권개혁의 성과를 살리는 지자체와 그렇지 못한 지자체와의 격차가 확대되고 있는 것이 현재의 상태이다.

자치기본조례에 조례화 추진조항을

기관위임사무의 자치사무화를 도모한 사항에 관해서는 원칙적으로 조례를 제정할 것이 요구된다. 이와 같은 생각을 기본으로 해서 주민생활에 대한 영향 등의 관점에서 조례화의 필요성을 검토하는 등의 작업이 필요하다. 이 때에 요구되는 것이 앞서 기술한 분권의 필터인데, 여기에 더하여 조례화의 지침도 중요하다. 오히려 조례화의 지침이 있어야 이 운용을 위해 분권의 필터가 만들어진다는 관계가 될 것이다.

지자체의 기본적인 생각으로서 조례화에 대한 지침을 지시함으로써 다음과 같은 효과를 얻을 수 있다.

첫째로, 이에 따라서 검토를 각 사무사업 주관과가 하기 쉽게 된다. 둘째로, 이 지침을 널리 공표함으로써 의회의 심의시 참고로 하는 것이 가능해진다. 그리고 셋째로, 개별사무의 취급이 구체적으로 이러한 생각에 따라 실시되고 있는지 있지 않은지를 진행 관리하는 것이 가능해진다.

사무사업의 조례화 원칙 등은 집행기관 내부의 지침에 머물지 않고, 의회에서도 주지하고 있는 것이 지자체로서의 방침의 확립이라는 관점에서 필수적일 것이다. 이를 위해서는 분권추진에 관한 기본적인 사항에 대해서도 조례라는 형식으로 정하는 등의 방법이 생각된다. 현재 지방자치조례 작성에 힘쓰고 있는 지자체가 늘어났지만, 자치기본조례 중에 조례화 추진 조항을 두는 것이 효과적일 것이다.

즉, '지방분권 추진을 위해서 조례작성을 한다'는 것은 개별 사무사업에 관한 조례를 제정하는 것에 더하여, 개별 사무사업의 조례화를 촉진하기 위한 생각을 조례라는 법 형식으로 정한다고 하는 방법이 있다는 것도 포함하고 있다. 전자가 제도(制度)로서의 조례화라면, 후자는 운동(運動)으로서의 조례화이다. 후자를 '지방분권 추진조례'(자치기본조례 중의 조례화 추진 조항)이라고 부르자.

이와 같은 지방분권 추진조례를 제정함으로써, 어쩌면 중앙과 지방의 행정기관 간 사무권한의 분배로밖에 주민(이나 의회)의 눈에 비쳐지지 않았던 지방분권을 주민이나 의회에 있어서도 시급한 과제임을 분명히 할 수 있는 것이다. 나중에 미치게 될 개별 사무사업의 조례화에 대한 임팩트는 상당히 클 것이다.

지방분권 추진조례의 내용

지방분권 추진조례의 내용을 검토하는 데 있어서 참고가 되는 것은 지방분권추진법(한시법으로 이미 폐지되었다)이다. 같은 법 제7조에서는 '지방공공단체 행정체제의 정비 및 확립'을 규정하고 있으며, 이 내용은 ① 행정 및 재정의 개혁, ② 행정의 공정성 확보와 투명성의 향상, ③ 주민참여의 내실화를 위한 조치, ④ 기타 필요한 조치의 4개 항목이었다. 지자체에서는 이들 내용을 조례에 두고 구체화할 것을 생각해 볼 수 있다. 더욱이 일본 지방자치법 제252조 17의 2에 규정된 도도부현에 의한 특례조례에의 대응(도도부현에 있어서는 특례조례의 책정절차, 특히 시정촌과의 협의, 또 시정촌에 있어서는 도도부현에서의 협의에 관한 대응방침)에 관해서도 검토가 필요할 것이다.

이러한 것들과 함께, 이미 행·재정개혁 등의 과제에 관해서 대강(지침)을 책정하고 있는 것이라면, 이 내용을 지방분권 추진조례에 담는 것도 생각할 수 있다. 주민참여를 내실화하기 위한 조치 등과 아울러 각 지자체의 대응상황에 따라 담을 항목에 대해 취사선택할 것을 검토하면 된다.

그래서 이하에서는 지방자치법에서 직접 파생되는 과제 중, 조례제정권, 규칙제정권 및 요강책정에 관한 기본적인 생각에 한정해서 검토한다. 동시에 이들 조례 본문으로 발표할 것인가, 혹은 조례에 기초한 지침과 같은 형태로 해서 별도로 정할 것인가라는 표현형식의 문제도 검토해야 하지만, 여기에서는 이와 같은 형식면의 문제는 접어두고 원칙적인 생각으로 좁혀 기술해 보기로 한다.

자치사무의 조례화, 규칙화, 요강책정에 관한 기본방침

자치사무의 조례화

(1) 조례제정이 필요한 사항

지방자치법 제14조 제2항에 의한 '의무를 부과하고, 또는 권리를 제한하는' 사항은 조례로 정할 것을 필요로 한다. 따라서 지자체 집행기관이 처리하는 사무로서 이와 같은 성질을 갖는 것에 대해서는 조례를 정하지 않으면 안 된다.[5)]

본래 이와 같은 조례제정이 필요한 사항에 대한 대응은 지방분권일괄법의 시행시기인 2000년 4월까지로 끝났어야 하는 것이다. 그러나 같은 법의 공포(1999년 7월)에서 시행시기까지의 기간이 짧았고, 또 수수료 사항 등의 조례화 등의 다른 과제에 대한 대응에 바빠서 충분하고도 정밀한 조사를 하지 못한 지자체도 있을 것으로 생각된다. 이와 같은 지자체에 있어서는 지금부터라도 남겨진 사항에 대해 정밀한 조사가 요구된다.

(2) 임의적인 조례제정 사항

'의무를 부과하고, 또 권리를 제한하는' 사항에 해당하지 않는 사무에 관해서도, 주민의 권리의무에 관한 사항은 조례화하는 것이

---

5) 그러나 구체적으로 어떠한 사무가 '의무를 부과하고, 또는 권리를 제한하는' 사항에 해당하는가는 확실하지 않다. 추상적인 생각의 제안에 머물지만 山口道昭, 『図説/新地方自治制度 — 分権改革の新展開』(東京法令, 2001), pp. 82~83 참조.

바람직하다. 행정의 민주화·투명화에 이바지하는 것이 지방분권의 주요한 목적의 하나이며, 조례제정권의 확대가 의미하는 바를 충실히 살리기 위해서는 보조금 등의 지급이라는 급부행정 분야에 관해서도 주민생활에 큰 영향을 미치는 사항에 관해서는 적극적으로 조례를 제정할 것이 요망된다. 현재 보조요강(補助要綱)만을 근거로 사무를 집행하고 있는 것이나, 보조금액의 결정 등에 대폭적인 행정재량을 갖는 것 등은 지급요건의 명시와 함께 비용 대 효과에 관한 평가(assessment)를 의무화하는 등의 규정을 지방분권 추진조례 속에 두는 것을 생각할 수 있다.[6]

그런데 임의적인 조례제정 사항에 관한 사무에는 법정자치사무(법률로 정한 자치사무)와 비법정자치사무(법률로 정하지 않은 자치사무)가 있다. 법정자치사무의 조례화를 할 때에도, 지역특성을 살려 집행할 수 있도록 기준의 강화나 대상의 추가, 다른 사무와의 조합, 다른 조례에 기초한 기준과의 균형에의 배려 등의 관점에서 검토할 것이 요구된다.

그리고 이러한 검토의 결과, 조례화한다고 했을 때에는 다음 단계로 법정사무조례로 할 것인가(법률의 구체화 조례 내지 보충조례), 별도의 조례(병행조례)로 할 것인가 하는 조례의 입법형식론이 문제가 된다. 병행조례로서 조례의 목적이나 취지를 법률과 다르도록 규정할 때에는 일단 법정사무와는 단절된 것으로 받아들일 수 있다. 따라서 법률과의 관계에서 조례가 위법이라고 판단될 가능성은 적은 것일지도 모른다. 다만, 이러한 조치는 예를 들면 주민 등의 신청자에게 법률과 조례에 기초한 두 가지 신청행위를 의무화할 경우가

6) 阿部泰隆, 『政策法学と条例 — 自治体政策法学入門(地方自治土曜講座ブックレット19)』(北海道町村会, 1998), p. 103 참조.

있는 점 등에서 주민 등을 불편하게 할 우려가 있다. 한편, 구체화 조례 내지 보충조례는 법률의 요건이나 효과를 바꿔 쓰는 것과 이어지고 있다는 견해도 있어서 법률과의 관계에서 위법이라고 판단될 가능성이 있다. 학설에 있어서도 검토가 막 시작되었을 뿐이며, 당연히 재판사례도 없는 것이 현 실정이다. 이와 같은 점에서 지자체가 확실한 방침을 내놓는 것은 어렵지만, 분권개혁의 목적에 비추어 볼 때 주민 등의 편리를 최우선으로 생각해야 하지 않을까?[7)]

또 비법정자치사무(非法定自治事務)에 대해서는 가능한 한 그 사무사업의 근거를 조례로 둘 것이 요구된다. 이른바 사업실시요강은 조례로 격상하고, 요강이란 조례나 규칙의 내용을 보충하고 해석하는 것이라고 하듯이 그 기능을 한정시켜야만 한다.

자치사무의 규칙화, 요강책정

규칙화를 생각하는 데 있어서는 조례사항 및 요강사항의 양 측면에서의 고찰이 필요하다.

첫째로, 조례사항과의 관계에서 보면, 규칙 또한 주민에게 있어서 투명성을 확보하는 것이므로(단, 민주성이란 측면에서는 조례에 못 미친다), 조례화가 곤란한 사항을 규칙화하도록 했으면 한다.

단, 현재의 규칙을 보면, 조례의 위임을 받은 규칙은 양식·서식 등의 절차 사항을 정하는 것이 많으며, 조례로써 정해진 요건을 구체화하는 것은 적다. 이러한 것들은 원칙적으로 공표되지 않는 요강에 규정되어 있는 경우가 거의 대부분이다. 본래 주민의 권리의무에 관계된 실체적 요건은 조례 본문에 규정되어야 한다. 예를

---

7) 상세히는 山口道昭, 「条例の法的限界と自治基本条例」, 地方自治職員研修臨時増刊71号(2002), p. 78 이하 참조.

들면, '기타 필요하다고 인정되는 때에는 시장은 ……할 수 있다'고 하는 단체장의 완전한 재량으로 하게 하는 규정은 만들어서는 안 된다. 조례로 요건을 다 적을 수 없을 경우일지라도 그러한 것들의 구체화는 규칙에 위임되어야 한다.

둘째로, 요강사항과의 관계에서는 주민의 권리의무에 관하지 않은 사항일지라도 하나의 부국에서 완결되지 않는 사무사업에 관해서는 종합행정의 추진, 사무집행의 표준화, 그리고 이러한 것들에 대한 주민의 검증 가능성의 확보라는 관점에서 적어도 규칙화를 도모해야 한다.

그리고 셋째로, 이와 같은 조례화, 규칙화에 어울리지 않는 사항에 관한 준칙으로서 요강(要綱)을 위치하게 한다. 많은 지자체에서는 요강만을 근거로 보조금 등을 지출하고 있지만, 이러한 것들에 관해서도 다른 사항의 고려금지 원칙이나 평등취급의 원칙에 의해서 외부효과가 작용하는 사례가 있다. 이와 같이 법의 일반원칙을 사이에 끼고 요강이 '법'화할 수 있는 영역에 관해서는 오히려 요강으로 정해서는 안 된다고 할 수 있겠다(오사카시 보육소 아동조성금 요강 사건(오사카시 고등재판소 1979년 7월 30일 判例時報 948號, p. 44), 오타구 고령자 홈 헬프 서비스 사업 실시 요강 사건(도쿄 지방재판소 1996년 7월 31일 判例地方自治 159號, p. 61 참조[8])).

이 결과 요강은 조례, 규칙의 보완·보충적인 사항이나, 주민의 권리의무에 관하지 않고 또 하나의 사업영역으로 완결하여 처리가 가능한 사항을 다루게 된다.

---

8) 安部泰隆, 「憲法上の福祉施策請求権」, 西谷剛ほか編, 『政策実現と行政法(成田頼明先生古希記念)』(有斐閣, 1998), p. 16 및 木佐茂男編著, 『自治体法務入門(第二版)』(ぎょうせい, 2000), p. 101 참조.

법정수탁사무의 조례화, 규칙화, 요강책정에 관한 기본방침

법정수탁사무의 조례화

지방분권 추진계획 등에서는 법정수탁사무에는 원칙적으로 조례제정권이 미치지 않는다고 생각되어 왔다. 그러나 새로운 지방자치법에서는 조례제정이 가능해진 것이며, 지자체에서 필요하다고 생각하면 조례제정을 검토해야 한다.

법정수탁수무의 규칙화 요강책정

법정수탁사무는 법률 또는 이들에 기초한 정령(政令)에 의해 사무를 처리할 것이 원칙으로 되어 있다. 그러나 법정수탁사무에 관해서 조례가 제정할 수 있는 것과 마찬가지로 규칙 또한 제정 가능하다(지방자치법 제15조 제1항). 종전의 기관위임사무에 있어서는 집행상의 세칙을 지자체 집행기관의 규칙으로서 제정해 온 것이며, 그래서 신 지방자치법하에서도 사무집행의 연속성이라는 관점 등에서 현재에도 종전의 규칙을 존속시키고 있는 지자체가 많다. 그러나 법정수탁사무라고 해도 조례제정이 가능한 것이기 때문에 필요한 사항은 조례화를 검토해야 한다.

규칙과 마찬가지로 요강도 존속하겠지만, 이 경우에도 적극적으로 요강의 공표를 함으로써 행정의 투명성을 도모하는 것이 요망된다.

〈참고문헌〉

木佐茂男編著, 『自治立法の理論と手法』, ぎょうせい, 1998.
佐藤秀善編著, 『新地方自治の思想 — 分権改革の法としくみ』, 敬文堂, 2002.

⁂분권추진의 도구⁂

[전자네트]

진화하는 시민참여의 형태

도시 플래너 · 도시계획포럼 매니저
가와카미 마사카즈(川上雅一)

처음에

필자들은 상용 전자 네트워크를 운용하고 있는 @nifty(이하 '니프티'라고 한다)상에 도시계획이나 마을만들기 등을 논의하고 실천하는 FCITY[1)]라는 명칭의 도시계획이나 마을만들기를 주요 테마로 하는 포럼을 개최하고 있으며, 1995년 2월에 개설된 이래 8년의 세월이 지났다. 스태프는 도시계획기술사·1급 건축사를 주체로 하고, 학자 및 전문가·변호사로 구성된 전문가 집단이며, 전국에서 일어나는 화제에 대해 전자 네트워크를 활용하여 논의하고 행동하고 있다.

이 활동을 통해, 전자 네트워크상에서 실제로 다양한 시민활동을 실천하고 있는 사람들과 만났다. 그 활동 패턴은 천차만별이지만, 공통적으로 말할 수 있는 것은 각 지역에 뿌리를 둔 활동 패턴을 갖고 있다는 점이다. 그래서 PC통신상에서 서로 알고, 실제로 현지에서도 함께 활동한 시민그룹에서 착안하여 지방분권을 받아들이고 있는 시민 측의 상황에 대해서 생각해 보기로 하자.

시민참여의 현황

지방분권 사회에서는 공공정책이나 공공사업의 결정에 얼마나 시민이 참가할 수 있는 길이 열려 있는가가 과제가 된다. 이는 다른

1) Forum of CITY의 약자(도시에 관한 것을 논의하는 포럼으로서 설립(1995년 2월 21일)되었다. http://www.nifty.ne.jp/forum/fcity/)

한편으로는 정책입안이나 결정 프로세스에 참가할 수 있는 시민이란 무엇인가 하는 명제를 우리에게 주는 것같이도 보인다. 시민참여를 실현하기 위해서 행정도 노력해야 할 필요가 있지만, 그 이상으로 시민이 정책이나 사업의 연구에 달려드는 것도 필수적이기 때문이다.

그런데 1997년 6월에 나온 도로심의회 건의 "도로정책변혁에 대한 제언——보다 높은 사회적 가치를 목표로"를 선두로 최근의 공공사업을 둘러싼 커다란 변화는 퍼블릭 인발브먼트(Public Involvement) 방식[2)]이나 사업평가를 도입하여 시민참여에 의한 사업집행을 하고 있다는 점에 있으며, 시민참여가 커다란 요인이 되어 왔다.

뒤늦었지만 행정도 변화하고 있어서 시민참여라는 입장에서 볼 때 큰 변혁기에 있다고 할 수 있다. 이러한 조류를 배경으로 오사카부(大阪府) 히라카타시(枚方市)에서는 전자 네트워크를 이용하여 독특한 시민활동을 계속하고 있다. 히라카타 마을만들기 NET의 활동을 통해 시민참여의 형태를 살펴보도록 하자.

히라카타 마을만들기 NET의 시민활동

FCITY와의 만남

니프티 전자회의실[3)]이나 파티오[4)]에서는 컴퓨터 등으로 작성된

2) 시민참여의 방법으로, 계획 책정시에 널리 의견·의사를 조사하는 시간을 확보하고, 또 책정과정을 아는 기회를 만드는 방법. 참여는 설문조사 등 다양한 기법으로 행해진다. 1999년도부터 전면적으로 적용되었다.

3) 니프티에는 정보광장으로서의 포럼이 400개 이상 등록되어 있다. FCITY도 이러한 포럼의 하나이며, 도시계획이나 마을만들기에 관한 15개 전자회의실을 설치하고 있다. 전자회의실에서는 PC나 워드프로세서 등으로 작성되는 플레인 텍스트를 등록하고 회원 상호가 참조함으로써 전자회의를 진행한다고 하는 구조로 되어 있다.

4) 포럼은 니프티에서의 회원 상호에 공개된 정보광장인 것에 비해, 파티오는 단 하나의 전자회의실로 구성되는 소인원의 정보광장이다. 개설하는 데는 비용 부

텍스트를 회의실에 가져감으로써 쌍방향의 논의가 가능해진다. FCITY의 활동도 히라카타 마을만들기 NET의 활동도 이러한 전자 네트워크를 이용한 활동이라는 데에 특징이 있다.

그런데 히라카타 마을만들기 NET와 FCITY와의 만남은 1996년 10월로 거슬러 올라간다. 히라카타 마을만들기 NET가 FCITY에서 내놓은 첫 번째 목소리는 히라카타 역 앞의 공중화장실 건설비의 타당성(6.45평에 약 2,000만 엔 그리고 4.8평에서 1,750만 엔의 두 가지 사례)의 질문이 최초이다. 시의 건축과에 직접 파견 나가 건축의도를 듣기도 하고, 또 FCITY의 전문가로부터는 낭비점검을 위해서도 '기공서' 읽는 법을 배우기도 하고 있다. 논의는 화장실에만 머무는 것이 아니라 세금이나 공공사업의 감시형태, 마을만들기에서 가장 중요한 것은 무엇인가? 마을만들기에 주민참여를 높이는 방법은? 등으로까지 확대되었다.

공중화장실의 질문을 써 넣은 야스다(安田真由美) 씨는 "저는 행정을 자신의 생활과 직결한 것으로 느낄 수 있도록 하자는 취지에서 시작된 주부학습회(오사카부 히라카타시)에 참가한 사람입니다. 행정을 떠미는 것은 좋아하지 않으나, 그저 무관심하게 있는 것이 이상하다고 생각하고 있는 사람들의 모임입니다."라고 하는 자기소개와 함께 우리 앞에 등장한 것이지만, 이 주부의 학습회가 1993년도부터 3년간 히라카타시(枚方市) 위탁부인학급의 제도를 이용하여 학습해 온 '글로벌'이며, 현재 '히라카타 마을만들기 NET'의 전신이기도 했다.

담이 필요하기 때문에, 폐쇄적인 그룹에서의 일상연락이나 의견교환에 이용되는 경우가 많다.

왜 히라카타(枚方)인가?

히라카타 마을만들기 NET의 활동을 보면 큰 특징을 찾을 수 있다. 그것은 시청에서의 원활한 로비 활동과, 상세한 데이터에 기초한 전향적인 제언일 것이다.

그녀들의 활동 모체는 당초에는 부인학급(현재 성인학급)이었지만, 활동비 보조의 금액은 적어도, 단체로서 '인지'되었다는 듯이 시청 내에서 움직일 수 있다는 점에서 시청 내에서의 정보수집, 학습기회의 획득 등 유형무형의 장점이 그다. NPO법 이진의 시민활동으로서는 합당한 것이라고 할 수 있다.

이러한 활동에 더하여, 히라카타시의 결산서 등에서 보이는 정보공개의 투명도를 칭찬하고 싶다. 많은 시정촌에서는 결산서 등은 관항(款項)별로 합계되어 표현되기 때문에 행정직원간에도 다른 사업의 개요가 알기 어렵다는 결점을 갖는다.

하지만, 히라카타시의 결산서에서는 결산개요설명서가 상세히 기술되어 있기 때문에 사업의 경비내역을 파악할 수 있다. 공중화장실 한 곳의 가격이 보이기 때문에 비용의 다과(多寡)를 논의할 수 있는 것이다. 모든 것이 여기서 시작되는 것이라고도 할 수 있겠다.

그런데 공중화장실 발언 이후, FCITY 전문가와의 접촉이 시작된다. 1996년 12월을 시작으로 3개월간 4명의 전문가가 출장이나 귀성을 이용해서 히라카타에서의 의견교환회에 참가하여 조기에 상호관계를 만들었다는 것도 평가할 수 있겠다.

당시를 회고하며 스에오카(末岡妙子) 대표는 다음과 같이 말하고 있다. "화장실 이야기에서 마을만들기로 폭넓은 대화를 해 나가는 가운데 FCITY 관계자들로부터 적절한 지도나 조언을 받아 원격지에 있는 전문가에 대한 절대적인 신뢰와 확신이 생겨났습니다. 이러한 신뢰와 확신에 의해 행동이 대담해져 그 후로 이어나갈 확신이 생기고, 그때그때 즐겁게 그리고 그것들을 어떻게 연결시켜 갈 것인지를 생각하는 방법이 보다 즐겁다고 생각하게 되었습니다.

통신 네트워크상에서는 '정보는 발신하는 곳에 모인다'라고도 합니다. 그것을 믿고 발신해 왔습니다. 통신 네트워크 참가자의 성실성과 정보를 제공하려는 자세는 놀랄 만한 것이었습니다. 그리고 신뢰감을 바탕으로 히라카타 마을만들기 NET는 시민·행정직원·전문가가 각각의 역할인식을 찾으면서 추진되어 왔다고 생각하며, 앞으로도 그 미묘한 밸런스를 잘 잡아갈 수 있을 것으로 생각합니다."

히라카타 마을만들기 NET의 회원은 자녀키우기에 바쁜 주부가 다수를 차지하고 있으며, 쓰레기문제나 자연보호, 문화활동 등 스스로의 활동영역에서 의견이 교환되기 때문에, 문제에 대해서 다양한 접근과 검토가 추진된다. '무슨 일이 있어도 반대'라는 일면적인 논의가 되지 않는 것이다. 그리고 그것을 실행에 옮기는 행동력을 갖고 있는 것이 더욱 놀랍다.

성인학급이 시작된 지 1년 동안에 '서로 교류하는 마을' 구마타니(熊谷博子) 감독의 영화 상영회 및 강연회(1997년 6월), 히라카타시 최초의 주민참여형 워크숍인 '야부모토마치(養父元町) 공원조성 워크숍'(1997년 7~12월)에 대한 적극적인 참여, 그리고 '히라카타 마을만들기 심포지엄'(1998년 2월)이라는 이벤트를 해 온 데에도 그 행동력이 나타나고 있다.

히라카타 마을만들기 심포지엄

1998년 2월 14일의 히라카타 마을만들기 심포지엄은 시민참여의 마을만들기를 전문으로 하는 대학 조교수의 기조강연, 건축가, 시

직원 2명, NET 회원 2명의 패널리스트, 그리고 필자를 코디네이터로 하는 패널 디스커션에, 회장을 오고간 논의 및 친목회라는 프로그램으로 행해졌다.

기획에서 준비, 운영까지의 전체를 주부그룹이 이루어 낸 것은 물론이지만, 시민이 일으킨 활동에 시 자체가 참가하는 프로세스를 거쳐 왔다는 점을 강조하고 싶다. 이 프로세스의 변화에 대해서는 같은 심포지엄에서의 나카쓰카사 히로시(中司 宏) 히라카타 시장의 인사 속에 나타나고 있다. "시민과 행정의 파트너십에 대한 기대"라는 인사 속에서 나카쓰카사 시장은 히라카타시에서 처음으로 시민참여형 워크숍을 결정했을 때의 '워크숍 방식 도입에 대한 불안'을 솔직히 말한 뒤, 그러나 그러한 불안들이 기우로 끝났다는 것과 함께 '만드는 과정에서의 참여가 중요'하다는 결론에 이르렀다고 했다. 또한 시 직원 2명의 참여에 대해서도 "직원과 시민이 일을 통한 관계뿐만이 아니라, 대등한 입장에서 의견교환하는 것은 유익하다고 생각합니다."라고 말하는 등, 시민참여의 유용성을 평가하는 발언을 했다.

이러한 발언에 대해서 회원의 한 사람은 "시장님의 '시민참여' 이미지가 이전과는 달리 아주 적극적인 것이 되었어요. ── 톱이 바뀌었다!라고 느꼈어요."라고 심포지엄 기록집에 의견을 적고 있다.

야부모토마치 공원조성 워크숍에서 이러한 심포지엄까지의 일련의 흐름 속에서 시장을 비롯한 시 행정 수반의 변화양상을 정리하면, 다음과 같다.

(1) 야부모토마치 공원조성 워크숍의 성공

'야부모토마치 공원조성 워크숍'은 시청 공원건설과 주최로 7월에서 12월까지 5회에 걸쳐 다섯 개 정도의 반으로 나뉘어, ① 근린공

나무집에 '어린이 사다리'를 달고 있다.

모두가 만든 나무집

(제공 : 가마타 도오루)

원 견학, ② 어떤 공원을 만들고 싶은지에 대한 이미지 작성, ③ 모형을 이용한 구체안의 작성, ④ 합의형성(각 반의 발표 후 '초안'이 될 만한 안을 골라 더욱 살을 붙여 나간다), ⑤ 성과발표라는 식으로 해 나간다. 네트는 이러한 일을 준비하는 직원과 연계해서 협력하고, 독자적으로 '공원 설문조사'를 실시·집계하는 등, 적극적으로 참가했다. 이러한 프로세스에는 FCITY상에서 다른 지역에서 워크숍을 경험한 사람, 컨설턴트, 행정직원, 시의회의원 등이 서로 다양한 형태로 의견과 지혜를 내고 있다. 매번 시민 외에 다른 시의 행정직원이나 컨설턴트 등이 일들을 도와주기 위한 자원봉사자로서 많이 참가했다. 이러한 과정에서 '행정과 시민의 관계'나 '근린간의 룰'에 대해서 많은 것들이 논의되고, FCITY나 파티오상에서도 식견이 깊어졌다고 할 수 있다. 또 톱도 이러한 실적들을 보고 주민참여의 유효성을 인식했다.

워크숍 후의 의회답변에서는 "이러한 것들을 통해서 얻은 노하우를 살려서……녹화 기본계획도 시민참여로 하겠다."고 하게 되어 "'녹화 기본계획' 시민참여로 책정합니다", "워킹 스태프 모집"(広報ひらかた 1998年 6015號 1면 머리기사)이라는 형태로 활용되었다. 물론 NET 회원은 워킹 스태프로서 3명이 참가했다.

(2) 사업화의 단계

그런데 야부모토마치 공원의 그 후에 대해서이다. 당초 1999~2000년도 정도로 실시할 것으로 예상되었던 사업은 시민참여에 의한 공원조성이라는 점이 크게 평가되고, 건설성의 '그린 오아시스 사업'으로서 채택되었다. 보고서의 타이틀이 되었던 '멋진 공원 이야기'가 드디어 시작된 것이다. 실시설계나 공사라는 프로의 세계에, 시민의 의견을 반영시키기 위해서 시민이 주체가 된 '야부모토마치 공원조성 실행위원회'를 1998년 9월에 결성하고, 총 5회의 토의를 거쳐 실시설계와 공사에 대해서도 시민으로부터의 의견이 반영되어졌다. 그 중에서도 공원 주변에 사는 시민으로 퇴직한 목수분들께 협력을 의뢰하고, 그 지도하에 1999년 3월 21일 많은 어린이들을 포함한 시민들의 힘으로 만들어낸 '나무집' 등이 큰 성과다.

사이버 공간을 이용한 시민참여

여기서 히라카타 마을만들기 NET의 활동에 대해 특징을 정리해 보기로 하자.

시간의 제약을 받지 않는 활동

시민운동의 정보전달수단이라고 하면 광고지 등이 많이 이용되며, 입소문, 자전거에 의한 자료배포라는 것이 일반적이었다. 따라서 정보의 전파범위도 운동의 확산도 자전거권역 등의 물리적인 범위에 한정되었다.

그런데 히라카타 마을만들기 NET의 활동은 니프티상의 파티오를 그룹 내 연락사항의 전자게시판으로 이용하기도 하고, 전자회의의 장소로 함과 동시에 전자메일에 팩스 등, 사이버 툴을 구사한 활동방법을 채택하고 있다. 이 때문에 비어 있는 시간대에 전자회의실에 써넣는 것으로 쌍방향의 의견교환이 가능해지는 등 시간에 제약되지 않는 활동이 가능하다.

공간의 제약을 받지 않는 활동

또한 전자 네트워크를 능숙하게 이용함으로써, 보통 주부가 전문가의 조언을 받는 것이 가능해진 점도 빼놓을 수 없다.[5] 마을만들기의 방책 중에서 전문가 파견은 효과적인 방법이지만, 이동거리에 제약이 있기 때문에 전국을 대상으로 할 수 없다. 전자 네트워크를 이용하면 이러한 제약이 없어지기 때문에 거리에 관계없이 참가할 수 있게 된다. 이로써 어떤 지역의 노하우를 전국에 전파할 수 있는 것이다.

전자 네트워크가 시민참여를 바꾼다

전자 네트워크를 사용하면 참여의 형태가 크게 바뀔 가능성이 있다.

(1) 평일, 지역에 없는 남성의 참여를 기대할 수 있다.

(2) 시간적 제약이 적으므로, 남녀노소를 불문하고 참가할 수 있다.

(3) 신체장애자들도 키보드를 통해 사회참여를 할 수 있다는 등

전자 네트워크를 이용할 수 없는 사람에게도 면밀한 배려를 한다

이상, 전자 네트워크의 이용은 이점이 많지만, 반면에 컴퓨터 등이 없으면 편리한 기능을 이용할 수 없게 된다. 이 때문에 히라카타 마을만들기 NET에서는 '컴퓨터 지원팀'을 통해 통신환경은 물론, 컴퓨터 전반에 걸친 지원을 함과 동시에 한 달에 한 번 학급활동을 실시하고, 활동기록이나 논의된 내용 그 자체를 팩스나 자전거에 의한 인쇄물 배포 등도 병용해서 실시하고 있다. 디지털 디바이드 문제는 여기서는 찾아볼 수 없을 것 같다.

---

5) 이러한 주부의 활동은 더욱 확대되어, 현재는 치바(千葉), 가와사키(川崎), 닛신(日進) 등의 주부그룹이 네트워크에서의 논의에 참가하고 있다.

히라카타 마을만들기 시민회의 결성

마지막으로 최근 히라카타 마을만들기 NET의 움직임에 대해 정리해 두고자 한다.

먼저 1998년 7월부터 같은 해 12월에 개최된 녹화 기본계획 책정위원회의 위원 공모가 효시가 되고, 이어서 히라카타시 제4차 종합계획 책정시 시민의 공모위원이 처음으로 2명 채용되었다. 이 종합계획에는 또한 제언 등을 하기 위한 자격단체로서 마을만들기 시민연구단체의 등록이 실시되었는데, 히라카타 마을만들기 NET를 포함한 17개 단체가 등록하고, 14개 단체가 제언을 발표한다고 하는 성황을 맞아 더욱 시민참여의 평가가 높아졌다고 할 수 있다. 이 밖에도 2000년 2월부터 2001년 1월에 걸쳐 실시된 남부시민센터 건설을 위한 워크숍은 총 11회 개최되어 시민참여로 센터의 구상이 정리되었으며, 또 2000년 10월에 개시된 히라카타 시민 마을만들기 포럼에서는 23개 시민그룹이 공모에 모여, 실행위원으로서 계획단계부터 참가하고, 기획·운영이 시민단체의 손으로 실시되는 등 광범위한 확산을 보이게 되었다.

히라카타 마을만들기 NET은 이들 모든 활동에 적극적으로 참가하고, 인터넷[6]상에서 그 성과를 계속해서 발신해 왔다. 그 중에서도 히라카타 시민 마을만들기 포럼에 다수의 시민그룹이 참가한 것이 시내의 시민그룹을 규합하는 계기가 되었고, 시민그룹의 네트워크로서 '히라카타 마을만들기 시민회의'[7]를 2001년 3월에 결성한 것이

---

6) 히라카타 마을만들기 NET의 홈페이지 http://member.nifty.ne.jp/T-Kamada/hirakata/에 자세한 활동이 소개되어 있으므로 참조하기 바란다. 현재는 홈페이지가 http://homepage3.nifty.com/F-kammember.nifty.cpm/T-Kamade/로 바뀌었다.(역자주)

7) 히라카타 마을만들기 시민회의(http://www.npo-rdi.com/hirakata/)는 2001년 3월 18일 결성.

특필할 만하다. 같은 회의는 히라카타시에서의 시민활동의 중핵이 되어 왔으며, 40만 도시에 있어서 시 전체 수준에서 행정에 대한 제언('히라카타시의 도서관에 대하여', '학교의 완전한 주5일제 실시에 따른 토요일 아동의 건전육성에 대하여') 등을 중심으로 활동해 왔다.

이와 같이 히라카타 마을만들기 NET의 활동은 적은 인원의 그룹에서 시작되었지만, 활발한 활동을 지속시켜, 시의 정책결정에도 영향을 미칠 수 있는 그룹으로 변모해 왔다. 시민그룹의 활동이 행정의 정책결정을 움직이고, 방향지은 것이라고도 할 수 있다. 물론 활동이 광범위해진 데에서 활동 방법도 또한 광범위해지고, 활동 장소도 사이버공간에서만이 아니라 시의 공식회의 장소로 이행하기까지 성장했다. 진정한 의미에서의 지방분권을 위해서도 이러한 시민의 잠재능력에 착안하여 활약 무대를 준비해 가는 것도 효과적이라고 할 수 있겠다.

〈참고문헌〉

• 시민에 의한 마을만들기 기법 및 실천사례를 소개한 것
渡辺俊一・太田守幸編著,『市民版まちづくりプラン 実践ガイド』, 学芸出版, 2002.

• 마을만들기를 과학적으로 논한 것
佐藤滋編著,『まちづくりの科学』, 鹿島出版, 1999.

• 히라카타 마을만들기 NET 관계 문헌
「ばくはつT子お役所を行く!!」, NO. 1~5
「すてきな公園物語」
「まちづくりシンポジウム 1998. 2. 14 — 市民参加で魅力あるまちづくり」

이들 자료의 소재에 대해서는 히라카타 마을만들기 NET의 홈페이지에 문의할 것.

⁂분권추진의 도구⁂

[저널리즘]

자치를 육성하는 시점

고치신문사 사회부장
나카히라 마사히코(中平雅彦)

지방분권시대의 저널리즘, 특히 분권의 무대가 되는 지방의 저널리즘은 어떠해야 할까? 그것을 생각할 때 시정촌 통합의 추진이나 주민기본대장 네트워크(주기네트)의 가동 등, 고이즈미 정권(小泉政權)의 움직임에는 우려를 느끼지 않을 수 없다. 재정위기라는 배경에서 당근과 채찍으로 약소 지방자치단체를 해체하려 드는 것이 시정촌 통합이다. 전자정부의 구령에 맞추어 국민 정보의 일원적 관리를 꾀하는 주민기본대장 네트워크. 일련의 움직임은 구조개혁이란 이름을 빌린 데에 불과한 '새로운 집권화'인 것이다.

변혁의 조짐

1991년 12월 고치현(高知縣)에서 터무니없는 폭풍이 들이닥쳤다. 하시모토 다이지로(橋本大二郎) 지사가 탄생한 것이다. 전 재무성 관료로 부지사까지 지낸 자민당 공인후보보다도 3배나 되는 큰 차로 압승했다. '구체제' 대 '새로운 바람', '기성정당' 대 '풀뿌리'라는 선거구도는 전국의 주목을 모았다. '고치(高知)가 바뀐다', '지방이 변화한다', 당시 나이 44세, 전국 최초의 전후세대(戰後世代)인 젊은 지사의 탄생에 현민들은 열광하고 지방변혁의 조짐을 감지했다.

다만, 하시모토 씨의 옹립은 반드시 지방분권이나 주민자치를 배경으로 하고 있었던 것은 아니다. 1990년 후생성 조사에서 고치현은 처음으로 사망자수가 출생자수를 웃도는 '인구 자연 감소'로 바뀌고, 현의 실정에 대한 지표도 일제히 활력저하를 보이는 폐쇄상황에 있었다. 이에 더하여 지사선거 출마가 현실시되었던 부지사의 너무나도 관료티 나는 인기저하, 넘버 2에의 선양이라는 구태의연한 보수적인 현정(縣政) 체질에 위기감을 가진 여성그룹이 중심이 되어 NHK의 뉴스 캐스터로서 각광을 받고 있던 하시모토 씨를 옹립하고 나섰던 것이다.

그의 아버지는 전 후생성 재상이었으며, 친형인 하시모토 류타로(橋本龍太郎) 씨는 가까운 미래의 자민당 총재이지 수상이 유력시된 실력자이다. 그러나 하시모토 다이지로(橋本大二郎) 씨의 동급생이 고치현(高知縣)에 살고 있었던 것 이외에는 고치와는 아무런 연고도 없었다. 옹립에 나선 그룹은 재정력이 약해서 사회자본정비가 뒤늦어진 고치현의 부양을 위해 정권정당에도 얼굴이 통할 것인 다이지로 씨에게 기대하는 면도 적잖이 있었다. 무엇보다 '고치현은 이대로는 안 된다'는 위기감이 행정수완은 미지수이지만, 지명도가 높은 하시모토 씨에게 접근하는 원동력이 된 것이다.

충격요법적인 시책

그러면, 현민의 강한 변혁요망을 짊어지고, '지방분권시대의 기수', '개혁파 지사'로 기대 받으며 출발한 하시모토 지사이지만, 현정(縣政)의 현장에서 어떻게 대처해 왔는지 검증해 보기로 하자.

고치현은 인구 81만 명이다. 그 중 40%가 시코쿠(四國) 유일의 중핵시(中核市)인 고치시(高知市)에 집중한다. 현의 토지면적 중 48%가 삼림이니 전국 최고의 삼림현이기도 하다. 뒤집어 말하자면 대부분이 중산간지역으로 소산화·고령화·과소화가 진행되고, 소규모 지자체가 산간부에 점재하고 있다. 경제력은 저절로 약해졌고, 국가, 현에의 의존체질이 강하다. 현에서 시정촌으로의 사무권한이양에 대해서도 시정촌 측의 요망은 없는 데에 가깝다.

이러한 가운데, 하시모토 현정은 1기째부터 충격요법적인 시책을 전개했다.

우선, 1970년의 과소법 제정 이전부터 현의 단독보조로 계속해 온 취락정비를 위한 사업을 폐지하여 현비를 보태고, 완전히 '중점화'(重点化) 시책으로 전향했다. 취락정비사업은 수로의 보수나 소방차가 들어갈 길의 정비 등, 가려운 곳을 긁어 주는 제도로서 호평이었지만, 나쁘게 말하면 '분산형'이라고 할 수 있다. 이를 폐지하고, 조금이라도 단기간에 젊은이들이 정주할 수 있도록 하는 눈에 보이는 성과를 올리고자 하는 의도에서 의욕이 있는 지자체를 적극적으로 재정지원하는 '성공사례'를 만드는 '내 고장 정주촉진 모델사업'으로 바꾼 것이다.

젊은이들의 정주를 목표로 한 이 사업은 '정주'에서 '교류인구의 확대'로 비중을 옮겨, 2000년도부터는 지자체의 주체성과 재량을 존중한 '시정촌 활성화 종합보조금'으로 전환했다. 이러한 제도의 바탕에는 분권시대에 대한 인식이 흐르고 있다. '내 고장—'은 의욕이 있는 지자체는 적극적으로 지원하지만, '졸고 있는 지자체'와는 그 나름대로의 격차가 생겨도 어쩔 수 없다고 생각하고 있는 것이다. '시정촌—'은 보조금을 현의 재량으로 유연하게 사용할 수 있도록 '종합보조금화'해 주었으면 하는 요망을 정부에 냈을 때, '그러면 말 꺼낸 사람부터 하자'는 식으로 현의 시정촌에 대한 보조금을 자유롭게 쓸 수 있도록 고쳤다.

중점투자로 성공사례를 만들 것인지, 비효율적이더라도 전체적인 상향을 노려 더디지만 똑같이 발전하는 방식을 채용할 것인지는 그때의 위정자가 갖고 있는 정치 자세에 달려 있다. 현 계획의 표제에 '자립과 도전'을 내건 하시모토 현정은 전자를 선택했다. 획일적인 횡적 사회와의 결별, '자기 결정'과 '자기 책임'이 분권시대의 한 가지 자세라고 하면 그것은 바른 선택이었다고 나는 생각한다. 다만 의존체질이 강한 지자체의 단체장이나 의원으로부터는 반발을 초래했다. 원래 과소의 문제는 일개 지자체의 노력만으로 극복할 수 있을 정도의 간단한 문제는 아니지만, 충격요법적인 시책이 '졸고 있는 지자체'에 일정한 활력을 넣었다는 의미는 적지 않다.

자치기본조례에 대한 대응

조례화(條例化)에서도 주목받을 시도가 있었다. 그 하나가 '자치기본조례'(가안) 제정에 대한 대응이다.

거품의 붕괴 후 정부의 경제정책에 호응하여, 현 단독사업을 너무 팽창시킨 고치현은, 1998년도부터 재정구조개혁에 착수했다. 그런 가운데 하시모토 씨가 직원에게 한 가지 제안을 했다. "지방에서 일본을 바꾸기 위해서는 예산, 재정 측면의 지혜만으로는 제약이 있다. 그렇다면, 조례화로 지방의 독자성을 나타낼 수 없을까?"라고 직원들에게 조례안의 아이디어를 제출하도록 촉구한 것이다.

집단연수그룹이 지사에게 제안한 보고서는 조잡하면서도 독특한 것이었다. 그것은 지자체의 최상위법으로서 조직이나 운영의 기본적인 룰을 규정한 '자치기본조례'를 정하고, 이를 정점에 두고 분야별로 기본조례나 개별 시책조례를 체계화한다고 하는 제창이었다.

자치기본조례의 초안 이미지는, 기본이념으로서 '현민생활의 질적 향상', '현민 수요에의 효과적인 대응', '모든 현민과 단체에 대한 공평한 참여 기회의 부여와 참여의 장려', '합리적인 정책형성과 내외에의 설명실시', '행정책임소재의 명확화'를 들고, 이 조례를 '다른 조례·규칙 등의 법령을 포함한 현정 전체의 지침'으로 자리매김했다.

게다가 보고서는 자치기본조례를 비롯한 모든 조례를 5년마다 재평가할 것을 제안했다. 계획을 정기적으로 재평가하는 것을 '롤링'(rolling)이라고 하지만, 여기서 말하는 재평가는 더욱 깊이 들어간 '클리닝'(cleaning)이다. 5년에 한 번의 개폐작업을 기본 작업으로 부과하고 있는 것이다.

이 직원 제안을 계기로 현에서는 2000년 5월, 연도 내의 조례제정을 목표로 한 전담 '검토 프로젝트 팀'을 설치했다. 2개월 후에 초안을 공표했다. 초안단계의 공표는 '자치의 형태를 논하는 조례의 성격에서 제정과정에서의 현민의 참여가 중요하다'는 하시모토 지사의 강한 의향에 따른 것이다. 다만, 연수로서 자유롭게 다루었던 보고서와는 달리 프로젝트 팀의 초안은 관제적(官製的)인 냄새가 강한 것으로 자치기본조례라기보다는 '행정기본조례'의 영역을 벗어나지 못한 것이었다.

초안 작성 과정에서 작업의 추진 방법에 의문을 느낀 하시모토 지사는 연도 내의 제정목표를 연기하고, 행정주도가 아니라 현민참가에 따른 조례작성을 지시했다. '자치기본조례의 목적은 지방분권시대의 새로운 주민자치의 형태를 제시하는 것, 현민과 행정을 잇는 새로운 관계를 규정하는 것이라면, 그때 가장 중요한 키워드의 하나는 '주민참여'일 것이다. 그 주민참여의 기본을 결정하는 조례작성

하시모토 다이지로 지사. 개혁의 진가를 알 수 있는 것은 이제부터이다.
(2001년 6월)

환하게 밝히고 있는 고치현청. 개혁의 도중에 있다.(제공 : 고치신문사(상하))

이 행정주도로 추진되어서는 취지에 반하는 것이 아닌가?'라는 생각이 들었기 때문이었다.

방침변경을 받은 담당부서는 '자치를 생각하는 토양조성이 필요'하다고 보고, 먼저 현민의 의견을 듣는 데서부터 다시 시작했다. 면담을 한 90명 가까운 현민은 자원봉사자나 마을만들기에 관계된 사람들로 행정의 형태나 자치에 대해서 비교적 생각할 기회가 많다고 생각되는 사람들이다.

그 결과 앞으로 현이 추구해야 할 방향으로서 주민자치를 중시하는 생각에는 거의 전원이 찬동했지만, 조례화의 대응에 대해서는 '구체적으로 무엇을 하면 좋을지를 모르겠다'는 소리로 대표되듯이 반응이 덤덤했다. 담당자는 '자치나 자치기본조례가 실제 생활과는 결부되지 않기 때문에 잘 모르겠다는 느낌이었다'고 했다. 이것으로 조례작성에 대한 대응을 그만둔 것은 아니지만, 제정하는 데에 이를 수 있는지의 여부는 불투명하다. 현재도 그러한 '기운'을 만드는 데 노력하고 있는 것이 현황이다.

다만, '현민참가형 현정'은 하시모토 현정(縣政)에서 일관된 자세이다. 주민과의 직접적인 대화로 시작해서, 현민이 참가하는 예산작성에도 대처하고 있다.

현민이 참가하는 예산작성은 현의 재성구소개혁에 내응하는 가운데 시작된 시도이다. 현세 수입에 따라 각 현 사무소에 일정한 사업비를 나누어 배분하고, 단년도 사업을 원칙으로 주민대표에게 사업의 아이디어를 제공받자는 것이다. 주민에게서 나온 제안은 관련 부서가 사업화한다. 주민들에게는 활동을 통해 예산이라는 것에 관심을 갖게 하여 더욱 현행정(縣行政)에 대한 관심을 갖도록 하려는 의도도 있다. 이러한 수법이 얼마만큼 효과가 있을 것인지 필자는 의문은 갖고 있지만, 하시모토 지사는 2001년 11월에 3선을 달성한 이래 '새로운 공공(公共)의 형태'를 제창하고 현민 참가의 행정이라는 방안을 모색하고 있다.

공무원 채용시의 국적조항 철폐

변혁을 내건 하시모토 지사의 이름을 전국에 알린 것이 지방공무원 채용시의 국적조항 문제였다. "저희 애들도 공무원이 될 수 있게 해 주세요." 계기가 된 것은 1994년 가을, 지사실을 방문한 현 내에 거주하고 있는 한국인 여성의 호소였다. 이듬해인 1995년의 연두 소감에서 하시모토 지사는 "재일한국인·조선인들에 대한 공무원에의 문호개방 등을 진지하게 생각하는 것도 우리들의 사명이 아닌가" 라고 강조했다. 마침 전후 50년이 되는 해이기도 해서, 시대의 흐름을 읽는 데 민감한 하시모토 지사다운 제기였다.

당시 자치성은 "공무원에 관한 당연한 법리로서, 공권력 행사 또는 국가의사 형성에의 참여·기획과 관련된 공무원이 되기 위해서는 일본 국적을 필요로 한다."고 하는 내각법제국 견해(1953년)를 근거로, '공무원에 관한 당연한 법리'는 지방공무원에게도 적용된다고 했다. '당연한 법리'란 입법조치를 강구하지 않아도, 명문화된 법과 동일한 효과가 있다는 국가의 견해인 것이다.

이에 대해 하시모토 지사는 내각법제국의 견해 이전에, 정부가 지자체의 문의에 대해 '국적제한은 없다', '원칙적으로 지장 없다'고 두 번 회답했던 점과 견해 발표 후에도 보건사나 간호사 등 전문직 분야에서 채용을 인정하고 있음을 지적했다. "이와 같은 안정성이 결여된 생각을 법리다, 법규범이다고 부를 수 있는 것인가"라고 정부견해의 모순점을 꼬집었다.

2년이 넘는 논의 끝에 현인사위원회(縣人事委員會)는 1997년 4월 제한부이긴 하지만 도도부현에서 최초로 국적조항을 철폐했다. 본 현에서는 이제까지 채용사례는 없었지만, 하시모토 지사가 제기한 국적조항 철폐의 움직임은 전국적으로 파급되어 그 선도자적인 역할을 했다.

'비핵항만' 조례화는 폐안

또 한 가지 자치기본조례와는 다른 의미에서 전국적으로 주목을 모은 것이 '비핵항만'(非核港灣)의 조례화 문제였다.

1999년 2월 현의회에 제시한 외국함선의 현 내 항만으로의 기항에 즈음해서 외무성에 비핵증명서의 제출을 요구한 사무처리요강안(事務處理要綱案)은 정부의 '비핵 3원칙' 운용의 애매함을 날카롭게 지적했다.

"비핵 3원칙을 소관하는 외무성이 외국 함선의 입항을 인정한다고 하는 것은 핵무기를 탑재하고 있지 않다는 인식이 전제가 된다. 그에 따라서 조치를 강구해 나가는 것은 위법이라고는 생각할 수 없다." 하시모토 지사는 국적조항과 마찬가지로 주도면밀한 논리를 전개했다. 가스미가세키나 나가타초를 상대로 해서 논리적으로 모순점을 지적하고, 때로는 대신(大臣)이나 관료와의 공개토론의 장을 마련하는 모습에 지방분권시대의 새로운 지사상(知事像)을 본 현민들도 많았음에 틀림없다.

그러나 가이드라인 관련법안을 떠안고 있던 정부·자민당, 그러한 의사를 잘 이해하고 있는 자민당 현의회단체의 반발은 하시모토 지사의 예측을 훨씬 넘어서고 있었다. 결국 조례화 문제는 계속심의 끝에 이듬해 봄의 의원선거와 함께 폐안되었다.

이러한 하시모토 지사의 자세는 매스컴에서 크게 다루어져 많은 현민이 박수갈채를 보냈다. 그러한 한편으로 '고치현에서 국적조항이나 비핵항만이 얼마만큼 긴급하고도 중요한 문제인가'라는 의문이 '퍼포먼스가 지나치다'는 비판으로 이어져 '더욱 자기 주위를 보고 가까운 현정 과제에 에너지를 쏟아야 한다'는 불만을 낳았다.

거액 부정융자사건

이러한 가운데 실로 하시모토 지사의 발목을 붙잡는, 현정사상 유례없는 일대사건이 표면화되었다. 개요는 이렇다.

1996년 여름, 현의 중소기업 고도화 사업으로 약 14억 4천만 엔의 무이자 융자를 받은 봉제업의 협업조합(協業組合)이 최신예 봉제공장을 완성시킨 직후에 자금문제를 일으켜 도산의 위기에 직면했다. 당황한 현은 구제자금을 12억으로 산정하고, 제도융자로 공급할 수 없는 10억분을 예산유용으로 조치했다. 그렇게 해도 경영은 호전되지 않자, 현은 다시 2억 엔을 추가융자한다. 이렇게 해서 합계 12억 엔에 이르는 융자는 신용보증협회를 중개하지 않은 직접적인 대출이었으며, 게다가 현의회에는 일체 상의하지 않고 모두 비밀로 행한 것이었다. 설비투자분의 제도융자를 포함한 26억 엔을 넘는 공비(公費)는 전액 소모되어 회수불능에 빠졌다.

그럼에도 현은 이러한 사실을 숨기기만 했다. 고치신문(高知新聞)은 이러한 문제를 독자적으로 조사해 2000년 3월 현의 '검은 융자'라고 보도했다. 단서를 잡은 지 3년이 넘는 취재였다. 현의회는 47년

만에 '100조 위원회[1]'를 설치하고, 관계자를 속속 고발했다. 2001년 5월, 하시모토 씨의 보좌역이었던 전 부지사 출신들의 현간부가 배임용의로 체포, 기소되고 심리가 행해졌다. 2003년 봄에는 일심 판결이 내려질 전망이다.[2]

문제의 융자는 당시의 부지사 결제로 이루어져, 하시모토 지사는 전혀 보고·설명을 받지 않았다고 되어 있다. 그러나 지자체의 공적 융자를 둘러싸고 공무원의 배임이 문제가 된 전대미문의 사건은 하시모토 지사에게 진퇴의 결단을 내리게 했다. 하시모토 지사는 흔들리고 흔들렸지만, 결국 현민의 두터운 지지를 배경으로 '현정 개혁은 나밖에 할 수 없다'고 계속 남아 있을 것을 표명하고, 현의회도 사직권고 결의안 제출을 보류했다.

그때까지 '열린 현정'을 표방하던 하시모토 지사는 일이 있을 때마다 정보공개와 행정책임(accountability)의 중요성을 강조해 왔다. 그러나 현의회의 100조 위원회가 사건의 진상규명을 추진하는 가운데 보였던 현의 대응은 완전히 정반대의 것이었다. 100조 위원회의 자료청구에 대해 현은 기업정보를 방패로 검게 덧칠해 놓은 자료만 제공했을 뿐이며, 수사에 지장을 준다는 이유로 독자적인 조사도 하지 않았다.

거액 부정융자사건을 일으킨 온상은 전 현정(前縣政)에 있었다는

1) 100조 위원회는 일본 지방자치법 제100조에 근거한 지방의회의 조사권을 행사하기 위해 설치된 특별위원회를 말한다. 일본 지방자치법 제100조 제1항에서는 "보통지방공공단체의 의회는 당해 보통공공지방자치단체의 사무(중략)에 관한 조사권을 행사하고, 선거인 기타 관계인의 출두 및 증언 그리고 기록의 제출을 청구할 수 있다."는 권한이 정해져 있으며, 이를 의회의 100조 조사권이라고 한다. 100조 조사권은 필요할 경우에는 위원회에 그 위임이 인정된다.(역자주)

2) 거액 부정융자사건에 대해서는 고치신문사에서 2001년에 발행한 『黒い陽炎』(검은 아지랑이)에 상세히 게재되어 있다. 자세한 문의는 고치신문 기업출판과(전화 088-825-4330).

것도 우리들의 취재로 분명해졌다. 이 사건을 통해 나타난 것은 특정 개인이나 단체에 약하다는, 즉 행정의 주체성이 없다는 것이었다. 걸핏하면 이러한 사건이 표면화할 때마다 분권의 바탕인 지자체능력론이 고개를 쳐든다. 분명히 문제는 안고 있다. 그러나 주민에게 가장 가까운 정부(행정)이기 때문에 부정도 찾아내기 쉽다. 분권의 시점에서 지자체의 진지한 마을만들기를 응원하는 것도 지방신문의 역할이지만, 공권력을 감시하는 것도 당연 우리들의 중요한 사명이다.

거액 부정융자사건은 그 금액에 있어서도, 또 부지사가 최종결재를 행했다는 점에서도 조직 전체를 포함한 특이한 사건이다. 그러나 특정 개인이나 단체에 주체성이 결여된 대응을 한다는 행정체질은 과연 고치현정만의 특이한 문제일까? 형태나 정도의 차이는 있겠지만 전국의 지자체에서 일상적으로 행해지고 있지는 않을까? 더 나아가서는 '목소리가 큰 사람'에게 약하다는 체질은 지자체뿐만이 아니라 사회나 그것을 구성하는 우리들이 안고 있는 문제가 아닐까? 그러한 인식이 서 있지 않으면, 사건은 일개 지자체의 문제로서 정리되고, 거기에서는 아무것도 배울 것이 없게 된다.

지역, 주민으로부터 분출되는 분권으로

메이지유신, 패전·전후개혁, 그리고 이에 뒤잇는 '제3의 개혁'이라고 불리는 지방분권. 도사[3](고치현)는 사카모토 료마(坂本竜馬)[4]를 비롯해 많은 유신의 지사들을 배출했다. 그리고 언론에 의한

3) 도사(土佐)는 폐번치현(廃藩置県)하기 이전의 현재 고치현 지역의 이름.(역자주)
4) 사카모토 료마는 일본 에도시대(江戸時代)의 무사로, 대정봉환(大政奉還 : 1867년 일본 에도 바쿠후(江戸幕府)가 천황에게 국가 통치권을 돌려준 사건)을 주도해 실질적으로 일본의 근대화를 이끈 인물이다.(역자주)

국회개설 요구를 축으로 한 자유민권운동에서는 릿시샤(立志社)[5]에 결집한 현민들이 큰 역할을 했다. 그 대표적인 이론가 우에키 에모리(植木枝盛 : 1857~1892)는 민권운동의 기관지에서 "자유는 도사의 산간에서 출발한다."고 드높게 외쳤다. 1880년(明治 13) 국회개설운동의 일환으로 앞 다투어 작성된 사의헌법(私擬憲法) 속에서 우에키 에모리의 헌법초안은 오늘날 민주헌법의 원형으로 높이 평가받고 있다. 당시 높아지기만 하던 민권운동에의 위기감에서 정부의 언론탄압은 더욱 심해져, 발행금지의 연속이었다. 고치현 내의 신문은 '신문 장례식'을 하고, 시민들도 장례에 참가함으로써 정부에 항의했다.

현대로 눈을 돌려 고치현을 보면 '분권은 도사의 산간에서'라고 말할 수 있는 상황은 전혀 아니다. 우리 자신을 뒤돌아보면, 우에키 에모리가 붓을 휘두르던 도요신문(土陽新聞)의 흐름을 따른 신문사의 말석을 더럽힌 자로서 그저 부끄러울 따름이다.

지금 지방분권에 대한 관심은 급속히 식어버린 듯이 느껴진다. 매스컴이 다루는 기회도 아주 적어졌다. 한편으로 정부의 유도에 의한 시정촌통합, 주민기본대장 네트워크, 이른바 미디어규제법안, 유사법제 등 거의 분권형 사회와는 멀리 떨어진 움직임이 가속화되고 있다. 그러나 이러한 때일수록 주민자치를 육성하는 시점에서 지역을 살펴보고 지역과 함께 생각해 나가는 것이 특히 지방지 기자에게 요구되고 있다고 자기반성을 해 본다.

5) 릿시샤(立志社)는 일본에서 자유민권운동의 중심이 된 고치현의 정치단체를 말한다. 1874년 이타가키(板垣退助), 가타오카(片岡健吉), 우에키(植木枝盛) 등이 설립하였으며, 1877년 국회개설을 정부에 상신한 뒤, 자유민권운동의 중심역할을 맡게 되었으며, 국회기성동맹(国会期成同盟)에서도 중심적인 활동을 했다. (역자주)

⁂분권추진의 도구⁂

[주민투표]

새로운 민주주의의 수법

아이치대학 법학부 조교수
다케다 신이치로(武田眞一郎)

시작하며

지방분권이라는 본서의 테마가 문제가 되는 것은 지역의 일은 지역주민이 결정해야 하기 때문일 것이다. 지역주민이 스스로의 판단과 책임으로 정책을 선택하면, 진정으로 지역에 필요한 시책이나 사업이 이루어져 지역이 활성화되고, 동시에 재원낭비의 회피를 기대할 수 있다. 그것은 또한 자신의 일은 자신이 결정하고 싶다는 인간의 기본적인 욕구와도 일치되고 있는 것처럼 생각된다.

이와 같이 보면, 지역의 문제에 대해서 주민의 의사가 명확히 표시되는 주민투표는 지방분권을 실효화하기 위한 궁극적인 제도의 하나라고 할 수 있다. 본고에서는 최근에 이르기까지의 주민투표의 현황을 살펴보고, 더 나아가 이 제도가 앞으로 해야 할 역할에 대해 검토하고자 한다.

주민투표의 실제

다른 논문에서도 검토했듯이,[1] 전후 일본에 있어서 주민투표의 실천은 세 가지 시기로 구분할 수 있다. 제1기는 전후 얼마 되지 않았을 무렵부터 시작되었으며, 다음에 보는 것처럼 이 시기에는 꽤 다양한 주민투표가 행해졌다.

일본 헌법 제95조는 하나의 지방공공단체에만 적용되는 특별법의

1) 이 점에 대해서는 武田真一郎, 「住民投票の課題と展望」, 法律のひろば 1999年 8月号, pp. 8~9 참조.

주민투표에 대해서 규정하고 있는데, 동조에 의한 주민투표가 이루어져 특별법이 제정되었던 사례로서는 히로시마시에 적용된 히로시마 평화기념도시건설법(1949년 법률 제219호), 요코스카(横須賀), 사세보(佐世保), 구레(呉), 마이즈루(舞鶴)의 각 시에 적용된 구군항도시전환법(舊軍港都市轉換法, 1949년 법률 제220호) 등, 1949년부터 1951년에 걸쳐 합계 18건의 사례가 있다. 이 주민투표는 지방자치법에 기초하여 행해졌지만(제261, 262조), 이 밖에도 법률에 기초한 주민투표제도가 몇 가지 설치되어 있던 것이 주목된다.[2)]

그 후 1960년대부터 1980년대에 걸쳐서는 시정촌통합에 관한 투표(도쿄도(東京都)의 유기촌(由木村)과 하치오지시(八王子市), 가나가와(神奈川縣)의 다치바나정(橘町)과 오다와라시(小田原市), 미야기현(宮城縣)의 이즈미시(泉市)와 센다이시(仙台市) 등. 시정촌의 규칙이나 요강에 기초하여 실시), 교육위원 후보자 선정에 관한 투표(도쿄도 나카노구(中野區). 조례로 실시), 또 법령에 기초하지 않고 초나이카이(町內會)가 실시한 것이지만, 원자력발전소의 찬반에 관한 투표(니가타현(新潟縣) 가시와자키시(柏崎市)) 등이 행해졌다.[3)]

이 시기부터 상당한 주민투표가 실천되었던 것은 다소 의외이다. 그러나 특별법인 주민투표는 어느 것이나 그 지역의 이익이 되는 법안이기 때문에 잔성다수가 되는 것은 당연한 일이며, 투표에 부치는 것 자체에 그다지 의미는 없었다고 할 수 있다. 그 밖의 투표도

---

2) 현재는 모두 폐지되었지만, 지방자치법에 기초한 중요재산·영조물의 독점사용의 허가, 동법 부칙에 기초한 전시중(戦時中)의 강제통합 시정촌의 분리, 경찰법에 기초한 자치체 경찰의 폐지(→본서 나카무라 가쓰조(中村一三), 「국민을 위한 '자치체 경찰'」 참조) 등의 제도가 있었다.

3) 이 시기의 주민투표에 대해서는 武田真一郎, 「住民投票をめぐる法的問題」, 法律のひろば 1993年 6月号, p. 25 이하와 거기에서 들고 있는 문헌을 참조하기 바란다.

일부를 제외하면 한정된 효과와 영향을 갖는 데 머물렀다.

제2기는 1982년 7월에 고치현 구보카와정(高知縣 窪川町)에서 원자력발전소의 찬반을 묻는 주민투표조례가 제정되었을 무렵부터이다. 이 시기가 되면 미에현 난토정(三重縣 南島町, 1993년 2월), 미야자키현 구시마시(宮崎縣 串間市, 1993년 10월), 니가타현 마키정(新潟縣 巻町, 1995년 6월)에서도 원자력발전소의 찬반을 묻는 주민투표조례가 제정되어, 사회적으로 중요한 쟁점에 대해서 주민투표를 요구할 수 있게 되었다. 그러나 이 시기에는 실제로 투표가 행해지는 일은 없었다.

그리고 제3기는 1996년 8월 4일에 니가타현 마키정에서 원자력발전소의 찬반을 묻는 주민투표가 실제로 행해진 때부터이다. 이 이후, 일본에서도 사회적으로 관심이 높은 중요한 문제에 대해서 주민투표가 행해지게 되어, 마키정의 투표 이후 현시점(2002년 9월)까지 그 수는 17건에 달했다.

이들 투표의 개요는 <표 1>과 같다. 이 표에는 투표가 실시된 후, 투표결과가 존중되었는지 여부를 3단계로 표시하고 있다(○는 투표결과가 존중된 것, ×는 투표결과가 존중되지 않은 것, △은 어느 쪽이라고도 할 수 없는 것. 모두 신문보도 등에 기초한 필자의 주관적 판단이며, 그 후 상황이 변화했을 가능성도 있다). 이에 따르면 투표결과가 완전히 무시된 것은 1건, 어느 쪽이라고도 할 수 없는 것은 4건으로 나머지 12건에서는 투표결과에 따른 조치가 취해지고 있다. 이제까지 조례에 기초하여 행해진 주민투표에는 모두 법적 구속력이 없지만, 실제로는 강한 정치적인 구속력이 있으며, 의회나 행정의 정책은 투표결과에 크게 제약되었다.

주민투표의 대상은 당초에는 원자력발전소나 산업폐기물 처리시

표 1. 일본의 주민투표

○는 유효투표(또는 투표총수) 중 찬성비율, ×는 반대비율
*는 투표효과로, ○는 투표결과가 존중된 것, ×는 존중되지 않은 것, △은 양쪽 모두 해당되지 않은 것

1	니가타현 마키정(96.8.4) '원자력발전소 건설' 정장(町長) 제안 투표율 88.29% ○38.78% ×61.22% *○계획은 중단
2	오키나와현(96.9.8) '미군기지축소와 미일지위협정의 재검토' 직접청구 투표율 59.53% ○91.26% ×8.74% *△축소논의 시작됨
3	기후현 미다케정(97.6.22) '산업폐기물 처리시설 건설' 직접청구 투표율 87.50% ○19.06% ×80.94% *○계획은 중단
4	미야자키현 고바야시정(97.11.16) '산업폐기물 처리시설 건설' 직접청구 투표율 75.86% ○40.63% ×59.37% *×시설완성·조업중
5	오키나와현 나고시(97.12.21) '해상 헬리포트 기지 건설' 직접청구 투표율 82.45% ○(조건부 찬성 포함)46.16% ×(조건부 반대 포함)53.84% *△당초안은 중단했지만 대신 캠프 슈와브 바다에 대체시설 건설
6	오카야마현 요시나가정(98.2.8) '산업폐기물 처리시설 건설' 직접청구 투표율 91.65% ○1.77% ×98.23% *○현(縣)이 불허
7	미야기현 시로이시시(96.8.4) '산업폐기물 처리시설 건설' 시장 제안 투표율 74% ○5.6% ×94.4% *○현이 철회를 요청
8	지바현 우나카미정(98.8.30) '산업폐기물 처리시설 건설' 정장(町長) 제안 투표율 87.31% ○1.68% ×98.32% *○현이 불허
9	나가사키현 고나가이정(99.7.4) '채석장의 신설, 확장' 정장(町長) 제안 투표율 67% 신설 : ○52% ×48% 확장 : ○54% ×46% *○정(町)은 신설, 확장 방침
10	도쿠시마현 도쿠시마시(2000.1.23) '요시노가와 강 하구 제방 건설' 의원 제안 투표율 55.0% ○8.4% ×91.6% *○계획의 백지화·동결
11	니가타현 가리와촌(2001.4.18) '가리와 원자력발전소 플루서멀 계획' 직접청구 투표율 88.14% ○42.52% ×53.40% *△계획은 중단
12	사이타마현 아게오시(2001.7.29) '사이타마시와의 통합' 직접청구 투표율 64.5% ○41.7% ×58.3% *○통합거부를 통보
13	미에현 미야마정(2001.11.18) '원자력발전소의 유치' 의원 제안 투표율 88.64% ○32.40% ×67.26% *○정장이 유치를 단념
14	시가현 마이바라정(2002.3.31) '주변 시정(市町)과의 통합' 정장(町長) 제안 투표율 69.6%, 사카다군의 4개 정 39.5%, 고토의 1개 시 4개 정 27.9%, 고호쿠의 1개 시 12개 정 21.4%, 통합하지 않는다 11.2% *○정장은 사카다군의 4개 정과 통합을 추진
15	히로시마현 후추정(2002.6.9) '히로시마시와의 통합' 직접청구 투표율 59.14% 찬성 49.9% 단독시제 28.5% 정제(町制)유지 21.6% *△결과의 해석을 둘러싸고 혼란
16	아키타현 이와키정(2002.9.29) '주변 시정(市町)과의 통합' 정장(町長) 제안 투표율 81% 혼조시 주변 63% 아키타시 주변 37% *○혼조시 주변과 협의회 설치
17	도쿠시마현 시시쿠이정(2002.9.29) '합병(통합)협의회 설치'(합병특례법에 의한 주민청구) 투표율 67.2% ○68.04% ×31.96% *○합병협의회 설치

설, 미군기지 등의 이른바 혐오시설이었다. 미군기지와 같이 원래 하나의 지자체 주민투표에 따라 해결하는 것이 곤란한 문제에 대해서는 투표결과가 반드시 존중되었다고는 말하기 어렵다(오키나와현(沖縄縣), 나고시(名護市)의 투표). 그러나 산업폐기물 처리시설이나 원자력발전소에 대해서는 투표결과가 존중되고 있다. 원자력발전소와 같은 정부와 전력회사에 의한 거대한 사업에 대해서도, 작은 지자체의 주민투표가 큰 영향력을 갖고 있다(마키정(巻町), 미야마정(海山町)의 투표).

도쿠시마시(德島市) 요시노가와(吉野川) 강 제10보(洑) 건설사업에 관한 주민투표는 꼭 혐오시설이라고는 할 수 없는 대규모 공공사업을 대상으로 하고 있다. 정부와 현이 강력하게 추진해 온 가동보 건설사업이 도쿠시마 시민의 투표에 의해 동결되고, 더욱이 이 투표는 전국적으로 공공사업의 재검토를 추진하게 된 계기가 되었다.

최근에는 새로운 경향이 나타나기 시작하고 있다. 나가사키현 고나가이정(長崎縣 小長井町)의 채석장 신설·확장에 관한 투표와 미에현 미야마정의 원자력발전소 유치에 관한 투표는 각각 정장(町長)과 의회가 추진하려고 하는 정책의 찬반을 묻는 것으로 이제까지와 같은 주민주도가 아니라 행정이나 의회의 주도로 이루어졌다. 이것은 의회나 행정이 주민투표를 인지하고, 정책을 정당화하기 위해서 이용하기 시작한 것을 의미하고 있다.

또 최근에는 시정촌 통합에 관한 주민투표가 늘어나고 있는데, 그 내용은 통합의 찬반을 묻는 것이 아니라, 통합을 전제로 하여 통합대상을 묻는 것이 눈에 띈다. 더욱이 2002년 3월에는 합병특례법(시정촌의 통합에 관한 법률)이 개정되어 합병협의회 설치의 찬반을 묻는 주민투표제도가 설치되었다.[4] 이 제도에 따라 같은 해 9월에는 도쿠시마현 시시쿠이정(德島縣 宍喰町)에서 첫 투표가 이루어지고, 합병협의회 설치가 결정되었다. 이러한 투표들은 정부정책으로서의 시정촌 통합을 추진하는 역할을 하고 있다고 할 수 있다.

주민투표의 배경

일본을 포함한 근대국가는 간접민주제를 채용하여, 주민은 선거로 대표를 선출하고, 선출된 대표가 주민을 위해서 정치나 행정을 수행하는 것을 원칙으로 하고 있다. 그런데 최근 들어 각지에서 주민투표를 요구하게 된 배경에는 간접민주제의 기능부전이라고 할 만한 상황이 존재한다. 주민을 대표해야 할 의회나 행정이 주민을 대표하지 못하고, 주민의 의사와 의회·행정의 의사 사이에 갭이 생기고 있는 것이다.

예를 들면, 필자도 관여를 했던 도쿠시마시의 주민투표에서는 가동보 건설에 반대하는 의견은 실로 91.6%에 달했다. 그러나 도쿠시마현 의회나 도쿠시마시 의회를 비롯한 주변 의회는 가동보의 건설추진을 결의하고 도쿠시마현 지사는 주민의 생명·재산을 지키기 위해서 가동보는 필요하다고 되풀이해서 주장하고 있었다. 주민의 90% 이상이 반대하는 사업을 추진해 온 의회나 행정은 적어도 이 문제에 대해서는 주민대표로서의 기능을 상실했다고 말하지 않을 수 없다. 그래서 의회나 행정에 직접 주민의 의견을 반영시키고, 간접민주제의 기능부전을 시정하기 위해서 주민투표를 요구하게 된 것이다.

그리고 도쿠시마시의 사례를 검토하면, 이와 같은 간접민주제의

4) 유권자의 6분의 1 이상의 서명에 의해 투표가 이루어지며, 찬성표가 과반수가 되면, 합병협의회의 설치를 의회가 가결한 것으로 간주된다.

기능부전을 낳는 구조적인 요인을 엿볼 수 있다. 요시노가와 강에 가동보가 필요하다고 하는 최대의 근거는 150년에 한 번 큰비가 내리면 위험수위를 넘는다고 하는 건설성(당시)의 수위(水位) 계산이었다. 그런데 시민그룹은 과거 큰비가 내렸을 때의 수량을 이 계산식에 대응시키면, 계산상의 수위는 제방에 남아 있는 홍수 흔적을 훨씬 넘는다는 것을 알아차렸다. 그래서 전문가의 협력을 얻어 실제 흔적에 일치하도록 계산을 하자 150년에 한 번 오는 큰비에도 위험수위를 넘지 않는다는 결과가 되었다.[5] 만일 시민그룹의 계산이 정확하면, 가동보를 건설하는 근거는 완전히 상실하게 된다.

더욱이 후에 제정된 정보공개법에 기초하여 시민그룹이 수위 계산에 관한 정보의 공개청구를 했던 바, 건설성은 수위에 관한 모형실험을 했으며, 위험수위를 넘는 일은 없다는 결과가 나왔었다는 것이 판명되었다. 이 결과는 공표되지 않았지만, 역시 시민그룹의 계산이 정확했다는 것이 건설성의 실험에 의해 증명되어 있었던 것이다.

가동보의 필요성은 의심스러운 반면에, 만일 가동보가 건설되었을 경우에는 환경이나 재정에 대한 중대한 영향이 우려된다. 나가라가와(長良川) 강 하구언에서의 물의 체류기간은 14일간이지만, 요시노가와 강은 30일로 예상되고 있기 때문에, 나가라가와 강 이상의 환경악화가 생길 우려가 있다. 도쿠시마 현민 한 사람당 12만 엔을 넘는 건설비(1,040억 엔)는 정부와 현의 재정을 더욱 압박하고, 소산고령화 사회에 필요한 재원의 확보는 보다 곤란해진다.

이와 같이 보면, 의회나 행정이 정보를 조작하고, 부정확한 근거를 기초로 환경이나 재정에 큰 부담을 들이는 사업을 추진하려고 하고

5) 제10보의 수위 계산에 대해서는 武田真一郎, 「吉野川第十堰建設事業の現状と問題点」, 水資源·環境研究 第11号(1998年), p. 21 이하 참조.

있는 자세가 부각된다. 마쓰시타 게이치(松下圭一) 씨가 말하는 '행정의 열악화[6]'란 이와 같은 실정을 가리키는 것일 것이다. 그리고 이와 같은 행정의 열악화가 간접민주제의 기능부전의 근본적인 원인이 되고 있는 것이 아닐까?

이에 대해서 시민이 취한 행동은 대단히 합리적이다. 전술한 바와 같이, 시민그룹이 건설성의 수위 계산의 잘못을 증명했지만, 비전문가인 시민 쪽이 전문가여야 할 건설성(建設省)보다도 과학적·객관적이었다. 그리고 주민투표조례의 직접청구에서는 유권자의 2분의 1이 서명을 하고, 그래도 시의회가 조례안을 부결하자 이번에는 시의회 선거에 후보자를 세워 시의회의 구성을 역전시켜 조례를 성립시켰다. 투표일에는 많은 시민이 투표소에 발걸음을 옮겨, 반대표를 던졌지만, 그것은 시민이 자신들의 생존기반인 환경과 재정의 중요성을 인색했기 때문일 것이다. 도쿠시마 시민은 직접청구, 시의회의원 선거, 주민투표 투표일의 어느 것에도 적절히 행동하고, 자신들의 의견을 정책에 반영시킨 것이다.[7]

이상과 같이 주민투표의 배후에는 간접민주제의 기능부전이라는 현상이 있으며, 그것은 더욱 행정의 열악화에 기인하고 있다. 그러나 이미 일본의 시민은 이와 같은 행정의 열악화를 용인하지 않을 정도로 신화하고 있으며, 주민투표는 신화한 시민이 열악화된 의회·행정을 시정한다고 하는 구조 속에서 이루어지고 있는 것이다. 본고에서는 도쿠시마시의 사례를 검토했지만, 이와 같은 구조는 다른 사례에서도 거의 공통되어 있는 것이 아닐까?

---

6) 행정의 열악화(원문에는 '행정열화'(行政劣化)로 되어 있음)에 대해서는, 松下圭一, 『日本の自治·分権(岩波新書)』(岩波書店, 1996), p. 115 등을 참조.

7) 武田真一郎, 「吉野川可動堰住民投票 — 市民はどう動いたのか」, 日本都市社会学会年報 18号(2000年), p. 35 이하 참조.

주민투표의 원리와 제도

주민투표가 본격적으로 행해지게 되었을 무렵에는 몇 가지 근본적인 의문이 던져졌었다. 그것은 ① 주민투표는 간접민주제의 원리에 반한다, ② 주민은 무책임하며, 군중정치에 빠진다고 하는 견해이다.

①에 대해서는 확실히 헌법 및 지방자치법이 의회제를 채용하고 간접민주제를 기본원리로 하고 있음에는 의심이 없다. 그러나 간접민주제 그 자체가 민주주의의 목적인 것은 아니기 때문에, 간접민주제가 기능부전에 빠져 있을 경우에는 주민투표와 같은 직접민주제를 받아들여 기능부전을 시정하고 민주주의 그 자체를 활성화할 필요가 있다.

헌법 및 지방자치법에는 주민투표를 금지하고 있다고 해석되는 규정은 없으며, 의회제를 폐지하고 모든 것을 주민투표로 결정하겠다는 것도 아닌 이상,[8] 주민투표가 간접민주제의 원리에 반(反)한다고 하는 것은 있을 수 없다. 실제로 주민투표가 행해지면 의회나 행정은 그 결과를 존중하고, 투표결과에 따른 정책결정을 하고 있다는 것은 앞의 <표 1>에서 본 바와 같다. 주민투표는 간접민주제의 원리에 반하기는커녕, 의회나 행정의 주민대표 기능을 회복시키고, 간접민주제를 활성화하고 있는 것이다.

②에 대해서는 도쿠시마시의 예에서 본 바와 같이, 주민은 환경과 재정의 중요성을 인식하고, 지역의 장래를 생각해서 책임 있는 판단을 하고 있다. 일찍이 없었던 재정위기에도 불구하고 필요성이 의심스러운 사업에 거액을 쏟아 부으려는 의회와 행정, 그리고 이에

---

8) 오히려 일본 지방자치법 제94조는 정촌은 의회 대신에 유권자에 의한 정촌총회를 의결기관으로 하는 것을 인정하고 있으며, 직접민주제를 승인하고 있다.

의문을 던지고 있는 주민 사이에서 어느 쪽이 더 어리석은 것일까?

이상과 같은 이른바 원리적인 문제 외에 주민투표에 대해서는 제도적인 문제도 산적하고 있다.

큰 문제의 하나는 일본에서는 주민투표제도를 정한 법률이 전혀 정비가 되어 있지 않다는 것이다. 이 때문에 주민투표의 대부분은 조례에 기초하여 행해지고 있는데, 주민투표는 의회나 행정의 정책에 이의를 주장하게 될 경우가 많으므로, 주민투표조례가 의회에서 자주적으로 제정되는 경우는 거의 기대할 수 없다. 그래서 주민은 지방자치법 제74조에 기초하여 조례제정의 직접청구를 하게 되는데, 조례의 의결권 자체는 의회에 있기 때문에, 도쿠시마시와 같이 유권자의 약 2분의 1이 제정을 요구하는 서명을 해도 의회에서 부결되면 그걸로 끝이다. 이제까지 17건의 주민투표가 이루어진 배후에 의회가 조례안을 부결하여 투표를 실현하지 못한 사례는 147건(이 중 134건이 직접청구)에 달하고 있다.[9)]

이와 같은 사태를 해소하기 위해서는 법률에 의해 주민투표제도를 만들고, 일정한 서명수가 모였을 경우에는 반드시 투표를 실시할 수 있도록 하는 것이 가장 효과적이다. 이 경우, 투표결과에 구속력이 있는 제도로 할 것인지의 여부(구속형과 비구속형), 구속형으로 할 경우에는 어떤 형태로 구속력을 갖게 할 것인가 하는 것이 문제가 된다. 또 투표대상을 제한할 것인지의 여부, 투표 자격자의 범위를 어디까지로 할 것인가 하는 것도 중요한 논점이다. 필자도 참가하고 있는 주민투표 입법 포럼에서는 이러한 논점들에 대해 논의를 거듭하여 구속형으로 표결과 발안의 투표를 갖춘 주민투표 법안을 발표

9) 1979년부터 2002년 10월 초순까지의 집계수로 주민투표 입법 포럼의 홈페이지(http://www6.ocn.ne.jp/~direct)에 의한 것이다.

했다.[10)]

법률에 의한 주민투표제도로서는 전술한 바와 같이 2002년에 합병특례법이 개정되고, 합병협의회 설립의 찬반을 묻는 주민투표제도가 설치되었다. 찬성다수가 되면 의회가 합병협의회의 설치를 가결한 것으로 간주되어 협의회가 설치되므로,[11)] 이 제도는 결과적으로 구속력이 있는 구속형이다. 이제까지는 전술한 특별법인 주민투표가 유일한 법률에 의한 주민투표제도였지만, 이것에 의해 두 번째 사례가 되었다.

이 제도는 통합 그 자체의 찬반을 주민에게 묻는 것이 아니라, 합병협의회 설치의 찬반만을 묻는다는 점에서 어중간하다. 입법자는 통합의 최종적인 판단권을 의회에 유보하고 주민에게 주고 싶지 않았을 것이다. 이와 같이 한정적인 범위이기는 하지만, 법률이 주민투표를 용인하고, 제도화했다는 점에서 주목된다.

법률에 따른 것 외에 이른바 상설형의 주민투표조례를 제정해 두면 일정수의 서명이 모였을 경우에 투표를 실시하는 것이 가능해진다. 조례에 따를 경우에는 투표결과에 구속력을 인정하는 것이 어려우므로, 비구속형 제도로 삼게 될 것이다. 2000년에는 아이치현 다카하마시(愛知縣 高浜市)에서 전국에서 최초로 투표절차를 규정한 상설형 주민투표조례가 제정되었다.

최근에는 투표 자격자를 유권자 이외로 확대하는 시도가 확산되고 있다. 2002년에 실시된 시가현 마이바라정(滋賀縣 米原町)의 투표는 영주외국인에게 투표자격을 인정하여, 외국인이 참정권을 행

---

10) 이 법안과 주민투표법의 제도상의 논점에 대해서는 武田真一郎, 「住民投票法制化への視点 ― 住民投票立法フォーラムの試案を中心として」, 愛知大学法経論集 157号(2001年) p. 1 이하를 참조.

11) 전게주(4) 참조.

사하는 길이 열렸다. 같은 해 아키타현 이와키정(秋田縣 岩城町)의 투표는 전국에서 최초로 18세 이상인 자에게 투표자격을 인정하고 있다.

주민투표법이 제정되면 투표 대상이나 투표 자격자가 좁게 한정되어 '주민투표제한법'이 될 우려가 있다. 각 지자체가 창의적으로 연구하여 주민투표조례를 제정하는 것은 법률을 제정하는 것보다도 오히려 바람직한 것일지도 모른다.[12)]

주민투표를 넘어서

지금까지 살펴본 바와 같이, 주민투표는 간접민주제의 기능부전을 시정하고, 지역에 있어서의 정책결정에 중요한 역할을 다했다. 그러나 주민투표는 그 자체가 목적인 것이 아니라, 투표로 제시된 주민의 의사를 정책에 반영시키고, 주민자치를 실현시키기 위한 수단이다. 그렇게 하면, 주민투표의 진가를 엿볼 수 있는 것은 오히려 투표 후라고 해야 할 것이다.

실제로 주민투표가 실시된 지자체에서는 투표를 계기로 해서 주민의 지역에 대한 관심이 높아지고, 주민의 의견을 정책에 반영시키는 운동이 끈기 있게 지속되는 것이 일반적이다. 이 점에서 특히 주목되는 것은 도쿠시마 시민의 움직임이다.

도쿠시마 시민들은 주민투표를 성공시키자 새로이 '요시노가와강 제10보의 미래를 만드는 모두의 모임'(약칭 '모두의 모임')을 결성했다.[13)] '모두의 모임'은 가동보에 대해 NO라고 말한 시민들이 가동

12) 주민투표조례를 제정할 때의 논점에 대해서는 武田真一郎, 「条例による住民投票の制度設計」, 地方自治職員研修臨時増刊 71号(2002年) p. 71, 92 이하를 참조.

13) '모두의 모임'은 2002년 5월에 NPO 법인으로서 인증받았다. '모두의 모임' 홈페이지는 http://www.daiju.ne.jp/이다.

보에 의존하지 않는 요시노가와 강의 치수방법을 시민 측에서 제언하고, 주민투표의 결과를 성과로 만들 것을 목적으로 하고 있다.

'모두의 모임'의 위촉을 받아 실제로 조사연구를 하고 있는 것이 '요시노가와 강 유역 비전 21 위원회'(약칭 '비전 21')이다. '비전 21'은 삼림생태학·하천공학·수문지리학 등의 연구자에 의해 구성되고, 3년 정도로 제언을 정리하는 것을 목적으로 활동하고 있다.

'비전 21'의 연구에는 두 개의 기둥이 있다. 한 가지는 유역의 삼림정비이며, 삼림의 보수력을 높임으로써 '녹색 댐'을 만들고, 강우시 요시노가와 강의 유량을 줄일 가능성을 실증적으로 연구하고 있다. 또 한 가지는 제10보의 주변정비로 에도시대에 만들어진 현재의 제10보를 '천년 기술'로 자리매김하여 미래에도 보전하고 활용해 나가는 방책을 검토하고 있다.

이러한 조사에 필요한 비용은 시민의 기부에 의한 '제10보 기금'에 의해 충당되고 있다. 도쿠시마시의 의회나 행정도 주민투표의 결과를 존중하고 '비전 21'에 보조금을 교부할 것을 결정했다.

또한 도쿠시마에서는 가동보를 추진해 온 엔도 토시오(圓藤寿穂) 전 지사가 토건업자로부터 뇌물 수수 용의로 체포되어 사직하자, 시민이 결성한 '갓테렌'(시민정치 운동조직)의 추천을 받은 오타 다다시(大田正) 씨가 새로운 지사로 당선했다. 오타 지사는 제10보 가동화의 완전중지와 대규모 공공사업의 재검토를 공약으로 했다. 주민투표를 실현한 시민은 이번에는 새로운 지사를 탄생시킨 것이다.

맺으며

주민투표에 의해 자신들의 의견을 정치와 행정에 반영시키려는 시민의 움직임은 더 이상 멈추게 할 수 없을 것이다. 그러나 모든 것을 주민투표로 결정하는 것은 불가능하며, 민주적인 사회를 구축하기 위해서는 의회나 행정이 주민대표로서 본래의 기능을 다하는 것이 중요하다. 직접민주제로서의 주민투표는 불현듯 간접민주제의 중요성을 다시금 인식시키고 있는 것이다.

따라서 주민투표를 계기로 하여 주민자치를 실현하기 위해서는 주민투표를 성공시킨 시민의 힘을 결집하고, 정치나 행정을 시민의 손에 되돌리기 위한 보다 큰 힘으로 만들어 나가는 것이 필요하다. 본고에서도 살펴본 도쿠시마 시민의 움직임은 이와 같은 새로운 힘이 생겨나고 있음을 보여주는 것이다.

〈참고문헌〉

今井一,『住民投票(岩波新書)』, 岩波書店, 2000.

新藤宗幸編,『住民投票』, ぎょうせい, 1999.

森田朗ほか,『住民投票が拓く自治(自治総研ブックレット六九)』, (財)地方自治総合研究所, 2001.

木佐茂男,「もうひとつの地方自治改革一民主主義を強化する西ドイツ地方自治」, 都市問題研究42巻10号(1990年), pp. 46~61.

稲葉馨,「ドイツにおける住民(市民)投票制度の概要(一)~(六)」, 自治研究72巻5号 p. 45~8号 p. 22(1996~1997年).

제3부

[좌담회]

일본은 어디로 가고 있는가?

(좌담회) 일본은 어디로 가고 있는가?

Ⅰ. 분권과 집권

기사 시게오(木佐茂男)
호보 다케히코(保母武彦)
사회 이가라시 다카요시(五十嵐敬喜)

[A] 분권개혁의 성과?

기사(木佐) 기본보고

저는 이 좌담회에 앞서 구판(지방자치의 원류)의 각론과 좌담회를 다시 한 번 읽어 보았습니다. 그 결과 스스로가 말하는 것도 뭐합니다만, 거의 틀리지 않았다는 감상을 솔직히 갖고 있습니다.

특히, 호보 선생님은 이미 시정촌 통합은 분권개혁 속에서도 불쑥 튀어나온, 이는 주민자치의 내실화와는 반대 방향이라고 발언하셨습니다. 유감스럽게도 이러한 사태는 점점 진행되어가고 있습니다. 또 쓰임새가 영 안 좋아진 게 주민소송제도의 개정이나, 주민기본대장법, 전자서명법 등의 개정이 잇따르고 유사 3법안이나 국민보호법 제안 등 단적으로 말해서 집권으로의 동향이 대단히 현저해져 왔다고 생각합니다.

본래, 분권추진위원회는 이른바 '받침론', 지자체의 규모나 도도부현·시정촌의 2층제를 어떻게 할까하는 논의는 제쳐 두고, 현행제도를 전제로 사무의 재분배와 관여의 제한을 다룰 터였습니다. 또 세재원의 재분배나 주민자치의 충실이라는 분권을 목표로 하는 개혁은 속속 이어질 것이었습니다. 그러나 그렇게 되지 않은 것이 현재 상황입니다.

1. 지자체

신지방자치법이 시행된 지 2년 반이 지났습니다만, 저는 전국 각지에서 이야기를 듣고 있는 한, 지자체 직원의 100명 중 95명은 분권개혁이 있었다는 것을 의식하고 있지 않았으며, 일의 스타일도 예전과 그다지 바뀌지 않았다고 느끼고 있습니다.

어쨌든 새로운 제도가 만들어졌습니다만, 신지방자치법은 대단히 어려워서 전문가들도 많이들 잘못된 발언이나 집필활동을 했습니다. 전부 442개 조항이라는 방대한 조문이 있으며, 국가에서 지자체에 대한 관여의 형태인 조언이나 권고·지시 등도 대단히 복잡합니다. 지시라는 개념은 몇 종류나 나오고 있습니다. 이러한 것들이 정리되어 있는 사람은 없을 것입니다. 저는 간단한 자치기본법을 만들어서 자세한 외부감사나 재무회계의 규정은 시행법 등으로 처리해야 한다고 생각하며, 그렇게 생각하는 국가의 관료도 나오고 있습니다.

그러나 현행법은 현행법이니까 기업 등은 이를 구사해서 공격해 옵니다. 그러니까 지자체 직원은 아주 힘들겠지만, 좀더 제대로 공부했으면 하고 생각합니다. 자치사무나 법정수탁사무라는 말조차 하나도 모르는 관리직이 무수히 있다고 하는, 분권과는 무관한 지자체가 있는 것도 사실입니다. 한편으로 물론 분권개혁을 완전히 활용하려고 하는 지자체도 없는 것은 아닙니다. 현재 가장 유명한 것은 아마노 요코스카시(横須賀市)일 것입니다. 의회도 활발하고, 새로운 조례도 많이 만들고 있습니다(→본서 야마구치 미치아키(山口道昭), 「조례에 의한 행정으로의 전환」).

그리고 단발적이기는 합니다만, 새로운 조례제정의 움직임은 한층 현재화(顕在化)하고 있습니다. 특히 상징적인 것은 아직 실례는 4-5건 정도입니다만, 자치기본조례 내지 마을만들기 기본조례의 제정입니다.

단, 제1호인 니세코정(ニセコ町)의 경우에는 이 정에서 해 온 일의 집대성에 불과한 것이어서, 분권개혁이나 신지방자치법과는 직접적으로는 관계가 없습니다. 종래부터 정보공유·정보공개, 그리고 주민참여를 철저히 하고 있는 니세코는, 얼마 전 전국 단체장 설문조사에서 모델로 삼고 싶은 지자체 제1위를 차지했습니다.

다만, 주민참여도 지나치면, 참여피로가 발생합니다. 거기에서 주민은 의회제 민주주의와의 타협점을 다시금 느끼게 됩니다. 그 결과, 예를 들면 니세코에서는 논의를 제대로 못하는 의원은 입후보하지 않게 된다는 현상이 나타났습니다.

2. 의회

이번 논문에서 적어 두었습니다만, 선진적인 지자체에서는 의원이 젊어지는 경향이 두드러집니다(→ 본서 기사 시게오(木佐茂男), 「지방의회의 현황과 활성화 방책」). 미에현(三重縣)에서는 이번에 신인 의원이 21명이나 당선되었습니다. 장년층 의원은 상당히 배제되었습니다. 이에 비해 지금까지 한 번도 질문해 본 적이 없어도 의원으로서 8기·9기나 지내는 시가 있습니다. 그래서는 보수체질, 관료체질에 의회도 행정도 완전히 물들어 버리는 것입니다.

최근에 자각적인 의원들은 전국적인 수준, 지역 블록 수준 등 다양한 형태로 네트워크를 만들고 자주학습을 적극 추진하고 있습니다. 이것은 환영할 만한 일입니다.

다만, 의회구조 그 자체에 대해서는, 즉 예를 들면 작은 마을은 자원봉사자에 의한 의회로 한다든지 야간의회를 중심으로 한다든지 혹은 10명 이내의 극히 소수의 의원만을 선발하여 일종의 내각과 같은 형태로 하고 그 위원에게는 상당히 많은 급료를 지불하는 정책비서를 붙인다고 하는 참신한 발상, 그것을 선택지로서 준비하자는 논의가 지방제도조사회 등에는 아직 없는 것 같습니다.

3. 계쟁처리위원회

그리고 제가 당초부터 우려했던 대로, 중앙·지방계쟁처리위원회는 기능하고 있지 않다고 생각합니다. 이에 대해서 다소의 설명은 논문 내용 중에 해 두었습니다(→본서 기사 시게오(木佐茂男), 「중앙·지자체 간 분쟁의 법적 해결」). 중앙·지방계쟁처리위원회가 다루는 것은 도도부현 등 일부의 지자체와 중앙 수준의 분쟁이어서 시정촌은 자치분쟁처리위원회에만 신청할 수 있습니다. 게다가 그 사무국도 총무성에 있으므로 어떤 작은 사무일지라도 한 번은 도쿄에 가지 않으면 안 됩니다. 그런 다음 겨우 해당 지역의 고등재판소로 갈 수 있습니다. 현재의 상황으로는 대부분의 지자체가 그와 같은 구조로 되어 있다는 것조차 모르겠죠.

자세한 것은 논문에 써 두었습니다만, 계쟁처리위원회는 앞으로도 그다지 기능하지 않는 게 아닐까 하고 생각합니다.

다시금 중앙과 지자체와의 법적인 의견의 차이는 어떻게 처리되어야 것인가? 그때에는 헌법상 혹은 지방자치법상, 어떠한 논점이 나오는 것인가? 그것은 좀더 실제 법정에서 논의되어야 하지 않겠는가 하고 생각합니다.

왜 개혁이 열매 맺지 못하는가?

이가라시 먼저 지방분권의 실태에 대해서 저희들의 전망이 맞았다는 지적이 있었습니다.

호보 자화자찬(웃음)이군요. 그러나 실제로 얼마 전 대단히 우려할 만한 점이 나왔습니다. 분권개혁으로 사무에 대해서는 국가로부터 도도부현에 일정 정도 내려갔습니다. 그러나 전국 정촌회(町村會) 조사에 의하면 정촌 수준까지 내려온 것은 10개 항목 정도로 중요한 것은 거의 없습니다. 따라서 일반 시정촌으로 치자면 사무의 측면에서도 분권은 아직 이루어지지 않았다는 느낌이 듭니다. 재정문제에 대해서는 전혀 진전되고 있지 않습니다. 이런 가운데 불쑥 나온 것이 시정촌 통합문제입니다.

최근 수년간 분권개혁의 평가로서 정말로 행정이 주민과 가까워졌는가 하고 말하면 상당히 좋지 못한 점수를 매길 수밖에 없다고 생각합니다.

이가라시 주민에게 있어서 지방분권은 어떻게 보이고 있는 것일까요? 자치라는 것은 스스로(自) 다스린다(治)라는 것이니까 주민도 단련되어야 합니다.

기사 예를 들면 이번 수도권에서 자치기본조례를 만들려고 하는 움직임이 상당히 왕성합니다. 특히 다마지역(多摩地域) 등은 대단합니다. 지방분권을 의식하고 있는 시민이 일반적으로 늘어났다고 생각합니다. 다만, 니세코정의 예와 마찬가지로 분권개혁이 반드시 직접적인 계기인 것 같지는 않습니다. 시민참여, NPO라는 흐름 속에서 정보를 모으고 공부하고 있는 동안에 키워드로서 분권이라든가 자치기본조례라는 것 등을 알아 갑니다. 여기에서도 인터넷의 역할은 큰데, 지자체와 네트(net)상에서 조례안 등을 공모도 하고, 또 그 논의를 공개하기도 합니다. 그러한 형태로 상당히 간접적으로는 분권개혁이 열매 맺고 있다고 생각합니다.

기사 시게오 교수

이가라시 전체적으로 분권개혁의 결과가 나타나지 않는 것은 제도 그 자체의 문제가 아닐까요? 혹은 제도는 좋으나 이를 사용하는 측이 완전하게 쓰지 못하고 있는 것은 아닐까요?

호보 도도부현 수준의 이야기와 시정촌 수준의 이야기가 있습니다.

기사 니시오(西尾) 선생님이나 오모리(大森) 선생님이 곧잘 "원래 시정촌에서는 이 이상 권한을 갖고 싶어 한다는 목소리는 없었다."고 하셨습니다. 분권개혁에 응원단이 없었다는 것은 곧잘 지적되고 있습니다.

그러니까 이번에는 기본적으로 도도부현 수준에서 현재 하고 있던 업무의 법적인 성질을 바꾼 것입니다. 기관위임사무의 대부분을 자치사무로, 성부의 업무 7에 내해 지빙의 업무 3이리고 히던 것의 7을 자치사무로 한 것입니다. 법정수탁사무에 내해서도 조례제징의 여지가 있다는 것이 되었습니다만, 자치사무에 대해서는 당연히 조례 등을 제정할 수 있게 된 데에 일단 큰 의미가 있다고 생각합니다.

그리고 한 가지 더, 개별법과 도도부현의 각종 규칙에서 상당한 정도 정령시·중핵시·기타 시 등에 이미 사무권한을 위양하고 있습니다. 따라서 이번에 새롭게 법률로 내려 보낸 것도 실태로서는 시정촌에서 하고 있는 것도 비율로 말하면 꽤 있는 것입니다.

이가라시 그러면 분권이나 자치가 진전되지 않는 원인은 무엇일까요? 도도부현에서도 그다지 진전되고 있다는 느낌은 들지 않는데요.

기사 느낌이 들지 않지요. 현의 직원도 종래대로 밤늦게 팩스로 중앙성청에서 오는 것을 그대로 아침에 시정촌에 내려 보내고 있지요. 연수하는 곳에서 여러분들의 법적 책무는 완전히 바뀌었다고 해도 알고 있는 사람은 100명 중 1명이나 2명입니다.

이가라시 저는 도시법을 전문으로 연구하고 있습니다만, 그 중에 이상한 현상이 있습니다. 이번에 아시는 바와 같이 도시계획 혹은 건축사무의 대부분이 자치사무가 되었습니다. 자치사무이니까 당연히 지자체가 자유로이 대응할 수 있게 되었다고 생각하지요. 그러나 실제로는 그렇지 않습니다. 그래서 어떤 일이 생겼는가 하면, 예를 들면 건축사무의 중핵을 이루는 건축확인사무는 성명은 자치사무이지만, 완전히 종래처럼 자유재량이 없는 사무인 것입니다. 이 점이 이상합니다만, 더욱 특별한 점도 나왔습니다. 그것은 이 확인사무가 민간[14]에게 옮겨졌다는 것입니다. 그렇게 하면 이제까지 지자체가 불완전한 형태로나마 건축확인이라는 사무를 매개로 하여 지도요강이나 조례로 행해 온 마을만들기가 건축확인사무가 없어졌으므로 그것이 불가능합니다. 생각해 보면 마을만들기는 복지와 나란히 서는 분권의 큰 기능이었습니다. 그것이 분권 프로세스 속에서 오히려 공동화하고 만 것입니다.

기사 종합행정이 불가능해졌죠.

14) '지정확인검사기관'이라고 한다. 1998년 개정건축기준법에 기초한다. 현시점에서는 지자체도 종래의 확인·검사업무를 하고 있으며, 확인신청은 어느 쪽을 선택해도 된다. 지정확인검사기관은 대도시에 집중해 있으며, 상당히 활용되고 있다.

이가라시 그렇습니다. 건축기준법이나 도시법에 관한 한, 자치를 관철하기 위해 만들어진 자치사무는 거의 효과를 내고 있지 않습니다. 또 한 가지는 사업법입니다. 도로법, 하천법 등 공공사업에 관계된 수백 가지나 되는 법률이 거의 손도 못 댄 채로 방치되어 있습니다. 공공사업은 여기서는 더 이상 설명하지 않겠습니다만, 지자체의 운명을 결정할 만한 큰 문제입니다. 그것은 마을만들기나 복지와도 관계된 질·양의 모든 측면에서 보아도 지방분권의 본질적이고 결정적인 주제입니다. 그러나 그 무렵부터 시작된 불황 속에서 지자체는 자치보다도 국가의 원조를 바랐다는 점도 있어서인지, 분권 이전보다 더욱 종속적이 되었습니다. 최근 겨우 이러한 공공사업의 분야에서도 개별사업의 중지나 중장기계획 등의 시스템 개혁의 움직임 등도 나오게 되었습니다만, 그러한 원동력이 되고 있는 것은 주민으로서 지자체가 아닙니다. 종종 지자체는 이러한 주민운동의 적이 되기조차 하는 것입니다.

기사 자세히 말씀드리면, 정말로 한도 끝도 없는데, 예를 들면 호적사무에 대해서 법무국은 시정촌에 '명칭은 기관위임사무에서 법정수탁사무로 바뀌었지만, 시정촌이 하고 있는 일은 전혀 바뀌지 않았다'는 통지를 보내고 있는 것입니다. 그것을 보면, 일찍이 통달이라고 불리던 것이 정성령(政省令)이나, 서류기준이나, 그 이외의 조언·권고로 취급하게 되었다는 것까지 적혀 있습니다.

그렇게 조금 바뀐 것으로 인권을 지킬 수 있는 경우도 있습니다. 예를 들면 가정 내 폭력을 받은 뒤 도망친 여성이 있는 곳은, 지금은 호적을 떼는 방법이 여러 가지로 있어서 쉽게 알 수 있습니다. 하지만 호적을 쉽게 떼지 못하도록 궁리할 수는 있을 것입니다. 이번 분권개혁에서 이론적으로는 가능한 부분이 있을 것입니다.

하지만, 현장의 직원, 특히 상사들이 전혀 의식이 없어서 아무런 변함없이 법무국에서 하라는 대로 하는 것이 행정이라고 생각하고 있습니다.

호보 어떤 현에서는 분권개혁 후에 지방과의 시정촌 지도요강이 남아 있었습니다. 제도로서는 도도부현도, 시정촌도 지도하는 측, 지도받는 측이 아니라 대등한 관계일 터입니다만, 현의 직원도 시정촌은 지도하는 것이라고 생각하고 있으며, 시정촌도 그것을 이상하게 생각하고 있지 않습니다.

문인식으로는 상당히 바뀌었습니다만, 실태는 아직 침투하고 있지 않다고 해야 할 것인지? 그렇지 않으면 다른 평가를 하지 않으면 안 되는 것인지? 큰 변화가 보이지 않는 것이 실로 큰 문제라고 생각합니다.

지방자치연수의 필요성과 중앙성청

기사 최근 어느 현의 시장회(市長會)에서 "여러분은 지자체 현장에서 그다지 법적으로 일을 하지 않고 있는 게 아닙니까? 우익이나 폭력단이 훨씬 법적 이론으로 무장하고 있지요. 아웃 로(out law)가 로(law)를 구사하고 있어요."라고 말했습니다.

그러한 이야기를 하면, 거의 대부분의 사람들이 고개를 끄덕이며 듣고 있습니다. 얼마나 자신들이 법적인 행정을 게을리 했는지는 제대로 얘기해 보면 바로 알 수 있습니다.

그리고 "당신이 있는 곳의 직원들은 사실은 모두 할 수 있습니다. 정부의 송무검사(訟務検事)라고 해도 일본 전체로 보더라도 수십 명에 불과합니다. 그것이 몇 백 건에서 몇 천 건의 소송을 떠안을 수 있는 것은 초급·중급으로 들어간 직원을 단련시켜 송무(訟務) 부문에 배속하고, 그리고 송장이나 준비서면을 쓸 수 있도록 훈련하고 있기 때문입니다. 당신이 있는 곳과 인재는 같습니다. 그러니까 법적 능력을 여러분들이 거의 양성하고 있지 않다는 점, 인맥이라든가 사전협의조정의 능력 정도로밖에 지금까지 직원을 평가해 온 데에 문제가 있는 것입니다."라고 하면, 거기까지는 모두들 이해합니다.

그러나 지자체 간부에게는 일반적으로 이러한 것을 종합적으로 들을 기회가 없습니다. 신지방자치법 체계의 연수 등 대략적으로 말하면 전혀 하고 있지 않습니다. 그러니까 내부적으로도 연수의 강사를 맡을 수 있는 사람은 아마도 없을 것입니다. 그러면 외부에 의뢰하고자 해도 예산이 없어요. 그러한 상황이니까 이것은 시간이 몹시 걸리는 문제입니다.

이가라시 기사 선생님, 분권에 관한 총무성 등 최근 중앙관청의 자세는 어떻습니까?

기사 먼저 분권이 불완전한 형태로나마 추진된 것은 구자치성(현재 총무성)의 역할이 큽니다. 이것은 대단히 한심한, 결국 일본의 자치는 자치성에 의해 보호되어 왔다고 하는 얘기입니다.

다른 성청은 정말 다양합니다. 예를 들면 마찬가지로 사무를 독점하는 데에도 국토교통성 등은 기득권익의 유지가 주요한 목적입니다만, 환경청에는 '지자체는 개발 지향적이니까, 우리들이 환경을 지킬 수밖에 없다'고 하는 다소 순수한 생각을 갖고 있는 것입니다. 한편으로 총무성 이외의 성청의 직원이 우연히 어떤 계기로 총무성에 갔을 때 처음으로 지방자치의 대개혁을 알게 된 경우도 적지 않습니다.

왜냐하면, 국가공무원도 공부할 기회가 없기 때문입니다. 인사원의 연수나 교육과목에 지방자치법 같은 것은 없기 때문입니다.

이가라시 두 가지 신경이 쓰이는 점이 있습니다. 하나는 분권 이후에도 중앙정부에서 지자체로 인사배치하는 제도가 전혀 바뀌지 않는다는 것입니다. 특히 재무, 총무, 국토교통성이 그렇습니다. 분권, 분권이라고 하면서 지자체 측도 중앙정부에서 내려오는 인사를 아주 고맙게 여기고 있습니다. 보조금 등을 받기 쉽다는 것일까요? 또 한 가지는 지금까지도 단체장 자체가 자치성 출신자를 비롯해 중앙성청의 출신자가 대단히 많다는 점입니다. 이러한 것들을 어떻게 보면 좋을까요?

기사 과거 파견과 같은 외부로의 인사배치는 위에서 정하여 내려보내는 경우가 많았습니다만, 현재는 지자체의 요망이 압도적으로 많습니다.

기본적으로는 같은 연령에, 같은 학력을 가진 사람이라면 확실히 가스미가세키(霞ケ關) 쪽이 훨씬 훈련을 잘 받고 있습니다. 대단히 유감스러운 일입니다만, 지자체 쪽이 실력을 갈고닦는 것이 부족하다는 사실은 틀림이 없습니다. 그 때문에 어쩔 수 없이 중앙에서 지자체로의 인사배치가 있는 것이라고 생각합니다. 반대로 말하자면, 현재 자치성(현재는 총무성) 정원의 배나 되는 사람이 외부로 인사배치되고 있습니다만, 진정으로 필요한 곳에 정해서 인사배치하는 일은 얼마 되지 않는다는 느낌이 듭니다.

다만, 재미있는 것은 예를 들면, 미에현(三重縣)에 파견하게 되면, 정말로 고르고 골라서 파견합니다. 그런데 다른 일반적인 곳에는 보통의 인사를 파견하게 됩니다. 각지의 소식을 듣고 있자면, 관방인사과가 제대로 파견지 지자체의 역량을 상당히 조사한 다음에야 인사파견하고 있다는 것을 잘 알 수 있습니다. 현경찰(縣警察)이 시정촌에 경관을 파견할 때에도 받아들이는 지자체의 사정을 잘 조사하고 있는 것입니다.

[B] 집 권

기사 기본보고

서두에서도 말씀드렸습니다만, 더 좋아지는 분권개혁이기는 커녕, 현실적으로는 당근과 채찍으로 거의 강제적으로 통합이 추진되었으며, 또한 주민기본대장법의 개정, 전자서명법, 유사입법(有事立法) 관련 법안, 그리고 국민보호법제 등이 논의되어, 집권화는 한층 진전되고 있습니다. 통합에 대해서 호보 선생님께서 자세히 논하고 계시므로 여기서는 생략하겠습니다만, 저는 개인적으로 대단히 위기감을 갖고 있습니다.

여기서는 주기네트(주민기본대장 네트워크)를 중심으로 이야기하겠습니다. 정부성청의 e-japan 계획에 의한 주기 네트워크를 이용하는 사무는 당초에 정하고 있던 93건에서 171건이나 늘어나서 264건입니까? 방대한 수의 공무원이나 우체국원이 엿볼 수 있게 되었습니다. 법무성이 호적도 전부 전자화해서 네트워크화하게 되면, 이른바 선조 대대로까지 거슬러 올라가서 어디까지나 프라이버시인 내용도 엿볼 수 있다는 상황이 만들어지게 됩니다.

그리고 이러한 주기 네트워크를 유지하는 비용은 전부 시정촌의 부담이 됩니다. 그리고 전자서명법이나 주민기본대장법의 개정문에서는 고충은 일체 시정촌과 도도부현에서 처리하게 되었습니다만, 현실적인 지휘는 총무성과 그 일선기관인 지방자치정보센터가 합니다. 이 지방자치정보센터라는 것은 법적인 책임도 애매해서 전화번호조차 공표되어 있지 않습니다.

총무대신은 e-japan 계획 중, 특히 주민기본대장 등은 기본적으로는 시정촌의 요망으로 만들었다고 합니다만, 이는 거짓입니다. 현재 진행 중인 횡적인 네트워크(LGWAN : LG는 Local Government, WAN은 wide area network = 광역정보통신망)만 만들면, 기초적인 6가지 정보의 상호교환에 의해 주민표 발행 서비스만큼은 간단히 할 수 있으며, 보안이라는 측면에서도 그렇게 하는 것이 훨씬 안전합니다.

문제가 생기면 그때그때 대응하면서, 중앙성청의 일부에서는 현재 주민기본대장 정보를 사용하기 시작했습니다. 이것이 본격화되면 국민총배번호제(國民総背番号制)가 확립됩니다.

다만, 지자체 측에서 하면, 이러한 네트워크화나 앞으로 진행될 행정 전체의 전자화를, 반대로 이용하여 얼마나 주민을 위한 전자정부를 추진해 나갈지가 과제로 남습니다. 그러기 위해서는 총체적인 지혜를 모아서 바람직한 전자정부란 무엇인지를 충분히 생각하지 않으면 안 됩니다.

주민이 한 가지 문제를 가져왔을 때, 관련된 법적인 문제를 한 번에 이해하고, 그 문제를 해결하는 데 있어 주민을 이 창구, 저 창구로 돌아다니게 하는 일 없이 해결하는 대응구조(포털사이트)를 개인정보를 보호하면서 제대로 만든다고 하는, 그와 같은 것들이 앞으로 지자체에 있어서 대단히 중요한 과제라고 생각합니다.

재정위기와 총무성의 변화

이가라시 말씀하신 대로 주민대장기본법이나 유사입법, 혹은 지방자치법 개정 등 집권화는 점점 진전하고 있습니다. 총무성은 주기네트 등으로 집권화의 선두에 서 있습니다. 한편으로 분권화를 추진하면서 왜 이러한 모순된 일을 하는 것일까요?

기사 저는 빚이 1,000조 엔이라고도 1,300조 엔이라고도 하는 재정문제가 현재화(顯在化)하고 난 후, 총무성의 동향이 더욱 변화했다고 생각하고 있습니다. 쇠퇴하는 토건산업을 대신해서 e-japan 계획이라는 새로운 공공사업을 육성하지 않으면 안 됩니다. 그리고 통치기구를 재편성해야 한다고 생각하고 있는 것이 아닐까요? 국제경쟁이라는 관계에서 정보화가 요구되고 있다고 해도, 예를 들면 주기네트에서는 NTT 커뮤니케이션즈, NTT 데이터, NEC, 후지쓰(富士通)의 4개 회사가 서로 나눌 것이 정해져 있는 것입니다. 그것을 축으로 하여 기타 기업이 무리지어 디지털 산업의 진흥을 도모하고 있지요. 시장으로서는 아직 작습니다만, 앞으로 점점 비대화할 것입니다.

통합의 추진에 있어서도 재정절감이 큰 목적일 것입니다.

그러니까 법적으로는 집권화입니다만, 경제대책이라는 측면도 대단히 강하다고 생각합니다.

호보 이가라시 선생님의 의문은 이번 지방분권 개혁 자체가 과연 무엇을 목적으로 하고 있었는가라는 것과 관계되어 있다고 생각합니다. 결론부터 말씀드리면, 모든 것을 떠안고 꼼짝도 할 수 없는 재정위기에 빠진 나라를 슬림화하기 위한 지방분권이었습니다. 따라서 지방분권, 지방자치 강화로 민주적인 사회를 전망한다고 하는 문맥에서는 해석할 수 없는 것입니다.

더욱이 경제위기나 정치위기의 제 상황 속에서 자꾸 집권화의 필요성이 명확해져 왔습니다. 특히 경제위기 속에서 집권적인 운영이 아니면 극복할 수 없다고 하는 의식이 몹시 강해져 온 거죠.

그래서 기사 선생님이 지적하신 바와 같이 정부는 대단히 강한 집권화를 목표로 바뀌어 왔다고 생각합니다.

원래 주민의 가장 가까운 지자체인 시정촌이 무엇을 해야 할지를 처음으로 정리하고, 그 다음에 도도부현, 그리고 정부는 남겨진 것을 어떻게 할 것인가라는 순서로 했어야 했던 것입니다.

그러한 의미에서 주민에게 가까운 곳에서 어떠한 행정이 있어야 할 것인지, 그러한 바람직한 모습을 한 번 더 현재의 현장에서 일어나고 있는 문제를 해결하는 형태로 다시 생각하는 것 이외에는 도리가 없다고 생각합니다.

구조개혁특구

이가라시 한 가지 더 분권과 관련된 최근의 움직임을 덧붙이면, 고이즈미(小泉) 수상이 내각관방에 추진실을 설치한 '구조개혁특구'의 문제가 있습니다. 이 특구의 추진본부를 설치한 2002년 7월의 각의결정에서는 '구조개혁특구제도를 추진함으로써 규제개혁을 지역의 자발성을 최대한 존중하는 형태로 추진하고, 일본 경제의 활성화 및 지역의 활성화를 실현하기 위해서'라고 했습니다. 지역을 한정하여 종래부터의 법적 규제를 벗기고, 경제활동을 활발하게 해 간다고 하는 발상입니다만, 그 방법을 보면 이것도 지자체로부터 생겨난 것이 아니라 내각총리대신의 톱 다운이라는 형태로 나왔다는 의미에서 집권적이라고 해도 될 것입니다.

예를 들면, 도시계획특구에서는 이제까지 지역에서 지정되어 있던 용도지역을 전부 제거하고 내각총리대신의 직할지로 하여 그 속에서 민간기업에게 자유로이 건축하게 합니다. 이러한 절차는 형식적으로는 민간사업자의 의사를 받은 지자체가 계획을 내고, 내각이 인정한다고 하는 형태로 되어 있습니다만, 실제로는 먼저 민간기업의 개발이 있다고 하는 것입니다. 지역주민에서 보면 정체를 알 수 없는 것이 낙하산 부대로 내려와서는 기존의 법 시스템에 뻥하고 구멍을 뚫는 셈입니다. 눈 깜짝할 새에 초고층, 게다가 그야말로 종래의 이미지를 확 바꿔 버리는 거대 초고층 빌딩이 세워집니다. 그로 인해 마을 전체가 파괴된다는 것입니다. 그 밖에도 교육특구나 농업특구가 논의되고 있습니다. 이것은 어떻게 생각하면 좋을까요?

기사 특구가 갖는 의미는 아마도 분야에 따라 다양하게 다를 것입니다. 분권을 활성화시키는 것도, 일종의 기득권익을 유지시키기 위한 것도 있어서 상당히 혼재되어 있지 않겠습니까?

이가라시 저도 다소 나가노현의 구조특구에 관련하고 있어서 몇 가지 쓸 수 있다고 하는 것도 발견했습니다. 그 중에는 분권을 추진해 간다고 하는 특구도 생각할 수 있습니다. 그러나 본질적인 문제는 이와 같은 발상이 변함없이 정부로부터밖에 나오지 않는다는 것이 아닐까요? 요컨대 가스미가세키가 하는 일이 좋건 싫건 어디서나 제대로 논의되지 않은 채 순식간에 추진되어 버린다는 거죠. 지자체는 여기서도 지시를 기다리고만 있는 것입니다.

기사 2003년 1월에는 제2차 모집이 마감되어, 2002년 7월의 제1차 마감 때 50% 증가에 해당하는 650건을 넘는 응모가 있었던 것 같습니다. 그리고 민간제안이 9배가 되었다고 보도되고 있습니다. 실로 규제완화를 목표로 하는 것입니다만, 앞으로 어떻게 채택 및 거부가 이루어질지 전혀 전망이 서지 않습니다. 법치주의라는 관점에서도, 평등한 분권의 관점에서도 상당히 문제가 있을 것처럼 보입니다만, 어쨌든 비밀스러워서 예측도 할 수 없습니다.

(좌담회) 일본은 어디로 가고 있는가?

Ⅱ. 통 합

호보 다케히코(保母武彦)
이가라시 다카요시(五十嵐敬喜)
사회 기사 시게오(木佐茂男)

호보 기본보고

지방분권의 대개혁이었을 터인데, 지방분권의 폭풍은 불지 않았습니다. 그러나 분권에 역행하는 시정촌 통합에 대해서는 폭풍이 일고 있습니다.

1. '헤이세이 대합병'(시정촌 통합)의 논점

현재 추진되고 있는 시정촌 통합은 크게 나누어 두 가지 문제가 있습니다.

먼저, 대의명분이 없다고 하는 본질적인 문제입니다.

미야기현(宮城縣)의 아사노(浅野史郎) 지사는 다음과 같이 지적합니다. "지금 이야기들 하는 대의명분은 통합하면 돈이나 사람이 적게 든다는 것입니다만, 크게 잘못 생각하고 있는 것이라고 봅니다. 그것은 어디까지나 결과로서 무엇을 위해서 커뮤니티가 존재하는 것인가 하는 시점이 완전히 빠져 있어요." "결혼할 때, 혼자서 사는 것보다 두 사람이 함께 살면, 한 사람 더하기 한 사람은 2인분이 아닌 1.5인분으로 생활할 수 있으니까 합치라고 권하는 식입니다(웃음). 그것은 우연히 결과로서 그렇게 될 뿐입니다. 합치면 의원이나 의회도 적어지고, 돈도 적게 드니까 통합하라고 하는, 재정의 논리에서 오는 통합에는 대의명분이 없다고 생각합니다."[1]

아사노 지사는 이래서는 '자부심을 지닌 통합'은 되지 못한다고

1) 浅野史郎 北川正恭 橋本大二郎,『知事が日本を変える』(文春親書, 2002), p. 135.

합니다. 동감입니다. 메이지(明治) 시대의 대합병(시정촌 통합)에는 의무교육이 된 소학교(초등학교)를 운영하는 규모의 시정촌 형성이라는 통합의 대의가 있었습니다. 쇼와(昭和) 시대의 대합병(시정촌 통합)에서는 중학교의 의무교육화에 적합한 규모의 시정촌의 형성이라는 대의명분이 있었습니다만, 이번에는 그와 같은 국민을 설득하는 적극적인 논리가 전혀 없습니다. 총무성의 시정촌 통합문제 담당 전임자가 시정촌 통합은 '궁극적인 행정개혁'이라고 말했습니다만, 돈 이야기뿐입니다. 가타야마(片山) 돗토리현(鳥取縣) 지사가 현의회에서 '통합은 야반도주가 아니다'라고 갈파했습니다만, 재정 전망이 서지 않으므로 통합이라고 하는 꿈도 전망도 없는 통합 논의에 많은 지자체가 빠져 있습니다.

지방분권의 추진과는 상당히 다른 방향으로 향하고 있습니다.

둘째는, 정말 '자주적'인가 하는 문제입니다.

현재의 시정촌 통합은 '자주적 통합'의 원칙을 무너뜨리지 않고 있습니다. 그 이유는 지사나 총리대신의 통합권고까지 내서 대단히 혼란스러웠던 쇼와시대에 겪은 대합병(시정촌 통합)의 교훈을 바탕으로 정한 「합병특례법」(「시정촌 합병(통합)의 특례에 관한 법률」)에 '자주적인 시정촌의 통합을 추진한다'고 명문화되어 있기 때문입니다.

그래서 원칙상으로는 '자주적 통합'입니다만, 통합 추진의 알맹이는 당근과 채찍을 사용한 '반강제적 통합' 추진책으로 되어 있습니다. 정부는 2005년 3월까지 '3,200개나 되는 시정촌을 1,000개로 한다'고 계획하고 있으며, 이 시기까지 통합하면 재정 특별조치라는 당근을 주고, 그렇지 않은 곳에는 재정적인 채찍을 주겠다고 하는 것입니다. 통합하는 방식이 집권적이며, 자치와 분권을 추진하는 방식은 아닙니다. 집권적인 방법으로 통합시켜도 자치와 분권은 생겨나지 않을 것입니다.

2. 통합 현황

정부의 당근과 채찍에도 불구하고 통합을 향한 움직임은 상당히 둔합니다. 총무성은 합병협의회나 합병연구회에 참가하고 있는 시정촌이 약 80%나 된다고 발표하고 있습니다. 그러나 법정협의회의 설치 수는 192건으로 참가 시정촌은 791개 단체, 임의협의회는 195건으로 827개 단체에 지나지 않습니다(2003년 1월 1일 조사 기준). 그 모두가 통합해도 약 2,300개의 시정촌이 남습니다. 많은 지자체가 어디와 통합할지 아직 결정하지 못하고 우왕좌왕하고 있는 상황으로 상당히 늦어진 것입니다.

통합의 모델사례로 이야기되어 온 사사야마시(篠山市)에서는 통합 4년째를 맞이하여 빚이 통합 전의 2배가 되었습니다. 경상경비는 연간 2억 5천만 엔이 늘어나, 시 관계자는 가까운 시일 내에 본격적인 행정개혁이 필요할 지경이라고 말했습니다. 통합을 해서 사사야마시의 주변부가 되어 버린 과거 정(町) 지역의 주민을 대상으로 한 설문조사에서는 80%가 '통합을 후회하고 있다'고 답하고 있습니다. 이것이 통합 모델사례의 현재 상황인 것입니다.

당근과 채찍으로도 '1,000개 단체로 줄인다'는 통합의 목표수치는 달성되지 못할 전망입니다. 그래서 합병특례법의 기한 종료 후를 대비해서 특례법의 단순한 연장이 아니라 신법 제정을 포함한 새로운 지방자치 재편정책이 생각되고 있습니다.

그 준비는 이미 경제재정자문회의, 지방분권추진위원회, 제27차 지방제도조사회 등으로 시작되고 있으며, 한 발 더 나아간

검토가 총무성의 자치행정국 내에 사무국을 둔 ‘지방자치제도의 미래상에 대한 연구회’에서 이루어져 왔습니다. 그것은 제1단계의 ‘자주적 통합’에서 제2단계의 ‘강제적 시정촌 재편’으로의 질적인 전환입니다.

지방제도조사회 부회장의 니시오 마사루(西尾勝) 씨가 2002년 11월 1일, 지방제도조사회 소위원회에 ‘앞으로의 기초적인 지자체의 형태에 대하여(사안)’(니시오 사안)를 제안했습니다. ‘니시오 사안’은 ‘앞으로 목표로 해야 할 기초적 지자체의 구체적 이미지’로서 ‘현재의 시가 처리하고 있는 사무를 처리할 수 있을 정도의 것’이라고 하고, ‘인구 ○○명 미만의 단체를 해소할 것을 목표로 해야 한다’고 제안했습니다. 그러기 위해서 ‘해소해야 할 시정촌의 인구규모(예를 들면 인구 ○○명)을 법률상 명시하고’, ‘일정기간 동안 더욱 강력하게 통합을 추진할 것’을 제창하였으며, 더욱이 ‘(일정한) 기간이 경과된 후, 아직 통합을 하지 않은 일정한 인구규모 미만의 단체’에 대해서는 행정사무를 몰수하거나, 다른 시에 편입시키는 방식을 제안하고 있습니다(→ 본서 호보(保母)「분권에 역행하는 강제통합」). 이 ○○명은 1만 명이라고도 3~5만 명이라고도 생각할 수 있습니다.

강제편입시에는 말도 할 수 없습니다. 말을 할 수 있는 동안에 통합하려고 합병협의회를 세우는 움직임도 있습니다만, 자주적인 통합을 뭉개려는 움직임에 비판결의를 하는 시정촌도 전국에 퍼져나가고 있습니다. 전국 시정촌회나 전국 정촌회의장은 니시오 사안을 심하게 비판하고 있습니다. 이것은 전후의 지방자치단체, 지방자치제도를 통째로 재편한다고 하는 이야기이며, 지방분권의 정신과는 이질적인 것이라고 생각하지 않을 수 없습니다.

프라이드와 자치권의 보장

기사 이는 헌법이 보장하는 지방자치에 적합하다고 말할 수 있을까요?

호보 어느 현(縣)의 정촌 회장님은 그런 것을 총무성 내에서 검토하는 것 자체가 헌법위반이라고 분개하고 있었습니다.

이가라시 마나즈루정(真鶴町)의 정장님은 유가와라초(湯河原町)와 통합하면 마나즈루정도 없어진다고 말했습니다. 이것은 이 정(町)의 아이덴티티와 관련되어 있습니다. 그리고 두 가지 조건을 통합상대인 유가와라(湯河原)에 물어보려고 하고 있습니다. 그 하나는 유명한 마나즈루정 마을만들기 조례를 유가와라가 받아들이겠는가 받아들이지 못하겠는가 하고 들이대는 것입니다. 받아들이지 않을 것이라는 전망입니다. 또 하나는 마나즈루정은 복지 수준이 높은데, 유가와라정이 이것을 받아들이겠는가 받아들이지 못하겠는가 하고 내미는 것입니다. 이것도 받아들이지 않겠다고 하면 통합하지 않는 선언을 하겠다고 하고 있습니다. 그것은 정당한 대응이라고 저는 생각합니다.

이러한 것을 각 지자체가 왜 안 하는 걸까 하는 생각이 듭니다만, 자신들의 프라이드는 이것이다라고 하는 것이 통합을 하고 나면 전부 없어지게 되는 것이죠.

기사 지금까지의 통합론에 정책법무적인 요소가 결여되어 있었습니다. 예를 들면, 니세코정(ニセコ町)이 굿챵(倶知安)과 통합하면 굿챵의 인구가 3배 이상 되므로, 지금의 자치기본조례라든가 정보공개조례가 사라질 가능성이 대단히 큽니다. 훌륭한 조례, 시책, 그리고 내부의 인사관리라든가 문서관리 등의 내부사무의 우수한 부분도 모두 니세코정만이 갖고 있습니다. 그러나 인구만 갖고 애기하면,

흡수되는 측의 입장이 됩니다. 따라서 그것을 남기고, 자치권을 보장하는 노하우를 지금 신속하게 제공해야 합니다. 시민도, 법정협의회 등의 관계자도 이 점은 충분히 생각해 주었으면 합니다.

불합리한 강제통합

통합추진의 구조

이가라시 그런데 왜 이런 일들을 하는 걸까요?

호보 정부는 '소규모 지자체에는 행정능력이 없기 때문'이라고 하고 있습니다. 그러니까 통합해서 예를 들면, 그것을 보완하는 전문적인 직원을 채용할 수 있도록 한다는 것입니다. 그러나 지자체의 규모와 행정능력은 관계가 없습니다. 오히려 작은 지자체가 대단히 높은 행정능력을 보여주고 있습니다.

구조적으로는 제가 농촌부를 돌아보니, 두 단계가 있다는 생각이 들었습니다. 제1단계에서는 우선 임업과 농업이 어렵게 됩니다. 일본의 고도성장기에 공업이 크게 성장했고, 글로벌화의 물결 속에서는 해외에서 농작물이나 목재를 사면 싸게 칩니다. 향토산업으로서의 공업도 마찬가지입니다. 단고치리멘(丹後ちりめん) 옷감 등은 붕괴하고 있습니다. 하나의 정에서 3,600대나 있던 방직기가 현재는 1,400대로 직물 짜는 기계소리도 들리지 않습니다. 하루 일해도 1,000엔 정도밖에 수익이 되지 않기 때문입니다. 그럴 바에는 슈퍼마켓의 계산대 앞에서 일하는 편이 훨씬 수입이 좋을 것입니다.

제2단계는, 교부세나 보조금을 내서 그 지역의 지방자치를 유지하는 것보다 지방자치제도 그 자체를 바꾸는 편이 훨씬 비용이 적게 든다고 정부가 생각하는 것입니다. 따라서 현재 이러한 제2단계에 들어 있다는 생각이 듭니다.

이가라시 한 가지 더 말하자면 무슨 일이 있어도 2005년 3월까지라는 기한이 주술처럼 속박하고 있는 것이겠지요. 왜 이렇게 기한에 얽매이고 있는 것일까요?

호보 일본 경제신문이 전국 시정촌장을 상대로 한 설문조사에서 80%의 시정촌장이 '논의할 시간이 없다', '기한을 연장해 주었으면 한다'라고 응답했습니다. 이러한 상황이니 지금 기한을 제외시키면 누구도 통합하지 않을 것입니다. 자주적인 통합이라는 합병특례법의 규정은 지켜야 하지만, 언제까지나 자주통합으로는 진전되지 않을 테니 기한을 정해서 특례법을 종료시키고 싶은 것이겠지요.

소규모 지자체야말로 자치의 조건

이가라시 또 하나를 말씀드리면, 저는 역시 학자의 책임이 있다고 생각합니다. 지방분권 개혁을 그렇게도 열심히 이끌어 온 사람들이 통합에 대해서는 오히려 촉진하자는 측에 서고 있습니다. 이러한 상황은 어떻게 생각하십니까?

기사 선생님들이 왜 이렇게 바뀌신 것인지, 솔직히 말씀드려 이유를 알 수 없습니다. '니시오 사안'을 내놓은 니시오 선생님의 이론에는 일정한 일관성이라고 할까 필연성이 있다고 하는 연구자도 있습니다만.

왜 여기서 갑자기 비교법적인 논의가 두절되었는지도 아주 이상합니다. 저는 이전부터 이번 분권개혁은 지자체는 자치법에 쓰여 있는 모든 사무가 얼추 할 수 있어야 하는 것으로 묘사되어 있다고 말해 왔습니다. '완전 표준 지자체', 혹은 'Full 규격주의 지자체'입니다. 그것이 불가능한 예를 들면, 정보공개조례, 행정절차조례, 개인정보보호조례, 자치기본조례를 스스로 만들 수 있는 역량이 없으면 '지자체'라고 할 수 없다고, 많은 선생님들은 아무래도 그렇게 생각하는 경향이 있습니다. 저는 줄곧 유럽을 보고 있습니다만, 그런 경우는 없습니다. 자치관료라도 많이들 유학하여 외국의 작은 지자체를 많이 보고 있는 것입니다. 주(州) 차원에서 결정된 것을 실행하고 있는데 지나지 않는 국가는 어떤 의미에서는 대단히 많습니다. 길거리 등의 규제는 건축상세계획 이외에는 주(州)마다 통일되어 있는 경우도 많습니다. '키에 꼭 맞는 지자체'라는 것은 작은 규모이어서 주민이 서로 알고 지내는 사람들로 구성되어 있고 특히 서로 거리낌 없이 자유로이 발언할 수 있는 곳이라고 생각합니다. 권한도 그다지 크지 않아도 됩니다. 큰 사업에 대해서는 이를 위한 광역지자체를 만들면 되는 것입니다. 그것이 군(郡)의 부활이어도, 광역연합을 더욱 민주화하는 것이어도 괜찮습니다. 그리고 직원(행정)조직은 평면화해서 계층을 적게 합니다. 간부 직위를 위한 자리만들기는 이제 그만두어야 합니다. 일이 많으면 아웃소싱이나 전산화를 해 나가면 됩니다.

예를 들면, 현재 독일의 많은 기초지자체는 구동독지역을 포함해서 평균 6,500명의 규모입니다. 그 대신에 호스트 컴퓨터를 사용한 광역연합과 같은 것을 둠으로써 세계를 리드할 만한 행정이 만들어져 있습니다. 그런데 일본의 경우에는 왜 그러한 것을 생각하지도 않고 최소 1만 명으로까지 하지 않으면 안 되는 것일까요? 시정촌 수가 당장 2,000까지 줄면, 지자체 하나당 평균인구가 독일의 10배 이상이라는 것이 됩니다. 그것이 단순히 넘길 수 없는 부분입니다.

호보 점점 더 추진되고 있는 광역통합과는 반대로, 저는 협역행정을 하지 않으면 지방자치도 강화할 수 없다고 생각합니다.

가장 전형적인 것이 과거 '취락계획'을 실천해 온 시오지리시(塩尻市)입니다. 5만 4천 명 정도의 시 인에시 각 지구단위에 주민참여를 통해 '취락계획'이라는 취락의 장기계획을 세우고, 주민 스스로가 할 수 있는 일은 주민이 실천하고 시청은 취락활동에 대응할 수 있는 시스템을 만듭니다. 매년 점검하고, 역할분담도 하므로 10년 정도에 지역이 몰라볼 정도로 좋아진 것입니다.

게다가 쇼와시대의 합병(시정촌 통합)에서는 지형적인 조건 등이 상당히 논의되었습니다만, 이번에는 인구규모론뿐입니다. 그러니까 모순이 많이 생겨나고 있습니다. 예를 들면 아마미군도(奄美群島)에서는 75세 이상의 노인에게 연 1만 엔의 축하금이 나오는 정(町)이 있습니다. 축하금을 받기 위한 경로회에 가기까지 연락선을 타고, 버스를 타야만 합니다. 집에 돌아와 보면 5,500엔이나 들었죠(웃음). 그런 외딴섬이나 산간이라는 조건을 빼놓고 전부 일률적으로 1만 명이라거나 3~5만 명이라고 하고 있는 셈입니다.

그 점에서 기사 선생님이 말씀하신 외국의 사례는 참고가 됩니다. 그리고 동시에 연구자가 책임을 지고 직접 지역에 가 있지 않는 것도 문제라고 생각합니다. 도쿄에서 생각하는 것과 지방에서 보는 것은 전연 다른 사정이 있는 것입니다.

이가라시 또 한 가지는 거대도시 해체론을 꼭 함께 논의해 봐야 한다고 생각합니다.

저는 현재 도시의 위기관리에 대해서도 공부하고 있습니다만, 거대도시는 지진이나 테러에도 대응할 수 없습니다. 원전사고 등에도 절대로 대처할 수 없지요. 그런 의미에서 분산화하지 않으면 안 됩니다(→본서 이시다 도시다카·가기야 하지메 「유사법제와 지자체의 위기관리」).

유사법제가 좋을지 안 좋을지는 별개로 치고, 유사(有事)도 실로 위기관리인 것입니다. 다양한 시뮬레이션이 가능합니다만, 어떤 방법을 취해도 거대도시는 구제될 수 없다는 것은 틀림없습니다. 이것은 생각해 보면 이데올로기와는 관계없습니다. 이것이 왜 논의조차 되지 않는 것인지 알 수 없습니다.

기사 도쿄도의 특별구에서 시가 되고 싶어 하는 곳이 있다는 것은 아주 좋은 일이고, 정령시에는 아직 구 단위가 있지요. 현재 가장 사정이 안 좋은 것은 중핵시입니다. 인구 60만이나 70만이 되어, 극단적으로 말하자면 그 전원이 시청에 서류를 떼러 오게 된다는 것이죠. 굉장한 창구업무가 될 것입니다.

이탈리아, 독일이나 미국이라면, 이러한 인구규모에서는 당연히 평의회와 같은 것이 있는 분구(分區)로 되어 있습니다. 그러나 (일본에서는) 그것도 논의의 대상조차 되고 있지 않습니다.

호보 저는 중핵시제도가 만들어졌을 때, 최초로 적용된 구마모토시(熊本市)에 갔었습니다. 그곳은 인구 65만 명에 당시 14%의 고령화율이었기 때문에 65세 이상의 고령자만으로도 10만 명 가까이 되었습니다. 시청에서는 인구수는 파악되었어도, 누가 어떤 생활을 하고 있는지 전혀 몰랐습니다. 그러한 체제에서 복지를 하려고 해도 그것은 큰일입니다. 그런 점에서 오히려 작은 곳이 창의력을 갖고 해 나가고 있습니다. '얼굴 없는 지자체' 정도의 규모가 복지행정에는 잘 맞습니다.

기사 구마모토 주변의 정장(町長)들은 자기네 쪽 복지나 케어 서비스가 구마모토시보다 훨씬 좋다고 말하고 있어요. 그러면 왜 주민이 통합하고 싶어 하느냐 하면, 정령시라든가 구마모토시라고 하는 이름, 그리고 실제로는 노인들이 '사쿠라 카드'라고 하는 무료 패스를 받는 것도 한 가지 요인입니다. 한편 구마모토시는 세금이 높아서 세금 대책으로 주변 정촌(町村)에 많이 진출해 있는 대형점이나 소니(SONY) 등은 통합을 반대하고 있습니다.

주변의 쇠퇴와 재정문제

호보 통합의 최대의 문제는 중심부와 주변부에 지자체의 지역격차가 나온다는 점입니다.

조금 거슬러 올라가 '쇼와 합병(통합)'까지 보아도 중심부는 역시 인구가 증가하고 있습니다. 고치(高知)의 아키시(安芸市)에서는 시청이 있는 지역에서 30%가 증가했습니다. 한편, 주변부를 보면, 구 히가시카와촌(舊東川村) 지구의 인구감소율이 무려 82%나 됩니다. 구 하타케야마촌(舊畑山村)도 미친기지로 82%가 감소했습니다. 시설도 모두 중심부에 있고, 창구 서비스 하나를 받기 위해서도 중심부에 가지 않으면 안 되지요. 그렇게 되면 살기 어려워지니까 중심부나 그 부근에 이사를 갑니다. 동일한 시내의 주변지역의 쇠퇴는 심각합니다.

게다가 재정의 문제도 있습니다. 확실히 10년째 정도까지는 합병특례채가 붙습니다. 그러나 특례조치가 끝나는 16년째에는 지방교부세는 50%에서 55% 정도로 감소하는 사례가 많습니다(→본서 호보(保母) 전게논문). 그러니까 그때까지 직원을 줄이지 않으면 따라갈 수 없게 됩니다. 현지에 가서 조사해 보면, 1,228명의 직원에서 410명을 삭감한다든지, 4,239명의 직원에서 594명을 줄여야 한다는 등의 사례가 있습니다. 그렇게 해도 아직 줄여야 할 금액의 반 정도에 불과합니다. 의원과 특별직을 줄여도 해결이 안 됩니다. 그렇게 되면 남은 것은 주민에 대한 서비스를 줄이는 것 외에는 없습니다. 이것도 대단히 큰 문제입니다.

다만, 통합문제를 논의하고 있는 의원들의 대다수는 '나는 그때까지 의원을 하지 않는다.'라고 생각하고 있지요(웃음). 정말 곤란한 문제입니다.

(좌담회) 일본은 어디로 가고 있는가?

III. 재 정

호보 다케히코(保母武彦)
이가라시 다카요시(五十嵐敬喜)
사회 기사 시게오(木佐茂男)

호보 기본보고

1. 정부의 방침 — 재정의 집권

정부, 지방 모두가 커다란 재정위기에 빠져 있는 가운데, 사무배분에 이어 계속될 터였던 재정의 분권은 아쉽게도 착수하지 않고 있습니다. 오히려 재정의 측면에서도 대단히 집권화가 이루어져 오고 있어서, 현재 정부는 지방에 지출하고 있는 재정교부세나 국고보조금을 얼마나 삭감할 것인지에 열심입니다. 가장 큰 타깃이 되고 있는 것은 지방교부세로 3년 전부터 단계적으로 삭감해 오고 있습니다.

현재 약 20조 엔의 지방교부세가 지방에 교부되고 있습니다. 그런데 재원으로서 국세의 일정 비율이라는 것은 대체로 13조 엔 정도밖에 되지 않습니다. 그렇다면 약 7조 엔, 35%가 부족합니다. 정부는 그 부분을 '임시재정대책채'(臨時財政對策債)라고 하여 지방에 빚을 지게 하는 형태로 보충하려고 합니다. 이 차입금은 나중에 지방재정교부세로 모두 처리하므로 실질적으로는 지방교부세라고 하는 대처를 해 왔던 것입니다.

그런 가운데 현재 지방에서는 계속 자금이 없어지고 있습니다. 정부에서 앞으로 어느 정도까지 줄이게 될 것인지에 대해서 대단히 관심이 높습니다. 예를 들면 호쿠리쿠(北陸) 지방의 어느 촌(村)에서는 촌 재원의 반 정도가 지방교부세입니다. 그것이 20%, 25% 감소라면 어떻게든 대응해 나갈 수 있겠지만, 30% 이상의 감소가 된다면 상당히 어렵습니다. 따라서 사무는 일정한 정도 분권화되어 오고 있습니다만, 지금은 새로운 사업에 착수하지 못하고 정부가 다음에 어떤 자세로 나올지 지켜보고 있는 상황입니다.

정부는 '견실화 방침'(경제재정운영과 구조개혁의 기본방침)의 제2탄으로 국고보조부담금과 지방교부세와 세원이양의 세원배분을 '삼위일체'로 검토하여 2003년에는 정리된 방침을 내놓았습니다.

먼저 국고보조금은 수조 엔을 삭감합니다. 다음에 지방교부세에 대해서는 "현재 지자체의 90% 이상이 교부단체인 것은 이상하다. 많아야 반 수 정도의 지자체가 받고, 반 수 정도의 지자체는 받지 않는 정도의 상황으로까지 해야 한다.'"고 고이즈미 총리는 말했습니다. 이것은 아마도 장래에는 지방자치단체가 어느 정도 돈이 필요할지를 보여주는 '기본재정수요액' 자체를 줄여 버리겠다는 것입니다. 다음에 정부와 지방과의 관계에서는 세원의 이양을 해 나갑니다. 이것을 '삼위일체' 개혁이라고 하고 있습니다.

구체적으로는 '가타야마 시안'이 2002년 5월의 경제재정자문회의에 제출되었습니다. 여기에 지방세를 확충할 것, 국고지출금을 5.5조 엔 삭감할 것, 그리고 지방교수세의 재검토를 도모한다는 내용이 나와 있습니다.

2. 무엇이 문제인가?

전체적으로 볼 때, 몇 가지 신경이 쓰이는 점이 있습니다. 첫째로, 국고에는 손을 대지 않는 것입니다. 국고의 사정상, 정부에서 지방에는 이미 이양할 수 없다고 하는 생각이 대략 있으므로, 지방 내부의 변통으로 끝내려고 하고 있습니다. '가타야마

시안'은 국세 5.5조 엔을 지방에 이양한다고 하고 있습니다만, 그 재원은 국고지출금을 5.5조 엔 정도 감축함으로써 생겨납니다. 즉, 지방의 수입을 지방의 세원으로 옮기는 것뿐으로 국고에서의 실질적인 재원이양은 없습니다. 지방의 수입 총액은 변하지 않는 것입니다.

둘째는 농촌·지방에서 대도시권에 세원을 옮긴다고 하는 방향이 상당히 강하게 나오고 있는 것입니다. 예를 들면, '경제재정백서'는 국세를 7조 엔 지방으로 옮기고, 교부세·국고보조금을 같은 액수 삭감하는 시뮬레이션 결과를 담고 있습니다. 그러나 그렇게 해도 비교부단체의 수는 도도부현에서 1개에서 2개 단체에, 시정촌에서는 107개 단체가 253개 단체로 될 뿐입니다. 다만, 무엇이 바뀌는가 하면, 국세를 지방세로 이관할 경우 세원이 집중되어 있는 대도시에서는 여유재원이 생겨나게 됩니다. 이것이 1.7조 엔입니다. 본래에는 재원이 적은 지방으로 가야 할 1.7조 엔이 풍요로운 대도시로 가는 셈입니다. 그 결과, 부유한 지자체는 더욱더 수입이 늘어나고, 빈곤한 지자체는 한층 더 빈곤화에 빠지게 됩니다.

셋째로 특히 소규모적인 정촌 등이 재정적으로 더욱 궁지에 몰린다는 것입니다.

앞서 본 '경제재정백서'의 시뮬레이션에는 "지방단독시책의 재검토를 비롯해, 지방세출의 재검토를 추진해 나갈 것이 필요하다."고 써 있습니다. 교부세가 줄어드는 만큼은 '지방세출의 재검토'에 의해서 대응하라는 것입니다. '가타야마 시안'에 있는 '지방세출의 삭감 등에 의해 지방재정수지의 개선'이라는 것도 같은 의미입니다. 여기서 말하는 '지방세출의 삭감'에는 사실상 중대한 의미가 담겨져 있습니다. 2001년 6월 '견실화 방침'(경제 재정운영과 구조개혁의 기본방침)은 "기준재정수요의 산정을 통해 지방의 표준적 행정에 필요한 재원을 보장하고 있는 것이 주민에게 있어서 수익과 부담의 관계를 희박하게 하고, 중앙에의 의존체질을 강화하고 있다."는 지적을 그대로 받아들여서 '재원보장기능을 축소'하고, '지방교부세 제도를 세원의 편재를 조정하는 제도에 가깝게' 하는 '지방교부세 제도의 발본적인 개혁'을 내세우고 있습니다. 이것을 단순히 말하사면, 국민석 최저필요 행정수준(내셔널 미니멈)을 깎아내려, 국가가 보장해야 할 지방재원 부족액을 압축계산하면 많은 지자체가 '비교부단체'가 되고, 고이즈미 수상의 '교부세를 받지 않는 곳이 반수 정도'라는 목표도 실현할 수 있다는 것입니다. 이 '자활'(自活) 라인의 저수준화가 '재원보장기능을 축소'하는 비책입니다. 그 저수준의 세출에서도 세수가 부족한 극빈단체에만 '지방재정조정'을 하면 된다고 하는 의미입니다.

지역이 제언하는 재정구조의 전환

기사 니세코정의 오사카(逢阪) 정장이 홈페이지에서 장래의 재정 전망을 쓴 것이 있습니다. 인구 4,500명의 니세코정에서 현재의 예산 규모는 40여 억 엔에서 50억 엔입니다. 그것이 장래에는 32억 엔 정도로 되어야 한다는 것입니다. 50억 엔이 32억 엔, 35% 정도가 준다고 하는 것이니까 대단히 큰 액수입니다. 그것이 어디로 가느냐 하면, 광역통합을 위한 자금이나 도시주민의 불평등감 대책에 사용됩니다. 본래 지방분권추진위원회 등이 생각해 온 재원·세원의 이양이라든가 그것을 기대하고 있던 많은 지자체 관계자, 주민들에게는 전혀 예상조차 하지 못했던 사태가 진행되고 있습니다.

이가라시 그러나 지자체의 재원이 축소된다고 하는 것은, 저는 객관적으로 말해서, 아주 갑작스러운 일도, 대단히 심술궂은 일도 아니라고 생각합니다. 원래부터 정부 전체의 재정이 이미 파탄 상태이기 때문입니다. 현재와 같은 불경기가 계속되어 세수는 떨어지고 있습니다. 다른 한편으로 고령화 사회를 맞이하여 복지관계의 지출은 점점 팽창합니다. 지방재정이 축소되는 것은 당연한 일입니다. 그러니까 축소 그 자체를 비판할 수는 없습니다. 문제는 축소의 질이라고 생각해야 할 것입니다. 질을 생각하는 데 있어서, 신경을 써야만 하는 것은 사실 이것이야말로 진정한 자치로서 지자체 스스로가 그 내용을 생각하지 않으면 안 되는데, 좀체 그러한 사고가 생겨나지 않는다는 것입니다.

그것은 이제까지 지자체가 자주재원의 개척이나 재정의 질적 전환에 관해서 자조노력을 하지 않고, 정부에 의지해 왔기 때문입니다. 이러한 사고에서 아직도 탈피하지 못합니다. 이 점이 가장 큰 지자체의 위기일지도 모릅니다. 그것도 고려해서 근본적인 논의를 해야 할 것입니다.

호보 고도성장기를 통해서 자연적인 증수가 있었을 무렵에는 행정은 그다지 재정운영에 애쓰지 않아도 항상 재정이 늘어난다고 생각했었습니다. 그 전형이 공공사업의 추진이라고 생각합니다. 그 가운데에서 확실히 이가라시 씨가 말씀하신 정부에의 의존체질이 되어 버려서, 많은 지자체가 그것을 완전히 바꾸지 못했습니다.

그러나 몇 곳의 현에서 앞으로의 형태에 참고가 될 대응을 시작하고 있습니다. 예를 들면 하시모도 지사(橋本知事)의 고치현(高知縣)

호보 다케히코 교수

입니다. 도로정비는 이제까지 정부의 보조금 행정으로 하는 것이 당연했었습니다만, 그렇게 하려면 정부의 규격에 맞춘 사업이어야 합니다. 그다지 자동차가 다니지 않는 곳도 2차선으로 해서 보도까지 설치하는 등의 식으로 하면 아무리 시간이 흘러도 주민의 요구에 부합한 도로정비는 할 수 없습니다. 그러니까 고치현에서는 교통량이 적은 곳은 1차선이어도 된다, 곳곳에 서로 지나쳐 갈 수 있는 장소를 만들면 된다고 하는 수법을 채택했습니다. 정부는 애초에는 말도 안 된다는 대응이었습니다만, 2003년도부터 고치현의 이 방식을 '1.5차선도로'라는 이름으로 도입하고 있습니다.

또한 나가노현(長野縣)의 사카에촌(榮村)은 정부에 의존하지 않는 대단히 재미있는 재정운영을 하고 있습니다. 정부의 보조사업을 그만두고 촌 단독의 '논 고치기 사업'이나 '길 고치기 사업'으로 전환하여 8억 엔 정도를 남겨 왔습니다.

공공사업뿐만 아니라, 사카에촌은 복지사업도 자기 부담입니다. 지역의 헬퍼와 협력해서 지역 고령자들을 위한 자택 서비스에 24시간 대응할 수 있는 태세를 촌(村) 내의 모든 곳에서 확립했습니다. 촌 재정의 부담은 1년간에 불과 660만 엔입니다.

실태에 맞춰 거기까지 해서 결국 무엇을 바꾸었는가 하면, 행정과 주민과의 관계를 바꾼 것입니다. 지역의 공공 서비스 담당자로서 주민을 등장시키고, 자원봉사 사회를 활성화시켰습니다. 그 결과 서비스의 질은 높이면서 부담을 줄여 간다고 하는 구조가 잘 성립된 것입니다.

아마 앞으로도 경제는 좀체 좋아지지 않을 것입니다. 만일 경기가 좋아진다고 해도 기업 세제의 누진성이 약해져 온다면, 세수는 그다지 올라가지 않을 것입니다. 어떻게 해서 종래의 정부에 대한 재정의존을 지방부터 바꿔서 금액적으로는 적어도 충실한 생활을 보낼 수 있도록 할 것인지가 현재의 과제가 아니겠습니까?

기사 지역에서의 실천부터 시작해 일본의 재정구조를 바꾼다. 더 이상 돈은 없으니까 예를 들면 지역의 주민층도 자신들이 할 수 있는 곳에서 새로운 의미의 상호부조를 해야 한다고 하는 제언이군요. 지자체 측도 자기반성을 제대로 하고 있는 곳, 혹은 뛰어난 리더가 있는 곳에서는 그러한 행동도 취하고 있습니다. 지자체의 대다수는 자신들의 재정도 전부 정부에 의존하고 있습니다만, 그러한 구조를 바꿀 수 없는 데에는 어떻게 할 수도 없는 상황에 있다는 것입니다.

정부의 책임, 지방의 책임

이가라시 다만 지금 호보 씨께서 들어 주신 예는 이미 수년 전부터 유명합니다. 3,200개의 지자체 중 몇 안 되는 예입니다. 전국 대다수의 지자체는 그렇지 않습니다. 그리고 재정상황은 점점 악화하고 있습니다. 몇 안 되는 시정촌의 분투만으로는 이러한 위기는 도저히 넘길 수 없습니다.

호보 좋은 변화에서 배우는 것이 중요합니다. 재정적으로 이제까지 악화된 가운데, 하나둘뿐만 아니라 행정도 진지하게 전환을 도모하기 시작한 것은 사실입니다.

이가라시 그러나 대부분은 안이한 통합으로 가는 것이 아닙니까?

기사 정부의 재정적자에 지자체가 어느 정도 공헌하고 있는가라는 문제도 있습니다.

이가라시 이 점이야말로 공공사업이 큰 요인입니다. 단적으로 말하면 숨겨둔 빚 300조 엔을 포함한 일본의 빚 1,000조 엔 가운데, 공공사업을 위해서 할 수 있었던 빚은 60%이다 70%이다 하고 있습니다. 지자체는 공공사업의 상당 부분을 정부에 의존하고, 정부는 그것을 전부 적자로 전가했습니다.

최근에는 과연 정부도 공공사업을 중지하거나 축소하고 싶다고 말하게 되었습니다. 그러나 좀체 그만두게 하지 못하고 있습니다. 왜 그만둘 수 없는가 하면 실로 지방자치단체가 변함없이 진정 경쟁을 하고 있기 때문입니다.

고속도로를 보면 그것을 잘 알 수 있습니다. 고이즈미 내각은 40조 엔이라는 터무니없는 도로공단의 거대적자를 보고 '민영화'를 내놓았습니다. 이에 대해 이른바 도로족(道路族)이라고 불리는 의원들은 맹반발하고 있습니다. 그러나 그것뿐만이 아닙니다. 이번에는 지사, 의장, 시정촌장들이 일체가 되어 일제히 건설 촉진진정을 하고 있는 점이 대단히 특징적인 것입니다. 앞서 나왔던 고치현(高知縣)도, 미야기현(宮城縣)도, 미에현(三重縣)도, 이른바 지방분권선진현(地方分權先進縣)이라고 불리는 지자체가 고속도로에 대해서는 모두 촉진진정을 하고 있습니다. 자신들은 부담하지 않습니다. 아무튼 정부의 세금으로 만들라고 하는 주장입니다. 이는 자치와 완전히 정반대의 현상이라고 해야 할 것입니다.

이는 어떻게 해야 할까요?

호보 이 문제는 지역경제 문제와 관계되어 있습니다. 재정적자에 대한 지방의 책임이라는 이야기가 나왔습니다만, 정부는 지자체에 진정을 시켜서 보조금으로 공공사업을 계속해 왔습니다. 문제의 근본은 불황대책의 잘못이며, 집권형 행·재정 구조하에서의 지방의 무권리 상태입니다. 그러나 지방은 정부가 공공사업을 밀어붙이려고 해도 뒤에서 부담 져야 할 자기 재원도 없고 해서 공공사업을 줄이고 있는 것이 실태입니다. 그 결과, 정부는 예산을 짰지만 실시할 수 없는 '불용비'(不用費)가 증가하고 있습니다.

한편 지방은 이 좌담회의 「Ⅱ 통합」에서도 말씀드렸듯이, 농업·임업·향토산업도 대단히 정체되고 있기 때문에, 남겨진 산업, 일할 곳으로서는 공공사업밖에 남아 있지 않는 것입니다. 그러니까, 이가라시 씨가 말씀하신 문제를 해결하기 위해서는 지역경제의 구조 자체를 바꾸는 길 이외에는 없다고 생각합니다.

그러면, 지역경제의 구조를 하나의 지자체에서만 바꿀 수 있는가 하면 그것은 무리입니다. 정부의 글로벌화 정책 속에서 지방의 산업이 쇠퇴하고 있으니까, 정부가 관련된 정책 전체를 바꾸지 않는 한 지방에서만 노력해도 무리라는 이야기입니다.

이가라시 하지만, 먼저 정부에 달라붙는 것을 그만두지 않으면 안 됩니다. 이제 슬슬 나쁜 것은 나쁘다고 지자체에도 말하지 않으면 극복할 수 없습니다. 정부의 삭감반대라고 하는 것만으로는 대항할 수 없다는 느낌이 듭니다.

기사 1차산업이 엉망이 된다, 2차산업이 쇠퇴한다, 그래서 공공사업에 의존해서 현금수입을 얻는다. 그것을 그대로 유지하기 위해서 중소기업도 함께 무리지어서, 또 공공사업을 유치할 수밖에 없다고 하는 구조이지요. 그러한 악순환이 이제까지 지자체 쪽에서도 충분히 인식되지 못했다는 말씀이신가요?

이가라시 저는 1992년 정도부터 줄곧 공공사업과 재정을 보아 왔습니다. 그리고 제 나름대로 그대로 공공사업을 계속하면, 정부는 물론 지자체도 정말 피곤해진다고 하는 것을 경고해 왔습니다. 그러나 그로부터 10년 정도 지나서 얼마 전에 지방분권 개혁이라는 큰 소용돌이를 체험하면서 지자체는 정말 개혁을 해 왔는가? 지자체는 겉으로는 입으로 자치, 자치라고 했습니다. 하지만 속으로는 정부의 공공사업에 의존하려는 자세를 바꾸고자 하는 등의 것은 생각하지 않았습니다. 그것은 그렇게 하는 것이 더 편하기 때문입니다. 도쿠시마현 요시노가와 강(德島縣 吉野川), 미에현 나가라가와 강(三重縣 長良川), 나가사키현 이사하야(長崎縣 諫早), 시마네현 나카우미(島根縣 中海) 등 돈만 잡아먹는 아무런 도움도 되지 않는 공공사업에 지사와 의회가 얼마나 집착했는가? 이런 예는 얼마든지 들 수 있는 것입니다. 또 지자체 측에서 이것은 필요 없다고 한 사례는 그야말로 몇 만 건이나 되는 공공사업에서 거의 한 건도 없지 않습니까? 그리고 뚜껑을 열어 보면, 이미 손쓸 수도 없다고 하는 것이 오늘날 지자체 재정위기의 진실이 아닌가 하는 생각이 듭니다.

한 가지 더 덧붙이면, 확실히 지방분권추진위원회의 제4차 이후에 공공사업의 분권화도 화제가 되었습니다. 그런데 위원회는 거의 이 분야에 발을 들이지 않았습니다. 여러 가지 이유가 있습니다만, 정말 중요한 지자체 쪽에서 분권화를 거부했던 것입니다. 즉 분권화하면 스스로 재원을 만들고 책임도 지지 않으면 안 되기 때문에 곤란하다고 여겼기 때문이라는 이야기도 들려왔습니다. 좀 안 좋게 말하면, 저 같은 사람은 지자체에 대해 꼴좋다고 말하고 싶은 기분도 있는 것입니다.

호보 그러한 관점은 표면만 보고 있는 것입니다. 왜 진정을 하는 것인가 하면, 정부가 그 구조를 만들어 왔기 때문입니다. 분권론으로 말하자면, 분배한 사무에 맞는 지방재원이 부여되지 않았기 때문입니다. 또 지방의 정관업학(政官業學)의 유착이 있습니다.

현재는 아직 세원배분을 포함해서 정부·지방의 재정개혁이 없습니다. 정부가 재원을 장악한 채로 그것이 줄어들고 있습니다. 이러한 가운데에서는 이제까지의 태세를 지속할 수밖에 없다는 면도 있는 것입니다. 정부에 의존하고, 들러붙어 온 무책임한 지자체를 옹호하고 싶지는 않습니다만, 이가라시 씨와 같이 지방만을 나무라는 것은 문제의 본질을 잘못 보게 됩니다. 정말 중요한 것은, 이제까지 정부·지방 간의 경제·재정관계를 지배해 온 중앙집권구조가 아닐까요?

이가라시 그 논의에는 조금 이의가 있습니다. 줄곧 앞에서부터 신경이 쓰이고 있는 것입니다만, 정부가 나쁘다고 하는 표현에는 지자체 주체론이 없다고 하는 것입니다. 나쁘게 말하면, 지자체는 영원히 정부에 대한 험담만 계속하게 될 수 있습니다.

저는 '탈 댐 선언' 등을 포함해 나가노의 문제에 관계해 왔습니다만, 그곳에서 느낀 것은 현재의 정부 주도의 재정구조를 개혁하기 위해서는 지자체도 예를 들면, 이와 같은 보조금은 필요 없다고 하는 식의 구조가 되지 않으면 이는 고칠 수 없다는 것입니다. 안 그렇습니까? 재정구조개혁 등을 이야기하면서 자신이 있는 곳만은 확실히 보조금을 받으러 온다는 것은 관료도 쓴웃음을 지을 수밖에 없을 것입니다.

만일 지자체가 '탈 댐'과 일련의 지사 불신임과 의회 해산, 그리고 선거라는 거친 파도를 자력으로 헤쳐 나간다, 즉 진정한 의미에서의 분권이 가능하도록 되면 정부도 바뀌지 않을 수 없습니다. 그것은 한편으로 힘으로 밀린다는 점도 있습니다만, 다른 한편으로는 정부의 군살을 없앤다고 하는 의미에서 정부 쪽에도 장점이 있기 때문입니다. 시대는 그 정도로까지 와 있는 것이 아닐까요?

그렇게 할 수 없는 곳은 저는 이미 안락사시키는 이외에는 방법이 없다고 생각하고 있습니다. 욕을 하면서 보조금을 받는 지자체를 전부 구한다는 것은 누가 총리대신을 해도 불가능한 것입니다.

호보 나가노현이 공공사업을 개혁한다고 하여 사카에촌 등의 시정촌도 여러 가지 대응을 하고 있습니다. 그러나 그것을 왜 다른 곳에서는 하지 않는가 하면, 역시 제도의 문제, 중앙·지방의 중앙집권구조의 문제가 있기 때문이라고 생각합니다. 그러면 누가 바꾸는가 하는 주체론으로 말하자면, 정부의 정책을 바꾸는 길밖에 없습니다. 실제로 재정파탄으로 가는 상황 속에서 정부가 지역에서 제언된 새로운 형태를 받아들여 구조를 바꾸는 수밖에 없습니다. 그것은 정부의 책임입니다. 도쿠시마현 기토촌(德島縣 木頭村)이 호소카와우치 댐(細川內 Dam)의 건설에 반대했습니다만, 이것을 억압하려했던 것은 현을 이용한 건설성이었습니다. 주민의 다수가 반대하고 있던 나카우미 간척을 추진한 구조도 마찬가지입니다. 무리한 공공사업으로 적자재정을 만든 것은 정부로부터 지방에 이르는 정관업학(政官業學)의 유착, 기술관료, 지역의 건설업입니다(→ 본서 호보 「지방분권하의 공공사업의 형태」). 이 구조가 지방자치 내부에 침투하여 국민과의 사이에 기본모순을 일으키고 있는 것입니다. 이 기본모순을 해결하는 문맥 중에서 나가노현의 다나카 지사가 등장한 것입니다. 먼저 초조해 하지 말고 정확하게 볼 필요가 있겠지요. 지금까지 정부가 하는 것을 잘 듣는 지방자치단체를 만들어 놓고, 개혁이 불가능한 것은 지방의 책임이라고 하는 것은 정부의 무책임한 변호론에 지나지 않습니다. 그러면 이를 어떻게 바꿀 것인가 할 때, 지방에서 바꾼다고 하는 것이 나오는 것입니다. 지방도 이제까지의 정책 희생자인 주민, 유권자의 의식이 바뀌게 되고, 단체장과 의회도 바뀝니다. 본질과 수단이 섞이면 지방만이 나쁘다고 하는 표상밖에 보이지 않게 됩니다.

이가라시 하지만 그래서 정부는, 역설적입니다만, 앞서 나온 '가타야마 시안'이라든가 하는 여러 가지를 내놓고 있는 것입니다. 그것은 슬픈 일이지만, 이미 지자체의 진정(陳情) 경쟁을 넘어서 나아가고 있습니다.

전환의 이치

기사 그만큼 투자하고 어중간하게 되어 버린 제2 도메이(第二東名) 고속도로 등 이제 와서 그만둘 수 있는가 하는 문제도 있습니다. 같은 것이 예를 들면 규슈 신칸센(九州新幹線) 등도 전형적인 것으로 가장 사용되지 않는 부분만 먼저 완성되어서 상대적으로 수요가 있는 곳은 이제부터 착공한다고 하는 상황입니다. 그래도 지자체간의 대화로 그 재원을 정하고, 갹출해서 해 나가자는 선택을 취할 가능성은 있습니다.

그것을 가능하게 하기 위해서 재정조정제도를 바꿀 필요가 있다고 저는 예전부터 이야기해 왔습니다. 현재의 일본에서는 총무성의 불과 십 수 명의 직원이 매뉴얼의 누가 보아도 알 수 없는 듯한 산식을 써서 3,000이나 되는 지자체 전부에 지방교부세를 할당하고 있습니다. 독일과 같이 광역자치단체(주) 수준에서 대략적으로 재정조정을 하고, 광역자치단체가 그 가운데에서 기초자치단체에 분배하면 되는 것입니다. 그렇게 하면 각 지자체의 몫을 아주 명확하게 하여 자기 부담으로 기채(起債)를 하고 갹출한 몫으로 공동의 도로나 철도를 만들 수도 있는 것입니다.

그런 때에도 예를 들면 나가노현이라면 나가노현의 전체 시정촌이 모여 교부세를 일단 현에 반납합니다. 그 다음에 자신들이 자치에 어울리는 새로운 기준, 뱀이 얼마나 있는지, 곰이 얼마나 있는지, 풀이 얼마나 있는지, 나무가 얼마나 있는지 그 숫자와 같은, 지금과는 다른 완만하고 알기 쉬운 기준으로 재배분하여 그 틀 속에서 자신들은 이리한 사업을 하겠다고 말합니다. 그것을 시장회라면 시장회의 압도적인 다수, 예를 들면 4분의 3이라는 의결로 결정합니다. 이러한 좌담회는 다소 이야기로 흐를 수도 있습니다만, 그러한 선행사례를 몇 가지 추진하면 지금은 정보가 대단히 빨리 전달되므로 수년이 지나면 돈의 사용방법도 바뀔 것이라고 생각합니다. 그렇게 되면 지방교부세법을 사실상 허무는 것은 가능하겠다는 느낌이 듭니다.

이가라시 있을 수 있는 얘깁니다. 제대로 된 듀 프로세스만 있다면 모두 납득이 갑니다. 그것은 정말 좋은 아이디어라고 생각합니다.

기사 그리고 재정의 문제에 대해서는 조금 더 전체적인 복습을 해서 돈이 지방자치의 장면에서 어떻게 움직이고 있는가, 교과서와는 다른 현실에서 분석하는 것도 필요하다고 생각합니다.

예를 들면, 1,000조 엔이라는 이야기에서 보자면 작은 이야기입니다만, 서머 점보 복권의 수익금의 사용처의 문제도 있습니다. 이것은 정령시 이외의 시정촌에 대한 것으로 각 현의 시정촌진흥협회가 취급하고 있습니다만, 회식이나 상당히 사적인 데에 사용하고 있는 예도 있습니다. 이사도 낙하산 인사가 압도적입니다. 그러한 실태를 보고, 누가 어디에서 손을 대면 그 구조를 바꿀 수 있는 것인지를 분명히 할 필요가 있는 것 같습니다.

[좌담회] 일본은 어디로 가고 있는가?
Ⅳ. 지방자치와 일본의 현재

이가라시 다카요시(五十嵐敬喜)
기사 시게오(木佐茂男)
사회 호보 다케히코(保母武彦)

이가라시(五十嵐) 기본보고

현대 일본은 다음과 같이 보입니다.

버블 붕괴 이후, 특히 오부치 정권(小渕政權) 이후, 일본은 중요한 전환점을 맞이했습니다. 재정이나 금융, 온갖 것이 멈추어 섰습니다. 그 중에서도 개혁의 주체가 공동화하고 있다는 점이 최대의 위기처럼 보입니다.

헌법은 삼권분립체제를 취하고 있으며 그 중에서 국회를 행정이나 사법을 넘어선 최고로 유일한 입법기관이라고 규정하고 있습니다. 그러나 전후 일본 사회에서는 관료의 힘이 대단히 강했습니다. 그래서 저도 1995년 무렵까지는 의회의 복권(復權)이라는 것을 강하게 주장해 왔습니다. 의원입법, 정책비서, 기타 시민입법의 필요성 등 개혁의 주체를 의회에 두고 사물을 생각해 왔던 것입니다. 그러나 그 의회의 관료주의에 대한 대항조치로서의 기능이 최근 점점 더 저하하게 되었습니다. 국민의 70%는 국회(정치가)를 신용하지 않게 되었습니다. 지방의회도 마찬가지여서, 나가노에서는 '탈 댐 선언'을 내놓은 지사에 대해 지방의회가 불신임을 들이댔습니다. 결과는 지사의 압도적인 재선이라는 형태로 의회의 완패를 인상짓게 했습니다.

의회뿐만이 아니라 정당도 거의 신용을 잃고 있습니다. 정당은 근대 정치학에서는 정당정치라고 해 왔듯이 중요한 장치였습니다. 그러나 나가노에서는 공산당을 제외한 모든 정당이 스크럼을 싸도 지사 한 사람에 대항할 수 없었습니다. 정당뿐만이 아니라 노동조합, 기업이라는 정치가 전제로 하고 있던 다양한 장치가 총체적으로 녹아 없어지고 있는 셈입니다.

그와 동시에 주체뿐만이 아니라 전후 열심히 쌓아 온 저금, 연금, 보험 등의 안전·안심의 시스템도 전면적으로 붕괴하고 있습니다.

그 결과, 국민 모두가 불안에 사로잡힌 상태가 되었습니다. 리스트라, 케어, 질병, 생활, 자살 등 다양한 불행이 남의 일이 아닌 아주 가까운 일, 지신의 일이 되고 있는 것입니다. 이와 같은 가운데, 국민의 정치에 대한 태도는 두 가지로 분열되게 되었습니다. 한편으로 국민은 무관심하고, 개인주의적이거나 혹은 고독하고, 도피적이고 자기중심적이 되고 있습니다.

그런 또 한편에서는 강렬한 카리스마를 바라는 마음이 생겨나고, 무언가 짠하고 나타나 줄 사람을 기다리게 되었습니다. 다나카, 고이즈미, 이시하라 등 독재적인 '단체장'이 인기를 모으고 있습니다. 그들은 헌법관 등에 관해서는 완전히 서로 대립되는 사상을 갖고 있습니다. 그러나 그들은 싱글 이슈, 예를 들면 '성역 없는 구조개혁'이나 '탈 댐'과 같은 것만으로 선거에 승리한다고 하는 점에서 공통적입니다.

정치의식은 분열하고 있습니다. 앞으로 그것이 어떻게 움직일 것인지 누구도 알 수 없습니다. 그러나 그것과는 별개로 그러한 것들과 항쟁하면서, 최근 단 한 가지 사실이 확실한 것으로 나타나게 되었습니다. 그것은 좋건 싫건 중요한 것은 지사나 의회라는 타인에게 맡기는 것이 아니라, 스스로 결정하고자 하는 것입니다. 자신의 일은 자신이 결정한다고 하는 '직접민주주의'가 앞으로 결정적인 키워드가 됩니다.

구체적으로는 주민투표가 대단히 힘을 얻고 있습니다. 이제까지 본 것처럼 나가노현이나 사카에촌의 실험은 종래의 의회중심의 간접민주주의에서 실로 국민주권의 단적인 표현인 직접민주주의로의 전환을 의미하고 있다고 생각합니다.

리더십과 관료주의

기사 저 역시 오사카 정장(逢阪町長)이나 기타가와 지사(北川知事) 등을 보아도 리더십의 형태에 대단히 관심을 갖지 않을 수가 없습니다. 요코하마시의 나카타 시장(中田市長)도 주기네트에 대해 강한 자세로 임했습니다. 그렇게 하자 80만 명이 한꺼번에 움직였습니다. 사실은 의회제 민주주의가 분명 존재하고 있는 것이니까, 리더 한 사람의 발전으로 그렇게까지 움직이는 것은 이상하다는 느낌도 듭니다. 일본에서는 이원제라고 하면서 실제로는 단체장의 힘이 대단히 강합니다.

따라서 주민이 어떠한 단체장을 선택할 것인가는 대단히 중요합니다. 단체장의 청결도 내지 오염도에 따라 그 지자체가 단숨에 악화하기도 하고 좋아지기도 하는 사례도 많이 있습니다. 자치라는 것을 생각할 때, 이러한 카리스마를 바라는 것이 어느 쪽에서 나오느냐가 문제입니다.

이가라시 앞서 잠시 다루었듯이 다나카 야스오(田中康夫) 씨는 적어도 유사법제에는 부정적입니다. 이시하라 씨, 고이즈미 씨는 유사법제를 추진하는 편에서 이데올로기적으로는 정반대의 인물입니다. 그러나 예를 들면 나가노 현민은 다나카 씨도 고이즈미 씨도 선택하는 것입니다. 공통되어 있는 것은 그들의 카리스마성과 행하고 있는 것이 대단히 구체적이라는 것입니다. 주민은 이러한 사람들을 선택하면 우선 무엇인가는 움직인다고 보고 있습니다. 고이즈미 씨의 도로개혁도, 대단히 구체적으로 눈에 보입니다. 도로건설을 그만둘지, 계속할지. 오른쪽이냐 왼쪽이냐. 관료 중심이냐 국민 중심이냐. 아주 분명히 하는 것을 국민은 바라게 되었습니다.

그러니까 안 좋게 말하면, 유사법제에도 말려들 가능성은 물론 있습니다. 반대로 좋게 말하면, 한 번에 바람직한 방향으로 갈 가능성도 있다는 것입니다. 어쨌든 일본 전체가 꽉 막힌 느낌으로 덮여 있으므로 그것을 타파한다고 하는 것을 간절히 바라고 있는 것입니다.

기사 전후 직후에는 그나마 자유롭고 활달했지만, 그 후 1960년대 말부터 한층 폐쇄적인 관료사회가 되어 버렸다고 생각합니다. 정확히 말하면 1969년 1월의 쿠데타적인 '이시다 코트'(石田 court)의 탄생으로부터 최고재판소는 완전히 바뀌었습니다.2) 인권이라는 것을 구하지 않는 관료사법(官僚司法)이 되고 말았습니다. 마찬가지로 행정기구이건 기업이건, 정말 관료제가 대단히 발달했습니다. 인사에서도 연줄이나 인맥이 있어서 위에 거스르지 않는 사람이 우대됩니다. 직원도 의원도 단체장도 연공서열로 기수가 올라감에 따라 발언권이 나옵니다. 예를 들면 단체장은 수차례 당선되지 않으면 정촌회나 시장회의 이사가 될 수 없습니다. 의원이 임원직에 취임하는 것도 마찬가지입니다. 자산이나 능력이 선출기준이 아닌 것입니다.

지자체는 정부의 축소판이니까 이것은 구조적인 부패인 것입니다.

그리고 이러한 부패는 큰 지자체에서 더욱 현저합니다. 작은 지자체는 신속히 대처할 수 있으므로 주민감시가 미치는 것입니다. 예를 들면,

---

2) 1969년 1월 11일에 이시다 코트가 발족했다. 특히, 1970년의 야하타제철 헌금사건, 1973년의 미쓰비시수지 사건이나 전농림경직법 사건의 최고재판소의 판결 등을 통해 기업으로부터의 정치·사회체제, 공공부문에 있어서의 관료체질이 확립되어 갔다. 木佐(他)共著, 『テキストブック現代司法(第四版)』의 권말 연표를 참조.

어떤 직원이 들어와 있는지 아는 사람을 통해 쉽게 알 수 있으며, 연휴를 받았는지, 가짜 출장으로 집에 있는지도 금방 알아볼 수 있습니다.

호보 집단과 개인이라는 문제가 있습니다. 행정도 의회도 집단이 되면 누구나 책임을 지지 않습니다. 그리고 예를 들면 공공사업 등에 무리지어서 특히 이익만을 추구합니다. 그런 가운데에 새로운 리더들이 나왔다는 것은 '개인의 역할과 책임'이 일본의 정치나 행정을 바꾸는 데 중요하다고 이해되기 시작했다는 것일지도 모릅니다.

어떤 저널리스트가 지금은 '지방의 시대'가 아니라 '이상한 지사의 시대'라고 말했습니다. '이상하다'는 것은 두 가지 내용이 있습니다. 하나는 보수이면서 정부에 대해 말할 것을 말한다는 것입니다. 또 하나는 시선이 주민을 향해 있다는 것입니다. 이 두 가지가 지금까지의 리더와 크게 달라서 국민에게 기대되고 있는 부분이라고 생각합니다. 고이즈미 씨가 주민에게 시선을 향하고 있는지의 여부에 대해서는 논의가 있을 것으로 생각됩니다만, 적어도 국민의 지지를 얻으려고 매스컴을 사용하고 있습니다. 다나카 지사가 현민의 이익을 중시하고 있는 것은 틀림없겠지요.

무너지고 있는 의회제 민주주의나, 새로운 지방자치의 모색 속에서 새로운 책임태세가 생기기 시작한 것이 아니겠습니까?

이가라시 이번 다나카 야스오 씨의 선거는 '탈 댐'이라는 한 가지 문제로 돌파하는 수법뿐만 아니라, 선거방법도 완전히 혁명적인 것이었다고 생각했습니다. 그는 선거의 첫마디를, 물론 TV효과도 계산했던 것이라고 생각합니다만, 지금까지의 후보자와는 정반대로 가장 사람이 없는 촌에서 시작했습니다. 현 경계의 어떤 촌이었습니다만, 촌에서는 지사가 처음으로 와 주었다고 하는 그것만으로 우선 감격합니다. 촌장님이 "반나절 들여 이곳에 와 주셔도 여기는 300표밖에

이가라시 다카요시 교수

없습니다."라고 했습니다. 이에 대해 다나카 씨는 "그걸로 괜찮습니다. 300표면 됩니다."라고 답합니다. 재미있는 것은 그 다음입니다. 촌장은 이어서 다른 시정촌과 마찬가지로 도로를 만들어 달라고 진정합니다. 그런데 예상과 달리 지사는 "도로는 만들지 않겠다고 말하러 왔다."고 답합니다.

선거결과를 보면 지사는 이 거부회답에도 불구하고 압도적인 승리를 거두었습니다.

저는 여기에 종래의 선거관을 완전히 타파하는 새로운 직접민주주의, 자치를 느낀 것입니다(→본서 이가라시 「나가노에서 묻는 자치 시스템」).

아마도 공공사업에 한하지 않고, 전국 방방곡곡에서 국민은 전후 이제까지 자신들이 해 온 것이 좋았었는가 하고 의심하기 시작하고 있습니다. 그러나 정치 속에서 그와 같은 의문을 받아들이는 자민당 이외의 선택지가 없으니까, 카리스마가 생겨나면 단숨에 그쪽으로 흘러간다고 하는 구조가 되었습니다.

새로운 자치의 형태

이가라시 자치나 분권도 종래와 같이 정부로부터의 권한이나 재원을 이양해 받는다든가 혹은 시스템을 조금 바꾼다고 하는 것만으로는 이미 국민에게 받아들여지지 않으며 상황도 바꿀 수 없습니다. 직접민주주의를 어떻게 할 것인가 하는 원점에서 시작해서 완전히 새로운 자치의 방법을 설계할 필요가 있습니다.

예를 들면, 그 한 가지는 주민투표의 적극적인 활용입니다. 자리매김이나 법적 효과 등 다양한 의견이 있습니다만, 아무튼 정치 시스템 속에 국민의 지사나 의회가 아니라 자신의 일은 자신이 결정하고 싶다, 이익도 불이익도 자신이 결정한다, 잘못되면 스스로 고친다고 하는 심플한 정치를 만들어 나가야 합니다(→본서 다케다 신이치로 「새로운 민주주의의 수법」).

둘째는 모두 포스트 공공사업 사회의 선점경쟁을 한다는 것입니다. 공공사업은 갈 데까지 가서 부패하기 시작했습니다. 따라서 공공사업에 의존하지 않는 새로운 사회를 만들지 않으면 안 됩니다. 나가노현이나 사카에촌이 하고 있는 것은 남보다 앞선 실험인 셈입니다. 이 개별적인 실험을 전국적으로 보편화해 나가야만 합니다. 그것도 서둘러서 말이죠.

소규모라는 것

기사 합병추진법에 주민투표가 들어간 것도 있고 해서 지금은 주민투표가 아주 왕성합니다. 이에는 합병추진법에 따른 것, 임의의 사실상인 것, 정말로 싱글 이슈용의 조례를 만들어 주는 것으로 대략적으로 보아 3종류가 있다고 생각합니다. 그러나 정보의 공유가 충분하지 않은 채로 해 나가는 경우가 많습니다. 이는 실로 직접민주주의의 위험한 측면과 결부되지 않을 수 없다고 생각합니다. 게다가 개개의 문제는 보다 복잡화하고 있으니까 주민이 상당히 전문적인 학습을 하고 토론을 거친 다음에 투표를 해야 한다고 생각합니다.

호보 그러한 학습을 바탕으로 한 주민투표로 해도, 주민청구나 기타 구조를 만들어도 충실한 직접민주주의를 위해서는 역시 지자체는 소규모여야 한다고 생각합니다.

사카에촌도 한정된 자금을 전제로 지혜를 내서 주민과 행정이 정말 필요한 것을 협동해서 실행하고 있습니다. 이와 같은 구조를 제대로 만들지 않으면 좀체 진정한 직접민주주의는 실현할 수 없다고 생각합니다. 반대로, 이것이 가능하면 뭐든지 요구하기만 하던 시대에서 전환하여 진정으로 지방자치가 추진되는 시대가 되며, 재정문제도 필시 그러한 곳까지 갔을 때 비로소 해결이 가능해진다고 생각합니다.

기사 니세코정의 '더욱 알고 싶은 올해의 예산'은 누구의 집에서 누구의 집까지의 도로를 포장한다고 하는 대단히 알기 쉬운 예산서로, 만들기 시작한 지 7년이 지났다고 생각합니다만, 눈 깜짝할 사이에 전국적으로 상당히 유명해졌습니다. 니세코정에서 그 다음으로 생각한 것은 올해 결산의 알기 쉬운 설명입니다. 더욱이 예산을 만들 때 각 과가 내놓은 개산(概算) 요구도 공개합니다. 그리고 최종적으로 정장이 예산안을 내는 프로세스를 공개합니다. 거기까지 정보공유를 하면 어떤 의미에서 행정의 의견도 주민의 의견도 아니게 되는 것입니다.

또 아사히신문 석간의 '마도'(窓)라는 코너에 어느 연구기관에 의한 스위스의 여론조사에 관한 것이 실렸습니다. 그것에 따르면, 작은 민주주의가 있는 곳일수록 주민의 행복감은 강하다는 것입니다. 더욱이 미국에서는 불과 200명의 촌이지만, 18세의 고교생이 촌장이 되었습니다. 그러한 작은 민주주의에서는 갖고 있는 특권도 분명 작습니다만, 이러한 구조가 태어나서 죽을 때까지의 행복감을 좌우합니다.

이것은 작은 지자체이기에 가능한 일입니다.

의회

호보 직접민주주의가 되면 의회는 어떻게 되는 것입니까?

이가라시 의회는 아직 필요한 부분도 있으므로, 물론 앞으로도 유지됩니다. 다만 여러 가지 의미에서 개혁이 필요합니다. 우선은 의원수를 축소하고, 각각의 의원 혹은 정당은 싱크 탱크를 갖습니다. 이제까지의 의원은 가스미가세키(霞ケ關)에서 자금을 가져오고, 주민의 다양한 요구를 돈으로 환산하는 것이 정치라고 생각해 왔습니다. 그 대표적인 것으로서 공공사업에 많은 의원이 무리지어 왔습니다. 의원수가 많은 것도 이와 같은 공공사업 사회의 반영이었던 셈입니다.

이것은 국회도 지방의회도 마찬가지입니다. 철저하게 바뀌지 않으면 안 됩니다. 정치란 자신의 행복을 만드는 도구라고 다시 생각하지 않으면 안 되는 것입니다. 나가노의 다나카 지사는 2기째에는 이제까지의 '파괴'에서 '창조'의 정치로 바꾸지 않으면 안 된다고 하여 공약의 하나로 상설형 주민투표조례의 제정을 넣었습니다. 이것이 가결되면, 의회의 위치는 상대적으로 작아지게 됩니다.

시민이 그리는 새로운 자치상

이가라시 그리고 이러한 의회의 권한이나 위를 생각해 나가는 그 연장선에는 저는 이미 헌법개정과 하나의 세트로 논의하는 데까지 와 있다고 생각하고 있습니다. 현재의 헌법은 훌륭한 헌법입니다. 그것은 근대의 예지를 바탕으로 보편화되어 있습니다. 그러나 국회를 '국권의 최고 기관'으로 하고 있어 간접민주주의를 전제로 하고 있습니다. 의원내각제는 그 귀결입니다. 지자체도 대통령제를 취하여 정부보다도 직접민주주의를 철저히 하고 있습니다만, 그래도 헌법과 마찬가지로 의회가 우위입니다.

그러나 기사 씨가 말씀하셨듯이 독일도 스위스도 지자체가 작은 채로 유지하고 있습니다. 게다가 그곳의 시스템은 선출된 자가 선출한 자를 지배한다는 이른바 통치구조와는 거리가 멉니다. 시민은 언제라도 지자체에 들어갈 수 있고, 지자체와 공동으로 일을 처리해 나갑니다. 지자체란 분명 '시민의 정부'인 것입니다. 제가 직접민주주의를 말할 때의 지자체상은 바로 이러한 '시민의 정부'인 것입니다. 이러한 관점에서 헌법의 재평가도 시야에 넣었으면 합니다.

현재의 지방분권은 그것을 향한 프로세스라고 이해하고 싶습니다. '시민의 정부'론에 의하면 많은 주민이 자치를 포기한다고 하는 결의를 했을 경우 이외에는 지자체를 강제적으로 부수는 일은 할 수 없습니다. '시민의 정부'는 큰 정부도, 작은 정부도 허용됩니다. 그 어느 것을 택할지는 정부의 법률이 아니라 실로 그 지역의 주민이 결정하는 것이기 때문입니다.

앞으로 지자체에는 통합뿐만이 아니라 몇 가지의 시련이 찾아옵니다. 무엇보다도 재정위기, 그리고 주기네트, 유사법제 등 하나하나 넘어가지 않으면 안 됩니다.

일본형 '시민의 정부'는 그러한 프로세스 속에서 보여 오는 것입니다. 혹은 그것을 주시하면서 이러한 과제들을 모두가 논의하여 결정해 가야 하는 것이라고 생각합니다.

한 가지 더 덧붙이고 싶은 것이 있습니다. '시민의 정부' 모델인 유럽이나 미국의 도시는 아름답다고 하는 것입니다. 저는 '아름다운 도시'라는 것은 도시형 사회가 된 현재에는 지자체와 주민이 본질적인 테마가 되어 온다고 생각합니다. 일본의 분권론은 다양한 문제를 둘러싸고 뜨겁게 논의해 왔습니다. 그러나 단 한 가지, 도시를 아름답게 한다고 하는 논점이 결여되어 있었던 것을 유감스럽게 생각합니다.

기사 저도 오이타현 히타시(大分縣 日田市)가 경제산업대신(經濟産業大臣)을 피고로 하여 장외차권매장의 설치허가 무효확인소송을 제기한 사건과 관련하여 '아름다운 마을'을 어떻게 하면 헌법상 보장할 수 있을지에 대해 생각하고 있습니다. 2003년 1월에 오이타현 지방재판소는 간단히 각하했습니다만, 앞으로의 성숙사회에 있어서 도시이건 과소지이건 살며 느낄 수 있는 아름다움이 큰 가치가 될 것이라고 생각합니다. 그러한 점에서 재판의 과정에 있어서 고민하다가 생각해 낸 '마을만들기권'(まちづくり權)이라는 용어를 조금 더 법적인 무기가 될 수 있는 것으로 이론 구성할 수 없나 하고 생각하고 있는 중입니다.[3] 사람들도 경관이나 미관에 상당히 관심을 갖게 되었습니다. 그리고 자치의 근간을 정하는 자치기본조례나 각종 기본조례의 제정을 향한 움직임도 왕성합니다. 자율·자립이라는 것이 겨우 본격적으로 싹트고 있는 것이 아닐까요? 최근의 인터넷을 보면, 정말 많은 사람들이 지방자치를 생각하고 있다는 것은 틀림없습니다. 새로운 지방자치의 모습에 대해서 누군가가 위대한 정치가 선생님이 말씀해 주시는 것을 기다리는 시대가 아니라 우리들 한 사람 한 사람이 주체적으로 생각하여 그것을 공유해 가는 시대라고 생각합니다.

호보 지방분권 논의는 정부나 도도부현이나 시정촌이라는 정치와 행정의 조직관계만을 논하고 있어도 해답은 나오지 않는 것이

---

3) 木佐茂男編, 『<まちづくり権>への挑戦』(信山社, 2002) 참조.

분명해졌다고 생각합니다. 국민, 주민이 행복해지는 것을 축으로 두고 그러기 위해서는 공공섹터를 어떻게 재편성할 것인가 하는 관점이 필요하다고 하는 것입니다. 물론 그것을 추진하는 것은 국민이자 주민입니다. 달리 의지할 수는 없습니다. 그것이 다름 아닌 자치인 것입니다.

정보화의 진전이 있고, 그것을 가능하게 하는 조건도 만들어져 왔습니다. 그리고 실제로 주민이 바뀌기 시작했으며, 그 성과가 생겨나고 있습니다. 그러한 것들이 소중한 것입니다. 게다가 그 변화가 급속히 진전하기 시작했습니다. 다나카 지사가 이끄는 나가노현이 극적인 전환을 시작했으며, 니세코정이나 사카에촌에서도 이제까지 없었던 지방자치의 질을 창조하기 시작했습니다. 저는 이 1년 동안에 홋카이도에서 오키나와까지 37개 도도부현과 100곳 이상의 시정촌을 조사와 강연을 위해 방문했습니다만, 현지에 가 보고 생각하는 것은 아직 맹아 단계에 있는 것이나 작은 것까지 포함해서 각 지자체가 시작하고 있는 자기 개혁층이 확대되고 있다는 것입니다. 그중에는 공공사업에 대한 의존과 그 한계로부터 정부가 말하는 대로 시정촌 통합을 추진하는 지자체도 있습니다만, 3,200개 시정촌을 1,000개로 한다고 하는 정부의 통합목표가 도저히 실현될 것 같지 않은 현 상황에서도, 지역이 자기 책임, 자기 결정의 방향으로 움직이기 시작한 모습을 찾아볼 수 있을지도 모릅니다. 오늘의 좌담회에 등장한 지자체명은 적습니다만, 그와 같은 지역에서 시작된 변화에 앞으로의 지방자치의 싹이 있는 것이 아닐까요?

이 좌담회가 새로운 지방분권과 자치를 위한 힌트와 자극이 되었으면 큰 다행이겠습니다. 감사합니다.

역자 후기

『일본 지방자치의 오늘을 본다―분권의 빛과 집권의 그림자』는 일본 지방자치의 오늘에 대해 학자, 전문가 및 실무가들의 논문 및 생생한 현장의 소리를 엮어 놓은 책이다.

일본의 지방자치 역사는 한국보다 훨씬 오래되었으며 또한 경험도 풍부하다고 할 수 있다. 게다가 근년에는 지방분권 개혁을 통해 또 한 번의 발전을 꾀하고 있다.

그러나 일본의 지방자치도 한편으로는 낡은 구습에 얽매여 여러 가지 한계를 노정시키고 있기도 하다. 주민기본대장 네트워크로 대변되는 주민감시 기능의 강화, 강제적인 시정촌 통합 등이 그러한 사례이다. 이러한 지방자치의 현주소에 대해서 솔직 담백하게 기술하고 있는 것이 바로 이 책이다.

본서의 제1부는 분권개혁이 추진되었음에도 불구하고 오히려 집권성향이 강해지고 있는 일본 지방자치의 일면을 보여주고 있다. 제2부는 분권이 갖는 이점 그리고 분권과 관련한 시민의 노력과 각 지자체에서 어떠한 분권 노력을 하고 있는지 등을 보여주고 있다. 특히 각 장에서 쓰여진 주제는 자치기본조례에서 경찰, 방재, 쓰레기, 환경 등에 이르기까지 다방면에 걸쳐 있다. 제3부는 본서의 편저자 3인이 일본 지방자치의 비전을 토론하고 있다.

이 책은 일본 지방자치의 다양한 모습 그리고 밝은 면과 어두운 면 모두를 담고 있다. 이는 한국에서 일본의 지방자치에 대해 관심을 갖고 있는 공무원, 학생, 학자들에게 많은 참고가 될 것으로 생각한다.

한국도 현재 분권 노력이 한창이다. 하지만 자칫하면 이러한 노력이 분권이라는 구호를 외치는 데 그칠 뿐, 오히려 집권적인 성향을 강화시키는 방향으로 나아갈 수도 있는 것이다. 이러한 때에 본서는 많은 시사를 줄 것으로 기대된다.

본서의 편저자이자 집필자 중 한 사람인 기사 시게오(木佐茂男) 교수님은 일본 지방자치의 현장에서 교육과 실천을 하고 계시는 분이다. 특히 현장에서 많은 공무원들과 주민들의 살아 있는 목소리를 듣고 지방자치의 발전을 위해 노력하고 있다. 다른 두 편자도 언제나 현장의 목소리에 귀를 기울이고 계시는 분들이다.

지방자치에 관한 이론서는 많이 있지만, 현장의 살아 있는 목소리를 바탕으로 일본 지방자치를 논하고 있는 책은 그리 많은 것 같지 않다. 본서가 일본 지방자치의 현실을 이해하는 데 도움이 되고, 또한 한국의 지방자치 발전에 참고가 될 수 있다면 역자로서는 크나큰 기쁨이다.

본서는 다양한 분야의 전문용어가 많이 포함되어 있기에 번역만으로 이해가 어려울 경우를 대비하여 역자주를 첨가했다.

끝으로 본서가 출판되기까지 도와주신 분들께 다시 한 번 깊은 감사를 드린다. 먼저 원서를 번역할 수 있도록 도움을 주신 기사 시게오 교수님을 비롯한 이가라시 다카요시(五十嵐敬喜) 교수님과 호보 다케히코(保母武彦) 교수님 등 세 분의 편저자와 각 집필자분들 그리고 일본평론사의 다나카 사나에(田中早苗) 씨께 감사드린다. 또한 한국어판을 출판할 수 있도록 해 주신 건국대학교출판부 관계자 여러분께 진심 어린 감사의 말씀을 전하는 바이다.

이 책의 출판을 앞두고 보니 부족한 점이 많은 것 같아 그저 부끄러울 따름이다. 독자들의 비판과 질책을 겸허히 받아들이고자 한다.

규슈대학 하코자키 캠퍼스에서

역자 강 신 일